IT! 비즈니스처럼 관리하라
Manage IT as a Business!

-IT와 비즈니스 얼라인먼트를 통한 기업가치 창출방법-

저자: 베닛P. 린츠
UCLA 앤더슨 경영대학원 교수, 박사
前 ARPANET(인터넷전신) 개발 프로젝트 리더

리 라슨
비즈니스 및 IT 거버넌스/관리 전문 컨설턴트
토요타 자동차 그룹 오퍼레이션 부문 메니저

역자: 김명식
SKC&C IT 인프라솔루션사업팀 ITSM컨설턴트
Certified ITIL Master/CISA/CLSSP/CIA/PMP

ELSEVIER

A-JIN 도서출판 아 진

Manage IT as a Business

Bennet P. Lientz
Lee Larssen

"나의 가는 길은 오직 그가 아시나니 그가 나를 단련하신 후에는 내가 정금같이 나오리라 (욥23 : 10)"

This edition of ***Manage IT as a Business*** by ***Bennet P. Lientz and Lee Larssen*** is published by arrangement with Elsevier Inc., New York, USA

Translated Edition ISBN : 9788957612521
Translated by A-jin Publishing Co.
Printed in Korea

역자 서문

'五面楚歌'

오늘날 IT는 점점 복잡해져가고 있다. 한 기업의 IT를 책임지고 있는 여러분, 즉 IT 관리자(CIO나 IT 부서장 또는 팀장 등 명칭이 뭐든 본서에서는 IT 관리자라고 하겠다)는 이 같은 말을 수없이 들어서 이젠 전혀 새삼스러울 것도 없고, 오히려 식상할 것이다. 그런데 이 같은 IT 복잡성 심화 현상의 칼날이 여러분 쪽으로 겨누어지면 여러분은 그림과 같이 2000년 전에 초패왕 항우의 '사면초가'보다 더 끔찍한 '오면초가' 상황에 빠져들 것이다. 이에 대해선 그간 산전수전을 다 겪은 여러분에게 더 이상 부연해드릴 필요는 없을 것 같다.

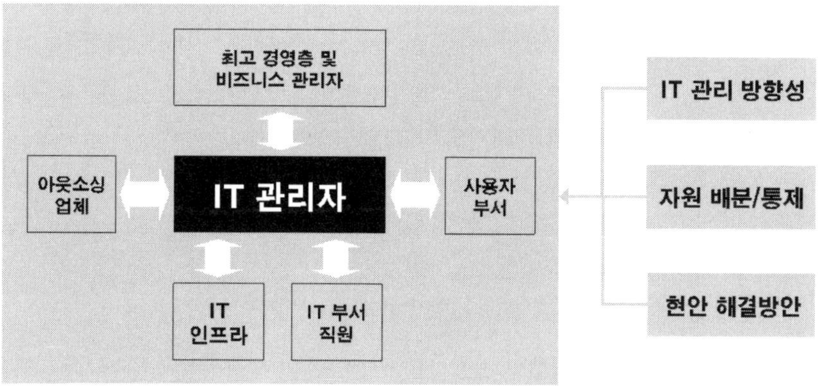

하지만 항우와는 달리 여러분에게는 이를 만회할 수 있는 기회가 있다. 다시말해 절대적으로 불리한 상황을 극적으로 반전시켜 유리한 상황을 만들고 이를 지속시킬 수 있는 시간과 방법이 있다는 말이다. 여러분은 현재 처한 상황에서 추가 투자 없이(예를 들어, 외부 컨설팅 의뢰 등) 여러분 회사의 비즈니스가 IT에게 진짜 기대하는 Value를 실현하기 위한 행동을 본서에 제시한 대로 다음과 같이 수행하기만 하면 된다.

- 비즈니스와 IT를 얼라인먼트하기 위한 방향을 수립한다. (제1부)
- 그 구현을 위한 IT 자원 배분 및 통제 방안을 구현한다. (제2부)
- 이를 바탕으로 그림처럼 5가지의 관계 관리를 수행한다. (제3부)
- 이때에 발생 가능한 현안 및 해결방안을 미리 도출한다. (제4부)

본 역자는 20년간 IT人으로 일해왔고, IT 거버넌스 및 관리와 관련된 국제 공인 자격증을 5개(ITIL Master, CISA, CIA, CISSP, PMP)개 갖고 있지만 본서를 읽으면서 적나라한 현안 및 구체적이고 현실적인 해결 방안 제시에 감탄을 금치 못했다. 부디 본서가 21세기 대한민국 기업조직에서 'BVIT(Business Value of IT)'를 숙명으로 받아들여야만 하는 'IT 관리자'로서의 삶을 살아가고 있는 여러분에게 '동굴 속의 빛'과 같은 역할을 하길 바란다. 나름대로 최선을 다했다고 생각하지만, 혹 거장의 걸작을 훼손하지나 않았는지 두려움이 앞선다. 하지만 이 같은 부족함은 본 역자에게 질타와 함께 질문을 보내주시면 최선을 다해 답변해드리고자 한다.

마지막으로 번역을 무사히 마치도록 인도해주신 내 주님께 모든 영광과 감사를 돌리고, 올해 대학생이 된 내 큰아들 김한진, 조카 김우진, 김나연에게 하나님의 은총과 가호가 항상 함께하기를 빈다.

2008년 1월 28일, 어느 고객사 ITSM 프로젝트 투입전야에

Certified ITIL Master, 김명식(mskim@skcc.com)

역자 약력

김 명 식

SKC&C IT인프라솔루션사업팀 ITSM 컨설턴트 (mskim@skcc.com)

❑ 보유 자격증

ITIL Master(Certified ITIL Service Manager)
공인 내부 감사인(CIA)
공인 정보시스템 감사인(CISA)
공인 정보시스템 보안 전문가(CISSP)
공인 프로젝트 관리 전문가(PMP)

❑ 저술 서적

초국적 기업의 글로벌 비즈니스 거버넌스
코스트 콘트롤, 전략적 가이드
성공적인 IT 아웃소싱 관리
ITIL 서비스 관리 핸드북
일대일 마케팅 필드북

❑ 주요 경력

SKC&C 프로젝트 관리팀장 역임

IT 전략, IT 아키텍처, IT 아웃소싱 및 IT 서비스 관리 컨설팅

고객 관계 관리 시스템 등 다수 정보 시스템 개발 및 프로젝트 관리

SKC&C SK4Front 방법론 개발 (정보전략계획, 프로젝트 관리, IS 개발)

SK 그룹 표준 Service Level Agreement(SLA) 체계 수립 및 방법론 개발

IT 서비스 관리(ITSM) 및 아웃소싱(ITO) 세미나/강의

차 례

제2부 IT 직원과 작업을 관리하라

제3부 IT를 감독하고 조율하라

제4부 핵심 IT 관리 현안, 이렇게 처리하라

저자 서문

오늘날의 IT

오늘날에도 여전히 수많은 IT 프로젝트와 활동이 비즈니스에게 약속했던 효과를 제공하는데 실패하고 있다. 이에 따라 IT를 바라다보는 시각도 회의, 불신, 경멸로 가득 차 있다. 그럼에도 불구하고 지금 이 시간에도 IT 관리자와 직원들은 조직 내 여러 부서의 비즈니스 니즈를 충족시키기 위해 열심히 일하고 있다. 시스템은 갖추어야 할 것은 다 갖추어져 있고, 네트워크도 안정적이고 신뢰성있게 운영되고 있다. 하지만 돌아온 결과는 항상 IT와 비즈니스가 얼라인먼트(Alignment)돼 있지 않다고 한다. IT와 비즈니스 얼라인먼트에 관한 책은 많다. 하지만 대부분 구체적인 방향이나 방법을 제시하지 못하고 있다. IT 관리에 관한 서적도 많이 있지만 대부분 IT를 사용자 요청이 있은 다음에 반응하는 관점에서 다루고 있을 뿐이며, 설령 IT 관리를 기술적 측면뿐만 아니라 비즈니스 측면에서도 다루고 있다 하더라도 실제 IT 세계 및 여기에서 횡횡하는 Politics는 거의 빠져 있다. 본서에서는 좀 더 효과적인 IT 관리와 이를 통해 비즈니스와의 얼라인먼트를 실현하기 위한 현실적인 접근방법을 제시하고 있다.

어째서 이렇게 되었나?

원래 IT는 회계 부서의 한 기능으로 출발하였으며, 약간은 이단적이며 기술적인 것으로 인식되었다. 초기의 시스템은 대부분 비즈니스 프로세스 및 업무를 직접 지원하지 못해, 사용자들은 이미 발생한 사실을 바탕으로 결과만 기록하곤 하였다. 한편 IT 부서는 현업의 수많은 IT 지원 요청을 처리하느라 항상 엄청난 규모의 백로그(Backlog)를 갖고 있는 가운데에 아주 어렵고 복잡한 프로그래밍을 마치 '예술'처럼 구사하곤 하였다.

하지만 마이크로컴퓨터(Microcomputer)와 온라인 시스템(Online systems)에 의해 모든 것이 완전히 변해 버렸다. 사람들이 시스템을 활용해 업무를 직접 수행하게 되었던 것이다. IT가 비즈니스에 좀 더 가까이 다가갔다는 점에서 이러한 변화는 그전에는 상상도 할 수 없었던 획기적인 변화였다. 특히 e-비즈니스, ERP(Enterprise Resource Planning, 전사적 자원 관리) 등과 같은 시스템은 비즈니스 트랜잭션의 자동화를 통해 수작업 및 그 수행 인력들을 상당 부분 대체해 버렸다.

하지만 많은 비즈니스 관리자들은 기대했던 효과를 제대로 제공해 주지 못한 IT에 대해 나쁜 인식을 갖고 있다. 문서 양을 줄이고, 시간을 절약해 주며, 생산성을 향상시키고, 코스트를 절감시켜 준다던 시스템들이 이러한 효과를 제대로 창출해 주지 못했던 것이다. 심지어 상황만 더욱 악화시킨 경우도 종종 발생하였다. 이런 현상은 오늘날에도 계속 이어지고 있다.

그동안 IT가 비약적으로 발전하고 비즈니스에서 IT의 활용이 더욱 높아지고 확대되어 가고 있음에도 불구하고 IT에 대한 관리는 이 속도를 미처 따라가지 못하고 있다. 아직도 수많은 기업에서 IT 기능은 여전히 20년

전과 똑같은 방식으로 운영 및 관리되고 있다. 다시 말해 사용자들로부터 요청을 받은 다음, 그 처리를 위해 IT 자원을 배정하고 있을 뿐만 아니라 자원의 대부분을 유지보수 및 지원 활동에 사용하고 있다.

이외에도 IT 관리의 고질적인 문제들은 적지 않은데, 그중에서 다음과 같은 것들은 여러분도 한번쯤은 들어 봤거나 직접 겪어 봤을 것이다.

- 신기술이 약속했던 기대효과는 좀처럼 실현되지 않는다.
- 새롭게 구축한 시스템이 예상한 것처럼 사용되지 않는다.
- 많은 IT 프로젝트가 실패 또는 예산 초과나 납기 지연으로 종료된다.
- 사용자들은 새로운 시스템과 이로 인한 변화에 저항한다.
- IT와 비즈니스 간에 커뮤니케이션의 문제가 자주 발생한다.
- IT 및 비즈니스 그 누구도 IT 계획을 진지하게 생각하지 않는다.

그렇다고 기업의 IT 조직이란 '필요악'적인 존재이며, 이들로부터 뭔가를 기대한다는 것은 '연목구어(緣木求魚)'라고 생각할 필요는 없다. 사실 거의 모든 기업의 IT 관리자와 직원들은 사용자들의 니즈를 충족시키기 위해 최선을 다하고 있다. 이들 역시 자기 기업이 IT 활용의 기대효과를 향유할 수 있기를 갈망하며, 기울인 노력에 대해 정당한 평가를 받고 싶어 한다. 다만 불행히도 이들은 자신들의 IT 조직을 '비즈니스 조직 내부의 또 다른 비즈니스 조직(A business within a business)'으로 인식하지 못해, 'IT를 비즈니스처럼 관리(Manage IT as a Business)'하는 방법을 적용하지 못해 왔고, 이로 인해 IT를 '21세기의 3D 직업'의 하나라고 자조하면서 비즈니스 관리자 및 사용자들과 똑같이 좌절하고 있을 뿐이다.

본서의 목적

저자들은 본서를 통해 다음과 같은 것을 달성하고자 한다.

- 비즈니스와 IT의 얼라인먼트 방법 제시
- IT 성과의 지속적 개선을 위한 Lessons learned의 수집 및 활용
- IT가 비즈니스와 비즈니스 프로세스를 선도할 수 있는 방안의 개발
- 현실적인 IT 성과 척도를 활용한 IT 활동의 측정
- 경영진과의 커뮤니케이션을 효과적으로 수행하기 위한 방안 제시
- IT 내에서 좀 더 적극적이며 협동적인 업무 수행방식의 구현
- 비즈니스 부서 및 직원들과의 공동 업무 수행 시 팀워크의 확보
- 외부 IT 서비스 업체들에 대한 효과적인 관리
- 무계획적이고 갑작스런 변화로 인한 부정적인 효과의 발생 예방
- 납기 및 예산을 준수하면서 종료되는 IT 프로젝트의 비율 향상
- IT 작업 및 프로젝트 수행을 통해 유형의 효과가 발생되도록 촉진
- 효과적이고 현실적으로 적용이 가능한 IT 전략 계획의 수립
- 효과성을 증대하고 IT 코스트를 절감할 수 있는 접근방법의 제시

아울러 본서에서는 IT 관리의 개선을 위해 돈을 쓰게 하는 접근방식을 취하기보다, 한 기업 조직의 IT 수장인 여러분이 열정과 노력을 바탕으로 쉽게 적용할 수 있는 약 200개 이상의 현실적인 가이드라인을 제시하고 있다. 이를 통해 여러분은 다음과 같은 고질적인 IT 관리의 문제들을 해결할 수 있을 것으로 믿어 의심치 않는다.

- 비즈니스와 IT가 얼라인먼트되어 있지 않다. 즉, 여러분의 IT는 매번 비즈니스의 요청 또는 지적이 있은 다음에야 이에 대응하고 있다.

- 잘못된 IT 프로젝트 선정방법. 프로젝트 선정시, 조직의 전략적 측면보다 전술적 또는 운영 차원의 이유를 더 많이 고려하고 있다.
- 무형의 효과에 치중. 가시화되지 않는 무형의 결과에 치중함으로써 종종 엉뚱한 작업만 수행하는 것으로 끝나고 만다.
- 잘못된 IT 자원 배정. 상당한 규모의 IT 자원이 유지보수나 운영 및 지원 활동에 사용되고 있다.
- 조직 문화적 또는 정치적 상항에 효과적으로 대처하지 못하고 있다.

본서의 접근방법

본서는 IT와 비즈니스의 얼라인먼트를 통해 IT 활동을 개선시키고 그 성과를 향상시키기 위한 아주 구체적인 방법에 초점을 맞추고 있다. 이와 같은 접근방법을 취한 이유는 기존의 IT 관리 서적들이 문제의 구체적인 해결방법보다는 문제 자체나 'Why' 또는 'What' 등과 같이 아주 개괄적인 수준에서만 언급하고 있기 때문이다. 이러한 것들은 기존의 서적만으로도 충분하다. 본서에서는 다음과 같은 IT 관리 현안에 대해 아주 현실적이고 구체적으로 접근하고 있다.

- 비즈니스와의 관계에 있어 '비즈니스 니즈 선도형' 접근방식의 채택
- 비즈니스 프로세스를 기반으로 한 비즈니스와 IT의 얼라인먼트 달성
- IT 활동 및 IT 프로세스에 대한 현실적인 측정 체계 가동
- 오버헤드가 작은 IT 전략 계획 수립 방법론의 구현
- IT 관련 제반 이해 관계자들과의 커뮤니케이션 및 공조 체계 구축
- 개개의 IT 작업 수행을 통한 유형의 효과 획득
- IT 자원 배분 방법의 개선
- IT 관련 리스크 및 현안에 대한 예방 관리

본서의 구성

본서는 다음과 같이 4부로 구성되어 있다.

- 제1부 : IT를 기획하고 지배하라.
  - IT를 계획하고, 측정하고, 통제하라.
- 제2부 : IT 직업 및 직원을 관리하라.
  - IT 활동과 자원을 관리하라.
- 제3부 : IT를 감독하고 조율하라.
  - 경영진, 비즈니스, 아웃소싱 업체와의 관계를 관리하라.
- 제4부 : 핵심 IT 관리 현안, 이렇게 처리하라,
  - IT 관리의 문제와 현안을 아주 현실적이면서 전문가답게 ('Looking Professional'하게) 해결하라.

제1부부터 3부까지의 각 장은 다음과 같이 구성되어 있다.

- 서론 : 장별 주제에 대한 배경과 전통적인 접근방법이 설명돼 있다.
- 지침 : 당해 주제에 대한 구체적인 지침이 제시되어 있다.
- 리스크 관리 : 주제와 관련된 리스크 및 관리 방안이 제시되어 있다.
- 사례 : 상이한 규모와 유형의 3개 조직에 대한 사례가 제시돼 있다.
- Lessons learned : 사례 조직으로부터 얻은 교훈이 제시돼 있다.
- 성과 측정 : 구체적인 성과 영역 및 업무 성과 평가표가 예시돼 있다.
- 요약

제4부에서는 IT 관리와 관련해서 자주 발생하는 주요 현안 및 문제와 그 해결 방법에 대해 다음과 같은 방식에 따라 구체적으로 언급하였다.

- 문제 및 현안의 발생 배경
- 비즈니스 및 조직에 미치는 영향
- 예방 대책
- 탐지 대책
- 교정 대책

본서의 사용자

본서에 제시돼 있는 IT 관리 방법 및 기법은 그동안 기업 조직내 각계 각층의 사람들에 의해 그 가치를 인정받은 바 있지만, 특히 다음과 같은 사람들에게 더 큰 도움이 될 것으로 믿는다.

- 기업 조직의 IT를 관리 감독해야 할 경영진
- 비즈니스 부문의 관리자
- IT 부문의 관리자 및 IT 서비스 관리자
- IT 프로젝트 관리자 및 리더
- 변화 관리, 프로세스 개선 및 혁신, 6-시그마 관련 담당자
- IT 컨설팅 업체 및 아웃소싱 업체의 경영자 및 임직원
- IT 시스템 개발자
- IT를 공부하고 있는 학생 및 연구원

특히 IT 서비스 관리(IT Service Management, ITSM)의 국제적 표준이면서 ITSM Best Practice 모음집인 영국 OGC(Office of Government Commerce)의 ITIL(Information Technology Infrastructure Library) Core Component 6권의 내용을 현실 세계에 성공적으로 접목하고자 하는 사람들에게 아주 유용한 길라잡이가 될 것으로 생각한다.

본서의 저자 및 역자

본서의 공동 저자인 Bennet P. Lientz와 Lee Larssen은 도합 45년의 IT 관리 경력을 보유하고 있다. 이들은 다양한 규모의 9개 IT 조직들을 직접 관리하였고, 40개국, 95개 IT 조직과 비즈니스 조직들에게 IT 관리 컨설팅을 하였다. 이들도 처음에는 전통적인 방법과 기법을 적용하였다. 하지만 이러한 접근방식으로 실패를 겪자 새로운 접근방법을 고안해 내고, 본서는 저자들의 이러한 경험을 집대성한 최종 완결편이라고 할 수 있다. 이들이 본서를 통해 추구하고자 하는 바는 기업의 IT 책임자인 여러분에게 구체적이고 현실적인 관리 도구를 제공해, 여러분이 조직의 IT 업무를 더욱 효과적이고 효율적으로 수행할 수 있게 함으로써 궁극적으로 여러분 조직의 비즈니스에 더 많은 가치를 창출할 수 있도록 하고자 하는 것이다.

본서에 제시되어 있는 기법들은 그동안 정부기관, 운송, 물류, 금융, 보험, 항공, 제조, 부동산, 전력 및 가스, 설계, 석유 및 에너지, 의료, 천연자원 등 약 20개의 산업에 걸친 60여개 조직에서 구현 및 검증된 것들이다. 하지만 여러분들이 직접 적용해 본 경험 및 피드백은 본 기법을 고도화하는데 더 큰 도움이 될 것으로 믿어 의심치 않는다.

역자인 김명식은 Certified ITIL Service Manager 및 IT 관리 국제 자격증을 5개 보유한 IT 관리 전문가로서, 국내에서 17년 넘게 IT 전략 및 아키텍처, IT 서비스 관리 및 아웃소싱, IT 프로젝트 관리, 고객 관계 관리 실무를 직접 수행해 오고 있으며, 'ITIL 서비스 관리 핸드북' 등 IT 관리 서적을 4권 집필하였다.

본서의 특성

본서는 다음과 같이 아주 실용적인 IT 관리 도구를 제시하고 있다.

- IT 기획, 관리, 운영, 개발, 기술 선정, 프로세스 변경, 유지보수 및 지원 등 제반 IT 국면에 대한
- IT 관리를 위한 250개 이상의 가이드라인
- 비즈니스와 IT의 얼라인먼트를 위한 구체적인 수행 절차
- IT 성과, 아웃소싱 업체 관리 수준, 사용자 참여도를 측정할 수 있는 방법 및 평가표
- 획기적인 IT 성과 창출을 위한 핵심 성공 요인
- IT 관리 관련 핵심 현안 및 그 해결 방법
- 아웃소싱 업체의 수행 작업에 대한 감독 방법
- IT 전략 계획 수립 방법론 및 상시적 수립 프로세스
- 유형의 효과를 창출할 수 있는 프로젝트의 구상 및 선정 방법
- IT 내부에서의 커뮤니케이션 및 비즈니스 부문과의 커뮤니케이션 방법
- IT 투자 수익률 극대화 방법
- IT 활동에 사용자 참여를 증진시킬 수 있는 방법
- 유지보수, 개선 및 지원 활동에 대한 통제 및 감독 방법
- 신규 IT 시스템 및 조직 변화에 대한 저항을 해소할 수 있는 방법
- 아웃소싱 업체와의 관계를 개선시킬 수 있는 방법
- 경영진 및 비즈니스 부문에 대한 IT 프리젠테이션 방법
- 누구나 쉽게 즉시 사용할 수 있는 각종 테이블, 리스트 및 체크리스트

제1부

IT를 기획하고 지배하라

제1장

IT 관리 및 거버넌스 개황

IT 및 IT 관리 현안

인류가 정보시스템과 정보기술(Information Technology, IT)을 사용한 지도 근 50년 이상이 지났다. 그동안 컴퓨터 하드웨어, 커뮤니케이션 및 소프트웨어에 있어 수많은 발전이 이루어졌다. 이러한 변화를 크게 3가지로 대별하면 (1) 소형화, (2) 가격 대비 성능의 지속적 개선, (3) 복잡한 업무의 자동화로 요약할 수 있다. 이런 것들은 IT 발전의 긍정적인 측면이라고 할 수 있다.

부정적인 측면은 실패로 끝나는 IT 프로젝트 및 활동의 비율이 여전히 높다는 점이다. 조사 기관에 따라 다르지만, 유형의 효과를 창출한 IT 프로젝트는 전체의 40%미만이라고 하고, 납기 및 예산을 준수하면서 끝나는 프로젝트는 50%미만이라고 한다. 불행히도 이러한 프로젝트 관리 통계는 지난 20여년 동안 하나도 변하지 않았다. 기술의 발전과 새로운 방법 및 기법이 그토록 많이 개발되었음에도 불구하고 말이다. 매번 새로운 IT 관리 방법이 등장할 때마다 많은 것을 약속하지만 실제 기대 효과를 창출해 준 것은 거의 없다. 그동안 수많은 방법론이 나타났다 사라지는 가운데 사람들은 새로운 방법론 및 개념들이 IT 성공을 보증하는 '도깨비 방망이'로 생각하는 경향을 보여 왔다. 하지만 IT의 실패는 오늘날에도 계속해서 이어지고 있으며, 그 성공은 요원하기만 하다.

오늘날 IT 및 IT 관리와 관련해 자주 입에 오르내리는 주요 문제점으로 다음과 같은 것들이 있다.

- IT가 비즈니스와 얼라인먼트(Alignment)되어 있지 않다고 인식하고 있다. 기업의 경영자나 비즈니스 관리자는 IT 부서가 전혀 중요하지

않은 프로젝트에 전력투구하고 있다고 생각한다. 실제로도 IT는 엉뚱한 것을 위해 최선을 다하는 경우가 비일비재하다.

- IT 자원 및 노력의 대부분이 기존의 IT 시스템 및 기술에 대한 유지보수, 운영, 지원 활동에 사용되고 있다.
- IT 부서는 신기술의 유혹에 너무나 쉽게 빠지며 기업의 진짜 니즈의 충족을 등한시하고 있다.
- IT가 비즈니스를 적극적으로 선도하는 '능동적 니즈 선도형' 방식으로 행동하기보다는 비즈니스 이벤트나 요청이 발생하면 소극적으로 대응하는 '수동적 요청 대응형' 방식으로 행동하고 있다.
- 많은 IT 프로젝트들이 기업 조직의 실질적인 변화 및 그 기대효과를 제대로 실현시키지 못하고 있다.
- IT 및 IT 업무가 프로세스 개선과 단절되어 있다.
- 신기술에 대한 투자로부터의 기대효과가 제대로 발생되지 않고 있다. 학계 일각에서도 지난 20여년 간의 IT 투자와 그 효과에 대해 커다란 의문을 제기하고 있다.

위와 같은 IT 관리의 문제점들이 비즈니스에 미치는 영향은 사뭇 지대하다. 어떠한 기업에서든지 생존 및 성장은 매출과 이익을 창출하는 핵심 비즈니스 프로세스에 의존한다. 따라서 한 기업의 성공적인 IT 조직이라면 핵심 비즈니스 프로세스를 직접 지원하는 시스템과 기술을 구현해 주어야 한다. 이처럼 비즈니스 성패는 비즈니스 프로세스를 통해 IT와 아주 밀접한 관계를 맺고 있다. 바로 이것이 비즈니스와 IT 간 얼라인먼트(Business and IT Alignment)의 핵심이다. 월마트(Wall-Mart)나 토요타(Toyota)와 같이 성공한 기업들은 그 성공의 원인을 IT 시스템과 핵심 비즈니스 프로세스의 성공적인 통합에서 찾고 있다. 이 반면 케이마트(K-Mart)나 1990년대의 크라이슬러(Chrysler)와 같이 실패한 기업들은 IT 시스템과 핵심 비즈니스 프로세스를 효과적으로 통합하지 못한 결과, 필요 이상의 과잉 재고가 발생해 조직의 코스트가 급증하였고, 급기야 시장 지분(Market share)이 크게 떨어졌던 것이다.

IT 개선을 위한 전통적 접근방식

그동안 IT와 비즈니스 프로세스를 혁신하기 위한 노력들이 아주 많이 시도되었다. 이중에서 몇 가지 주요 접근방식들을 살펴보면 오늘날의 IT 관리가 직면하고 있는 문제점의 특성을 극명하게 파악할 수 있다.

▶ 아웃소싱

사실 아웃소싱은 전혀 새로운 것이 아니다. 역사적으로 볼 때, 이미 이집트 파라오 및 로마 시대부터 아웃소싱을 적용하기 시작하였고, 마키아벨리(Machiavelli)는 그의 저서 '군주론(Prince)'에서 용병에 대해 언급한 바 있다. 근자에 들어 IT 업무에 대한 아웃소싱이 다시 유행하고 있는 가운데 한 국가 내에서뿐만 아니라 국제적으로도 그 적용의 폭을 넓혀가고 있다. 그런데 과연 기업이 아웃소싱을 통해 IT 코스트를 절감했다고 말할 수 있을까? 간혹 그런 경우는 있었지만 대부분은 그렇지 못한 것이 작금의 IT 아웃소싱 현실이다. 그렇다면 앞서 언급한 IT 현안들은 아웃소싱을 통해 어느 정도 해결되었을까? 대답은 전혀 그렇지 않았다는 것이다. 물론 약간의 변화는 있었다. 하지만 IT 아웃소싱이 아무리 체계적으로 수행 및 관리되었더라도 아웃소싱은 단지 위와 같은 IT 관리 현안들을 해결하기 위한 하나의 솔루션에 지나지 않는다.

▶ 소프트웨어 패키지

기업이 소프트웨어 패키지의 도입을 통해 정보시스템을 구현하려는 근본적인 이유는 신속하게 적용할 수 있다는 장점과 자체적 개발을 통해 구현하는 것보다 리스크가 훨씬 작을 것이라고 생각하기 때문이다. 맞는 말이다. 하지만 소프트웨어 패키지는 유연성의 부족 등 근본적인 제약사항을 갖고 있다. 특히 기업들이 기존의 비즈니스 프로세스를 거의 변화시키지 않은 가운데 패키지를 구현함으로써 소프트웨어 패키지의 장점을 전혀 살리지 못하였다.

▶ 신기술 도입

무선기술, PDA(Personal Digital Assistance, 휴대용 정보 단말기), PC(Personal Computer) 등 신기술의 장점 및 기대효과는 대부분 과대 선전되는 경향이 있다. 경영진 및 IT 부서 역시 이에 편승해, 신기술이 기업 조직에 미치는 영향을 신중히 생각하지 않은 가운데 무턱대고 도입해 왔다. 이 결과 수많은 신기술 도입 활동들이 실패로 끝났고, 이로 인해 IT에 대한 신뢰가 크게 저하되었으며, 비즈니스 개선의 기회를 놓치고 마는 상황이 자주 발생하였다. 기업의 신기술 도입이야 말로 반드시 주의깊게 계획되고 관리되어야 할 것이다.

비즈니스 프로세스 개선을 위한 전통적 접근방식

이번에는 비즈니스 프로세스를 개선하기 위한 접근방법들에 대해 살펴보기로 하자. 이 역시 비즈니스 프로세스 내의 변화 및 개선을 실현시키는 것이 IT라는 점에서 IT 관리에 의미있는 시사점을 제공한다.

▶ 리엔지니어링(Reengineering)

리엔지니어링의 기본 개념은 프로세스에 근본적이고 급진적인 변화를 가하는 것이다. 따라서 기존의 모든 것을 무시하고 백지 상태에서 다시 시작하자는 것이다. 하지만 조직의 프로세스란 변화의 도중에도 돌아가야 하는 것이므로 이 역시 그리 효과적인 방법이 되지 못했다. 특히 프로세스를 지원해야 할 IT 시스템 및 기술의 변화를 도외시한 변화란 근본적으로 제한적일 수밖에 없다.

▶ 산업공학(Industrial Engineering)

산업공학의 기본개념은 프로세스 내에서 작업자의 업무 수행 방식을 측정해 개선을 도모하자는 것이다. 하지만 문제는 개선이 이루어진 후에 작업자들이 옛날의 방식으로 되돌아감으로써 프로세스가 이전보다 더 악화된다는 점이다.

▶ 전사적 품질 경영 및 식스 시그마(Total Quality Management & 6-Sigma)

이들은 서로 다른 접근방법이지만 측정에 중점을 둔다는 점을 공유하고 있다. 그런데 양자의 공통적인 문제는 교육훈련 비용이 상당히 많이 발생하고, 제대로 시행하기까지 학습곡선(Learning Curve)이 너무 길다는 점이다. 따라서 효과가 코스트보다 더 작은 경우가 많이 발생한다.

▶ 경영정보시스템(Management Information Systems)

주지하다시피 기본 개념은 신규 IT 시스템의 구현을 통해 비즈니스 프로세스의 문제점을 개선하다는 것인데, 본서에서는 더 이상 언급하지 않기로 하겠다.

이외에도 다양한 종류의 프로세스 개선 방법들이 있지만, 이들의 저변에 흐르는 공통적인 특성은 시스템 및 IT에 독립적이며 이들과 무관하다는 점이다. 전기한 비즈니스 프로세스 개선 방법들만 하더라도 거의 대부분 일차원적인 접근방식을 취하고 있다는 것을 알 수 있을 것이다. 비즈니스 프로세스의 변화가 제대로 실현되기 위해서는 반드시 다음과 같이 여러 영역에서의 변화들이 동시에 이루어져야 한다.

- 비즈니스 프로세스 및 트랜잭션
- 업무 수행 절차
- 정책
- IT 시스템 및 기술
- 조직
- 직원 및 이들의 역할과 책임
- 측정 체계

프로세스 개선이 성공적으로 이루어지기 위해서는 위와 같은 요소들을 모두 고려한 다차원적인 접근방식을 취하지 않으면 안 된다.

프로세스 개선의 범위를 결정할 때에는 반드시 2가지 점이 고려되어야 한다. 첫 번째는 프로세스 자체인데, 왕왕 개별 프로세스 내의 모든 것을 범위에 포함하는 실수를 범하고 있다. 사실 어떠한 조직에서든 프로세스 내에는 거의 모두 예외적 처리, 워크어라운드(Workaround, 임시방편의 업무처리 방법) 및 쉐도우 시스템(Shadow System, 조직 내 각 부서에서 비공식적으로 만들어 운용하고 있는 시스템)이 존재하기 마련이다. 그런데 이러한 것을 모두 한꺼번에 해결하고자 한다면 개선 활동은 깊은 수렁에 빠질 수밖에 없고 결국 실패로 끝나게 될 가능성이 높아진다.

두 번째 고려할 요소는 시간이다. 일단 프로세스의 개선이 이루어지고 어느 정도의 시간이 흐르면 변화의 노력도 시들해지기 마련이다. 우리의 몸이나 집, 옷 등과 마찬가지로 프로세스도 점차적으로 노쇠화 되어 간다. 일례로 조직에 새로 입사한 직원에게 비즈니스 프로세스에 대한 훈련을 제대로 시키지 않는다거나 기존에 수행하고 있는 업무와 전혀 맞지 않는 엉뚱한 업무가 새로 생기는 경우가 왕왕 발생한다.

IT 거버넌스(Governance)에 대한 리뷰

IT 거버넌스란 무엇인가? IT 거버넌스는 IT 관리보다 더 포괄적인 용어로서 일반적으로 IT 관리를 포함하는 개념이다. 간단히 말하면 IT를 지배한다는 것인데, 일반적으로 경영진, 비즈니스 부문, 사외 이사회 및 운영위원회의 역할과 책임을 정의하는 것을 말한다. 과거에는 IT를 지원 기능으로 간주했기 때문에 IT 거버넌스와 IT 관리는 큰 차이가 없었다.

지금으로부터 40년 전의 IT는 기업 조직의 재무부서나 회계부서와 같은 지원부서에 속한 하부기능에 지나지 않았다. 하드웨어 파워나 소프트웨어의 정교함은 지금과는 비교할 수 없을 정도로 미미하였다. 간단한 소프트웨어 프로그램 에러 하나를 고치는데 몇 개월이 걸리던 시절이었다. 기업 조직의 기술 인프라스트럭처(Technology infrastructure)는 컴퓨터 시스템 내에 존재하고 있었고, 컴퓨터 시스템의 인터페이스가 원시적인 수준이었으므로 IT 조직이 사용자 부서와 컴퓨터 시스템 사이의 중간 매개체 역할을 수행하였다. 따라서 IT 조직에 대한 명칭도 그냥 IT나 정보시스템이었고 행동방식도 철저히 '수동적 요청 대응형'이었다. 사용자 부서를 찾아가 최적의 활용 기회를 모색할 만한 자원도 충분히 보유하고 있지 않았기 때문이다. 특히 컴퓨터 하드웨어 및 소프트웨어 기능이 극히 제한적이었기 때문에 비즈니스 프로세스의 일부분만 자동화할 수밖에 없었고, 나머지는 수작업으로 수행되었다. 따라서 비즈니스 프로세스는 자동 처리 부분과 수작업 처리 부분으로 분리돼 따로따로 수행되었고, 작업은 중복되었다. 이러한 상태에서 일단 수작업 처리가 완료된 후에 그 처리 결과를 컴퓨터 시스템 안에 입력하는 방식으로 프로세스가 진행되었다.

이와 같은 상황에서 전개되었던 전통적인 IT 거버넌스의 모습은 그림 1.1에 잘 나타나 있다. 그림에서 보면 맨 위의 비즈니스 부서가 비즈니스 프로세스 내에서 업무를 수행하는 직원들을 통제하고 있다. 그 아래에는 어플리케이션 소프트웨어 및 소프트웨어 툴이 프로세스를 지원하고, 다시 그 아래에는 다양한 기술 요소로 구성된 하드웨어 및 소프트웨어와 네트워크 인프라스트럭처가 어플리케이션을 지원하고 있다. 그림의 왼쪽에는 IT 기획이, 오른쪽에는 IT 측정 및 통제가 위치해 있다. 이러한 구조의 IT 거버넌스는 다음과 같은 점을 시사한다.

- IT 거버넌스는 철저히 순수 IT 활동에만 초점을 맞추고 있다.
- IT는 프로세스에 대한 계획이나 측정을 수행하지 않는다.
- 일단 IT 시스템의 구축 및 IT 업무가 종료되면 프로세스의 변화를 구현하는 역할이 존재하지 않아, 단절이 발생한다. 다시 말해 아무도 IT 투자의 기대 효과를 실현하는데 책임을 지지 않는다.

이처럼 전통적인 IT 거버넌스 및 관리에서는 그림 1.1의 아래 부분에만 치중하였고 나머지 부분은 전혀 주의를 기울이지 않았다. 이러한 상황에서 IT 거버넌스가 무슨 가치가 있겠는가? 제대로 된 IT 거버넌스라면 다음과 같은 요소를 포함하고 있어야 한다.

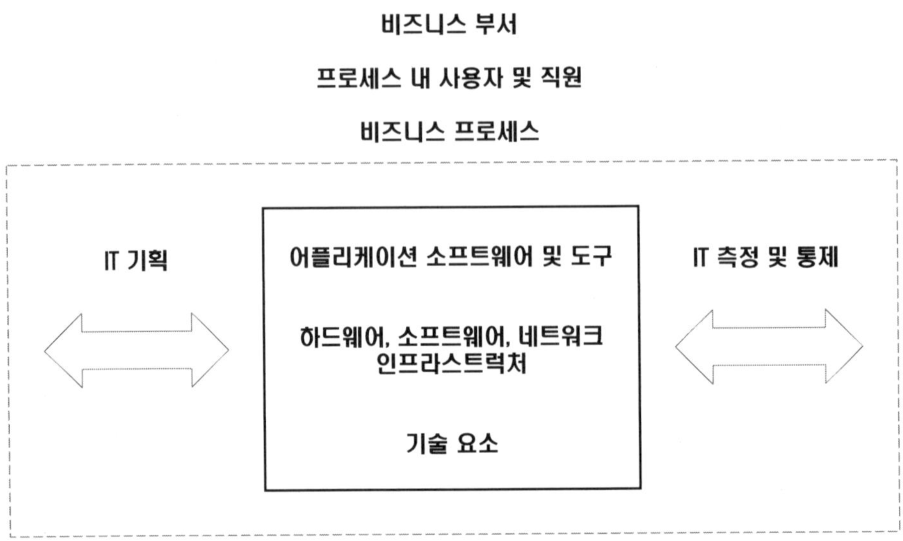

그림 1.1 전통적인 IT구조

- IT 방향 설정 및 감독
- 기업 조직 내에서 IT의 역할
- IT 활동 수행 과정에서의 비즈니스 부문 및 IT 부문의 역할과 책임
- IT와 프로세스에 대한 계획 수립 및 측정
- IT 포트폴리오 및 IT 프로젝트에 대한 관리
- 다양한 IT 활동에 대한 자원 배분
- IT 노력에 대한 직접 관리

IT 거버넌스의 문제점 및 최근 추이

앞서 언급한 것처럼 IT는 원래 '사용자 요청 반응형' 조직이었고, 오늘날에도 대부분 그렇다. 이는 IT 부서의 관리자와 직원들이 거의 모든 업무를

사용자 요청부터 시작하는 것으로 배워왔기 때문이다. 일단 사용자 요청이 제기되면 이에 대한 기술적 타당성, 적절한 IT 인력의 가용성, 소요 비용 및 기대 효과를 바탕으로 우선순위가 결정된다. 특히 IT가 기술적 지식 및 경험을 바탕으로 IT 계획과 예산을 독자적으로 수립하며, 심지어 기대효과마저 정의하고 있기도 하다. 그런데 바로 이로 인해 다음과 같은 IT 관리의 고질적인 문제가 끊임없이 제기되고 있다.

IT 투자 효과에 대한 현안

- 기대효과가 IT에 의해 정의됨으로 인해 관련 비즈니스 부문은 기대효과의 실현에 그 어떠한 책임과 의무를 지지 않게 된다. 이 결과 기업 조직에서 새로운 IT 시스템들이 많이 구축됨에도 불구하고 비즈니스 부문이 체감할 수 있는 유형의 효과는 거의 실현되지 않게 된다.

또 하나의 문제점은 신규 IT 프로젝트의 도출 및 선정 과정에서 찾아볼 수 있다. IT가 사용자 요청에 따라 움직이는 '수동적 요청 대응형' 환경에서 신규 IT 시스템에 대한 요청은 각 비즈니스 부서별로 따로따로 제기되고 있고, 이들 비즈니스 부서는 자기 부서의 활동에만 관련된 국부적인 문제를 해결하기 위해 새로운 시스템을 요청하는 경우가 많다는 점이다. 이로 인해 다음과 같은 IT 관리의 문제점이 발생된다.

IT의 영향에 대한 현안

- IT 활동이 여러 비즈니스 기능과 부서에 걸쳐 수행되는 이른바 '교차 기능적(Cross-functional) 프로세스'의 개선에 집중되는 대신에 이보다 덜 중요한 국지적인 프로세스에 집중되고 있다.

기업 조직의 여러 비즈니스 기능 및 부서에 걸쳐 수행되는 교차 기능적 비즈니스 프로세스의 개선 및 자동화는 조직 전반에 걸쳐 큰 효과를 발생시키는데 이는 교차 기능적 프로세스의 자동화를 통해 조직 전반에 걸쳐 승수효과(Multiplier Effect)가 발생하기 때문이다.

IT 부서의 신규 시스템 개발 및 패키지 구현 과정에도 문제가 존재한다. 대개 수동적 요청 대응형 IT 조직의 경우, IT 직원을 사용자 부서에 보내 요구사항을 파악하고, 이를 바탕으로 IT 솔루션을 제안하고 있다. 그런데 이 같은 접근방식이 또 다른 현안을 발생시키고 있다.

이러한 현안은 대부분 다음과 같이 사용자 요구사항 및 시스템 개발과 관련된 것들이다.

▶ IT 직원들은 대개 사용자가 말하는 것을 액면 그대로 수용하고 있다. 아울러 사용자들은 자기 부서의 문제를 가장 잘 알고 있으며, 시스템 관점에서 무엇이 필요한 것인지 확실히 말해 줄 수 있고, 새로운 IT 시스템으로 인한 변화에 적극 동참할 것으로 생각한다.

▶ 새로운 IT 시스템에 대한 요구사항도 대개 사용자가 원한다고 말한 것을 바탕으로 정의하고 있다.

▶ 새로운 IT 시스템을 통한 비즈니스 문제 해결도 기술적 관점에서만 생각하는 경향이 있다. 기존의 비즈니스 정책 및 절차의 개선과 같은 대안은 거의 고려하지 않는다.

▶ 비즈니스 프로세스의 현안중 비 기술적인 것들도 모두 IT 솔루션을 통해 해결할 수 있는 것으로 생각하고 있다.

▶ 현행 비즈니스 프로세스 내의 모든 것들을, 심지어 모든 예외적 처리 업무나 예외적 트랜잭션까지 자동화하려고 한다.

이 같은 전통적인 방식의 IT 관리 및 거버넌스를 생각해 보면 오늘날 그리도 많이 수행되고 있는 IT 프로젝트들이 기업의 비즈니스 프로세스에 전혀 득이 되지 않는 결과만 창출한다는 것이 그리 놀라운 일은 아니다. 이들 통해 우리는 다음과 같은 교훈을 얻게 되었다.

▶ IT 시스템에 대한 정확한 요구사항은 비즈니스의 방향을 정확히 알고 있어야만 제대로 파악될 수 있다. 비즈니스 프로세스에 대한 명확한 비전이 없는데 그 곳으로 가기 위한 길을 어떻게 알 수 있겠는가?

▶ 기업의 경영진과 비즈니스 관리자들이 변화와 새로운 IT 시스템을 원함에도 불구하고 오랫동안 동일한 방식에 따라 일해 온 직원들은 변화의 필요성을 전혀 느끼지 않을 수 있다. 사실 IT는 변화에 대한 저항을 제대로 고려하지 못했다. 이러한 저항은 새로운 IT 시스템의 구현을 실패하게 하는 핵심 요인의 하나이다.

▶ 비즈니스 문제에 대한 솔루션의 범위가 아주 협소했다. 대개 새로운 IT 시스템의 개발이나 기존 시스템의 변경에만 초점을 맞추어 왔다.

▶ 비즈니스 프로세스 내 모든 종류의 트랜잭션을 자동화 범위에 포함한다는 것은 시간과 노력의 낭비이며, 현실적으로 불가능한 일이다. 하지만 수많은 기업 조직들이 예외적 트랜잭션과 업무 처리를 당연한 것처럼 생각하고 있다.

시스템 요구사항 파악은 원래 많은 시간과 자원을 소모시키는 일이다.

전통적인 접근방식에서는 효과적인 요구사항 파악을 위해 (1) 예외적 트랜잭션을 모두 포함한 요구사항의 완벽함과, (2) 사용자 확인(Signoff) 및 (3) 표준화된 방식의 인터뷰를 강조한다. 그런데 문제는 요구사항 파악을 위한 인터뷰가 그리 효과적이지 못하다는 점이다. 사용자들은 종종 자기와 관련된 프로세스에 대해 잘 모르면서 마치 잘 알고 있는 것처럼 말하기도 하며, 때로는 IT 부서 직원들이 듣고 싶어 하는 것만 말하기도 한다. 특히 IT 부서 직원들은 인터뷰에서 파악된 내용을 거의 검증하지 않으며, 당해 비즈니스 부서의 업무 감독자나 소수의 핵심 직원들이 제공하는 정보에 전적으로 의존하는 경향이 있다. 이들 핵심 직원들을 '골목대장(The King and Queen Bees)'이라고도 하는데, 이들은 당해 부서에서 오랫동안 근무해 온 고참 직원들로서, 후배 직원들은 업무에 대한 지시를 전적으로 이들에게 의존한다. 이들 골목대장들은 업무에 대한 경험 및 지식을 바탕으로 자기 부서에서 막강한 비공식적 파워를 행사하며 때로는 이들 즐기기도 한다. 이러한 상황에서 IT 부서 직원들이 프로세스를 자동화하겠다고 이들 앞에 나타나면, 이들은 당연히 변화에 저항하는 태도를 보이게 마련이다. 자동화로 인해 그동안 자신이 쌓았던 파워가 없어지거나 축소되리란 것을 잘 알고 있기 때문이다. 하지만 더 문제인 것은 이러한 저항을 심각하게 생각하는 IT 관리자나 직원들이 극이 소수라는 점이다.

효과적인 IT 거버넌스 및 관리 방법

만약에 본서를 전통적인 IT 관리 방식에 따라 저술하였다면 이와 같은 문제들을 전혀 언급하지 않았을 것이다. 하지만 본서의 목적은 21세기의 IT 거버넌스 및 관리에 맞는 구체적인 방법론과 기법을 제공하는 것이다. 물론 본서에서 제시하는 새로운 방법과 전통적인 방법 간에는 차이점뿐만 아니라 공통점이 분명히 존재한다. 하지만 본서의 방법들은 20여 개국의

50개 조직에서 충분히 테스트되고 검증된 것이라는 사실을 말하고 싶다. 이들 새로운 IT 거버넌스 및 관리 방법들은 과거로부터의 교훈을 충분히 반영하고 있으며, 이제는 전문가들 사이에서 상식이 돼버린 것들로서 현재 실무에서 널리 활용되고 있는 것들이다.

본서의 전체에 걸쳐 추구하고자 하는 것은 기업 조직에서의 효과적인 IT 거버넌스 및 관리의 실현이다. 즉, IT가 기업의 비즈니스 전략 실행 및 핵심 비즈니스 프로세스 수행을 성공적으로 지원할 수 있도록 IT 자원을 종래의 '수동적 요청 대응형' 방식이 아닌 '비즈니스 니즈 선도형' 방식에 따라 활용 및 배치할 수 있는 것을 목적으로 하고 있다. 따라서 본서는 이 같은 목적을 위해 다음과 같은 목표를 달성하고자 한다.

- IT가 비즈니스 및 비즈니스 프로세스와 얼라인먼트될 수 있도록 지원
- 그 효과가 오래 지속되는 프로세스의 개선 및 조직 변화를 촉진
- IT 자원에 대해 선진화된 방식의 통제와 감독을 수행하도록 지원
- IT 및 비즈니스 프로세스를 모두 측정할 수 있도록 지원

본서에서는 이와 같은 목표를 달성하기 위한 핵심 성공 요소로 다음과 같은 것을 구체적으로 다루고 있다.

- 기존 및 새로운 방법과 기술에 대한 평가
- IT 및 프로세스에 대한 측정
- IT 전략 계획 수립 및 통제
- 전략적 아젠다 및 현안 리스트 관리
- IT와 비즈니스를 얼라인먼트하기 위한 구체적인 절차
- IT 자원 배분 및 예산 수립
- IT 포트폴리오 관리

- IT 프로젝트 관리
- IT 조직 및 비즈니스 지원 활동에 대한 감독

특히 본서에서는 IT 거버넌스 및 관리와 관련해 기업 조직 내부에서의 정치(Politics)에 대해 구체적으로 다루고 있다. 한 기업의 IT 책임자인 여러분은 잘 알고 있겠지만, 기업 조직에서의 IT란 종종 '정치적'일 수밖에 없다. 왜 그럴까? 그 이유는 다음과 같다.

▶ 거의 모든 IT 프로젝트는 IT 시스템에 대한 개선이나 변경을 통해 비즈니스 프로세스에 대한 변화를 촉발시킨다.

▶ 비즈니스 프로세스의 변화는 각 비즈니스 부서 내에서 뿐만 아니라 관련된 부서들 간의 공식적 또는 비공식적인 파워 구조(Power structure)에 지대한 영향을 미친다.

▶ 비즈니스 부서 직원들은 대부분 오랫동안 적용해 온 방식에 더 많은 안정감을 느끼며 새로운 변화에 저항하는 경향이 있다.

▶ 많은 IT 프로젝트 실패 사례의 공통적인 특성의 하나가 미숙한 변화 관리로 인해 조직 구성원의 저항을 제대로 다루지 못했다는 점이다.

여기에서 주목해야 할 점은 IT는 비즈니스 프로세스와 직접 연계되어 있을 뿐만 아니라 변화 관리(Change Management)와도 연계되어 있다는 점이다. 이는 그림 1.2에 잘 나타나 있다. 그림 1.1에 비해 그림상의 점선 영역이 확대된 것을 알 수 있을 것이다. 이는 IT 거버넌스 및 관리의 범위가 확대되었다는 것을 의미한다.

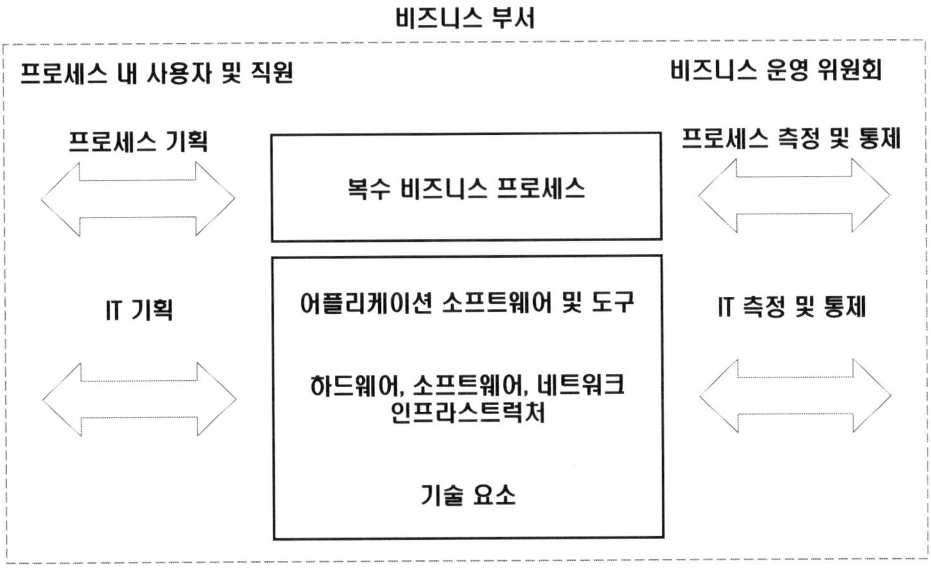

그림 1.2 현대적인 IT 구조

그림 1.3에서는 현대적인 접근방식의 IT 거버넌스 및 관리와 전통적인 접근방식간의 차이가 요약돼 있는데, 이들 하나하나에 대해 좀 더 자세하게 알아보도록 하자.

▶ 전통적인 IT 거버넌스 및 관리 방식에서는 개별 IT 업무별로 관리의 관점이 형성된다. 즉, 개별 IT 업무의 고유한 특성에 초점이 맞춰져 있기 때문에 업무간 공통적인 패턴을 파악해서 이전에 성공적으로 수행했던 것을 반복 또는 재사용(Reuse)하는 것은 거의 생각하지 못한다. 이 반면에 현대적인 IT 거버넌스 및 관리방식에서는 새로운 작업의 업무 부하를 최소화하기 위해 패턴 및 유사성 파악에 중점을 둔다.

영역	전통적 접근방법	현대적 접근방법
업무 수행 방식	요청 대응형	니즈 선도형
태도	프로젝트별 특수성, 개별적 개선 지향	프로젝트 간 유사성, 총체적 개선 지향
솔루션	시스템	정책, 절차, 시스템 등
범위	시스템에 제한	시스템 및 프로세스 포함
IT 프로젝트 범위	시스템	시스템 및 프로세스 변화
프로세스 개선	대부분 배제	항상 포함
변화 관리	배제	항상 포함
자원	개별 업무에 전담 배정	배분의 유연성 및 관리 통제
아웃소싱	개별적 관점에서 대상 영역별 접근	총체적 관점에서 전략적으로 접근
IT-비즈니스 얼라인	정형화된 접근방식 부재	프로세스를 통한 정형화된 접근방식
IT 역할	기술적 및 지원 역할	지원 및 통합 조정
IT 측정 역할	부재	IT에 의한 측정치 통합 조정

그림 1.3 전통적인 IT 거버넌스 및 관리 방식과 현대적 접근방식

▶ 전통적인 접근방식에서는 사용자 요청에 대해 주로 IT 시스템 기반 솔루션의 제공을 통해 반응한다. 이와는 달리 현대적 접근방식에서는 비즈니스 문제 해결에 중점을 두며, 경우에 따라 IT 시스템이 전혀 개입하지 않을 수도 있다.

▶ 현대적인 IT 거버넌스 및 관리에는 개별 비즈니스 프로세스에 대한 측정과 통합 조정, 즉 코디네이션(Coordination)이 포함된다. IT가 이러한 역할을 수행한다는 것에 대해 여러분은 의아하게 생각할 수 있지만 여기에는 그럴만한 이유가 있다. 무릇 어떠한 기업 조직이든 핵심 프로세스란 내부의 여러 업무 기능 및 부서에 걸쳐 수행된다. 그런데 이러한 교차 기능적 프로세스(Cross-functional process)의 오너(Owner)는 엄밀히 말해 기업의 전반적 경영을 책임진 경영진

이외에는 그 누구도 아니다. 하지만 현실적으로는 조직 내부의 특정 부서가 오너쉽(Onwership)을 갖게 되는데, 이러한 상황에서는 IT가 교차 기능적 프로세스에 대한 코디네이션을 수행하기에 가장 적합한 곳이 된다. 왜냐하면 특정 비즈니스 프로세스와 관련해 모든 부서에 걸쳐 업무를 수행하는 곳은 IT이며, IT만이 프로세스 전반에 대한 지식을 보유하게 되기 때문이다. 물론 IT 부서가 이러한 업무를 잘 수행할 수 있느냐는 별개의 문제이다.

▶ 전통적인 접근방식에서는 일단 IT 자원이 특정 프로젝트나 업무에 배정되면 그 이후에는 다른 핵심 업무에 자원을 재배치하기 어렵다. 이와는 달리 현대적 접근방식에서는 IT 자원을 조직의 상황에 따라 역동적으로 배분한다.

기대효과

지금 본서를 읽고 있는 여러분은 기업의 경영진일 수도 있으며, IT 부문 및 비즈니스 부문의 임직원이거나, IT 거버넌스 및 관리 분야의 컨설턴트 또는 이를 전공하는 대학원 학생일 것이다. 이처럼 다양한 계층의 독자들에게 본서에 제시된 IT 거버넌스 및 관리 접근방식은 다음과 같은 효과를 제공할 것으로 확신한다.

▶ **IT와 비즈니스의 효과적인 얼라인먼트**

이 같은 접근방식을 사용한 조직들은 전통적인 접근방식을 사용했을 때보다 IT를 비즈니스에 더욱 성공적이고 효과적으로 얼라인먼트 할 수 있었음을 보여 주었다.

▶ 포괄적인 IT 거버넌스 및 관리 방법

본서에서는 IT 활동에 대한 표준화뿐만 아니라 프로세스 개선, IT 프로젝트 관리, 변화 관리 등을 포함해 아주 포괄적인 방식으로 IT 거버넌스 및 관리에 접근하고 있다.

▶ 공통적인 주제

본서의 전편을 관철하고 있는 3가지의 공통 주제가 있는데, 첫째는 업무 공조 또는 협업(Collaboration)이다. 이 같은 공조는 IT 관련 현안의 해결이나 IT 개선의 누적 효과를 유발하는데 있어 핵심 요소이다. 두 번째는 방법론과 관련해 모델, 아웃라인 및 템플릿에 집중하고 있다는 것이다. 세 번째는 측정이다.

▶ 현실적인 접근방법

여러분이 매일 숨을 쉬며 살아가고 있는 IT 세계에 아주 현실적으로 접근하고 있다. 따라서 IT와 관련된 '폴리티컬'한 현실 문제에 대해 구체적으로 다루고 있다.

▶ 유연한 접근방법

소규모 기업 조직에서부터 수천 명의 IT 인력으로 구성된 대규모의 다국적 기업 조직에 이르기까지 다양하게 적용할 수 있는 아주 유연한 접근방식을 취하고 있다.

▶ 개선의 누적 효과

본서에 소개된 방법과 기법들은 시간의 흐름과 함께 쌓이는 지식과 경험을 통해 여러분 조직의 IT 거버넌스 및 관리를 지속적으로 개선시킬 수 있도록 구성되어 있다. 이와 같은 지속적인 개선으로 인한 누적 효과야 말로 현대적인 IT 거버넌스 및 관리 방법의 주요 목표 중의 하나이다.

▶ **구현의 용이성**

본서에 제시되어 있는 IT 거버넌스 및 관리 방법론은 적용 대상이 소규모 조직이든 대규모 조직이든 관계없이 쉽게 사용될 수 있는 것들이다. 따라서 이들 방법론은 여러분의 조직에 적용할 때에 구태여 외부 전문가나 컨설턴트의 도움 및 새로운 소프트웨어의 구입 등을 필요로 하지 않는다.

그런데 여러분이 이 같은 현대적인 IT 거버넌스 및 관리 방법의 장점을 제대로 구현해 그 효과를 극대화하기 위해서는 다음과 같은 점을 반드시 명심하여야 한다.

▶ IT 활동 자체의 성과는 성공적이었음에도 불구하고 비즈니스 성과가 좋지 않은 경우가 종종 발생한다. 도대체 이런 상황이 어떻게 발생할 수 있단 말인가? 그 이유는 잘못된 프로젝트나 덜 중요한 활동 또는 정치적 측면에서 별의미가 없는 활동에 힘을 쏟아 부었기 때문이다. 다시 말해 여러분이 전력을 기울인 IT 활동이 그 이해 관계자들에게 매력이나 이익이 전혀 또는 거의 없는 것처럼 보였다는 말이다.

▶ IT 투자로 인한 기대효과를 반드시 실현하기 위해서는 IT 시스템뿐만 아니라 비즈니스 프로세스도 꼭 변경시켜야 한다. 하지만 이것이 다가 아니다. 조직 구성원들의 업무 수행 성향을 새로운 프로세스에 맞도록 변화시켜야 한다.

본서의 구성

본서는 다음과 같이 4가지 파트로 구성되어 있다.

▶ 제1부 IT를 기획하고 지배하라.

IT 거버넌스, 기술 평가, IT 전략 계획 수립 및 측정이 설명돼 있다.

▶ 제2부 IT 직원과 작업을 관리하라.

IT 포트폴리오, IT 인력, IT 프로젝트 및 업무에 대해 설명돼 있다.

▶ 제3부 IT를 감독하고 조율하라.

코디네이션(Coordination)을 통해 비즈니스 부문을 IT활동에 적극 참여케 하고, 아웃소싱 업체 관리, 경영진 커뮤니케이션, 시스템 개발 및 패키지 구현을 성공적으로 수행하기 위한 방법을 다루고 있다.

▶ 제4부 핵심 IT 관리 현안, 이렇게 처리하라.

IT 인력, 시스템 및 기술, 경영진, 비즈니스 부문, 아웃소싱과 관련해 최근 부각되고 있는 핵심 현안 및 그 해결 방법에 대해 다루고 있다.

본서의 제1부, 제2부, 제3부의 각 장은 다음과 같이 구성되어 있다.

▶ 서론

전통적인 IT 거버넌스 및 관리의 구성 요소와 문제에 대해 설명한다. 전통적 접근방식과 현대적 접근방식 간의 비교가 포함되어 있으며, 접근방식별 기술적, 관리적, 정치적 목표가 정의되어 있다.

▶ 접근방법

각 장의 핵심 주제에 관한 개괄적인 접근방법과 그 적용을 위한 구체적인 가이드라인을 다루고 있다.

▶ IT와 비즈니스의 얼라인먼트

각 장에 제시되어 있는 접근방법들이 비즈니스와 IT의 얼라인먼트에 어떻게 기여하는지에 대해 설명한다.

▶ 리스크 관리

각장의 주제와 관련된 문제와 현안들이 IT를 지배하고 관리하는데 있어 리스크와 어떻게 연결되어 있는지에 대해 설명한다.

▶ 사례

각 장에는 사례가 3가지 실려 있다. 이들 사례는 모두 저자들이 직접 경험한 실제 조직 및 상황을 바탕으로 구성한 것이다. 첫 번째 사례는 전 세계에 걸쳐 대규모 IT 조직을 여러 개 운용하고 있는 다국적 에너지 회사인 Supreme Oil이며, 두 번째는 중간규모의 IT 조직을 운용하고 있는 지방 자치 단체인 Tucker County이며, 세 번째는 소규모의 IT 조직을 운용하고 있는 Shamrock Agriculture이다. 사례의 조직별로 IT 관리 현안뿐만 아니라 기술 및 정치적 현안도 함께 소개하였다.

▶ 교훈

각 장에 제시된 방법론 및 접근방식의 적용 과정에서 실제로 획득한 지식과 경험이 설명되어 있다.

▶ 성과 측정

조직이 IT 업무 수행 결과를 제대로 평가할 수 있도록 스코어카드 방식(Scorecard Approach)을 활용한 성과 측정 방법을 제시하고 있다.

▶ 요약

각 장에서 다룬 내용의 전반적인 개요를 간략히 설명하고 있다.

제4부의 각 장에서는 IT 거버넌스 및 관리와 관련해 기업 최근의 주요 현안과 그 해결 방법에 대해 다음과 같은 형식으로 설명하고 있다.

▶ 배경

– 당해 문제 및 현안이 어떻게 발생하는가?

▶ 영향

– 문제를 해결하지 않으면 조직에 어떠한 영향을 미치는가?

▶ 예방

– 문제 및 현안의 예방을 위해 어떻게 해야 하는가?

▶ 탐지

– 어떻게 하면 문제 및 현안을 적시에 제대로 파악할 수 있는가?

▶ 대책

– 문제 및 현안의 해결 방법

비즈니스와 IT의 얼라인먼트(Alignment)

IT는 수행 활동이나 프로젝트 또는 적용 기술에 관한한 구체적인 것을 지향하려는 경향이 있다. 이 반면에 비즈니스 목표나 현안 및 전략 등은 개괄적인 경우가 많다. 비즈니스와 IT를 얼라인먼트 하는데 있어 가장 큰 관건은 개괄적인 비즈니스 요소를 구체적인 IT 요소로 전환시키는 것이다. 다시 말해 비즈니스 프로세스를 통해 비즈니스와 IT를 얼라인먼트 하는 것이 핵심 성공 요인이며, 이는 그림 1.4에 잘 나타나 있다. 그림의 세로 방향은 비즈니스와 IT의 얼라인먼트 접근방식을 나타내며, 가로의 방향은 얼라인먼트 대상인 비즈니스, 프로세스, IT를 나타낸다. 지금은 그림상의 테이블이 빈칸으로 되어 있는데, 이들은 모두 본서의 전편을 통해 하나씩 채워지게 된다.

얼라인먼트 요소	비즈니스	프로세스	IT
목표			
현안 및 문제			
추진 전략			
수행 활동			
추진 계획			
기대 효과			
영향			

그림 1.4 비즈니스와 IT의 얼라인먼트

리스크 관리

한 기업의 IT 책임자인 여러분은 IT 리스크에 대해 조직 구성원이라면 누구나 쉽게 상식 수준에서 이해할 수 있고 적용할 수 있는 정의를 마련하여야 한다. 리스크란 수학적 관점에서 보면 어떤 문제가 발생할 가능성 또는 확률에 그것이 발생했을 때, 입게 될 손실 또는 영향을 곱하는 것을 말한다. 본서에서도 비슷한 정의를 적용하고 있다. 어떠한 IT 프로젝트나 계획과 같은 특정 IT 요소가 1개 이상의 중차대한 문제나 현안을 보유하고 있으면 그 자체를 리스크로 간주하거나 또는 'Risky'하다고 한다. 여기에서 중차대함의 정도는 문제 또는 현안의 발생 가능성과 영향의 정도에 의해 결정된다. 이러한 접근방식은 특히 리스크의 이면에 존재하는 유발요인들을 이해할 수 있도록 해 준다는 점에서 아주 유용한 접근방식이다. 그런데 IT와 관련해 리스크가 존재하는 이유는 무엇일까? 바로 관련 문제 및 현안 때문이다.(중요한 것이므로 다시한번 강조해 보았다.)

일반적으로 기업 조직의 IT가 직면하는 리스크들은 거의 대부분 다음과 같은 문제나 현안과 관련된 것들이 주류를 이루고 있다.

▶ IT 자원이 대부분 현행 IT 시스템의 운영 및 지원이나 각 비즈니스 부서의 내부 업무 프로세스를 지원하는 작업에 배정되어 있다. 이로 인해 비즈니스 부서 간 프로세스(Cross-department Process)나 교차 기능적 프로세스(Cross-functional Process)의 지원을 위한 자원이 거의 존재하지 않게 된다. 이는 기업으로 하여금 종종 아주 심각한 상황에 빠지게 한다. 따라서 IT 자원 배정 및 IT 작업 도출 시 미래 지향적인, 다시 말해 능동적 니즈 선도형 접근방식을 취할 필요가 있다.

▶ 많은 IT 프로젝트들이 제대로 종료되지 않거나 종료되더라도 애당초 약속한 비즈니스 효과를 제대로 실현하지 못하고 있다. 이러한 것은 IT 프로젝트 관리 및 업무에 변화 관리와 지속적인 프로세스 개선이 포함되어야 한다는 점을 시사한다.

▶ 비즈니스 부문의 인력들이 새로운 변화 및 개선에 적극적인 노력을 기울이지 않는다. 더 나아가 변화에 저항하는 경향을 보이기도 한다. 이 결과 기업의 경영진 및 IT 부서가 열심히 노력함에도 불구하고 실패로 끝나는 경우가 종종 발생한다.

사례

SUPREME OIL – 종합 에너지 회사

Supreme Oil은 전 세계 20여 개국에서 에너지 탐사, 생산 및 개발을 수행하고 있는 종합 에너지 회사이다. IT 조직은 분산되어 있는데 본부 IT 조직이외에 탐사, 개발, 정제, 유통, 소매 등과 같은 비즈니스 부문별로 각각 독자적인 IT 조직을 운영하고 있었다. Supreme Oil은 그동안 여러 차례 다양한 표준 시스템 및 컴퓨터 소프트웨어 패키지를 구현했음에도 불구하고 비즈니스 문제 및 현안은 점점 증가해 왔다. 특히 지질 및 토목 조사 활동은 통합적인 지원을 전혀 받지 못했다. 이로 인해 중요한 시추용 부지 입찰에 실패를 거듭해 왔을 뿐만 아니라 변변치 않은 부지에 지나친 가격으로 입찰하는 등의 실수를 계속 범하였다. 경영진의 불만 역시 극에 달해 기회가 있을 때마다 IT 투자로부터 효과를 충분히 얻지 못해왔다는 점을 지적하곤 하였다.

TUCKER COUNTY – 지방 정부

Tucker County는 인구가 천만 명이 넘는 지역을 관할하고 있는 지방 정부, 즉 지방 자치 단체이다. IT 조직은 중앙집중식 구조로 되어 있으며, 주로 '수동적 요청 대응형' 방식으로 업무를 수행해 오고 있었다. 그동안 IT 조직은 많은 프로젝트 착수했지만 제대로 종료된 것은 극히 드물었다. 또한 기존에 사용하고 있는 기술 역시 최신의 기술은 아니었다. 이 같은 상황에서 비즈니스 부문은 IT에 관해 독자적인 행보를 걷기 시작하였고, IT 부문은 이 같은 상황을 전혀 통제하지 못하였다. 이는 사용자 부서가 생각하기에 IT 조직의 행동이 민첩하지 못했기 때문이었다.

SHAMROCK AGRICULTURE – 농업 협동조합

Shamrock은 우유 및 사료 생산, 소매 유통, 본부 운영 등 다양한 분야에서 영농인을 지원하고 있는 농업 협동조합이다. IT 조직은 소규모임에도 불구하고 열심히 일해 왔으며, 업무는 높게 평가받고 있었는데, 실제로도 작업의 품질은 높은 것으로 밝혀졌다. 그런데 처리해야 할 업무는 언제나 산적해 있었던 반면, IT 인력을 증원할 재원이 충분하지 못한 실정이었다.

사례의 조직들은 업종이 완전히 다른 조직들로서 저마다 독특한 문제와 현안을 갖고 있다. 하지만 좀 더 살펴보면 이들은 공통적으로 다음과 같은 문제를 겪고 있음을 알 수 있다.

- 비즈니스와 IT를 얼라인먼트해야 한다.
- IT의 Value를 파악하기 위해 IT를 측정해야 할 필요성이 있다.
- IT 거버넌스, 조직 및 관리 방식을 개선할 필요가 있다.

교훈

▶ IT 조직을 전통적인 모델에서 현대적인 모델로 변화시킨다는 것은 하루 아침에 될 수 있는 것이 아니다. 저자들의 경험으로부터 획득한 교훈은 이 같은 변화는 기업 조직의 윗선에서 가하는 압력이나 정책 및 규제를 통해 하는 것보다는 IT 조직 내부에서 자발적으로 추진될 때에 가장 효과적이었다는 점이다.

▶ 가장 효과적이었던 방법은 조직에서 기존 방식의 IT가 없어질 경우, 어떻게 될 것인지, 그 영향을 분석하는 것이었다. 비슷한 방법으로 기존의 IT 자원을 재배분한다고 할 경우에 수행할 수 있는 비즈니스 활동을 수행하지 못함으로 인해 조직이 지불해야 하는 기회 비용(Opportunity Cost)을 추정하는 것도 있었다. 이 같은 방식을 통해 관련 당사자들은 현재의 상황에서 벗어나 더 넓고 더 멀리 조망해 볼 수 있었다.

▶ IT 거버넌스 및 관리에 대한 변화를 고려하고 있을 때에 제일 먼저 해야 할 일은 현행 IT 거버넌스 및 관리를 평가하는 것이다. 이 같은 평가 작업 역시 목표를 명확히 수립해 반드시 달성하여야 한다. 먼저 변화를 통해 해결하고자 하는 문제 및 현안을 정확히 밝혀내야 한다. 두 번째는 조직의 구성원들이 변화의 필요성뿐만 아니라 변화하지 않았을 때에 받게 될 영향에 대해 정확히 인지할 수 있도록 만드는 것인데, 이는 저자들의 경험에 따르면 첫 번째 목표보다 더 중요한 것이었다. 이들 목표가 달성되지 않으면 기업의 최고 경영진이 시도하는 노력마저도 모두 무위가 되고 말았다.

- ▶ 별도의 큰 추가 노력 없이 즉시 사용할 수 있는 다음과 같은 자료를 활용해 차트를 만들면 아주 유용하게 활용할 수 있다.
  - 경영진, 사용자 등 다양한 소스별 IT 지원 요청 구성 현황. 이를 통해 이에 대한 IT 대응 정도를 추정해 볼 수 있다.
  - 개발, 개선, 유지보수, 지원 등 IT 업무별 시간 투입 현황. 지원 활동 등에 많은 시간이 투입되고 있을수록 신규 IT 개발 작업에 투입할 수 있는 자원은 그만큼 부족하다는 점을 파악할 수 있을 것이다.
  - 납기 및 예산 준수, 가시적 효과의 산출과 같은 프로젝트 성과 분석. 이를 통해 프로젝트 아이디어들을 어떻게 평가하고 있고, 선정하고 있는지 재조망해 볼 수 있다.

IT 조직의 성과 측정

여러분은 그림 1.5에 제시된 척도를 통해 IT 조직의 성과를 측정할 수 있다. 그런데 이들 성과 척도에 대해 설명하기 전에 먼저 이 같은 측정을 어떻게 수행하는지 알아보기로 하자. 성과 측정의 근본적인 목적은 성과 평가 후의 개선 활동 및 교정 대책에 대한 이해 관계자의 합의를 도출해 개선 활동 및 대책이 범조직적인 지지를 받는 가운데에 수행될 수 있게 하고자 하는 것이다. 따라서 IT 성과 측정을 위한 스코어 카드(Score Card)는 IT 조직뿐만 아니라 비즈니스 부문의 관리자 및 사용자도 함께 참여해서 협의를 통해 개별 측정 요소가 결정될 수 있도록 하여야 한다. 이 같은 접근방식의 근본 목적은 성과 평가 과정을 통해 조직의 합의를 도출하자는 것이다. 한 가지 유의할 사항은 이것은 기술 표준을 결정하는 평가와는 전혀 다른 것으로서, 조직 변화에 대한 지지를 최대한 많이 확보하고자 하는 아주 정치적인 행위이다. 따라서 점수를 매길 때에도 단순히 높음, 보통, 낮음으로 해도 되며, 1부터 5까지의 5 단계로 해도 무방하다. 중요한 것은 점수를 산정하는 요소에 대한 토의를 사심 없이 중립적으로 수행함으로써 다양한 의견과 관점을 가급적 최대한 표출시킬 수 있어야 한다는 점이다. 그러면 각 개별 요소에 대해 알아보도록 하자.

▶ IT 직원 숫자

- 이를 통해 비즈니스 부문에서 IT 업무를 수행하고 있는 인력들에 대해서도 관심을 갖게 될 것이다.

▶ 전체 직원 숫자

- 전반적인 현황이나 이와 대비한 비율 분석에 활용된다.

▶ 전체 직원 대비 IT 직원 구성 비율

- IT 인력의 규모 및 범위를 파악할 수 있다.

▶ '능동적 니즈 선도형' 방식에 따라 착수된 프로젝트 비율

- 만약 이 비율이 낮으면 IT 조직이 '사용자 요청-반응형'으로 움직이고 있다는 것을 시사한다.

▶ 프로젝트에 전담 배치된 인력의 비율

- 이 비율이 적정하다는 것은 기존 IT 시스템 운영 및 지원 활동에 대한 통제를 제대로 하고 있다는 것을 의미한다.

▶ 평균 프로젝트 수행 기간

- 가급적 1년 미만이 좋다. 장기 프로젝트를 많이 하면 할수록 IT 조직에게 문제가 많이 발생한다.

영역	점수	비고
IT 직원 숫자		
전체 직원 숫자		
전체 직원 대비 IT 직원 구성 비율		
니즈-선도형 방식에 따라 착수된 프로젝트 비율		
프로젝트에 전담 배치된 인력의 비율		
평균 프로젝트 수행 기간		
기대 효과를 실제로 구현한 프로젝트의 비율		
납기를 준수한 프로젝트의 비율		
예산을 준수한 프로젝트의 비율		
효과를 실현한 프로젝트에 투입된 인력 시간 비율		
기각된 프로젝트 제안(구상안)의 비율		
프로젝트 간 공통 현안 건수		
템플릿 활용 정도		
IT 인력의 이직률		
벤더로부터의 지식 전수 정도		
벤더들에 대한 공통 대처 계획		
벤더 관련 공통 현안 데이터베이스 활용 정도		
평균 IT 현안 해결 시간		
평균 벤더 현안 해결 시간		
프리젠테이션 템플릿 활용 정도		
현안 해결 및 교훈 습득을 위한 미팅 활용 정도		
IT 문서화 평가 방법		
요구사항 체크리스트		
프로세스 측정 및 스코어 카드		
프로세스 계획		
현안, 교훈 및 템플릿 관련 통합 조정 역할		

그림 1.5 IT조직 성과 측정 척도

▶ 기대 효과를 실현시킨 프로젝트의 비율

– 일반적으로 이 비율은 다음의 2개 비율보다 낮다.

▶ 납기를 준수한 프로젝트의 비율 및 예산을 준수한 프로젝트의 비율

– 가장 기본적인 프로젝트 관리 역량을 나타낸다.

▶ 효과를 실현한 프로젝트에 투입된 인력 시간 비율

– IT 자원 배정의 효과성을 파악할 수 있다.

▶ 기각된 프로젝트 제안(구상안)의 비율

– 이 비율이 높으면 조직이 선별해서 프로젝트를 수행하고 있다는 것을 의미한다.

▶ 프로젝트 간 공통 현안 건수

– 현안을 '능동적 니즈 선도형' 방식에 따라 관리하고 있다는 것을 시사하는 지표로 활용될 수 있다.

▶ 템플릿 활용 정도

– IT 조직 내부에서 표준화된 방법론의 실제 활용도를 나타낸다.

▶ IT 인력의 이직률

– 적정한 수준을 유지하여야 한다. 낮으면 일하는 방식에 문제가 있다는 것, 너무 높으면 IT 업무의 불안정성을 시사한다.

▶ 외부 IT 업체로부터의 지식 전수 정도

– 이 척도는 일반적으로 주관적인 평가에 의지한다.

▶ 아웃소싱 업체에 대한 공동 대처 계획

– 아웃소싱 업체에 대한 통제력을 나타내주는 주요 지표의 하나로 활용된다.

▶ 업체 관련 공통 현안 데이터베이스 활용 정도

– 아웃소싱 업체에 대한 통제를 위해 범 조직 차원의 공조를 나타내는 지표로 활용할 수 있다.

▶ 평균 현안 해결 시간

– IT 조직 내부 현안 해결 시간 및 아웃소싱 업체 관련 현안 해결 시간을 측정한다.

▶ 현안 해결 및 교훈 습득을 위한 미팅 활용 정도

– 현안 및 교훈과 관련해 적절한 주의를 기울이고 있는지 파악할 수 있다.

▶ IT 문서화 평가 방법 및

– IT 조직 내부에서 표준화된 방법론의 실제 활용도를 나타낸다.

▶ 프로세스 계획

– 이는 특정 프로세스가 시간의 흐름에 따라 향후 어떻게 변화할 것인지 예측하기 위해 체계적으로 접근하는 방법인데, 이에 대해서는 추후 더 자세히 설명될 것이다.

▶ 기타 성과 척도

– IT 문서화 평가 방법 및 요구사항 체크리스트

– 프리젠테이션 템플릿 활용 정도

– 요구사항 체크리스트

– 프로세스 측정 및 스코어 카드

– 현안, 교훈 및 템플릿 관련 통합 조정 역할

요약

기업의 비즈니스 프로세스 수행에 있어 IT 및 정보시스템의 중요성이 점점 증가되고 있다. 오늘날, 기업의 비즈니스 및 기술적 활동뿐만 아니라 조직 문화 및 '정치적' 활동마저 IT에 의해 성패가 좌우된다고 해도 과언이 아니다. 이처럼 기업 입장에서 IT가 그 어느 때보다 중요해짐에 따라 극히 제한된 활동 범위 내에서 '**수동적 요청 대응형**' 접근방식을 취했던 전통적인 IT 거버넌스 및 관리로는 점점 복잡해지고 정교해지는 비즈니스 부문의 IT에 대한 수요에 적시에 제대로 대처할 수 없다.

기업의 비즈니스가 성공하기 위해서는 **IT와 비즈니스의 얼라인먼트**(Alignment)가 반드시 이루어져야 하고, 이를 위해 비즈니스 프로세스와 완벽하게 통합되어야 한다. 즉, 기업의 IT 자원 배분, IT 포트폴리오 관리, IT 프로젝트 관리, 프로세스 개선 및 혁신, 변화 관리가 모든 함께 연계해 지속적인 프로세스 개선을 지원할 수 있는 접근방식을 취해야 한다. 바로 이것이 과거, 효율성을 목표로 전개되었던 전통적인 IT 거버넌스 및 관리와 근본적으로 다른 '**능동적 니즈 선도형**' 접근방식을 취하는 현대적인 IT 거버넌스 및 관리인 것이다. 이젠 효율성보다는 효과성이 IT의 핵심 목표가 되어야 할 때이다.

제2장

IT 거버넌스 및 관리감독

서론

앞장에서 IT 거버넌스 및 관리를 기업의 비즈니스 목표와 최근 추세에 따라 정의하였다. 이번 장에서는 비즈니스 비전 및 목표와 같은 비즈니스 팩터(Factor)가 IT와 어떻게 연계되어 있는지 알아보고, 이러한 상황에서 가장 바람직한 IT 조직의 역할 및 책임에 대해 설명하고자 한다. 본장의 목적은 비즈니스와 IT의 얼라인먼트(Alignment)를 효과적으로 정의하기 위한 가이드라인을 제시해, 오늘날의 경영 환경에 최적합한 IT 거버넌스 및 관리를 성공적으로 구현할 수 있도록 하는 것이다.

먼저 전통적인 방식의 IT 거버넌스 및 관리에 대해 반추해 보도록 하자. 앞장에서 언급한 바와 같이 IT는 원래 사용자로부터 요청이 제기된 후에 사후적으로 대응하는 지원 조직으로 출발하였다. 마치 경찰서나 소방서 등 공공 치안 조직과 같은 '수동적 요청 대응형' 조직이었다. IT에 대한 관리 감독 및 거버넌스의 책임과 권한은 모두 IT 조직의 관리자에게 주어졌다. 이에 더해 IT 업무는 아주 복잡하고 시간 소모적인 일이었기 때문에 IT는 비즈니스와 격리된 채 운영되었다. 아울러 IT의 비즈니스 지원 범위 역시 기업의 재무, 회계, 급여 등 비즈니스 지원 기능으로 제한되었다.

IT에 대한 기업 경영진의 기대수준 역시 극히 제한적이었다. 일례로 20~30년 전의 문헌을 읽어보면 경영진의 IT에 대한 이해가 제대로 형성되지 않았다는 점을 쉽게 파악할 수 있을 것이다. 이 시절, IT 시스템은 수작업 업무를 좀 더 빠르게 처리하기 위한 방법의 하나로만 간주되었다. 따라서 경영진의 IT에 대한 기대는 비즈니스 지원 서비스를 효율적이고 저렴하게 공급하면 된다는 것이 전부였고, IT 프로젝트는 이러한 맥락에서 기업의 경영진이 조직에게 필요하다고 판단한 것을 기준으로 선정되었다.

그런데 이러한 IT의 기대효과에 대한 판단마저 외부 IT 업체의 제안이나 다른 기업의 움직임에 크게 의존하였다. 지금도 마찬가지지만 이 시절에도 신규 시스템 도입에 따른 기대효과에 대해 화려한 약속이 이루어졌지만 실현된 것은 극히 드물었다. 왜냐하면 애당초 IT 시스템과 연계해서 수행되는 통합 프로세스를 생각할 수 없었기 때문이다. 이 시절의 프로세스란 개별 작업자들이 수작업으로 처리한 다음에 작업 결과를 컴퓨터 시스템에 입력하는 방식으로 전개되는 수준이었다.

그런데 이러한 상황은 기술의 발전 및 선진 소프트웨어 시스템의 등장과 함께 조직의 생산성을 향상시키고, 효율적이며 경쟁력 있는 조직으로 변화하기 위한 기업들의 움직임으로 인해 완전히 변하게 되었다. 무엇보다 가장 큰 변화는 기업 경영자들이 비즈니스의 성장 및 수익성 확보의 핵심 성공 요인은 개별 비즈니스 부서의 성과보다는 이들을 통합 연계한 비즈니스 프로세스의 성과라는 사실을 인식하게 되었다는 점이다. 이와 동시에 비즈니스 프로세스 내에서 더 많은 부분의 업무를 직접 수행할 수 있게 해 주는 시스템이 가용하게 되었다. 대표적인 예가 바로 전사적 자원 관리(Enterprise Resource Planning, ERP) 시스템인데, 이와 유사한 시스템들이 수송, 물류, 제조, 유통 및 소매 기능 영역에서도 등장하게 되었다.

이러한 시스템의 등장 및 프로세스의 중요성에 대한 인식이 형성되면서 IT를 통한 통합 비즈니스 프로세스에 대한 경영진의 기대수준이 가일층 높아졌다. 이 결과, 경영진의 사고방식에 다음과 같은 변화가 발생하였다.

▶ IT가 비즈니스에 굉장히 중요한 것이라고 인식하게 되었다. 따라서 IT를 더 이상 제 스스로 관리되도록 방치해 둘 수 없을 뿐만 아니라 기업 조직의 제한된 영역에 중점을 두는 어느 한 관리자에게 맡겨 둘 수 없다는 점을 깨닫게 되었다.

▶ 다양한 기업 조직에서 수많은 성공 사례가 발생함에 따라 비즈니스 프로세스를 IT 시스템과 통합시켰을 때의 비즈니스 효과에 대해 좀 더 명확히 이해하고, 더 많이 요구하게 되었다.

이러한 변화의 최종 결과는 IT 거버넌스 및 관리의 본질을 변화시켜야 한다는 것으로 귀결되었다. 따라서 이번 장에서는 새로운 IT 거버넌스 및 관리를 성공적으로 구현할 수 있는 방법에 대해 설명하고자 한다.

IT 관리감독(Oversight)의 목적 및 범위

아직도 적지않은 기업 조직에서 IT를 효율성(Efficiency)이라는 목표에 맞추어 운용하고 있다. 하지만 IT의 효율성은 이제 더 이상 예전만큼 중요하지도 적절하지도 않게 되었다. 오늘날, 기업 조직에서 IT의 효율성은 목표라기보다는 하나의 제약 조건으로 인식되고 있다.

IT 거버넌스 및 관리감독의 핵심 목표는 기업 조직 내부의 비즈니스 프로세스 및 인프라스트럭처의 성과를 개선하고 유지하는데 있어 IT로 하여금 효과적으로 일하게 하는데 있다.

IT의 효과성(Effectiveness)이란 아주 포괄적인 개념으로서, 바람직한 결과의 발생 정도를 의미한다. 여기에서 결과란 비즈니스 측면의 결과를 말한다. 기업 조직의 IT 목표에 대한 이 같은 재인식은 IT 활동에 대한 경영진의 기대를 IT 예산 및 일정 준수와 같은 것으로부터 탈피시켜, IT 시스템이 구축된 이후에도 IT 조직의 지속적인 노력을 통해 비즈니스에서 실현되는 효과로 변하게 하였다. 이 같은 변화는 다음과 같이 요약될 수 있다.

- IT 프로젝트를 예산과 납기를 준수하면서 완수한다는 것은 여전히 중요하다. 하지만 이는 바람직한 비즈니스 결과를 발생시킨다는 것과 비교하면 부차적인 것에 지나지 않는다.
- IT의 성공은 더 이상 IT 자체의 개선 및 변화보다는 IT를 통해 변화시킬 수 있고 개선시킬 수 있는 것에 따라 결정된다.

이는 오늘날 기업들이 IT를 과거와는 근본적으로 다르게 생각한다는 점을 시사한다. 과거, IT는 고속도로 운영 조직처럼 행동하였다. 이용자를 위해 고속도로를 만들어 운영할 뿐, 도로 이용의 최적화를 통한 기대효과 실현은 이용자들 각자의 책임인 것처럼 행동하였다. 이것이 바로 전통적인 IT 지원의 역할이었다. 하지만 상황은 크게 변했다. 오늘날 IT는 단순히 고속도로 건설 및 운영을 뛰어 넘어 최적 이용 계획 수립 및 효과 극대화까지 그 역할을 확대하게 되었다. IT의 역할 및 책임 범위가 비약적으로 변한 것이다. 이러한 변화는 다음과 같이 4가지로 요약될 수 있다.

▶ 비즈니스 프로세스

이제 IT 프로젝트는 비즈니스 프로세스의 개선 및 변화와 긴밀하게 연계해 수행되어야 한다. 그렇지 않으면 "도대체 이러한 프로젝트를 왜 수행해야 하는가?"와 같은 논란을 피할 수 없게 될 것이다.

▶ IT 프로젝트

오늘날에는 사용자의 IT 지원요청을 앉아서 기다릴 수 있는 시간적 여유가 없을 뿐만 아니라 그렇게 할 수 있는 IT 자원의 활용 여건도 허락되지 않게 되었다. 따라서 IT 프로젝트는 '능동적 니즈 선도형' 방식에 의해 발의, 선정, 착수되어야 한다.

▶ 사용자 요구사항

전통적으로 시스템 요구사항은 사용자에 의해 정의돼 왔다. 왜냐하면 사용자들은 오랫동안 동일한 업무를 수행해 왔으므로 회사가 원하는 것을 잘 알고 있을 것이라는 이유 때문이다. 하지만 실제로는 그렇지 못하다. 사용자들은 대부분 변화를 두려워하며, 새로운 프로세스아래에서도 옛날과 동일한 방식으로 작업을 수행하는 경우가 많다. 변한 것은 IT 시스템일 뿐이다. 이러한 상황에서 약속된 효과가 실현될 리 만무하다. 예측하지 못한 코스트만 발생할 뿐이다. 하지만 현대적인 IT 거버넌스 및 관리에서 사용자 요구사항은 경영자, 비즈니스 부문 관리자와 직원 그리고 IT에 의해 공동으로 결정된다. 요구사항 정의란 아주 중요한 것이라서 과거와 같이 몇몇 '골목대장(The King and Queen Bees)'들에게 맡겨둘 수만은 없게 되었다.

▶ 측정

전통적으로 비즈니스 프로세스에 관한한 진정한 의미의 측정은 거의 없었다. 하지만 비교적 최근에 나온 전사 품질 경영(TQM, Total Quality Management)이나 식스-시그마(6-Sigma)와 같은 기법은 측정에 중점을 두고 있다. 이제 측정은 비즈니스 프로세스는 물론, IT에 있어서도 없어서는 안 될 필수 요소가 돼버렸다.

오늘날, 모든 기업들이 위와 같은 현대적 의미의 IT 거버넌스를 도입한 것은 아니다. 아직까지는 그렇지 못한 기업들이 훨씬 많다. 아마 대부분의 기업에서 경영진의 높은 기대에도 불구하고 IT 거버넌스의 역할은 거의 변하지 않은 상태에 있을 것이다. 이로 인해 다음과 같은 문제점들이 IT 내부에서뿐만 아니라 경영진에게 동시에 발생하고 있다.

▶ IT에게 비즈니스 프로세스를 변화시킬 수 있는 책임이 부여돼 있지 않으며, 비즈니스 부서 직원들은 변화의 필요성을 전혀 느끼지 않고 있다. 따라서 새로운 IT 시스템이 성공적으로 구축됐음에도 불구하고 기대효과는 좀처럼 실현되지 않는다.

▶ 전통적인 IT 조직의 극히 제한적인 지원 역할로 인해 IT 직원들은 사용자 요구사항을 아무런 검토 없이 그대로 충족시켜 주고자 노력하고 있다. 그런데 이러한 요구사항중에는 정치적인 것들이 상당히 존재하며, 기존의 업무 수행 방식을 변화시키지 않으려고 하기 위한 것들도 있다.

그림 2.1에는 전통적인 IT 거버넌스와 현대적인 IT 거버넌스의 차이가 요약돼 있다. 이러한 차이와 지금까지 설명한 내용을 바탕으로 여러분은 "IT 성공이란 과연 무엇인가?"에 대한 질문에 다음과 같은 답을 내릴 수 있을 것이다.

비교 요소	전통적 접근방법	현대적 접근방법
시스템	단절형 및 개별 부서에 초점	통합형 및 여러 부서에 걸친 시스템
IT 목표	효율성 및 코스트 통제	효과성
책임	예산 준수 및 납기 준수를 하면서 IT 작업을 완료	비즈니스적인 효과를 달성하면서 예산 준수 및 납기 준수를 달성
IT 감독권	IT에 책임을 지고 있는 단일의 관리자	경영진 또는 중진 관리자
신규 IT 업무 방식	사용자 요청 대응형 (Reactive)	사용자 니즈 선도형 (Proactive)

그림 2.1 전통적인 IT 거버넌스 및 관리 방식과 현대적인 접근방식

IT의 성공이란 비즈니스 프로세스가 고객들의 새로운 수요 또는 요구사항을 효과적이고 효율적이며 유연하게 충족시켜 줄 수 있는 수준까지 개선되었을 때, 비로소 실현됐다고 말할 수 있다.

IT의 성공에 대한 이러한 정의는 과거, IT가 예산 및 일정을 준수하고, 장애를 해결하며, 요청된 서비스를 적시에 낮은 비용으로 제공해야만 성공으로 간주했던 것과는 전혀 다른 접근방식이다. 기업 조직이 이러한 방식으로 IT 성공을 정의하면 기업은 IT의 비즈니스 프로세스 지원과 관련해 IT 조직의 가장 바람직한 역할 및 책임과, 이에 걸맞는 비즈니스 부서의 역할 및 가장 효과적인 IT 거버넌스 과정에서 다음과 같은 것들을 얻을 수 있게 된다.

▶ IT 시스템 관련 작업이 더 이상 '예술가의 기예' 차원에서 수행되지 않게 된다. 즉, IT 시스템 작업 과정이 더욱 구조화되고 표준화되며, 가시성 및 예측 가능성이 예전과 비교할 수 없을 정도로 높아진다.

▶ 시간이 지날수록 IT 프로젝트의 성과 개선 비율이 점점 높아진다. 이와 같은 누적 개선 효과를 바탕으로 IT는 한정된 자원을 갖고서도 비즈니스의 변화에 좀 더 민첩하게 대응할 수 있게 된다.

▶ 신기술 도입을 위한 의사결정이 비즈니스 프로세스에 대한 직접적인 효과와 가시적인 영향으로 인해 더욱 신중하게 수행된다.

▶ 사용자 요구사항 파악, 지원 및 운영, IT 전략 계획 수립, 지원 요청 처리와 같은 IT 업무의 수행 방식이 비즈니스 프로세스 개선, 성과 측정, 변화 관리와 같은 것을 반영할 수 있도록 변화한다.

비즈니스 프로세스의 역할

이제 여러분께서는 비즈니스 프로세스의 중요성에 대해 이해했으리라 생각한다. 이번에는 비즈니스 프로세스의 특성 및 행동에 대해 알아보자. 거버넌스의 관점에서 비즈니스 프로세스란 기업 조직의 구체적인 목표를 달성하기 위해 따라야 할 일련의 규칙, 절차 및 정책으로 정의될 수 있다. 어떠한 기업에서든 다양한 비즈니스 프로세스를 운영하고 있는데 일반적으로 다음과 같이 분류하고 있다.

▶ 부서 내 프로세스 및 부서 간 프로세스

대개 개별 비즈니스 부서 내부에서 수행되는 프로세스는 소규모이며, 부서 밖의 사람들은 프로세스의 결과만 알뿐, 안에서 일어나는 일은 전혀 모른다. 이 반면에 부서 간 프로세스(Cross-department process)는 대개 핵심적인 프로세스이며, 여러 곳에 분산된 다양한 사업장에서 각양각색의 사람들에 의해 수행된다.

▶ 독립적 프로세스 및 상호 의존적 프로세스

오늘날 타 프로세스에 의존하지 않고 독립적으로 수행되는 프로세스는 거의 없다. 따라서 기업은 밀접한 관계가 있는 프로세스를 하나의 프로세스 그룹(Process group)으로 통합시키고 있는 추세에 있다.

▶ 공식적 프로세스 및 비공식적 프로세스

IT 시스템에 대한 의존도가 높은 비즈니스 프로세스일수록 공식적인 반면에 수작업 프로세스들은 거의 대부분 비공식적인 경우가 많이 있다.

일반적으로 프로세스는 여러 종류의 작업으로 구성되는데, 대별해 보면 (1) 개별 프로세스 내의 전체 작업중 가장 많이 발생하는 공통 트랜잭션(Common Transaction)과, (2) 정상적인 방식으로 처리되지 않는 예외적 트랜잭션(Exceptional Tranction)이 있다. 예외적 트랜잭션에 대해서는 특별히 주목해야 할 필요가 있다. 왕왕 예외적 트랜잭션의 종류가 너무나 많아, 발생의 빈도가 정상적인 공통 트랜잭션보다 더 많은 경우가 있으며, 이로 인해 프로세스 개선시 심각한 문제가 발생한다.

이들 비즈니스 프로세스를 지탱해 주는 기업 조직의 자원들로는 다음과 같은 것들이 있다.

- 설비 및 작업 도구
- 정상적인 공통 트랜잭션을 수행하는 일반 직원
- 일선 업무 감독자 또는 슈퍼바이저와 특정 분야의 전문 지식을 바탕으로 해당 부서에서 공식적 또는 비공식적인 파워를 행사하고 있는 '골목대장(The King and Queen Bees)' 또는 고참 직원
- 공식적 IT 시스템
- 비공식적 절차
- 워크어라운드(임시대용 방법, Workarounds). 이는 공식적 프로세스나 시스템에 존재하는 제약 조건을 우회하는 작업 수행 절차를 말한다.
- 쉐도우 시스템(Shadow systems). 이는 작업 수행을 지원하기 위해 수립된 공식적 또는 비공식적 시스템으로서, 부서 직원들이 업무를 수행할 때에 실제로 의존하고 있는 시스템이다.
- 개별 직원의 작업을 지배하는 정책

- 작업 수행 절차 및 비즈니스 규칙
- 최선의 작업 수행 방법에 관한 가이드라인
- 비즈니스 프로세스에 대한 교육훈련 자료
- 비즈니스 프로세스 측정 방법
- 장애 처리나 예기치 못한 작업 및 새로운 작업을 수행하는데 필요한 서비스를 제공하기 위한 지원 프로세스

이러한 프로세스 지원 자원 요소들은 프로세스 라이프 사이클(Process Lifecycle)과 관련해 프로세스의 질적 저화 및 현안과 개선을 위한 해결 방안을 분석할 때 자주 언급되는 것이니 만큼 반드시 기억할 필요가 있다. 아울러 일반적으로 프로세스 라이프 사이클은 다음과 같이 4가지 단계로 구성되어 있다는 점도 알아 둘 필요가 있다.

▶ 정의 및 개시 단계

프로세스가 생성되는 단계를 말하며, 대개 비공식적이거나 계획되지 않은 상태에서 만들어 진다. 소규모 신규 비즈니스는 대부분 이러한 과정을 거치는데, 프로세스 생성 부서의 특수성이 강하게 반영되며, 특정 상황에 대한 대응 차원에서 비공식적으로 만들어 진다. 아직은 프로세스 지원 자원 요소들이 모두 활용되지는 않는다.

▶ 정형화 및 자동화 단계

이 단계에서는 프로세스의 규모가 커지고 이에 따라 효율성에 대한 니즈가 높아진다. 이를 위해 프로세스 자동화가 시도되지만, 구조적 개선 계획 및 설계보다는 프로세스의 지원을 위한 신규 IT 시스템의 구현 계획 및 설계에 더 많은 중점을 둔다.

▶ 프로세스의 변화 및 환경 적응 단계

이 단계에서는 프로세스를 구성하는 작업 내용의 변화와 함께 앞에서 언급한 프로세스 자원 요소의 변화로 인해 프로세스가 살아 있는 생명체와 같이 끊임없이 변화한다.

▶ E-비즈니스 단계

이 단계에서 프로세스는 완전히 정형화되고 자동화된다. 예외적 트랜잭션은 대부분 사라지며, 쉐도우 시스템 및 워크어라운드는 자동화된 표준 프로세스에 흡수, 통합된다.

그런데 인간의 몸이 노화되면서 기능이 저하되듯, 프로세스 역시 시간의 흐름에 따라 질적 저하가 발생한다. 왜냐하면 앞서 언급한 프로세스 지원 자원 요소별로 다음과 같은 질적 저하 및 변화가 발생하기 때문이다.

▶ 설비 및 작업 도구

- 작업장의 재배치는 항상 발생하기 마련이며 이로 인해 작업자들이 변경되고 이들의 사기 역시 변화한다.
- 설비의 업그레이드에 대한 투자를 제대로 하지 않아 작업 환경이 악화된다.

▶ 일반 직원

- 신입 직원들이 프로세스에 대한 교육훈련 부족으로 실수를 자주 범한다.
- 직원에 대한 감독 부족으로 절차가 준수되지 않으며 데이터베이스

에 있는 정보의 질이 떨어진다.

▶ '골목대장(The King and Queen Bees)' 직원

- 예외적 트랜잭션을 중요시하면서 이들의 비공식적인 파워가 계속 해서 증대한다.
- 이들이 지식의 공유를 거부하고 작업 기이드라인의 개발에 저항한다.

▶ 공식적 IT 시스템

- 핵심 프로그래머가 이직한다.
- 시스템 개발, 개선 및 변경에 다양한 사람들이 참가하고, 문서화가 제대로 되지 않아 추후 변경이 더욱 어렵게 된다.

▶ 비공식적 절차

- 비공식적 절차가 표준화되지 않아, 일관성이 없는 버전이 여러 개 존재한다.
- 직원들이 비공식적 절차에 더욱 의지한다.

▶ 워크어라운드

- 공식적 IT 시스템이 프로세스의 실제 작업 내용의 변화를 제대로 지원해 주지 못해, 직원들이 워크어라운드 및 쉐도우 시스템에 더 많이 의지한다.
- 워크어라운드에 대한 표준화 및 공식화 활동이 미흡해서 작업 수행 과정에 오류가 많이 발생한다.

▶ 쉐도우 시스템

- 쉐도우 시스템을 개발하고 운영해 온 직원들이 이직한다. 따라서 시스템에 장애가 발생하면 이를 제대로 고칠 사람이 없다.
- 직원들이 개선이나 변화를 바라지 않는다. 왜냐하면 자기들에게 익숙해진 쉐도우 시스템을 변화시켜야 하기 때문이다.

▶ 정책

- 기존의 정책들이 환경의 변화나 새로운 상황을 제대로 반영하지 못해 비합리적인 것이 되어 버린다.
- 기존의 정책들이 실제로 수행되는 업무 프랙티스와 상치된다.

▶ 절차 및 규칙

- 업무 수행 절차 및 비즈니스 규칙이 문서화되어 있지 않다.
- 절차 및 규칙이 적시에 갱신되지 않으며 제대로 관리되지 않는다.

▶ 작업 가이드라인

- 공유 가능한 작업 가이드라인이 존재하지 않고, '골목대장(The King and Queen Bees)'들에게만 의존하고 있다.
- 작업 가이드라인의 문서화나 이에 대한 리뷰를 수행하지 않는다.

▶ 교육훈련 자료

- 교육훈련 자료를 정기적으로 갱신하지 않고 있다.
- IT 시스템에 대한 교육훈련 자료는 존재하지만 프로세스에 대한 교육 자료는 없다.

▶ **측정 방법**

- 인건비나 IT 비용만을 측정해 사용하고 있다. 따라서 프로세스의 상태를 제대로 파악할 수 없다.

▶ **지원 프로세스**

- 지원 프로세스가 전혀 문서화되어 있지 않다.
- 지원 받는 프로세스 역시 다른 그룹에 의해 관리 및 사용됨으로 인해 전혀 통제되지 않고 있다.

따라서 위와 같은 비즈니스 프로세스 지원 자원의 질적 저하 징후들을 동시에 여러 개 탐지할 수 있으면 이들 비즈니스 프로세스들이 겪고 있는 문제의 근본 원인과 함께 기업에게 어떠한 손실을 어떻게 발생시키는지 논리적으로 설명할 수 있을 것이다. 물론 틀린 말은 아니다. 하지만 이게 다가 아니다. 비즈니스 프로세스의 질적 저하 현상은 실제로는 이것보다 훨씬 더 복잡하다. 모든 프로세스가 동시에 똑같이 악화되는 것이 아니며, 이 같은 악화가 동일한 비율로 전개되지 않기 때문이다. 대개의 경우 특정 프로세스에서의 질적 저하가 먼저 시작되고, 이로 인해 당해 프로세스와 관련이 있는 다른 프로세스들이 영향을 받게 된다.

프로세스의 질적 저하 현상에는 정치적인 팩터(Factor)도 관련이 있다. 골목대장 직원(The King and Queen Bees) 및 일부 슈퍼바이저의 경우, 자기들의 파워 및 권익을 유지하기 위해 업무 개선 및 변화와 같은 것이 발생하지 않기를 바라는 경우가 많다. 이들은 복잡한 예외적 처리 업무에 대한 지식을 바탕으로 나머지 일반 직원들에게 자기들의 방식대로 업무를 수행하도록 지시한다. 이들은 업무가 예외적으로 처리되는 상황을 즐기는 것은 물론 이에 아주 집착하는 경향이 있다. 이들에게 있어 예외적 처리 업무는 많으면 많을수록 좋으며, 이를 통해 파워와 조직적 입지를 더욱 더 강화시킬 수 있다. 이들은 자기들의 지식을 공유하고 예외적 처리 업무의 제거에 협조하면 현재의 파워와 조직적 입지를 상실할 것으로 생각한다.

이러한 골목대장의 존재이외에 대부분의 직원들 역시 내심으로는 일을 종전에 해왔던 것과 동일한 방식으로 수행하는 것을 더 좋아 한다는 점은 비즈니스 프로세스의 개선 및 자동화 프로젝트의 성공을 크게 위협하는 정치적 장해 요인으로 작용하게 된다.

기업의 경영진이 변화를 갈망하고 이를 위해 IT가 최적의 IT 솔루션을 구현한다고 하더라도 일반 직원 및 업무 감독자와 '골목대장(The King and Queen Bees)'들의 잠재적 저항에 대비해 제대로 준비하지 않으면 결국 실패로 끝나고 만다.

저자들의 경험에 의하면 경영진과 IT가 함께 하는 것만으로는 부족하다. 변화 및 개선에 대한 범조직적인 컨센서스와 지지를 꼭 확보하여야 한다. 이렇게 하지 않으면 직원들은 프로젝트를 음해해 실패로 끝나도록 하지는 못하더라도 새로운 IT 시스템이 완전히 구축될 때까지 느긋하게 기다린 다음, 실무에 적용할 때에 프로세스의 일부 또는 전부를 옛날의 방식으로 되돌려 버릴 가능성이 높다. 왜냐하면 이들의 정서로는 '구관이 명관이기' 때문이다. 저자들이 지나치게 부정적이고 비관적이라고 생각될 수도 있다. 물론 많은 사람들이 변화에 대해 긍정적으로 생각한다. 하지만 그럼에도 불구하고 변화의 시도들이 실패로 끝난 사례는 아주 많다. 그 대표적 예가 ERP(Enterprise Resource Planning) 구현이 아닌가? ERP를 통해 IT 시스템에 대한 변화는 이행되었지만 비즈니스 프로세스는 전혀 변화되지 않았다. 이 결과, 경영진은 기대효과가 왜 발생하지 않는지 의아해 한다.

여기까지 읽었으면 여러분은 이제 다음과 같은 결론에 도달하게 되었을 것이다.

1. 비즈니스는 비즈니스 프로세스를 통해 성공이나 실패에 이르게 된다.
2. 비즈니스 프로세스는 시간의 흐름에 따라 역동적이며 다른 모든 것과 마찬가지로 질적 저하를 피할 수 없다.
3. 비즈니스 프로세스에 대한 관리야말로 비즈니스 성공의 핵심 요소이다.
4. 정보시스템 및 IT는 프로세스를 체계화시켜 프로세스의 질적 저하를 예방할 수 있는 최선의 방안이다.
5. 경영진은 프로세스의 효과적 지원을 위해 IT를 '능동적 니즈 선도형' 방식에 따라 감독하고 지배될 수 있도록 해야 한다.

이 같은 결론은 이론적으로는 아주 명약관화한 내용이다. 그런데 문제는 많은 기업들이 그 실행에 어려움을 겪거나 실패한다는 점이다. 왜 그럴까? 가장 근본적인 원인은 비즈니스 프로세스가 체계적으로 되어 있지 않다는 점이며, 이로 인해 프로세스가 제대로 관리, 운영 및 측정되지 않고 있기 때문이다. 심지어 어떤 관리자들은 프로세스의 세부 내용을 비밀에 부쳐 공개하지 않으려고 하기도 한다. 이렇게 해서는 안 된다. 무릇 기업 조직의 핵심 프로세스는 투명하고 가시화되어야 한다.

아울러 비즈니스 프로세스를 효과적으로 관리할 수 있기 위해서는 다음과 같은 사항을 반드시 달성하여야 한다.

▶ 작업 내용의 변화에 대해서 뿐만 아니라, 기존의 작업 방식이 기업에 미치는 영향 및 문제점에 대해 범조직적인 컨센서스와 지지를 확보하여야 한다.

▶ 비즈니스 프로세스에 대한 지속적인 측정을 통해 프로세스의 심각한 질적 저하가 발생하고 있는지 파악할 수 있어야 한다.

▶ IT 프로젝트를 성공적으로 완수했다는 것만으로는 충분하지 않다. 프로젝트 종료 후에 옛날 방식으로 퇴행하지 않도록 지속적인 변화 관리 프로그램이 수행되어야 한다.

▶ 비즈니스 프로세스를 다룰 때에는 반드시 공통 트랜잭션에 중점을 두어야 한다. 예외적 처리 업무를 모두 해결하려고 하면 프로젝트를 제대로 끝낼 수 없게 된다. 본래 예외적 트랜잭션은 많기 마련이고, 새로운 것들이 끊임없이 나타난다.

IT 거버넌스의 역할

앞 절에서 언급한 바대로 IT 거버넌스 및 관리가 비즈니스 프로세스에 초점을 맞추고 수행될 경우에 가장 바람직한 IT 거버넌스의 역할은 과연 어떠한 것들일까? 이러한 것은 전통적인 방식과 구분을 짓는 현대적인 IT 거버넌스 및 관리의 새로운 역할로서 다음과 같이 10가지로 구성된다.

▶ 프로세스 측정

비즈니스 프로세스와 IT 프로젝트 및 운영 활동에 대한 측정. 이러한 측정은 경영진이 우선순위를 결정하고 문제가 있는 영역을 결정할 때에 아주 중요한 정보를 제공해 준다.

▶ 비즈니스 프로세스 기반 IT 기획

비즈니스 프로세스 및 그 변화를 고려하지 않은 채 IT 계획을 수립하는 것은 낭비이외에는 아무 것도 아니다.

▶ 새로운 개선 기회 도출

비즈니스 프로세스의 개선 기회를 실현시켜 줄 수 있는 새로운 IT 업무 수행 기회를 도출한다.

▶ 비즈니스 프로세스의 지속적인 개선

프로세스 개선 및 변화를 구현하고 이를 계속해서 지원한다.

▶ 변화 관리 및 통합 조정

변화에 대한 저항을 사전에 파악해서 이를 효과적으로 처리한다.

▶ IT 프로젝트 선정

수행할 IT 프로젝트를 결정하거나 제안할 때에 합리적이고 체계적인 선정 기준 및 방법을 적용한다.

▶ 전방향적인 현안 관리

현안의 도출, 현안 해결 및 관리, 관련 당사자간 통합 조정을 사전에 앞을 내다보고 수행한다.

▶ IT 프로젝트의 범위 확장

비즈니스 프로세스에 대한 지속적인 개선, 변화 관리 및 측정이 포함되도록 IT 프로젝트의 수행 범위를 확장한다.

▶ 비즈니스 프로세스 계획 수립

프로세스의 중장기 방향을 결정하기 위한 계획을 수립한다.

▶ 교훈 및 가이드라인

기업 조직 내외부에 걸쳐 적절한 교훈과 사례를 수집하고 이를 바탕으로 비즈니스 프로세스와 IT 프로세스가 지속적으로 개선될 수 있도록 가이드라인을 개발한다.

여러분은 IT 거버너스 및 관리와 관련해 이 같은 역할들이 모두 필요한 것이라고 생각하는가? 아마도 오늘날 이러한 역할을 모두 수행하고 있는 조직은 극히 드물 것이다. 여러분의 조직 역시 비슷한 상황이라면 여러분 스스로에게 다음과 같은 질문을 한번 던져 보도록 하라. "만약에 이러한 역할이 수행되지 않으면 과연 어떤 일이 발생할 것인가?" 저자들의 경우, 컨설팅 고객들에게 동일한 질문을 던졌고, 이를 통해 이들로부터 변화에 대한 강력한 동인을 도출한 바 있다. 고객들과의 공동 작업을 통해 도출한 답은 이러한 역할을 전혀 수행하지 않거나, 수행한다 하더라도 체계적으로 수행하지 않으면, 고객사 조직이 수행하는 주요 IT 활동은 모두 그 결과가 일관성이 떨어지거나 비즈니스에 의미있는 효과를 제대로 창출할 수 없다는 것이었다.

그런데 여러분은 여러분 조직이 이와 같은 역할을 수행할 준비가 되어 있다고 생각하는가? 지금 당장 수행할 수 있는 기업도 더러 있을 것이고, 이미 이러한 방향으로 움직인 기업도 몇몇 있을 것이다. 하지만 아직까지 수많은 기업들이 이 같은 역할을 수행할 준비가 되어 있지 않다. 이들은 거의 대부분 전통적인 방식에 따라 행동하고 있다. 그러면 여러분은 현재 여러분 조직의 구성원들이 이 같은 역할을 수행할 수 있는 역량을 갖고 있다고 생각하는가? 몇 사람은 교육훈련을 받으면 가능할 것이다. 그런데 저자들의 경험에 의하면 전통적인 방식에 익숙한 기업들이 이러한 역할을 수행하기 위해서는 조직 전반에 걸쳐 근본적인 변화가 이루어져야 한다.

그러면 여러분은 이러한 역할이 반드시 IT에 의해 수행되어야 한다고 생각하는가? 고민스러운가? 그렇다면 방식을 달리해 질문하도록 하겠다. 여러분 조직에서 이러한 역할을 수행하기에 가장 적합한 단위 조직 또는 부서는 어디라고 생각하는가? 잘 생각이 나지 않는다면 이와 같이 생각해 보도록 하라. 그 단위 조직 또는 부서가 어디든 이와 같은 역할을 수행할 부서는 여러분 조직 전반에 걸쳐 활동할 수 있는 부서 또는 단위 조직이 되어야 하며, 비즈니스 프로세스 및 IT 시스템에 대해 깊고 폭넓은 지식을 보유하여야 한다. 이러한 측면에서 일단 IT 부서를 배제하고 다음과 같이 몇 가지 후보 부서를 생각해 보도록 하자.

▶ 외부 컨설턴트 및 아웃소싱 서비스 업체

물론 이들 역시 아주 중요한 역할을 일부 수행하지만 이들의 활동은 근본적으로 정례화 될 수 없는 것들이다. 앞에서 말한 역할은 정기적으로 수행되어야 할 것들이다. 컨설턴트는 이러한 역할 체계가 수립되도록 도움을 줄 수는 있지만 이들을 내재화시키지는 못한다.

▶ 내부 감사 부서

물론 내부 감사 부서도 앞서 말한 역할을 몇 가지 수행할 수 있지만, 이들에게는 IT에 대한 깊은 지식이 부족하다. 아울러 이들이 사전에 미래 지향적으로 접근한다는 것도 자칫 이들의 객관성 및 독립성을 훼손할 수 있다.

▶ 새로운 제3의 부서

이러한 방법은 과거에 수없이 시도되었다. 하지만 거의 모두 실패로 끝나고 말았다. 부서 이기주의나 정치적 알력과 같은 것들이 너무나 많이 발생하였기 때문이다.

따라서 자연적으로 IT가 이 같은 역할을 수행하여야 한다. 어쩌면 이제 여러분 회사의 IT 부서는 '정보 프로세스 및 기술' 부서로 이름을 바꿔야 할지 모른다. 사실 IT라는 말은 오늘날의 '현대적인 IT'의 확장된 업무를 고려해 볼 때에 너무나 제한적인 단어가 아닐 수 없다. 이에 따라 최근에 많은 기업들이 IT 조직의 명칭을 'IT'나 '정보기술' 대신에 정보 서비스(Information Service) 조직이라고 하고 있다.

IT 거버넌스의 구조

IT 거버넌스 및 관리감독(Oversight)과 관련해 자주 발생하는 현안의 하나가 IT 조직의 보고 관계(Reporting relationship)이다. 오늘날 기업 조직에서의 IT는 최고 경영자(CEO, Chief Executive Officer) 및 최고 운영 책임자(COO, Chief Operating Officer) 또는 재무 담당 최고 임원(CFO, Chief Financial Officer)에게 직접 보고할 정도로 중요한 것이 되었다. 이에 따라 기업 조직의 IT 책임자 역시 정보 담당 최고 임원(CIO, Chief Information Officer)으로 부르고 있으며, 이는 오늘날의 IT가 수행해야 할 비즈니스 프로세스의 통합 조정, 즉 코디네이션 역할에 가장 잘 부합되는 것이라고 할 수 있다.

이처럼 IT 보고 관계에 관한 문제는 CIO의 운용을 통해 어느 정도 해결하였다. 하지만, IT에 대한 관리감독의 현안은 여전히 미결 문제로 남아 있다. 이 같은 현안의 해결을 위해 그동안 많은 기업 조직에서 사용해 온 접근방법의 하나로 IT 운영 위원회(IT Steering Committee)가 있는데, 이 역시 문제를 효과적으로 해결하지는 못했다. 어떤 조직에서든 IT 운영 위원회의 첫 출발은 순조롭게 진행된다. 하지만 중요한 현안이 없는 경우, IT 운영 위원회의 구성원인 고위 관리자들은 직급이 낮은 부하 직원들을 대리 참석시켰고, 이로 인해 IT 운영 위원회의 권한 및 위상은 크게 위축되는 경우가 자주 발생하였다. 이외에 '단독적인 IT 운영 위원회'는 다음과 같은 문제점을 자주 발생시켰다.

- 특정 관리자 한 명이 IT 운영 위원회를 쥐락펴락한다. 이 결과, IT 프로젝트의 선정 의사결정이 당해 관리자에게 편향돼 내려지며, 결국 잘못된 프로젝트가 승인된다.
- IT 운영 위원회의 구성원인 관리자들이 IT 부서를 지나치게 세부적으로 통제하려고 한다. 이러한 현상은 더 많은 문제를 야기한다.
- 중요한 현안을 다루려고 할 때, 관리자들이 위원회에 참가할 시간적 여유가 없다. 일반적으로 고위 관리자인 경우, IT 운영 위원회 참석 이외에도 해야 할 일이 산적해 있는 경우가 많다.
- IT 운영 위원회가 지나치게 세부적인 실무 현안을 다루려고 한다.

그렇다면 IT에 대한 관리감독을 효과적으로 수행하기 위해서는 어떻게 해야 할까? 첫째, 중요한 현안이나 문제점 및 개선 기회와 방향성을 다룰 고위 관리자로 구성된 그룹이 필요하다. 둘째, 이들 현안 및 기회에 대해 일차적인 검토를 통해 덜 중요한 사안을 자체적으로 해결하거나 거르는 실무진으로 구성된 그룹이 필요하다. 셋째, 개별 IT 프로젝트 및 활동별로 관련 정책과 절차 및 프로세스의 구체적인 현안을 다룰 그룹이 필요하다. 즉 3가지 계층의 IT 운영 위원회가 필요하다. 앞의 2가지 운영 위원회는 상설 조직인 반면에 세 번째 그룹은 프로젝트나 프로세스 변화 및 측정의 개시와 더불어 발족됐다가, 그 종료와 함께 사라진다.

본서에서는 이들 IT 운영 위원회를 각각 다음과 같이 부르기로 하겠다.

▶ 전략 IT 운영 위원회(Executive Steering Committee)

전략 IT 운영 위원회는 경영진으로 구성되며, 회의는 1년에 2~4회 정도 개최한다. 이들이 수행하는 역할과 책임은 다음과 같다.

- 기존 및 잠재 IT 프로젝트에 대한 실무 그룹의 분석 결과 검토
- 신규 프로젝트 및 업무에 대한 승인
- 전사 관점에서 비즈니스 프로세스에 대한 중요도 결정
- 비즈니스 프로세스별 변화 및 개선의 필요성 결정
- IT 예산 심의
- 핵심 IT 현안 및 기회의 처리에 대한 의사결정
- 비즈니스 프로세스 개선에 대한 최고 경영진의 지원 확보
- 비즈니스 프로세스 계획 및 IT 전략 계획에 대한 전반적인 검토

▶ 실무 IT 운영 위원회(Operational Steering Committee)

이 그룹은 두세 명의 경영진과 조직 전반에 걸쳐 각 기능 및 부서를 대표하는 중간 관리자들로 구성되며, 상시적으로 운용된다. 이들의 역할과 책임은 다음과 같다.

- 비즈니스 프로세스와 IT 현안에 대한 일차적인 실무 검토와 의사결정 수행
- IT 예산, 일정 및 계획에 대한 실무 검토
- 비즈니스와 IT에 걸쳐 발생한 현안 및 비즈니스 프로세스의 지원을 위해 수행되는 IT 프로젝트 현안의 해결
- 신규 IT 프로젝트나 이니셔티브에 대한 권고

- 비즈니스 부서와 IT 부서 간 실무 조율 및 전략 IT 운영 위원회와의 연계 연무 수행
- 비즈니스 프로세스 계획에 대한 실무 검토 및 승인
- IT 전략 계획에 대한 실무 검토 및 승인
- 비즈니스 부문의 자동화 계획에 대한 실무 검토 및 승인

▶ **프로젝트 운영 위원회**(Project Steering Committee)

이 그룹은 한시적인 조직으로서 대규모 IT 프로젝트에 대한 감독을 수행한다. 이들의 역할과 책임은 다음과 같다.

- 특정 비즈니스 프로세스 개선 및 변화 이니셔티브에 대한 전사적 지지 확보
- 프로젝트와 관련된 구체적인 현안의 해결
- 기업 조직 내 관련 구성원들을 의사결정 과정에 참여하게 하고, IT 프로젝트 산출물에 대한 주인의식(Ownership) 확산

여기에도 명확한 보고 관계가 존재한다. 먼저 프로젝트 운영 위원회는 간사(Coordinator)를 통해 실무 운영 위원회에게 보고를 하며, 실무 운영 위원회는 전략 운영 위원회에게 보고를 하고, 전략 운영 위원회는 기업의 최고 경영자 및 이사회(BOD, Board of Directors)에게 보고한다.

이 같은 '3계층 IT 운영 위원회'를 활용하면 IT 프로젝트에 대한 오너십(Ownership) 또는 스폰서십(Sponsorship)과 관련된 현안을 효과적으로 해결할 수 있다. 프로젝트는 대개 CEO, COO 또는 핵심 임원을 스폰서로 시작한다. 하지만 시간이 흐름에 따라 상황이 크게 변할 수 있다. 경영자

또는 관리자들이 변경되기 때문이다. 예를 들어 특정 프로젝트의 스폰서인 임원이 조직적으로 쇠락의 길에 접어들면, 후원하고 있던 프로젝트 역시 힘을 상실해 지지부진해 질 수 있다. 이처럼 기업 조직에서 IT 프로젝트에 대한 스폰서쉽은 언제든지 무력화될 수 있다. 따라서 스폰서를 단 한명만 운용하는 것은 아주 위험한 접근방식이다.

그런데 이러한 '3계층 IT 관리감독 구조'로 인해 기업 조직에게 과다한 코스트가 발생될 것이라는 우려가 있을 수 있는데, 각 IT 운영 위원회의 역할과 책임이 명확히 정의되어 있고, 관련자들이 모두 이를 잘 이해하고 있으면 이러한 상황은 발생하지 않는다.

요컨대 IT에 대한 효과적인 관리감독은 반드시 필요한 것이며, 기업이 이를 기존에 이미 운용하고 있는 제도적 장치들과 잘 연계시키는 노력을 약간만 기울이면 그 코스트를 훨씬 상회하는 큰 효과를 획득할 수 있다.

IT 부서의 역할

위와 같은 상황에서 기업 내부의 IT 조직은 IT 운영 위원회 내의 조정자(Coordinator) 역할을 수행할 수 있어야 한다. 물론 이 역시 기업 조직에 추가적인 부담을 발생시킬 것으로 우려할 수 있는데, 실제로는 전혀 그렇지 않다. 앞 절에서 설명한 현대적인 IT 거버넌스 및 감독의 역할을 포함하고 있는 조정자 역할이란 기실 프로젝트 오피스(Project Office 또는 Project Management Office)라는 것의 변형에 지나지 않기 때문이다. 프로젝트 오피스는 전통적으로 기업 조직 내부에서 수행되는 모든 프로젝트에 대해 통제와 조정의 역할을 수행해 왔다. 따라서 IT 조직의 통합조정, 즉 코디네이션 역할은 프로젝트 오피스의 역할을 확대한 것뿐이다.

이처럼 오늘날의 IT 역할은 지원(Support)에서 통합조정(Coordination)으로 변화하고 있다. 이러한 현상은 다음 절에서 설명할 비즈니스 부서의 일반적인 역할과, 특히 개별 IT 프로젝트에서 사용자 부서의 역할을 고려하면 그 필요성은 더욱 극명해 진다.

- 일반 직원에 대한 비즈니스 프로세스의 지속적 교육 및 훈련.
- 프로세스에 대한 교육훈련 자료의 개발 및 유지보수. 여기에는 IT가 개발한 IT 시스템 사용 절차도 포함되어야 한다.
- 비즈니스 프로세스 운영 절차 및 업무 가이드라인의 개발. 여기에도 역시 IT 시스템 사용 절차가 포함되어야 한다.
- 현안 및 문제와 이로 인한 현행 업무에 대한 영향의 파악.
- 쉐도우 시스템이 새로운 프로세스에 내재화될 수 있도록 지원.
- 예외적 처리 업무의 제거, 감소 및 통제를 지원.
- 새로운 비즈니스 프로세스의 정의에 참여.
- 새로운 비즈니스 프로세스의 기대 효과 및 그 실현 방법을 결정.
- 요구사항 정의, 테스트, 데이터 컨버전에 참여.
- IT 계획 실행 과정에 적극적인 역할의 수행.
- IT 시스템 구축 후에 비즈니스 프로세스 성과 측정에의 참여와 이를 통해 후속 현안 및 문제의 도출.
- 비즈니스 프로세스 계획 수립 과정에 참여.

그렇다면 IT가 그동안 수행해 왔던 지원 역할은 어떻게 되는 것일까? 이 역시 계속 수행하여야 한다. 이와 관련해 최근에 많은 기업 조직들이 이들 지원 활동중에 일상적인 것들을 대거 아웃소싱(Outsourcing)시키고 있는 사실에 주목할 필요가 있다. IT 조직이 어플리케이션 소프트웨어를 자체적으로 개발하는 대신 소프트웨어 패키지를 도입하는 것도 아웃소싱의 한 예이고, 이외에도 네트워크 관리, PC 지원, IT 교육, 헬프 데스크(Help Desk) 등도 활발히 아웃소싱하고 있는 IT 업무이다.

비즈니스 부서의 역할과 책임

원래 비즈니스 부서는 IT 거버넌스에 깊숙이 관련돼 있다. 이들은 IT 거버넌스 과정에 필요한 자원을 제공할 뿐만 아니라 비즈니스 관리자는 어느 정도 직접 참여하기도 한다. 일례로 일단 비즈니스 부서가 새로운 IT 시스템에 대한 필요성을 인식하면, 시스템 구축 계획 수립 및 실행을 위한 지원을 IT 부서에게 요청한다. 프로세스 측정도 비록 개괄적인 수준이거나 또는 심각한 문제가 발생할 때에 한하더라도 일단은 수행하고 있다. 특히 심각한 문제가 발생하면, 측정을 대대적으로 수행하다가 문제가 해결되면 종전의 방식으로 되돌아가곤 한다. 또한 비즈니스 부문의 관리자 및 직원들은 대부분 일상적인 업무를 수행하느라 여유가 없으며, 이로 인해 이들에게 비즈니스 프로세스란 매일매일 똑같이 반복 진행되는 일상적인 작업으로만 인식되고 있다.

이와 같은 상황에서 기업 조직에 혁신적인 경영자가 존재하지 않거나 중간 관리자들이 비즈니스의 개선 기회를 포착하지 않는 한, 프로세스에 대한 변화나 개선의 움직임은 좀처럼 발행하기 어렵다. 일이 잘 되고 있는 마당에 구태여 평지풍파를 일으킬 필요가 무엇이 있겠는가? 하지만 비즈니스 부문의 이러한 행동 방식으로 인해 다음과 같은 문제들이 끊임없이 발생하고 있다.

▶ 중요한 혁신 기회가 비즈니스 관리자들에 의해 좌지우지된다. 기업 입장에서 가치가 낮은 프로세스 개선이 주목을 받는가 하면, 범 조직 차원의 핵심 프로세스에 대한 개선 기회가 이들 비즈니스 관리자가 현상유지를 원함으로 인해 사장되는 경우가 비일비재하다.

▶ 비즈니스 부서 관리자들이 자신이 맡고 있는 부서 내의 프로세스만 신경을 쓰고, 여러 부서 또는 기능에 걸친 전사 프로세스, 다시 말해 교차 기능적 프로세스(Cross-functional process)나 부서 간 프로세스(Cross-department process)에 대해서는 주의를 기울이지 않는다. 이들은 내심 "구태여 내가 앞장서서 정치적 리스크나 코스트를 감당할 필요가 뭐 있겠는가?"라고 생각하는 경우가 많다.

▶ 비즈니스의 적극적 참여가 부족해 IT가 프로젝트의 아이디어를 제시하기 어렵다. 왜냐하면 비즈니스 관리자들은 대부분 변화의 결과에 대한 두려움과 리스크 및 실패에 대한 우려로 인해 새로운 IT 프로젝트를 착수하기 꺼려하기 때문이다.

▶ 현재 수행하고 있는 업무에 대한 측정이 미래지향적으로 이루어지지 않는다. 이 결과, 문제를 적시에 제시해 줄 수 있는 객관적인 정보나 심지어 주관적인 정보마저 획득하기 어렵다.

오늘날 기업이 처한 환경에 가장 바람직한 IT 거버넌스가 효과적으로 수행되기 위해서는 상기 문제점들이 반드시 해결되어야 한다. 핵심 관건은 업무에 대한 변화와 개선을 위한 아이디어의 제시를 기업 내에서 누구의 책임으로 해야 하는 가이다. 현대적인 IT 거버넌스 접근방식에서는 이러한 책임은 IT 부서, 비즈니스 프로세스의 관리감독을 맡은 라인 관리자, 프로세스 내에서 업무를 수행하는 일반 직원 및 IT 운영 위원회가 공동으로 수행하여야 한다. 특히 조직 전반에 걸쳐 개방성(Openness) 및 투명성이 확보돼, 이들이 주저 없이 업무에 내재하는 문제점들을 표출할 수 있어야 한다. 이렇게 해야만 변화 및 개선의 필요성을 당당하게 밝히기 꺼려하는 풍토를 타파할 수 있다.

아울러 비즈니스 부서가 현행 프로세스 및 업무에 대한 비판과 측정에 적극적으로 참여하게 해야 한다. 이를 위해 IT는 프로세스의 측정을 위한 코디네이터 역할만 수행하고, 실제 필요한 지식을 갖고 있는 일반 직원과 일선 감독자가 이를 실행할 수 있게 해야 한다. 이러한 접근방식을 취하면 현상유지를 통해 자기들만의 비공식적 파워를 향유하고자 하는 '골목대장(The King and Queen Bees)'들의 파워를 크게 줄일 수 있다.

일단 IT 프로젝트의 기본 토대인 비즈니스 프로세스나 프로세스 그룹이 정의되면 비즈니스 부문의 역할은 확대가 가능하다. 이와 관련해 앞에서 비즈니스 부서의 역할에 대해 설명한 바 있다. 그런데 비즈니스 부문이 이 같은 새로운 역할을 수행하고 싶어 하지 않거나 또는 수행할 역량을 미처 보유하지 않고 있을 수 있다. 이는 어떤 조직에서든 맨 처음에는 충분히 발생될 수 있는 상황이다. 하지만 확실한 것은 오늘날 이러한 역할들 중 많은 부분이 IT 부서와 비즈니스 부서의 공조아래에 이루어지고 있다는 점이다. 따라서 비즈니스 부서로 하여금 새로운 역할을 수행하게 할 때에 가장 좋은 방법은 사용자 부서 하나를 선정해서 먼저 실행하게 한 다음에 이를 모델로 활용해, 전체 비즈니스 부서 직원들로 확대 적용해 나가는 것이다. 궁극적으로 모든 비즈니스 부서 직원들이 새로운 역할을 수행할 수 있어야 한다. 왜냐하면 이들이야 말로 새로운 역할의 수행에 필요한 지식을 보유하고 있으며, 그 수행 결과의 직접 수혜자이고, 이렇게 하는 것이 이들의 이익에 부합되는 것이기 때문이다.

그런데 비즈니스 부문이 이러한 새로운 역할의 수행을 반대하면 어떻게 되는 것인가? 이런 경우에는 프로젝트의 수행 타당성에 대해 근본적으로 재고해 보아야 한다. 저자들은 비즈니스 부문이 변화의 노력에 적극적으로 참여하려는 의욕이 부족해서 반드시 수행되었어야 할 IT 프로젝트 기회가 사장된 사례도 많이 보았다. 이에 대해서는 추후에 좀 더 자세히 다루도록 하겠다.

비즈니스 비전, 미션 및 목표와 IT 거버넌스

IT 거버넌스 및 감독(Oversight) 프레임워크에 대해서는 이미 앞 절에서 개괄적으로 언급하였다. 여기에서는 이러한 프레임워크 및 그 구현에 대해 좀 더 자세히 알아보도록 하자. 여기에서 가장 중요한 것은 비즈니스와 IT의 얼라인먼트에 대한 분석이다. 이러한 분석은 맨 먼저 약간의 불분명하고 애매모호하기까지 한 '하이-레벨(High-level)'에서부터 시작한다.

이를 위해 우선 몇 가지 기본 사항들에 대해 언급하고자 한다. 오늘날, 기업들이 상당히 많은 시간을 들여 자기 조직의 미션 스테이트먼트(Mission Statement) 및 비전 스테이트먼트(Vision Statement)를 개발하고 있다. 이 같은 것은 대개 기업의 연례 보고서나 사업 계획서 또는 사무실 벽에 붙여 있는 액자에서 쉽게 찾아 볼 수 있다. 직원들에게도 미션 및 비전에 대해 수없이 강조하곤 한다. 그런데 실제적으로는 기업의 미션 및 비전은 공들인 만큼의 주목을 받지 못한다. 사실 보통의 직원들은 자신들이 수행하는 일상적인 업무가 굉장히 고차원적인 미션 및 비전과 어떠한 관련이 있는지 잘 알지 못한다. 이로 인해 경영진은 미션 및 비전이 본연의 역할을 수행하지 못하고 있다고 생각하고, 조직 내부의 부서들이 변화와 개선을 거부한 채 기존의 업무만 고집하고 있는 것으로 간주한다.

이와 관련해 본 절에서는 다음과 같은 문제 상황을 다루고자 한다.

- 기업이 비즈니스 미션 및 비전을 각 비즈니스 프로세스나 특히 개별 IT 프로젝트와 연관시키고자 하는 경우.
- 비즈니스와 IT의 얼라인먼트의 일환으로 비즈니스 미션 및 비전을 IT와 연계시키고자 하는 경우.

여러분은 여러분 조직의 아주 '하이-레벨'한 차원에서도 비즈니스와 IT의 얼라인먼트 또는 그 반대인 미스-얼라인먼트(Misalignment)를 명확하게 파악할 수 있는 방법을 알고 있어야 한다. 본서에 제시된 모든 접근방법 및 절차는 이러한 것을 비즈니스와 IT가 공조를 통해 단기에 파악할 수 있는 것에 초점을 맞추고 있다.

그런데 조직의 '하이-레벨'한 차원에서는 애매모호한 개념이 상당히 많이 존재한다. 따라서 일반 직원들이 조직의 비전 및 미션에 대해 서로 다르게 생각하는 것도 극히 당연한 일이다. 이를 위해 우선 다음과 같은 기본 개념 및 용어에 대한 정의부터 명확히 할 필요가 있다.

▶ 이해 관계자(Stakeholder) : 이해 관계자란 조직이 수행하는 활동에 이해가 걸려 있거나 이에 관여하고 있는 내외부의 실체를 의미한다.

▶ 비전(Vision) : 비전은 조직이 3년 또는 5년 후에 되고 싶은 바를 말하는 것으로서, 어디로 향해 가는지와 같은 방향을 나타내며 결코 거기에 어떻게 도달할지와 같은 방법을 제시하지는 않는다.

▶ 미션(Mission) : 미션이란 조직이 비전을 달성하기 위해 전반적으로 어떻게 노력할 것이냐를 제시하는 것이다.

▶ 비즈니스 목표(Objectives) : 비즈니스 목표란 미션의 수행을 뒷받침하는 것으로서, 좀 더 구체적인 타겟을 의미한다.

▶ 비즈니스 현안(Issues) : 현안은 비즈니스 목표의 달성을 저해하거나 위협하는 문제 및 촉진하는 기회를 의미하는 것으로서, 궁극적으로 기업의 미션 및 비전의 달성을 저해 또는 촉진하는 것들을 말한다.

▶ 비즈니스 전략(Strategy) : 비즈니스 전략은 비즈니스 현안을 해결해 나가면서 비즈니스 목표를 달성하기 위한 방법을 말한다.

다음은 앞에서 소개한 사례 조직의 하나인 Tucker County의 비전 스테이트먼트(Vision statement)이다.

> 우리 Tucker County는 민원인이 우리를 통해 품격있고 개별적인 특성에 맞춘 경험을 얻어 갈 수 있도록 민원인에게 기대를 뛰어 넘는 최상의 서비스를 제공하는데 헌신하는 공공기관이다. 따라서 우리는 민원 서비스 및 정보의 능률적인 제공을 비용-효과적으로 수행하여야 한다. 또한 우리는 직원들의 사기를 진작시키고, 이를 위해 직원들의 근무 환경 및 생활 환경을 지속적으로 향상하고자 한다.

위의 비전 스테이트먼트를 자세하게 분석해 보면 다음과 같은 비전 구성 요소(Vision Element)를 도출할 수 있다.

- 최상의 또는 고품질 서비스
- 개별적인 특성에 맞춘 또는 개별화된 서비스
- 능률적인 서비스 제공

- 비용-효과적인 운영
- 직원의 사기 진작

사례의 조직은 그전에 이런 것을 시도한 적이 없었다. 따라서 처음에는 아주 생소함을 느꼈고, 기존의 상황과는 상당한 차이가 있다는 사실을 인식하였다. 하지만 이러한 비전 구성 요소야 말로 제대로 된 변화 관리 목표(Change Management Objective)가 되었고, 이를 통해 비즈니스 계획의 완성도와 타당성을 높일 수 있었다.

일반적으로 비전은 다음과 같은 비전 구성 요소(Vision Element)들을 활용해 정의하는데, 가급적 측정 가능하게 정의하여야 한다.

▶ 제공 서비스
- 기존의 서비스 대비 미래의 특정 시기에 제공할 서비스의 성격
- 개별화되어 제공될 수 있는 서비스의 퍼센티지

▶ 성과 및 작업량(Workload)
- 단위 시간당 한 사람에 의해 처리되는 고객 수, 통화 건수 또는 트랜잭션 건수
- 단위 시간당 한 사람에 의해 처리되는 고객 불평 건수
- 전체 작업 규모 또는 직원들의 작업 시간
- 고객 통화 건당 평균 처리 시간

▶ 고객
- 고객 유지(Retention) 또는 재구매 규모
- 특정 기간에 고객 1인당 평균 방문 건수
- 적절한 방식의 조사를 통해 밝혀진 고객 만족도

▶ 코스트 및 수익
- 미래 특정 시점에서의 전체 수익 또는 매출액
- 미래 특정 시점에서의 총 이익
- 특정 기간에 거래 1건을 처리하는데 소요되는 평균 코스트
- 특정 기간에 유망 잠재 고객 1명당 발생될 수 있는 평균 수익이나 매출액
- 고객 1명당 발생될 수 있는 평균 수익 또는 매출액

▶ 기술
- 자동화된 작업이나 거래의 퍼센티지
- 거래 유형별 수작업으로 처리되는 업무의 퍼센티지

▶ 직원
- 직원 1인당 매출액
- 직원 1인당 코스트

이제 기업 조직의 비즈니스 미션 스테이트먼트(Mission statement)에 대해 알아보기로 하자. 앞에서 설명한 바와 같이 비즈니스 미션은 비전을 기업 조직이 전반적으로 어떻게 달성할 것인지 나타내는 것이다. 사례의 조직인 Tucker County는 자기의 비즈니스 비전을 달성하기 위한 미션을 다음과 같이 정의하였다.

> 우리 Tucker County는 민원인들의 직접 방문이나, 네트워크 및 시스템을 기반으로 하는 자동화를 통해 이용할 수 있는 광범위한 공공 서비스를 제공하고자 한다. 서비스 성과는 적극적으로 측정, 발견된 문제에 대해서는 광범위한 후속대책을 통해 끝까지 추적 관리할 것이다. 아울러 서비스 활동에 대한 직원들의 참여도 및 노력은 그 가치를 평가해 더욱 증대될 수 있도록 장려할 것이다.

이와 같은 미션 스테이트먼트는 다음과 같은 미션 구성 요소(Mission Element)로 정의되어 있다.

- IT에 의해 지원되는 모든 종류의 민원 서비스
- 고객, 즉 민원인 만족도
- 직원의 기여도

이젠 이를 바탕으로 Tucker County의 핵심 비즈니스 프로세스(Critical Business Process)를 도출할 수 있다. 본서에서는 지면 관계상 다음과 같은 3가지 핵심 비즈니스 프로세스에 대해서만 다루기로 하겠다.

- 출생 및 사망 기록
- 이름 변경
- 유권자 명부 관리

또 하나의 중요한 리스트가 바로 Tucker County의 비즈니스 부문 및 부서(Business Unit and Department) 리스트이다. 본 사례에서는 지면 관계상 주민 등록 부서, 선거 관리 부서 및 IT 부서만을 다루고 있는데, 실제로는 이 보다 훨씬 많았다. 아울러 비즈니스 목표(Business Objective)도 파악해야 하는데, 이는 대개 조직의 연차 보고서나 경영진의 연설문에 잘 나타나 있다. Tucker County의 비즈니스 목표는 다음과 같은 것들로 파악되었다.

- 더 나은 주민 봉사를 위해 기술 및 시스템에 대한 투자 증대
- 사무 업무량 및 활동의 감축
- 서비스 코스트에 대한 통제

이러한 비즈니스 목표와 비전 및 미션은 비즈니스 현안(Business Issue)으로 인해 쉽게 달성되지 않는다. Tucker County의 비즈니스 현안으로는 다음과 같은 것들이 도출되었다.

- 직원들이 노동조합을 통해 자기들의 정치적 파워를 유지하고자 한다.
- 기존 IT 시스템 중의 몇 가지가 너무 노후화되어 있어 변화를 저해하고 있다.
- 이전에도 비즈니스 프로세스의 개선을 시도한 적이 있었지만 대부분 실패로 끝나 버렸다.

따라서 이와 같은 비즈니스 현안을 해결해 비즈니스 목표를 달성하기 위한 비즈니스 전략(Business Strategy)이 필요하다. Tucker County가 수립한 몇 가지 주요 비즈니스 전략으로는 다음과 같은 것들이 있다.

- 각 비즈니스 부서의 변화를 지원할 수 있는 신기술을 구축한다.
- 검증이 끝나 기술과 방법론을 활용한다.
- 변화와 개선 활동에 일반 직원들을 적극 참여시킨다.

지금까지 설명한 것들을 적절히 구조화시켜 가시성을 높이면, 추후 분석 및 이해에 큰 도움이 된다. 이를 위해 다음과 같은 6가지의 테이블을 활용해서 정리하도록 한다.

▶ **단위 조직 대비 비즈니스 프로세스**(그림 2.2 참조)
- 비즈니스 부문 및 부서와 같은 단위 조직별로 비즈니스 프로세스와의 연관성을 표시하도록 한다. 이 같은 분석을 통해 여러분은 특정 프로세스와 관련해 어떤 단위 조직들과 공조를 해야 할지 파악할 수 있다.

▶ **비즈니스 프로세스 대비 비즈니스 현안**(그림 2.3 참조)

- 비즈니스 현안이 비즈니스 프로세스에 미치는 영향의 정도를 나타낸다. 이 테이블과 그림 2.4 및 2.5의 테이블을 사용해 여러분은 비즈니스 목표, 전략 및 현안의 관점에서 어떤 프로세스나 활동에 중점을 두어야 하는지 파악할 수 있다.

▶ **비즈니스 프로세스 대비 비즈니스 목표**(그림 2.4 참조)

- 비즈니스 목표를 달성하는데 있어 각 비즈니스 프로세스가 얼마나 중요한지 나타내도록 한다.

▶ **비즈니스 프로세스 대비 비즈니스 전략**(그림 2.5 참조)

- 비즈니스 전략의 성공적인 완수 관점에서 각 비즈니스 프로세스의 중요도를 표시한다.

▶ **비즈니스 프로세스 대비 비즈니스 비전**(그림 2.6 참조)

- 비즈니스 비전의 달성 관점에서 각 비즈니스 프로세스의 중요도를 표시한다. 또는 비즈니스 비전을 달성하는 과정에서 각 비즈니스 프로세스가 수행해야 할 역할을 정의한다.

▶ **비즈니스 프로세스 대비 이해 관계자**(그림 2.7 참조)

- 이해 관계자별로 비즈니스 프로세스의 가치를 나타내도록 한다.

단위 조직	비즈니스 프로세스		

그림 2.2 단위 조직 대비 비즈니스 프로세스

비즈니스 프로세스	비즈니스 현안		

그림 2.3 비즈니스 프로세스 대비 비즈니스 현안

비즈니스 프로세스	비즈니스 목표		

그림 2.4 비즈니스 프로세스 대비 비즈니스 목표

비즈니스 프로세스	비즈니스 전략		

그림 2.5 비즈니스 프로세스 대비 비즈니스 전략

비즈니스 프로세스	비즈니스 비전 구성 요소		

그림 2.6 비즈니스 프로세스 대비 비즈니스 비전

비즈니스 프로세스	이해 관계자		

그림 2.7 비즈니스 프로세스 대비 이해 관계자

이러한 테이블 작업은 IT와 비즈니스의 얼라인먼트를 위한 가장 중요한 첫 번째 출발을 의미한다. 즉, 비즈니스의 개념적인 '하이-레벨'한 사항을 아주 명확하고 구체적인 비즈니스 팩터(Business Factor)로 세분화시켜서, 이를 추후 IT 팩터(IT Factor)와 논리적으로 쉽게 연계하기 위한 것이다. 이와 관련된 구체적인 절차는 제4장의 'IT 전략 계획 수립'에서 자세하게 다루기로 하고, 여기에서는 일단 다음과 같은 IT 관련 테이블(IT related table)만 기억하기 바란다.

- IT 목표 대비 비즈니스 프로세스
- IT 프로젝트 대비 비즈니스 프로세스
- IT 현안 대비 비즈니스 프로세스
- IT 전략 대비 비즈니스 프로세스

접근방식의 요체는 IT 목표나 현안 및 전략과 같은 IT 팩터를 비즈니스 프로세스를 매개로 비즈니스 미션, 비전 및 현안과 같은 비즈니스 팩터와 연계시키는 것이다. 이렇게 하면 명확하고 직접적인 방식으로 비즈니스와 IT의 얼라인먼트 또는 미스얼라인먼트(Misalignment)를 파악할 수 있다.

현대적인 IT 거버넌스의 기대효과

이와 같은 여러 가지 종류의 테이블을 분석 도구로 활용해서 비즈니스 프로세스에 초점을 맞추면 다음과 같은 효과를 기대할 수 있다.

▶ 직원들의 태도가 크게 변한다. 변화를 발생시키는 것에 대해 그동안 절망적 또는 불가능한 것이라고 생각했던 직원들이 프로세스의 변화 및 개선에 적극적으로 참여한다.

▶ 직원들이 비즈니스 프로세스, IT 프로젝트, 비즈니스 미션, 비전 및 목표 사이의 상호 관계에 대해 명확히 이해한다.

▶ 새로운 개선 기회를 도출함에 있어 과거보다 훨씬 미래 지향적이고 개방적인 접근방법을 취할 수 있다.

▶ 변화의 의미와 왜 그것이 중요한지에 대해 기업 조직 전반에 걸쳐 이해가 증진되며 전폭적인 지지를 확보할 수 있다.

하지만 무엇보다 중요한 효과는 조직 전반에 걸쳐 관련 기능 및 부서 간 업무 공조가 증진됨에 따라 누적 개선 효과(Cumulative improvement)가 발생한다는 점이다. 시간이 지나면서 IT 및 비즈니스와 관련된 각종 표준 템플릿, 프로젝트 계획서, 현안 관리, 변화 관리 및 교훈(Lessons learned) 등이 비약적으로 발전한다.

이러한 프로세스 개선은 하룻밤 사이에 발생하는 것이 아니다. 저자들의 경험에 의하면 처음에는 작은 변화로 출발해, 동일한 방식을 꾸준히 지속해 나가는 것만이 가정 효과적인 접근방식이었다. 성경에도 있잖은가? '시작은 미약하지만 끝은 창궐하리라(욥8:7)'라고.

IT와 비즈니스의 얼라인먼트

지금쯤이면 여러분은 IT와 비즈니스의 얼라인먼트에 대한 전반적인 분석 작업이 비즈니스 프로세스를 매개로 해서 어떻게 수행되는지 이해하였을 것이다. 그런데 사실 지금까지 논의한 것들은 얼라인먼트의 두 가지 얼굴 중 하나인 개념적인 계획, 다시 말해 '개념적 IT 체계'에 관한 것이었다.

또 다른 얼굴인 실현은 계획과는 전혀 다르다. 요컨대 IT와 비즈니스 간 얼라인먼트의 실현은 '개념적 IT 체계'와 이에 대한 관리감독(Oversight)을 통해 완성된다. 즉, 지금까지 설명한 비즈니스 팩터 및 IT 팩터로 구성된 최적의 '개념적 IT 체계'와 이에 대한 감독을 수행하는 IT 운영 위원회를 통해서만 IT가 비즈니스 비전과 미션을 지탱할 수 있다는 점을 명심하라.

리스크 관리

이번 장에서 논의된 것들과 관련해 가장 심각한 리스크나 문제점으로는 무엇이 있을까? 여러 가지가 있을 수 있겠지만 가장 빈번히 발생하는 것은 기업의 최고 경영진이 변화 및 개선의 필요성을 느끼지 못한다는 점이다. 기업이 재무적으로 잘 돌아가고 있다면, 변화 및 개선에 대한 압박은 거의 존재하지 않는다. 이런 경우에 다음과 같은 접근방식이 필요하다.

- 기존의 IT 거버넌스 및 관리 방식에 대한 문제점을 파악한다.
- 이 같은 문제점이 비즈니스에 미칠 장단기 영향을 파악한다.

도출된 문제점 및 비즈니스에 대한 영향의 제시를 통해 변화 및 개선에 대한 경영진의 관심을 촉구하도록 한다. 아울러 현상유지를 선호하는 일반 직원에 대해서도 동일한 방식을 적용하되, 특히 지금까지는 기존의 방식이 먹혀들었지만 앞으로는 더 이상 그렇지 못하다는 점을 강조해 주어야 한다. 더 나아가 기존의 상황이 앞으로 계속해서 지속되면 심각한 문제가 발생할 것이라는 사실을 제시하도록 한다. Enron, K-Mart, Worldcom 및 수많은 닷컴(Dotcom)의 사례로부터 얻은 교훈은 문제를 조기에 탐지하고 제대로 처리하기만 했다면, 이를 해결할 수 있는 시간과 대안이 더 많았을 것이고 최소한 파국만은 피할 수 있었다는 사실이다.

사례

SUPREME OIL – 종합 에너지 회사

Supreme Oil은 국제 에너지 시장의 고유가 추세로 인해 고수익 구조를 오랫동안 향유해 오고 있었다. 이에 따라 기업의 최고 경영진과 직원들은 변화 및 개선의 필요성을 전혀 느끼지 않고 있었다. 그러던 차에 정부가 해양 유전지대에 대해 공개 입찰제를 시행하기 시작하였다. 이럼에도 불구하고 Supreme Oil은 여전히 전통적인 방식을 통해 어디에 입찰을 하고 입찰 가격을 얼마로 할 것인지 결정하고 있었다. 결과는 한 마디로 재앙 그 자체였다. 대부분의 입찰에 출혈 가격으로 응찰하는가 하면, 좋은 유전지대의 입찰은 거의 모두 실패하거나 또는 좋지 않은 유전지대에 너무나 많은 투자를 하고 있었다.

이와 같은 비즈니스 실패의 원인은 무엇이었을까? 주된 원인은 이들이 유전 탐사 및 분석에 최신의 기술과 시스템을 활용하지 못하였던 것이다. 이 반면에 경쟁 업체들을 그렇게 하고 있었다. 이러한 사실은 경영진에게 심각한 경종을 울리게 되었다.

연이은 비즈니스 실패이후 어느 날, 경영진은 IT에 대한 대대적인 구조조정에 착수하였다. IT에 대한 거버넌스 및 관리감독의 중요성이 부각돼, 이를 크게 변화시켰다. 아울러 주요 시스템들을 새롭게 개비해 활용하기 시작하였다. 이를 위해 모든 핵심 프로세스에 대한 조사를 통해 업무 개선 기회를 도출하고 이를 실현하기 위한 IT 프로젝트들을 착수하였다. 1년이 지나자 입찰에 있어 소정의 결실이 나타나기 시작하였다. 이 이후에도 Supreme Oil은 과거로 퇴행함이 없이 계속해서 지속적인 개선과 변화를 수행하였다.

TUCKER COUNTY – 지방 정부

저자들은 본장의 주제에 가장 적합한 사례가 Tucker County라고 생각한다. Tucker County에는 오랫동안 조직 전반에 걸쳐 개선을 저해하는 무기력증후군이 만연하였다. IT 시스템이 노후화됐음에도 그 폐해를 지적하는 경영진과 직원은 아무도 없었다. IT에 대한 감독은 하찮은 기능으로 간주돼, 최소한의 기능만 수행하고 있었다. 그렇다고 Supreme Oil과 같이 조직의 변화 및 개선을 주장할 만한 경영의 위기 역시 존재하지도 않았다. 이로 인해 컨설턴트였던 저자들은 작게 시작하기로 하였다. 저자들은 먼저 비즈니스 활동 중 3가지의 핵심 프로세스를 평가하는 것부터 시작하였다. 본장의 후반에 제시된 프로세스 성과 척도를 활용해 현안과 문제점들을 도출하였고, 이를 통해 변화 및 개선의 기대효과를 명확하게 정의하였다. 일단 상황이 이렇게 되자 자동화 시스템 및 IT에 대한 관심이 고조되었다. 그 다음, 기 계획 또는 고려중인 모든 IT 프로젝트에 대한 재검토를 통해 대다수를 취소시키고, 앞에서 설명한 프로세스 분석 결과와 조직의 비전 및 미션을 바탕으로 새로운 IT 프로젝트들을 도출하였다.

SHAMROCK AGRICULTURE – 농업 협동조합

Shamrock Agriculture에서는 많은 소규모 비즈니스 부분이 지리적으로 널리 분산돼 독자적으로 관리되고 있었다. 그러던 어느 날 최고 경영진은 자기들이 정확한 경영 정보를 제공받지 못하고 있다는 사실을 인식하게 되었다. 경영진이 먼저 제기했음에도 불구하고 IT 부서는 이러한 현안을 해결할 기미를 전혀 보이지 않았다. 상황이 이렇게 되자 Shamrock은 IT 부서를 배제한 채, 비즈니스 프로세스와 조직에 대한 분석을 단행하였다. 분석 결과, 조직의 비즈니스에 지속적인 개선을 주입시킬 수 있는 방법은 자동화 및 개선된 IT 시스템을 통해서만 가능하다는 것이 밝혀졌다. 이를 통해 경영진과 조직 전체의 관심을 IT 거버넌스에 집중시킬 수 있었다.

비즈니스 프로세스		
평가 요소	점수	비고
◆ 비즈니스 프로세스에 직접 참여하고 있는 인원수 ◆ 비즈니스 프로세스에 참여하고 있는 총 인원수 ◆ 부서별 직원의 이직률 ◆ 프로세스에서의 직원 이직률 ◆ PC 및 워크스테이션 대수 ◆ 프로세스에서 사용되고 있는 설비 ◆ 제공되고 있는 시스템 ◆ 프로세스에 투입되고 있는 IT 코스트 ◆ 프로세스에 투입되고 있는 인력 코스트 ◆ 프로세스의 총 코스트 ◆ 수행 작업 규모 ◆ 트랜잭션 빈도 ◆ 유형별 발생 문제 건수 ◆ 평균 트랜잭션 처리 시간 ◆ 수행 작업의 다양성 ◆ 재작업 발생 정도 ◆ 예외적 처리 업무 비율 ◆ 워크-어라운드 비율 ◆ 쉐도우 시스템 비율 ◆ 예외적 처리 업무 건수 ◆ 워크-어라운드 건수 ◆ 쉐도우 시스템 개수 ◆ 교육훈련의 품질 및 완성도 ◆ 직원의 스킬 ◆ 절차의 품질 및 완성도 ◆ 정책의 적절성 ◆ 작업 및 인력 규모 ◆ IT 코스트 대비 전체 코스트 ◆ 인건비 코스트 대비 전체 코스트 ◆ 워크스테이션 당 작업 규모 ◆ 트랜잭션 당 코스트 ◆ 프로세스로부터 창출되는 매출액 ◆ 프로세스로부터 창출되는 이익 ◆ 문제 발생 건수 ◆ 단위 작업 규모 당 발생 문제 건수 ◆ 트랜잭션 당 매출액		

그림 2.8 비즈니스 프로세스 평가

교훈

- ▶ 현대적인 IT 거버넌스 및 관리 체계로의 변화 과정에서 전사 차원의 컨센서스를 확보하지 못하면 변화의 효과는 결코 오래가지 못한다. 따라서 앞에서 설명한 '개념적 IT 체계'의 도출을 위한 다양한 분석 테이블 및 리스트를 개발하고 검토하는 과정에 반드시 조직의 관련 이해 관계자들을 폭넓게 참여시켜야 한다.

- ▶ IT 거버넌스를 구현하고자 하는 기업이 자주 범하는 실수가 처음에 모든 것을 한꺼번에 구현하고자 하거나, Top-down 방식의 변화를 추진하려고 하는 것이다. 하지만 이것은 아주 위험한 접근방식이다. 결코 소정의 효과를 조기에 획득할 수 없을 뿐만 아니라, 하더라도 일시적인 것밖에 되지 않는다. 효과적인 접근방법은 먼저 몇 가지의 구체적인 업무부터 시작한 다음, 진행해 나가면서 전사 차원의 지원을 확보해 나가는 것이다. 이때에 가장 중요한 조기 효과의 하나가 바로 경영진 및 직원들로 하여금 기존의 방식에 문제점이 있고, 그 영향이 아주 심각하는 사실을 인식하게 하는 것이다. 이는 조직의 구성원들이 변화를 수용할 준비가 되어 있다는 것을 의미한다. 다음 절에 설명돼 있는 성과 척도는 이 같은 일을 하는데 큰 도움이 될 것이다.

IT 거버넌스 및 감독을 위한 성과 척도

본장의 주제와 관련해 적용할 수 있는 성과 척도는 수없이 많다. 이중에 맨 처음 고려해야 할 것은 비즈니스 프로세스에 대한 평가 항목이다. 그림 2.8에는 비즈니스 프로세스 평가 항목이 제시되어 있다. 실제적으로 이들 평가 항목을 모두 적용할 필요는 없다. 다만 이 테이블을 바탕으로 여러분 조직에 맞는 평가 항목을 도출하도록 하라. 또 한 가지 주의할 점은 그림 2.8의 테이블에 있는 평가 항목 중에 어떤 것은 여러분이 도출해야 하는 문제점이나 현안이 되기도 하지만, 또 다른 항목은 목표에 해당하는 것도 있다는 점이다. 아울러 일단 비즈니스 프로세스에 대한 평가 항목이 선정되고, 변화를 위한 프로젝트가 시작되었으면 그 이후에 동일한 평가 항목을 일관성 있게 적용하는 것이 좋다.

두 번째로는 기존의 IT 거버넌스에 대해 평가하여야 한다. 그림 2.9에는 현행 IT 거버넌스 및 감독의 문제점과 현안을 평가하는데 유용하게 사용할 수 있는 질문이 제시돼 있다.

그림 2.10에는 기업의 비즈니스 미션 및 비전을 평가할 때에 도움이 될 수 있는 질문이 제시돼 있다. 이 같은 질문을 통해 여러분은 조직의 미션이나 비전 및 기타 비즈니스 팩터(Business Factor)의 현재 상태에 대해 좀 더 효과적으로 평가할 수 있을 것이다.

- IT 감독 과정에 비즈니스 관리자들이 많이 참석하고 있는가?
- IT 조직이 어떤 일을 하고 있는지 잘 알려져 있는가?
- 경영진은 IT 자원의 배분 방식에 대해 잘 알고 있는가?
- IT 프로젝트 및 업무는 어떤 방식으로 도출되고 있는가?
- IT 프로젝트 및 업무를 정의하는데 있어 비즈니스 부서의 역할은 무엇인가?
- IT 지원 요청이나 문제를 경영진은 어떻게 다루고 있는가?
- IT에 대한 거버넌스 및 감독은 일관성 있게 적용되고 있는가? 아니면 경영자의 스타일이나 취향에 따라 변하는가?

그림 2.9 현행 IT 감독 및 거버넌스 평가 척도

- 비즈니스 미션이 정의되어 있는가?
- 비즈니스 비전이 정의되어 있는가?
- 미션 및 비전은 최초 정의된 후에 적시에 갱신되고 있는가?
- 미션 및 비전은 비즈니스나 IT 의사결정에 활용되고 있는가?
- IT를 미션 및 비전과 연계시키기 위한 노력이 이루어지고 있는가?
- 미션 및 비전은 비즈니스 프로세스와 연계되어 있는가?

그림 2.10 조직의 비즈니스 미션 및 비전 평가 척도

위와 같은 질문 리스트들은 실제로는 어떻게 활용해야 할까? 맨 먼저 각 리스트별로 여러분 조직에 가장 적합한 질문들을 선정하도록 한다. 그 다음에 여러분 조직 내 관련 임직원들에게 선정된 질문 항목을 검토하게 한다. 이것이 바로 변화 및 개선에 대한 조직 구성원들의 관심과 참여를 증진시키기 위한 첫 발걸음이다. 이런 다음에 질문 항목별로 예시적 답변 및 샘플을 만들고, 이에 대한 피드백을 수렴하도록 한다. 특히 각 항목에 대한 사람들의 Comment는 모두 기록한다. 이와 같은 접근방식을 검증된 공조적 접근방식(Proven Collaborative Approach)이라고 한다.

요약

여기에서는 IT 거버넌스 및 감독의 현대적인 접근방식과 함께, 비즈니스 프로세스의 중요성과 역할 및 책임에 대해 알아보았고, 그 최종 목적인 IT와 비즈니스의 얼라인먼트에 대해서 알아보았다. 또한 포괄적인 관점에서 IT 거버넌스 및 감독 프레임워크에 대해서 알아보았다. 그런데 비즈니스 프로세스란 왜 중요한 것일까? 그 주된 이유는 기업의 조직이나 인력 및 기술과 IT 시스템 등은 시간의 흐름과 함께 변하며 없어지기 마련이지만,

프로세스는 오랫동안 안정적으로 존속하기 때문이다. 만약 IT 거버넌스를 프로세스라는 안정적인 요소와 연계해 두지 않으면, 마치 모래 위에 지워 놓은 집의 기반이 변하는 것처럼 IT 거버넌스의 기반도 시간의 흐름 및 환경의 변화에 따라 부단히 변할 것이다.

또한 현대적인 IT 거버넌스 및 관리로의 변화를 안정적으로 이행하고자 한다면, 기업 조직의 구성원들이 수고를 적게 들이면서 지속적이고 효과적으로 실현할 수 있는 IT 거버넌스와 관리 프레임워크를 수립하여야 한다. 본래 기업의 경영진과 관리자 및 일반 직원은 IT 거버넌스 이외에도 신경써야 할 것이 산적해 있다. 따라서 현대적인 IT 거버넌스 및 관리를 구현하는데 있어 핵심 성공 요인은 구현에 필요한 노고를 최소화하는 것임을 명심할 필요가 있다.

제3장

기술 평가 및 감독

서론

본서에서는 IT 거버넌스 및 관리를 다루고 있으므로 기술에 대해서도 엔지니어링 측면보다는 신기술 도입으로 인한 비즈니스 효과와 그 기술이 비즈니스 문제를 해결해 나가는 접근방식에 대해 중점을 두고 있다. 주지하다시피, 기업의 기술 도입은 조직의 비즈니스에 커다란 영향을 미친다. 요컨대 기술은 비즈니스 프로세스의 개선이나 변화를 촉진시키는 효과도 있지만, 기업의 귀중한 자원을 불필요하게 낭비시키거나 조직 구성원들의 노력을 오도하는 경우도 존재한다. 따라서 기업은 신기술을 도입할 때에 기존 기술과의 균형을 바탕으로 접근하지 않으면 안 된다.

일반적으로 어떠한 기술이든지 저마다의 라이프사이클을 갖기 마련인데, 대부분 그 첫 탄생은 특정 기업 조직의 구체적인 비즈니스 문제들을 해결하는 과정에서 비롯되는 것이 아니라 범용적인 조사와 연구를 바탕으로 시작한다. 따라서 기술은 이를 도입하는 기업이 자기 조직의 실정에 맞는 현실적이고 실용적인 접근방식을 통해 도입해야만 비즈니스 문제를 해결할 수 있는 솔루션이 된다. 특히 신기술의 유용성이 높기 위해서는 이미 시장에서 사용되고 있는 기존의 기술과 조화롭게 사용될 수 있어야 한다. 다시 말해 인터페이스가 원활해야 한다. 예를 들어 누군가 비디오, 카메라, PDA 등과 같은 많은 기능을 수행할 수 있는 새로운 전화기 모델을 개발했다고 하자. 그런데 이러한 기능들이 기존의 개인용 컴퓨터에서 사용되고 있는 기능들과 인터페이스가 되지 않는다면, 최소한 이러한 인터페이스를 가능하게 해 주는 또 다른 신기술이 개발되어야 한다. 그렇지 않으면 그 기술에 대한 시장은 조만간에 사라져 버리게 될 것이다. 신기술의 이러한 특성을 '후방 호환성(Backward Compatibility)'이라고 하며, 이는 기술의 사용자 입장에서 필수적인 것이면서 동시에 신기술의 다른 특성들을 제한

하는 근본 원인이 되기도 한다. 예를 들어 32 비트 컴퓨터를 생각해 보자. 32 비트 컴퓨터는 기본적으로 1979년도에 설계된 인텔 80386 컴퓨터 칩 명령어 세트와 후방 호환성을 제공하였지만, 이로 인해 32 비트 컴퓨터의 파워와 기능은 크게 제한되었다. 64 비트 컴퓨터 역시 32 비트 컴퓨터용 소프트웨어를 지원할 수 있도록 후방 호환성을 제공하지만, 역시 동일한 문제에 봉착하였다.

따라서 신기술 도입은 신중히 수행되어야 한다. 그럼에도 불구하고 도입 의사결정시 다음과 같은 핵심 사항이 자주 간과되고 있다.

▶ **효과성**

신기술은 기업의 비즈니스에 어떠한 효과를 창출해 줄 수 있는가? 기업의 현행 비즈니스 프로세스를 변화 및 개선시켜 소정의 가치를 창출할 수 있겠는가?

▶ **지속성**

신기술이 조만간에 이보다 훨씬 더 좋은 다른 기술에 의해 대체되지는 않겠는가?

▶ **인터페이스**

신기술은 현재 사용하고 있는 기술 및 IT 시스템과 어떻게 연동할 것인가? 이들 간 통합 노력은 얼마나 소요될 것인가?

▶ **지원성**

시장 및 업계에서 신기술을 계속해서 다양하게 지원하겠는가?

▶ **관리 용이성**

신기술에 대한 관리, 측정 및 통제는 어떠하겠는가?

위와 같은 고려사항은 아주 당연한 것임에도 불구하고 신기술 도입시 자주 간과되고 있는 것들이다. 이 대표적인 예가 1980년대에 너나 할 것 없이 앞 다투어 도입했던 PC인데, PC를 도입하였던 기업 조직 및 개인 사용자 모두 단순한 호기심의 충족이나 여흥이외에는 그 어떠한 가치도 획득하지 못하였다.

그런데 신기술을 도입해 적용하는 과정에는 반드시 학습 곡선(Learning Curve)이 존재하기 마련이다. 일반적으로 기술에 대한 학습 곡선은 그림 3.1과 같이 4단계로 구성된다.

▶ 초기 학습 단계

사람들이 신기술을 구현한 제품에 대해 개념적인 이해와 기본적인 지식을 확보한다. 하지만 아직까지는 신기술 구현 제품을 직접 실무에 활용할 정도로 학습이 이루어져 있지는 않다.

▶ 숙달 단계

사람들이 신기술 구현 제품을 본격적으로 활용하기 위한 방안에 대해 연구하기 시작한다. 즉, 비즈니스 관점에서 기술을 어떻게 활용할 것인지에 대해 생각한다.

▶ 응용 단계

사람들 사이에 신기술 구현 제품이 계속해서 심도 있게 사용할 만한 가치가 있다는 인식이 형성된다. 이 결과, 각종 어플리케이션을 개발해서 이를 비즈니스 활동에 폭넓게 활용한다.

▶ 유지 및 지원 단계

학습은 사실상 종료되고, 신기술을 지속적으로 유지한다.

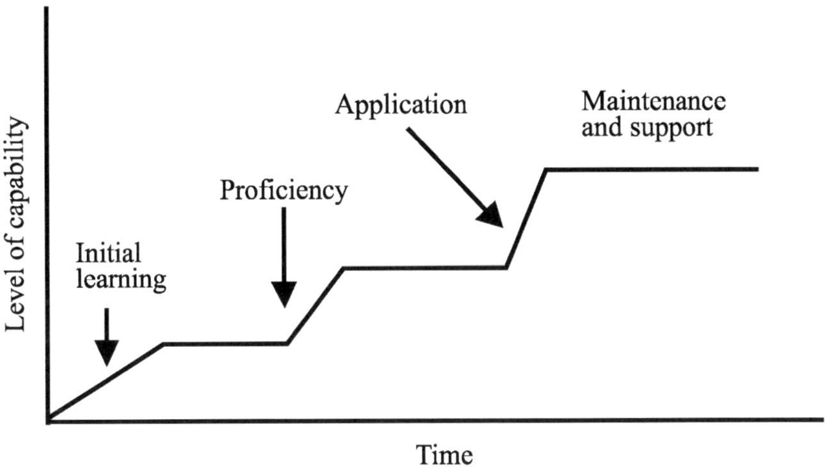

그림 3.1 기술 학습 곡선

일반적으로 '초기 학습 단계' 및 '숙달 단계' 사이와 '숙달 단계' 및 '응용 단계' 사이에 사람들이 신기술에 대해 흥미를 잃거나 어려워해서 학습이 지지부진되는 상황이 종종 발생한다. 심지어 기술을 어렵게 도입한 다음에 '초기 학습 단계'가 끝나면 학습을 중지하거나 그 단계까지 학습한 것에 만족한 나머지 아예 포기하는 경우도 발생한다. 하지만 시간이 흐르면서 학습이 진척됨에 따라 학습 곡선의 기울기가 점점 가팔라진다. 이는 사람들이 신기술을 점점 복잡한 업무에 활용하고 이를 통해 고난도의 지식을 점점 빠르게 확보하고 있다는 것을 의미한다.

신기술 사용 과정에서 범하는 실수의 대부분이 초기 단계에 발생되는 경향이 있다. 일례로 자동차 사고의 경우, 대부분이 새로운 차를 모는 첫 60일 내에 발생한다고 한다. 이 기간은 운전자가 새로운 자동차의 운전, 통제, 브레이크 및 기타 운용 방식에 익숙해지는 시기이기 때문이다.

비디오 카세트 리코더(Video Cassette Recorder, VCR)와 같은 간단한 기기의 예를 들어 보자. 수많은 사람들이 VCR을 구매했다. 그런데 이들 대부분은 VCR을 통해 영화 몇 편 정도만 보고 곧바로 흥미를 잃어버렸다. 현재 여러분 주위에 사용 중인 VCR을 아무거나 살펴보도록 해보라. 아마 거의 모든 것들의 시계가 12:00로 되어 있을 것이다. 이것은 바로 TV로부터 예약 녹화하는 기능은 한 번도 사용하지 않았다는 명확한 증거이다. 또한 여러분 주위의 사무실이나 집안을 한 번 살펴보도록 해보라. 이 같은 기기들을 상당히 많이 발견할 수 있을 것이다. 일례로 개인 휴대용 정보단말기(PDA, Personal Digital Assistance)의 경우에 이름이나 주소를 입력하는데 얼마나 애를 먹는가? 디지털 카메라의 경우 설명서 및 조작은 그 얼마나 복잡하게 되어 있는가? 주방 기구의 경우에 제대로 사용되고 있는 것들은 또 얼마나 되는가?

이러한 현상은 과연 누가 책임져야 하고, 도대체 어떻게 해서 발생된 것인가? 애당초 그것을 구매한 사람을 탓할 수도 있을 것이다. 또는 필요한 것 이상으로 기능을 복잡하게 만든 제조업체를 나무날 수도 있을 것이다. 특히 제조업체들은 종종 보통의 사용자라면 전혀 사용하지 않을 사소한 기능들을 불필요하게 많이 추가하는 경향이 있다. 한 조사 결과에 따르면 Word Processing 및 Spreadsheet 소프트웨어 제품의 기능 중에서 실제 사용되는 것은 전체 기능의 10~15%밖에 되지 않는다고 한다. 이는 기술 도입과 관련해 사람들이 자주 간과하고 있는 아주 중요한 점을 시사한다. 도입할 신기술을 선정할 때에 신중을 기해야 한다는 점을 말이다.

그림 3.2에는 기술의 라이프사이클 코스트(Life cycle cost)와 관련해 주요 코스트 요소 몇 가지가 예시돼 있다. 그런데 이들 코스트 요소 중에는 규모가 아주 큼에도 불구하고 종종 주목을 받지 못하는 것들이 있다.

- 평가 및 선정 코스트
- 도입 및 조달 코스트
- 기존 기술 정비 코스트
- 설치 코스트
- 교육훈련 코스트
- Setup 코스트
- 어플리케이션 코스트
- 외부 전문가 코스트
- 지원 및 유지보수 코스트

그림 3.2 기술 도입관련 코스트 요소

특히 유지보수 및 지원 과정에서 발생하는 보이지 않는 코스트에 주목할 필요가 있다. 일단 신기술을 활용해 새로운 어플리케이션을 구축하면 신기술에 대한 호기심은 사라지며, 이에 더해 IT 업체는 계속해서 새로운 버전의 기술이나 소프트웨어 릴리스를 시장에 내놓는다. 따라서 기업들은 새로운 버전의 기술 및 릴리스로 마이그레이션하는데 소요되는 노력 및 코스트가 그만한 가치가 있는 것이지 철저히 따져보고 결정하여야 한다. 사실 새로운 버전의 IT 솔루션 제품에는 버그나 에러가 상당히 포함되어 있기 마련이다. 이들 중에는 그냥 무시할 수 있는 것도 있지만 서비스 팩(Pack)이나 패치(Patch)를 통해 반드시 고쳐야 할 것들도 있다. 아울러 각 버전이나 릴리스에는 새롭고 유용한 특성과 기능이 들어 있을 것으로 기대하지만 꼭 그렇지만은 않다. 새로운 특성 및 기능이 추가됐을 때에는 과거의 기능 및 특성 중 일부가 제외되는 경우가 종종 발생한다. 일례로 일정 관리 소프트웨어를 생각해 보라. 새로운 버전에서 1년간의 일정을 일목요연하게 보여주는 기능이 빠져 있어서 어쩔 수 없이 오래된 버전을 계속해서 사용하는 사람들이 상당히 많이 있다.

신기술은 여러 가지 원인에 의해 진부화된다. 업체들이 특정 기술 구현 제품의 새로운 버전이나 릴리스를 더 이상 발표하지 않는다면 그 제품은 기존 및 새로운 비즈니스 니즈를 충족할 수 없게 된다. 또 다른 원인으로 기업의 비즈니스 환경 변화로 인한 IT에 대한 요구사항의 변화를 들 수 있다. 세 번째로는 IT 조직의 내적 변화를 들 수 있는데, 예를 들어 오랫동안 사용해 온 기술에 대한 핵심적인 지식을 보유하고 있던 IT 인력이 이직을 해, 지원 및 운영에 핵심 역할을 수행할 사람이 아무도 남지 않게 될 수 있다. 만약에 당해 기술을 구현한 컴퓨터 하드웨어 및 소프트웨어에 장애가 발생하면 여기에 의존하는 비즈니스 프로세스들은 중단될 수밖에 없다. 지금까지 설명한 것을 바탕으로 우리는 다음과 같은 3가지의 교훈을 얻을 수 있다.

1. 어떠한 신기술이라도 도입하기 전에 반드시 철저한 사전 검토 및 평가를 수행하여야 한다.

2. 도입한 신기술로부터 소정의 효과를 실현하기 위해서는 반드시 최소한의 필요한 학습 단계와 실무 적용 과정을 거쳐야 한다.

3. 기업은 신기술 도입시, 유지보수 및 지원에 소요되는 노력과 코스트를 과소평가하는 경향이 있다.

특히 기술이 아무리 급변하더라도 기업 조직에서 사용되는 기술과 관련해서는 반드시 누적된 유지보수 및 지원 노력이 존재하기 마련이다. 다시 말해 기업 조직은 오랜 기간에 걸쳐 다양한 기술을 도입하며, 어떤 기술이 진부화됐다 하더라도 필요한 경우에는 계속해서 사용하게 된다는 뜻이다. 따라서 기업 조직은 자연스럽게 기술 아키텍처(Technical Architecture)라고 하는 조직 고유의 기술 구조를 오랜 기간에 걸쳐 형성하게 된다.

이번 절에서는 기술의 라이프사이클상에서 주의해야 할 점에 대해 알아보았다. 혹 여러분은 "그래서 우리보고 어떻게 하라고? 신기술이라는 것이 그토록 실망스러운 것이니 그 도입을 계속해서 지연시키라는 것이냐?"라고 반문하고 싶을 것이다. 물론 전혀 그렇지 않다. 저자가 말하고 싶은 바는 신기술에 관한 철저히 현실적이고 실용주의적인 태도를 견지해야 한다는 것이다.

신기술에 관한 10가지 환상

다음은 신기술에 대한 환상 중 자주 발생되는 것들이다.

환상 1 : 신기술은 비즈니스 문제를 해결해 준다.

불행하게도 수많은 사람들이 이 환상을 맹신하고 있으며, 그 결과 기술에 대한 지나친 기대나 잘못된 기대를 형성한다. 기술이란 단지 비즈니스 프로세스의 개선을 지원해 주는 하나의 도구일 뿐이다. 대개의 경우 기술 자체보다는 조직적, 관리적 및 정치적 요인이 비즈니스 문제를 해결하는데 더 중요한 역할을 수행한다.

환상 2 : 신기술은 대체되는 기술보다 항상 좋은 것이다.

이 환상은 간혹 사실인 경우도 있지만 반드시 그렇다고 할 수는 없다. 그럼에도 불구하고 많은 사람들이 사실인 것처럼 여기고 있다. 상황을 더 악화시켰던 신기술의 사례는 적지 아니 존재한다. 일례로 새로운 모델의 자동차 출시를 들 수 있는데 주요 설계 결함으로 인해 자동차의 전복이나 폭발 또는 엄청난 금액의 유지보수 비용을 발생시킨 사례가 상당히 많이 존재한다.

환상 3 : 신기술 관련 애로 사항은 학습 과정에만 존재한다.

일반적으로 신기술을 활용해 실제 비즈니스 효과를 창출하는 과정에서 더 큰 애로사항이 발생한다. 다시 말해 바로 이때부터 기업 조직의 노력이 본격적으로 들어가고 보이지 않는 코스트가 발생하는 시기이다.

환상 4 : 신기술은 기존의 기술을 대체하는 경향이 있다.

물론 이런 상황이 어느 정도 발생하는 것은 사실이다. 하지만 신기술은 대개의 경우 기존 기술을 보완하거나 강화시켜 준다. 예를 들어 여러분이 DVD(Digital Versatile Disc) 플레이어를 하나 샀다고 해서 곧바로 VCR 플레이어를 버리지 않는 것과 마찬가지이다.

환상 5 : 신기술은 기존의 기술보다 저렴하다.

반드시 그렇지만은 않다. 신기술을 활용해서 업무를 수행하거나 필요한 어플리케이션을 구축하는 것이 더 복잡한 경우가 많이 존재한다. 신기술의 경우 일반적으로 상당한 학습 시간과 노력을 필요로 하는 기능과 특성이 더 많이 존재한다. 따라서 운영 및 지원 비용이 훨씬 높아질 수 있다.

환상 6 : IT 부문의 기술 인력들은 신기술을 좋아한다.

물론 그런 사람들도 있기는 하다. 하지만 대부분의 IT 인력들은 여러분이나 저자와 같은 '사람'들이다. 그들 역시 자신들이 현재 사용하고 있는 기술에 대해 편리함을 더 느끼기 마련인데 이는 오랜 기간에 걸쳐 그에 대한 숙련도를 높여 왔기 때문이다. 따라서 이들이 신기술의 학습에 대해 저항을 보이는 것도 아주 자연스러운 현상이다. COBOL 프로그래머들이 Java나 ASP(Active Server Page)를 새로 배우려고 할 때에 어려움을 느끼는 것도 한 예일 것이다.

환상 7 : 신기술은 비즈니스 효과를 창출한다.

여기에서 효과란 유형의 가시적 효과를 말하며, 기업이 신기술을 활용해 어플리케이션을 개발하고 이를 바탕으로 비즈니스 활동을 변화 또는 개선시켰을 때에만 발생한다. 이는 기업 입장에서 아주 중요한 것이긴 하지만, 실제로는 그리 쉽게 되는 것은 않는다. 일례로 IT 조직들이 사무 자동화 소프트웨어의 새로운 버전이 나올 때마다 자농으로 업그레이드하지 않는 것을 들 수 있다.

환상 8 : 신기술의 조기 적용자가 되는 것이 유리하다.

이는 신기술 도입의 효과가 명확하고 리스크가 적은 경우에만 그렇고, 대개의 경우 그렇지 못하다. 어떠한 신기술이든 초기에는 경험이 부족하기 마련이며, Lessons learned 역시 찾아보기 힘들다. 게다가 신기술 구현 제품의 초기 버전에는 오류나 문제가 아주 많이 존재한다. 따라서 현명한 기업이면 이러한 신기술과 관련해 '모르모트'가 되려고 하지 않을 것이다.

환상 9 : 신기술은 기존 기술에 비해 지원 요건이 더 적다.

이 같은 주장은 사실일 수도 있고 그렇지 않을 수도 있다. 확실한 것은 신기술에 대해 직접 경험을 하거나 또는 다른 사용자로부터 간접 경험을 얻기 전까지는 그 누구도 단언할 수 없다는 점이다. 일반적으로 신기술의 복잡함으로 인해 유지보수 및 지원 비용이 증가하는 경우가 더 많다.

환상 10 : 신기술은 복잡하다.

전혀 틀린 말은 아니지만, 종종 신기술이 기존 기술보다 훨씬 사용하기 쉬운 경우도 존재한다. 신기술에 의해 새로운 기능들이 추가되었다고 해서 반드시 복잡도가 증가한다고 하기는 어렵다.

기술 관리를 위한 체계적인 접근방법

기업이 기술을 제대로 관리할 수 있기 위해서는 체계적인 접근방법이 필요하다. 체계적인 접근방법이 존재하지 않으면 기업 조직은 문제에 빠질 수밖에 없다. 가장 큰 문제는 기업 조직 내 여러 사용자 부서에서 사전에 충분한 계획 없이 신기술을 도입한다는 점이다. 이는 기업 조직의 귀중한 자원을 고갈시키거나, IT 코스트를 증가시킬 뿐만 아니라 정치적인 분란을 야기한다. 더 심각한 문제는 기업이 어떠한 IT 시스템 및 기술을 사용해야 할 것인지와 같은 IT에 대한 비전 및 전사 차원의 통합적인 시각이 존재하지 않게 된다는 점이다. 이로 인해 조직은 커다란 혼란에 빠지게 된다.

따라서 저자들의 경험에 의하면 기업 조직에서 기술이 체계적으로 관리되기 위해서는 다음과 같은 활동이 수행되어야 한다.

- 현행 보유 기술에 대한 평가
- 신기술 식별 및 추적
- 신기술 선정
- 신기술 구현 및 지원 프레임워크의 개발
- 신기술의 구현

현행 보유 기술에 대한 평가

우선 기업이 보유하고 있는 IT 시스템 및 요소 기술에 대해 버전별로 정확한 현황을 파악한다. 이러한 '현행 요소 기술 인벤토리'는 그림 3.3과 같은 테이블을 활용해 파악할 수 있다. 테이블의 첫 번째 줄은 하드웨어, 소프트웨어, 네트워크 등과 같은 요소 기술의 유형을 표시한다. 두 번째 및 세 번째 줄에는 요소 기술의 이름과 버전을 표시한다. 네 번째 줄에는 각 요소 기술의 운영 및 지원과 관련된 문제점과 현안을 표시하는데, 주로 장애의 범위나 복구 소요 시간 및 소요 노력 등을 기술한다. 다섯 번째 줄에는 문제점 및 현안이 비즈니스에 미치는 영향을 기술한다. 마지막 줄은 특기 사항으로서, 예를 들면 새로운 버전의 소프트웨어가 존재하는가의 여부를 표시한다.

유형	시스템	버전	문제	영향	특기 사항

그림 3.3 현행 IT 시스템 및 요소 기술 인벤토리 테이블

이러한 IT 인벤토리 조사 활동은 잘만 수행되면 기업 조직 내부의 IT 인력과 비즈니스 사용자 간의 관계를 더욱 긴밀하게 만들 수 있다. 이를 위해서는 약간의 정치적 행동이 필요한데, 저자들의 경험에 의하면 다양한 종류의 기업들이 이를 바탕으로 IT와 비즈니스 간의 공조적인 접근방식(Collaborative Approach)을 더욱 활성화할 수 있었다. 이는 이러한 IT 인벤토리 조사 작업을 통해 현행 기술을 직접 사용하고 있거나 또는 운영 및 지원하고 있는 당사자들로부터 이들 기술의 문제점과 현안을 생생하게 파악할 수 있었기 때문이었다.

이 같은 IT 시스템 및 요소 기술 인벤토리 테이블을 작성할 때에 주의할 점은 기업 조직에서 현재 사용하고 있는 요소 기술은 물론 관련 지원 툴도 모두 포함시켜야 한다는 점이다. 예를 들어 특정 데이터베이스 관리 시스템(Database Management System)만 포함하기보다는 이와 관련된 지원 소프트웨어들도 모두 포함하여야 한다.

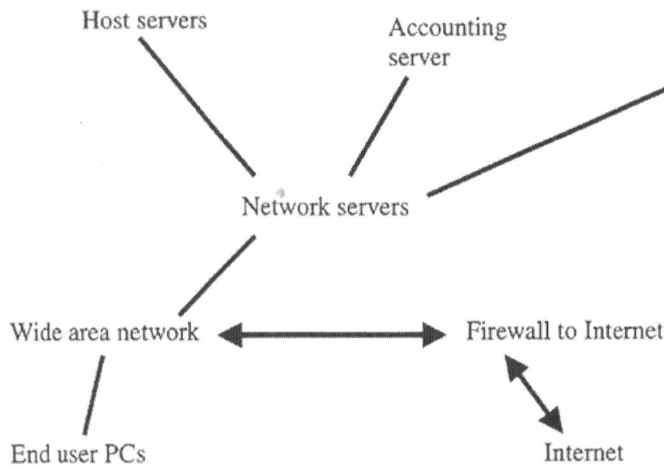

그림 3.4 IT 아키텍처 다이어그램 예시

현행 IT 시스템 및 요소 기술 인벤토리 조사가 완료되면 이를 바탕으로 전사차원의 통합 IT 아키텍처 다이어그램(Architecture Diagram)을 작성하여야 한다. 아키텍처 다이어그램은 IT 시스템 및 그 구성요소들이 상호 어떻게 연결되어 있으며, 이들 간에 어떠한 의존 관계가 있는지 나타내는 기법이다. 이를 통해서도 역시 제반 문제점 및 현안을 도출해 낼 수 있다. 그림 3.4는 한 소규모 기업의 IT 아키텍처 다이어그램 예시이다. 한 가지 주의해야 할 점은 어떤 기업에서든지 다양한 이유로 인해서 IT 아키텍처 다이어그램은 완벽하게 작성될 수 없다는 점이다. 하지만 최소한 다음과 같은 정치적 용도로 활용할 수 정도로는 개발되어야 한다.

- 내부의 모든 이해 관계자들에게 문제점 및 현안이 어디에 해당되는 것인지 명확하게 제시해, 그 영향에 대해 논의할 수 있게 해준다.
- 기업이 도입을 고려하고 있거나 관심을 갖고 있는 신기술을 적용할 영역이 어디인지 명확히 제시해줄 수 있다.

- 비즈니스 부서 관리자 및 사용자들로 하여금 기존의 IT 시스템 및 기술 구조와 그 복잡성에 대해 생생히 이해할 수 있게 해준다.

세 번째 용도는 아주 중요하다. 일반적으로 기업의 비즈니스 부서들은 IT 시스템 및 지원 활동의 복잡성을 제대로 이해하지 못하고 있는 경우가 많다. 하지만 저자들은 이와 같은 상황에서 IT 시스템 및 기술 인벤토리 테이블과 IT 아키텍처 다이어그램을 통해 비즈니스 부문의 IT 복잡도에 대한 이해 수준을 크게 제고시킬 수 있었고, 결국 진부화된 현행 기술의 변경 및 교체에 대한 조직의 전반적 지지를 쉽게 확보하였다. 하지만 저자들이 컨설팅해 주었던 이들 기업 역시 처음에는 앞에서 언급한 신기술에 대한 우려로 인해 기존 기술의 교체에 부정적이었다. 하지만 IT 아키텍처 다이어그램을 통해 기술 구조에 대한 이해를 제고시키고 이를 바탕으로 기술의 교체에 대한 필요성을 더욱 강하게 불러일으킬 수 있었다.

현행 보유 기술에 대한 평가는 일회성으로 끝내서는 안 된다. 1년에 한 번씩 IT 시스템 및 기술 인벤토리 테이블과 IT 아키텍처 다이어그램을 업데이트해 주어야 한다. 또한 매년 말, 기존에 도출된 현안 및 문제점과 이들이 비즈니스에 미치는 영향에 대한 리뷰를 통해 지난 1년 동안 취한 제반 대책들이 상황을 얼마나 개선시켰는지 평가하여야 한다.

신기술 식별 및 추적

매년 시장에 나오는 신기술 구현 제품은 아주 많다. 따라서 이들을 모두 일일이 파악해 추적한다는 것은 현실적으로 불가능하다. 특히 잠재적으로 유용한 기술이란 개별 기업이 속한 산업의 종류와 비즈니스 내용에 따라 다르다. 그럼에도 불구하고 저자의 경험에 의하면 기업은 10가지 정도의 요소 기술을 선정한 다음에 그 리스트를 만들고 이들을 지속적으로 추적할 필요가 있다. 예를 들어 다음과 같은 추적 대상 기술 리스트를 만들 수 있을 것이다.

- 64 비트 컴퓨팅
- RFID(Radio Frequency Identification)
- 데이터베이스 관리 시스템
- ERP(Enterprise Resource Planning) 시스템
- 휴대용 기기 및 장비(예, 카메라, PC 등)
- XML(Extensible Markup Language) 개발 툴
- 기존 기술 환경에 맞는 소프트웨어 개발 툴
- 커뮤니케이션 및 네트워크 관리 툴

신기술에 대한 추적은 이렇게 한다 하더라도, 여러분 조직에 유용할 것이라고 생각되는 신기술은 어떻게 식별해 낼 수 있겠는가? 가장 손쉽고 경제적이면서 자주 사용하는 방법은 IT 업체나 협회의 웹사이트를 방문해 직접 살펴보는 것이다. 이들 웹사이트는 기술과 추세에 대한 전문가들의 견해와 객관적인 사실들을 풍부하게 제공해 준다. 이러한 정보를 바탕으로 여러분은 신기술에 대해 다음과 같은 것을 파악하여야 한다.

- 당해 신기술을 구현한 솔루션 제품 및 제조업체
- 당해 신기술로 인해 교체되거나 또는 보강 가능한 기존의 기술
- 기업이 획득할 수 있는 비즈니스 측면의 효과
- 신기술 도입을 위한 평가 및 선정 활동 촉발 요인(Trigger Factor)

촉발 요인이란 쉽게 말해 여러분이 IT 책임자로 있는 기업이 신기술을 도입해도 되는 상황으로서, 일반적으로 다음과 같은 경우를 말한다.

- 당해 신기술의 도입을 통해 가시적인 비즈니스 효과를 획득한 조직이 존재할 때. 특히 이들 조직이 여러분의 조직과 유사한 조직일 때.
- 신기술의 구현 및 지원을 위한 검증된 방법론과 지식이 존재할 때.
- 신기술의 구현 및 적용에 소요되는 노력이 합리적이라고 간주될 때.
- 신기술의 구현에 필요한 시간, 자금, 인력 등의 자원이 존재할 때.

여러분도 익히 잘 알고 있겠지만 신기술을 도입하기 위해서는 수많은 장애 요인을 극복하고 여러 가지의 관문을 거쳐야만 한다. 그런데 만약에 경영진의 누군가가 또는 본부의 누군가가 신기술의 도입을 밀어 붙이면 여러분은 어떻게 할 것인가? 예를 들어 누군가가 새로운 ERP 시스템의 도입을 강력히 밀어 붙인다고 가정해 보자. 그런데 앞에서 말한 촉발 요인(Trigger Factor)은 아직 존재하지 않는 상황이라면 여러분은 어떻게 할 것인가? 저자들의 경험에 의하면 가장 좋은 접근방식은 중용을 취하는 것이다. 다시 말해 정치적으로 접근하라는 말이다. 사실 여러분은 그 누구도 조직에서 변화에 부정적인 태도를 취하는 사람으로 낙인찍히고 싶지 않을 것이다. 왜냐하면 이 같은 낙인은 여러분의 경력 관리에 심각한 악영향을 미치기 때문이다. 하지만 마음속에서는 여전히 신기술에 대해 지지하지는 않을 것이다. 이 같은 상황은 비극이며 결코 바람직하지 않은 상황이지만, 여러분은 적정한 중도 노선을 취하는 것이 좋다. 따라서 맨 먼저 신기술이 도입되었을 경우에 여러분의 조직이 포기해야할 것들을 파악하도록 한다. 그 다음에 비즈니스 관리자들에게 신기술이 도입되었을 경우에 이들에게 돌아가는 효과와 악영향을 정확히 알려주도록 한다. 이때에 신기술에 대한 여러분의 태도는 반드시 '긍정적 중립'임을 명심하도록 하라. 즉, 여러분은 신기술 도입으로 인한 비즈니스 효과도 명확히 이해하고 있지만, 신기술의 구현, 활용 및 지원에 들어가는 노력과 코스트에 대해서도 정확하게 파악하고 있다는 점을 보여주어야 한다.

신기술 선정

그림 3.5에는 신기술을 구현한 제품 선정시, 주요 고려 사항이 열거되어 있다. 이에 대해 간략히 알아보도록 하자. IT 전략 계획에는 전략적 목표 및 그 달성 전략과 구체적인 실행 계획이 정의되어 있다. 따라서 신기술은 이들의 실행을 지원할 수 있어야 할 뿐만 아니라 기존의 IT 및 비즈니스 현안을 해결하는데 기여할 수 있어야 한다. 만약 신기술 도입이 IT 전략 계획과 어긋나거나 도입 효과가 기대에 부응하지 못하는 것이면 전체적인 전략 계획에 차질이 생길 수 있다. 그런데 애당초 전략 계획이 잘못된 것이라면 차라리 조기에 이러한 상황이 발생하는 것이 잘된 것일 수 있다.

그림 3.5의 두 번째 질문은 기업이 신기술을 도입하지 않았을 경우에 지불해야 할 대가를 말하는데, 이는 세 번째 질문인 신기술 도입의 실제 효과와 함께 고려되어야 한다. 이와 관련해서 주의해야 할 점은 신기술은 종종 경쟁 환경에서 방어적 논리에 따라 도입될 수도 있다는 점이다. 다시 말해 여러분 조직의 주요 경쟁 기업이 특정 신기술을 도입하였을 경우에 여러분도 도입하지 않을 수 없을 것이다.

- 신기술은 IT 전략 계획의 성공적인 수행에 기여할 것인가?
- 신기술을 도입하지 않으면 어떠한 일이 발생할 것인가?
- 신기술은 가시적인 비즈니스 효과를 어떻게 창출할 것인가?
- 신기술은 기존의 비즈니스와 IT 자원에 어떤 영향을 미칠 것인가?
- 신기술은 기업의 IT아키텍처에 어떠한 영향을 미칠 것인가?
- 장기적 측면에서 신기술에 대한 지원 및 유지보수는 어떠하겠는가?
- 신기술 도입에 따른 파급 효과는 조직적으로 바람직한 것들인가?

그림 3.5 신기술 선정시 핵심 고려 요소

네 번째, 다섯 번째, 여섯 번째 질문인 신기술 구현에 필요한 자원, 구현 후 유지보수, 기존 IT 아키텍처에 대한 영향에 관한 질문은 특히 신기술 도입으로 인한 조직적인 시사점을 나타낸다. 만약 기업이 어떤 중요한 IT 시스템을 구축하고 있는 중이라면 또 다른 신기술 구현에 투입할 자원이 부족할 것이다. 이 경우에 가장 효과적인 대안은 당해 신기술 구현 활동을 아웃소싱하는 것이다. 이에 대해서는 아웃소싱에 관한 별도의 장에서 좀 더 구체적으로 설명하겠다.

신기술 도입에 따른 파급 효과들 중에는 부의 효과가 존재하기도 한다. 일례로 기업 내부에서 주요 임원 하나가 PDA를 사용하기 시작하면 다른 임원들 역시 신분의 상징으로 PDA를 사용하고자 할 것이다. 이런 현상은 PC의 경우에도 발생한다. 따라서 이 같은 질문을 통해 여러분은 신기술 도입이 조직 내부의 관리자 및 직원의 행동에 미칠 시사점을 사전에 파악할 수 있다.

신기술 구현 및 지원 프레임워크의 개발

일단 신기술을 도입하기로 결정하였으면, 그 다음 단계로 해야 할 일은 구현 및 지원을 위한 체계적인 접근방식을 수립하는 것이다. 먼저 신기술 도입 후의 상황에 대해 정확히 이해하고 있어야 한다. 다시 말해 신기술이 조직의 IT 아키텍처에 어떤 영향을 미칠 것인지 정확히 파악하고 있어야 한다. 이를 위한 최선의 접근방법은 그림 3.3의 IT 시스템 및 요소 기술 인벤토리 테이블과 그림 3.4의 IT 아키텍처 다이어그램을 더 구체적으로 작성하는 것이다. 이를 통해 현재의 모습(As-is)과 미래의 모습(To-be) 간의 차이를 명확히 파악할 수 있으며, 신기술의 활용 효과를 정확히 이해할 수 있게 된다.

다음에 해야 할 일은 신기술이 무엇과 인터페이스해야 하고 어디에서 통합되어야 할 것인지와 같은 기술적 분석이다. 이를 통해 신기술 구현 및 지원 과정에서 어떤 심각한 기술적 현안이 어디에서 발생할 것인지 미리 파악할 수 있다. 그런데 여러분은 아직 당해 신기술 구현 제품을 구입하지 않은 상황에서 이와 같은 일을 어떻게 수행할 수 있는지 의아해할 것이다. 물론 할 수 있다. 당해 신기술을 이미 구축한 다른 기업에 대한 벤치마킹이나 업체에 대한 질문을 통해 가능하다.

기업 조직의 비즈니스 측면에서도 미리 고려해야 할 것들이 있다. 즉, 신기술이 구현되면 비즈니스 프로세스가 어떻게 변화할 것인지 미리 파악해야 한다. 접근방법은 바로 앞에서 설명한 방식과 동일하다. 간혹 이러한 일은 신기술이 구현된 다음에 하는 것이 현실적인 접근방식이라고 한다. 하지만 저자들의 경험에 의하면 전혀 그렇지 않다. 신기술 도입 기획 단계인 바로 지금 해야 한다. 이를 위해 먼저 비즈니스 프로세스 내에서 처리되고 있는 트랜잭션들을 파악하고, 이를 바탕으로 행행 업무 수행 방식을 구체적으로 도출한다. 그 다음에 비즈니스 부서 직원들과의 공조를 통해 신기술이 구현된 이후에 비즈니스 트랜잭션을 어떻게 수행할 것인지 정의하도록 한다.

마지막으로 신기술 구현 및 지원 과정에서 발생할 수 있는 비즈니스 및 기술 관련 현안과 문제점을 구체적으로 도출한다. 저자들의 경험에 의하면 이 작업이 가장 어려웠는데, 다음과 같은 질문을 통해 효과적으로 도출할 수 있었다.

- 신기술 구현에 어떤 기술을 가진 인력들이 참여해야 하는가?
- 비즈니스 부서는 프로세스 변경을 위해 무엇을 해야 하는가?
- 기타 지원 소프트웨어 및 툴로는 어떠한 것들이 필요한가?

- 현행 기술 중 어떤 것들이 제거, 업그레이드 및 변경되어야 하는가?
- 신기술 구현의 성공 여부와 구현 효과는 어떻게 측정할 것인가?

이와 같은 신기술 구현 및 지원 프레임워크와 체크리스트를 미리 준비하면 일단 그 주관자인 여러분의 일이 아주 쉬워질 뿐만 아니라 여러분 조직의 경영진 및 비즈니스 부서 인력과 IT 직원들을 신기술 구현 계획 수립 및 실행 과정에 좀 더 효과적으로 참여시킬 수 있다.

신기술의 구현

신기술 구현 방법은 각 기업 조직이 처한 상황과 기술의 종류에 따라 다양하다. 하지만 공통적으로 적용 가능한 가이드라인이 있기 마련이며, 이러한 것을 미리 정립해 두면 아주 유용하게 활용할 수 있다. 가장 많이 사용하고 있는 첫 번째 가이드라인은 신기술 관련 미결 현안 및 문제점은 반드시 파악해 추적 관리하라는 것이다. 이 같은 문제를 제대로 해결하지 못하고 계속 방치함으로써 결국 신기술 도입이 실패로 끝나버리는 경우가 수없이 많았다.

두 번째 가이드라인은 신기술 도입에 따른 비즈니스 프로세스의 변경과 관련된 현안에 대해서는 반드시 비즈니스 부문과 협의를 거쳐야 한다는 점이다. 물론 이 과정에서 신기술 도입에 대해 비즈니스 부서들이 예기치 못하게 강한 저항을 보일 수 있다. 만약 이러한 상황이 실제로 발생하면, 여러분은 신기술 도입에 대해 근본적으로 재검토하여야 한다. 사실 이러한 경우에 여러분의 입장은 난처해질 수 있겠지만, 저자들의 경험에 의하면 여러분 조직의 비즈니스 환경이 신기술 도입에 좀 더 긍정적으로 변화될 때까지 신기술의 구현을 연기하는 것이 가장 현명한 행동이다.

마지막 가이드라인은 '모듈화된 프로젝트 계획(Modular Project Plan)'을 수립하라는 것이다. 다시 말해 인터페이스나 통합과 관련된 태스크들을 각각 별도의 서브-프로젝트(Sub-project)로 간주해서 전체 프로젝트의 계획을 수립하라는 것이다. 이렇게 해야만 이런 활동들에 대한 범조직적 관심과 지원을 더 많이 확보할 수 있기 때문이다. 경험에 의하면 신기술 구현 과정에서 가장 리스크가 높았던 영역이 바로 인터페이스 및 통합과 관련된 활동들이었다.

체계적인 기술 관리의 핵심 성공 요인

▶ 신기술은 반드시 현행 IT 아키텍처 및 비즈니스에 대한 변화와 연계시켜야 한다. 그렇지 않으면 레거시 기술을 너무 오래 보유하게 돼, 지원 코스트만 대폭 증가시키게 된다. 따라서 비즈니스의 변화만이 신기술 도입을 합리화할 수 있는 요인이 될 수 있게 하여야 한다.

▶ 신기술 도입은 기존 기술과의 인터페이스 및 통합에 초점을 맞춰야 한다. 기술 중에는 진부화되었을 때를 고려해서 개발된 기술은 극히 드물다. 신기술 개발자들 역시 기존 기술과의 통합에 대해 그리 많이 생각하지 않는다. 따라서 신기술과 기존 기술의 통합과 인터페이스는 항상 해결하기 가장 어려운 문제를 야기한다.

▶ 신기술을 구현하기 위해서는 아주 선별적으로 접근하여야 한다. 어떤 신기술이 괜찮은 것이라고 소문이 나면 무턱대고 신기술을 도입하는 경향이 있다. 하지만 신기술을 구현한 솔루션 제품과 구현 방법론은 아주 다양하다. 따라서 여러분의 조직 상황에 가장 적합한 솔루션과 접근방식을 채택하여야 한다.

▶ 가능한 기존 기술은 제거하도록 하라. 일반적으로 기존 기술은 지원 코스트가 높은 경향이 있다.

▶ 신기술 선정 과정은 대부분 정치적임을 명심하라. 저자들은 다양한 조직에서 신기술 선정 과정을 이용해 정치적 파워나 영향력을 높이고자 했던 관리자들을 수없이 많이 봐왔다.

IT와 비즈니스의 얼라인먼트

기업 조직의 IT와 비즈니스는 비즈니스 프로세스와 IT 시스템을 통해 얼라인먼트(Alignment)된다. 시스템은 그 자체가 기술이면서 동시에 여러 요소 기술에 크게 의존한다. 따라서 우리는 IT와 비즈니스의 얼라인먼트를 평가하기 위해 다음과 같은 테이블들을 활용하고자 한다.

그림 3.6에는 현행 IT 시스템 대비 비즈니스 프로세스 테이블이 예시되어 있다. 여기에서 가로의 줄은 조직의 주요 시스템을 나타내고, 세로의 열은 핵심 비즈니스 프로세스를 나타낸다. 테이블의 각 셀(Cell), 즉 기입 항목에는 개별 비즈니스 프로세스의 성과와 관련해 현행 시스템의 제약점 및 문제점을 표시한다.

그림 3.7에는 현행 시스템 대비 비즈니스 현안 테이블이 예시되어 있다. 비즈니스 현안은 본서의 제2장에서 논의한 바 있다. 테이블의 가로는 현행 시스템을, 세로의 열은 비즈니스 현안을 나타낸다. 테이블의 각 셀에는 기존의 시스템이 비즈니스 현안에 미치는 영향을 표시하도록 한다. 이렇게 하면 기존 시스템의 문제점이 각 비즈니스 현안에 어떤 영향을 미치는지 파악할 수 있다.

현행 시스템	비즈니스 프로세스		

그림 3.6 현행 시스템 대비 비즈니스 프로세스

현행 시스템	비즈니스 현안		

그림 3.7 현행 시스템 대비 비즈니스 현안

요소 기술	비즈니스 프로세스		

그림 3.8 현행 요소 기술 대비 비즈니스 프로세스

신기술	현행 시스템		

그림 3.9 신기술 대비 현행 시스템

신기술	비즈니스 프로세스		

그림 3.10 신기술 대비 비즈니스 프로세스

그림 3.6과 그림 3.7의 두 테이블을 연계해 분석하면 신기술을 활용해 어떠한 비즈니스 효과를 어디에서 얻을 수 있는지 개괄적으로 이해할 수 있다. 특히 그림 3.8의 테이블을 활용하면 이 같은 이해를 좀 더 구체화할 수 있다. 테이블의 가로는 IT 시스템을 구성하는 요소 기술을 나타낸다. 테이블의 기입 항목에는 요소 기술의 문제점(예, 네트워크 성능 저하)이 비즈니스 프로세스에 어떠한 영향을 미치는지 표시한다.

이 같은 테이블들은 모두 기존 기술과 관련된 것인데 이외에 신기술과 관련된 테이블이 2개 더 있다. 그림 3.9의 테이블은 신기술이 기존 시스템에 미치는 영향을 나타내는 것이다. 이 테이블과 그림 3.6의 테이블을 연계해 그림 3.10에 있는 테이블을 개발할 수 있다. 그림 3.10의 테이블은 신기술이 비즈니스 프로세스에 미치는 영향을 파악하기 위한 것이다.

리스크 관리

신기술과 관련된 리스크 중에서 가장 심각한 리스크의 하나는 신기술 도입이 IT 책임자인 여러분의 의도와는 전혀 무관하게 위로부터 강제로 떠 맡겨지는 경우이다. 이러한 상황은 기업의 경영자가 IT에 대한 가치를 새롭게 인식하는 과정에서 종종 발생하는데, 여러분에게는 충격적이면서 당혹스러운 사건일 것이다. 한 기업의 IT 수장인 여러분은 이러한 상황을 어떻게 처리하겠으며, 최소한 그 악영향을 어떻게 완화시키겠는가? 일단 경영진에게 신기술에 대한 여러분의 태도가 '긍정적 중립'임을 명확히 보여주어야 한다. 이렇게 해야만 경영진의 '황당스러운' 요청을 처리하는데 있어 좀 더 유리한 위치를 점할 수 있다. 그 다음, 현행 시스템 및 기술과 관련된 현안과 문제점이 무엇인지 정확하게 적시할 수 있어야 한다. 바로 이때가 앞에서 설명한 테이블들을 유효 적절히 사용할 절호의 기회이다.

두 번째 리스크는 IT 책임자인 여러분마저 신기술의 효과를 맹신할 수 있다는 점이다. 일반적으로 IT 책임자인 여러분이나 IT 직원들은 상당히 많은 시간을 투자해 신기술에 대한 검토 및 평가 작업을 수행한다. 그런데 이 과정에서 IT 부서는 종종 비록 무의식적일지라도 신기술의 검증되지 않은 효과에 점점 빠져들어 가고, 이 결과 비즈니스 부서보다 너무 앞서 나가고 이들이 수용할 수 있는 것 이상으로 행동한다. 바로 이것 때문에 여러분의 원래 의도와는 전혀 다르게 심각한 문제가 발생한다. 일반적으로 비즈니스 관리자와 사용자는 신기술의 효과가 실제 존재한다는 것을 자기들이 직접 인식해야만 신기술을 수용하는 경향이 있다. 아무리 경영진의 지원이 있다 하더라도 신기술의 도입을 IT 부서가 단독적으로 추진하면 역효과만 날 가능성이 높다.

세 번째 리스크는 신기술이 성공적으로 구현된 이후에 이를 운영, 지원, 유지보수하는 단계에서 자주 발생한다. 일반적으로 기업의 IT 사용자들은 오랜 기간에 걸쳐 익숙해진 옛날 방식의 업무 처리를 선호한다. 이 결과 신기술을 활용해 개선시킨 새로운 비즈니스 프로세스가 기대한 대로 수행되지 않게 된다. 이를 위해서는 신기술이 구현된 이후에도 계속해서 현재 사용하고 있는 기술에 대해 정기적인 검토를 수행하여야 한다.

사례

SUPREME OIL – 종합 에너지 회사

Supreme Oil의 신기술에 대한 태도는 '혁신자(Innovator)''나 '선발자(First Mover)'보다는 '추종자(Follower)' 정책을 견지해 왔었다. 그러던 어느 날 혁신적인 비즈니스 아이디어가 떠올랐다. 바로 기존의 주유소를 석유 제품 이외에 다른 많은 소비재를 판매하는 편의점으로 변화시키는 것이었다. 이는 현행 비즈니스 수행 방식에 대한 근본적인 변화이면서 이와 동시에 IT에 대한 대규모의 변화를 의미하는 것이었다. 이 같은 비즈니스 전략은 소요 코스트와 그 기대효과가 엄청난 전사 차원의 변화이었으므로 중간에 적당한 수준까지만 하면 되는 것이 아니었다. 일단 시작하면 완벽하게 하든지 아니면 아예 시작하지 말아야 할 의사결정이었다.

Supreme Oil은 이를 위해 별도의 2가지 프로젝트를 착수하였다. 하나는 이와 같은 엄청난 변화를 수용할 수 있도록 조직 문화를 변화시키기 위한 것이었고, 다른 하나는 POS(Point- Of-Sales) 시스템을 구축할 수 있게 기존의 IT 조직을 개편하기 위한 것이었다. 물론 후자가 더 중요한 활동이었는데 그 이유는 기존의 IT 직원들에게는 POS 시스템에 대한 경험이 존재하지 않았기 때문이다. 이를 해결하기 위해 소비재 판매에만 집중하는 별도의 새로운 IT 조직을 창설해 운용하였다.

이와 같은 접근방법은 획기적인 성공을 거두어 마침내 비 석유 제품의 판매액이 석유 및 관련 제품의 판매액을 초과하기에 이르렀다. 오늘날 Supreme Oil의 편의점은 도처에 널리 퍼져 있으며, 이들 중에는 석유류 제품을 전혀 취급하지 않는 곳도 상당히 존재하고 있다.

TUCKER COUNTY – 지방 정부

Tucker County의 비즈니스 및 IT 부서 관리자들은 오랫동안 구식의 기술에만 집착하고 있었다. 하지만 중앙 정부의 여러 부처로부터 비즈니스 개선에 대한 압력을 계속해서 받게 되면서 비즈니스를 지원하는 기술의 현대화 필요성을 강하게 인식하였다. 그런데 이를 위한 몇 가지의 새로운 IT 시스템을 구현하는 것까지는 좋았으나, 불행하게도 충분한 계획 없이 수행한 것이 문제가 되었다. 특히 네트워크 아키텍처를 전혀 변경시키지 않은 것이 큰 화근이었다. 결과는 재앙 자체였다. 새로 착수했던 3가지의 시스템 개발 프로젝트들이 모두 실패로 끝나고 말았던 것이다.

Tucker County는 다시 IT 전략 계획을 수립했는데 이번에는 본서에서 제시된 바에 따라 체계적으로 접근하였고, 이에 의거 기술 인프라스트럭처(Technical Architecture)를 무엇보다 먼저 현대화하였다. 물론 사용자들에게는 많은 불편이 뒤따랐지만, 신규 시스템을 성공적으로 개발해 실무에 활용하기 위해서는 불가피한 행동이었다. Tucker County는 이러한 기술 인프라스트럭처를 바탕으로 비즈니스 프로세스의 변경과 개선을 지원하기 위한 최적의 IT 시스템을 구축할 수 있었다.

SHAMROCK AGRICULTURE – 농업 협동조합

Shamrock Agriculture의 IT 부서는 소규모 조직이었다. 따라서 신기술 구현을 위해 별도의 인력을 제공할 수 없었다. 이 반면에 신기술 도입은 상당히 많은 비즈니스 현안과 문제를 해결할 수 있을 것으로 예상되었다. 여러분이라면 IT 부서 관리자로서 이 같은 상황을 어떻게 처리하겠는가?

Shamrock Agriculture는 조직의 내외부 인력을 동시에 활용하는 'Co-sourcing' 전략을 통해 이를 해결하였다. 새로운 전사적 자원 관리(Enterprise Resource Planning, ERP) 패키지는 외부의 컨설턴트들을 활용해 구현하되, 패키지의 커스터마이징(Customizing)을 최소화시키고 이를 위해 비즈니스 프로세스 및 비즈니스 룰(Business Rule)을 과감히 단순화시켰다. 아울러 그동안 도입을 검토하고 있었던 신기술 몇 가지는 분석을 통해 실제 니즈가 낮은 것으로 판명이 나자 그 도입을 연기시켰다. 내부 IT 직원들은 소매 사업 부문과 관련된 핵심 프로세스의 지원에 집중하게 하였다.

일례로 오랫동안 사용해 온 구식의 공장 관리 소프트웨어는 그동안 내부의 IT 인력이 유지보수 및 지원을 담당하고 있었는데, 이를 ERP와 같은 새로운 패키지 소프트웨어로 교체하면서 구축 업무는 외부의 전문 업체에게 아웃소싱하고, 내부의 IT 직원들은 구축 업무를 관리하게 하였다. 요컨대 Shamrock의 접근방법은 조직의 내부 자원과 외부 자원을 혼합시킨 'Co-sourcing' 전략이었지만, 핵심 비즈니스 프로세스의 지원은 내부의 IT 인력을 활용해 수행하게 하는 접근방법이었다.

교훈

- 일반적으로 신기술은 기존의 기술과 전혀 다르며, 구현 지식도 전혀 다른 것으로 생각하기 쉽다. 하지만 기존의 기술 구현 및 지원 활동으로부터 획득한 지식과 경험 중에 많은 부분이 신기술 구현 과정에 그대로 적용될 수 있다. 따라서 기존 기술의 구현 및 지원 과정에서 지식과 교훈을 얻을 수 있는 노력을 충분히 기울여야 한다.

- 어떠한 기업 조직에서든 비즈니스 부문에는 신기술에 깊은 관심을 갖고 있는 사람들이 존재하기 마련이다. 하지만 불행히도 IT 부서는 이들을 불신 및 경멸에 찬 시각으로 바라다보고 있는 경우가 많다. 다시 말해 비전문가적 관점에서 어느 날 갑자기 신기술을 들고 나와 편지풍파만 일으키는 '선무당' 정도로 간주한다. 하지만 이들에 대한 이 같은 시각은 결코 바람직하지 않다. 이들이야 말로 신기술 평가 및 선정 과정에서 강력한 지원군이 될 수 있으며, IT 시스템 개선에 대한 비즈니스 부문의 지원을 확보하는데 천군만마의 도움이 되어 줄 수 있다. 따라서 여러분은 앞에서 언급한 신기술 분석과 관련된 테이블들을 개발하는데 이들을 적극적으로 참여시켜야 한다.

체계적인 기술 관리를 위한 성과 척도

기업 조직이 IT 시스템 및 요소 기술을 체계적으로 관리하고 있는가에 관해서는 일반적으로 두 가지 유형의 성과 척도가 사용된다. 그 첫 번째는 기존의 기술을 어떻게 사용하고 있으며 어떻게 평가하고 있는지에 관한 척도들이다. 그림 3.11에는 여러분의 조직이 현재 사용하고 있는 기술을 어떻게 관리하고 있는지 파악할 수 있는 측정 항목이 예시되어 있다. 이들 측정 항목은 모두 추가적인 설명이 필요 없는 쉬운 질문으로 구성돼 있다.

그런데 경험에 의하면 IT를 체계적으로 관리하고 있는 경우라면 최소한 기존의 IT 시스템 및 기술과 관련된 현안은 데이터베이스에 보관해 이를 추적 관리하여야 하며, 현행 기술 아키텍처 운용 과정에서 경험 및 교훈을 체계적으로 수집하고 있어야 한다. 특히 진부화된 시스템이나 구식 기술이 기업의 비즈니스에 미치는 영향을 측정할 수 있어야 한다.

- 조직은 가장 최신의 기술 아키텍처 다이어그램을 보유하고 있는가?
- 조직은 현행 기술 및 시스템과 관련된 현안의 목록을 보유하고 있는가?
- 현행 기술 및 시스템은 비즈니스 현안 및 프로세스와 매핑되어 있는가?
- IT 지원 및 유지보수 노력은 요소 기술 수준까지 측정되고 있는가?
- 현행 기술 및 시스템과 그 단점들을 정기적으로 검토하고 있는가?
- 현행 기술의 운용 경험으로부터 교훈을 수집해 이를 활용하고 있는가?
- 구식 기술을 제거 또는 교체하기 위한 노력을 정기적으로 하고 있는가?
- 기술에 대한 평가 및 선정 시, 비즈니스 부문의 역할은 무엇인가?
- 평가 및 선정 과정의 어느 시점에서 프로세스 변화가 고려되고 있는가?
- 조직의 경영진은 기술 현안에 대해 잘 인지하고 있는가?

그림 3.11 현행 기술 관련 성과 평가 척도

체계적 기술 관리와 관련된 두 번째 유형의 성과 척도는 신기술에 관한 것들로서 그림 3.12에 예시되어 있다. 여기에서 중요한 것은 신기술 도입 프로젝트가 어디에서 제기됐는지가 중요하다. 즉 프로젝트 소스가 중요한 요소이다. 가장 바람직한 것은 기업 내부의 IT 부서와 비즈니스 부서 간의 공조를 통해 프로젝트가 추진되는 것이다. 결코 경영진에 의해 위로부터 찍어 누르듯이 추진되어서는 안 된다. 왜냐하면 이들 IT 부서와 비즈니스 부서만이 신기술에 대한 실제 니즈가 존재하고 그 기대효과가 실현되는 곳이기 때문이다. 특히 신기술 도입의 효과는 비즈니스 부서가 체감할 수 있는 가시적인 효과이어야 하며, 반드시 구축된 이후의 지원 및 유지보수 코스트가 동시에 고려되어야 한다. 아울러 IT 자원의 배정은 반드시 조직 외부로부터의 아웃소싱을 고려해 본 다음에 결정되어야 한다.

- 기업은 신기술을 어떠한 방식에 의해 도입하고 있는가? 다시 말해 능동적 니즈 선도형 방식과 수동적 요청 대응형 방식 중에서 어떠한 방식을 활용해 도입하고 있는가?
- 신기술의 평가 및 선정을 위한 정형화된 프로세스가 존재하는가?
- 신기술의 조사 분석을 위해 체계적인 접근방식을 활용하고 있는가?
- 조직의 경영진은 신기술에 대한 학습을 어떻게 하고 있는가?
- 신기술 구현을 위한 체계적인 프레임워크가 존재하는가?
- 신기술 도입의 실제적인 효과가 측정되고 있는가?
- 신기술 구현 작업에 배정할 IT 자원은 어떻게 선정되는가?
- 신기술 관련 현안을 처리하기 위한 체계적인 접근방식이 존재하는가?
- 신기술 구현 과정에서 인터페이스 및 통합 활동이 별도의 중요한 서브-프로젝트로 수행되고 있는가?
- 신기술 구현 과정으로부터 교훈이 체계적으로 수집되고 있는가?
- 간과한 또는 기각한 신기술 구현 기회를 재점검하고 있는가?

그림 3.12 신기술 관련 성과 평가 척도

요약

IT 환경이 어떠한 추세로 변하든 IT 핵심에는 기술이 존재한다. 따라서 IT 거버넌스 및 관리에 관한 대부분의 연구 역시 기술 구현 활동에 대한 관리에 중점을 둔다. 특히 최근에 기업 조직의 경영진이 기술 및 시스템의 중요성에 대해 더욱 많은 관심을 갖게 됨에 따라 신기술 선정 및 구현 과정은 더욱 정치적인 특성을 띄우게 되었다. 사실 신기술 선정 및 구현 과정은 항상 정치적이었으며, 근자에 들어 정치적 접근방법이 더욱 보편화되었고 그 어느 때보다 중요해 졌을 뿐이다. 이러 측면에서 볼 때에 이번 장에서 설명한 분석 테이블들은 한 기업 조직의 IT 책임자인 여러분에게 '기술의 정치학'을 잘 구사할 수 있도록 해주는 지원 도구인 셈이다.

이상적으로 기업 조직들은 신기술 선정 시 '사용자 니즈 선도적' 태도를 취해야 하는 것으로 알려져 있다. 하지만 실제로는 그렇지 않은 경우가 더 많다. 만약 기존의 방식대로 내버려 두면 이들은 신기술의 도입을 기존의 기술 아키텍처 운영보다 낮은 우선순위에 두고, 현행 아키텍처를 기반으로 뭔가 도모하는 방식에만 집착하려고 할 것이다. 이는 신기술 도입이 복잡하며, 그 복잡성 관리의 실패를 두려워하기 때문이다. 따라서 신기술 도입을 제대로 하기 위해서는 비즈니스의 변화 및 개선에 대한 절실한 이유를 명쾌하게 밝히고, 특히 신기술 구현 과정에서 '단순화' 및 '선별적인' 접근 방식을 취할 필요가 있다.

제4장

IT 전략 계획 수립

서론

한 기업 조직의 IT 책임자로서 여러분은 이미 제2장에서 IT 전략 계획 수립의 첫 번째 단계인 주요 활동에 대해 알아보았다. 맨 먼저 비즈니스 프로세스와 비즈니스 비전, 미션, 목표, 전략 및 현안과의 관계를 규명하기 위한 분석 테이블을 살펴보았고, 비즈니스 프로세스를 매개체로 해서 IT와 비즈니스를 연계시키는 것의 중요성과 이러한 접근방식이 IT 전략 계획의 성공적인 수립뿐만 아니라 IT와 비즈니스를 얼라인먼트(Alignment)하기 위한 가장 효과적인 것임을 이해하였다.

그런데 IT 전략 계획(역자 주 – 우리나라에서는 ISP, 즉 Information Strategy Plan으로 많이 알려져 있고 최근에는 Strategic IT Plan 또는 IT Strategy라고 알려져 있는데, 각각의 차이는 있지만 본서에서는 이를 모두 총칭해 IT 전략 계획이라고 함)은 왜 수립하는가? 사실 거의 모든 기업들이 IT 전략 계획을 수립한 후에 이를 문서함에 고이 모셔다 두기만 하고 실제로는 거의 사용하지 않는다. 그럼에도 불구하고 오늘날 여전히 기업들은 IT 전략 계획의 중요성을 강조하며 이를 수립하는데 적지 않은 돈과 시간을 투자하고 있다. 그 이유 무엇일까? 일반적으로 다음과 같은 이유 때문에 그렇다.

▶ IT 전략 계획이 없으면 기업 조직의 IT는 업무의 단절과 비일관성을 야기하는 외부 요인과 검증되지 않은 신기술에 의해 좌지우지된다.

▶ IT 전략 계획이 없으면 경영진은 IT의 방향성을 이해하지 못한다. 이 결과 경영진은 IT를 조직의 비즈니스에 직접 관련이 없는 잡다한 IT 프로젝트에 아까운 자원을 낭비하는 그룹으로 간주한다.

▶ 오늘날 어떠한 기업에서든 IT의 핵심 성공 요인을 IT와 비즈니스의 얼라인먼트로 인식하고 있다. IT 전략 계획이 없으면 이러한 IT와 비즈니스의 얼라인먼트를 달성하기가 무척 어려워진다.

▶ IT 전략 계획이 없으면 IT의 행동 방식은 '수동적 요청 대응형'일 수밖에 없다. 다시 말해 뭔가 심각한 문제가 발생해야만 그에 대응하는 방식으로 행동한다.

▶ IT 전략 계획은 기업의 경영진과 비즈니스 부문으로 하여금 IT를 더 잘 이해하게 하고, 이를 바탕으로 IT 프로젝트와 활동에 대한 지원을 적극적으로 제공하게 하는 역할을 수행한다.

▶ 기업의 IT 책임자인 여러분도 공감하겠지만 IT 인프라스트럭처 개선 계획에 대한 전사 차원의 지원을 확보한다는 것은 결코 쉬운 일이 아니다. 왜냐하면 이 같은 개선이 기업의 비즈니스에 중장기적으로 미치는 영향을 명쾌히 제시해야 하기 때문이다. 물론 IT 전략 계획 없이도 이 같은 일을 할 수는 있지만 결국 IT 전략 계획에 버금가는 계획 수립 과정을 거치지 않을 수 없게 된다.

이번 장에서 여러분은 IT 전략 계획 및 그 일환인 프로젝트 슬레이트(Project Slate)를 수립하게 될 것이다. 프로젝트 슬레이트란 차기에 수행할 프로젝트 및 활동들을 말하는 것으로서, 기업 조직의 IT 자원 배정 및 우선순위 결정을 위한 로드맵 역할을 수행한다.

그동안 기업들은 다양한 방법론을 통해 IT 전략 계획을 수립해 왔지만, 대부분 성공을 거두지 못했으며 오히려 'IT 전략 무용론'과 같은 문제만 노출시켰다. 이러한 실패의 공통 원인으로 다음과 같은 것을 들 수 있다.

▶ IT 전략 계획 수립 과정에서 전략기획 및 IT 관련 전문용어가 너무 많이 사용되었고, 이는 IT 전략 계획 수립 방법을 이해하기 어렵게 만들었다. 따라서 참여 인력들은 IT 전략 수립 방법론에 대한 교육을 많이 받아야 했으며, 이럼에도 불구하고 상당 기간 시행착오를 겪지 않으면 안 되었다.

▶ IT 전략 계획을 수립하는데 너무나 많은 시간과 자원이 소요되었다. 본서에서는 추가적인 자원은 필요하지 않는 것으로 가정하고 그에 맞는 방법론을 소개한다. 따라서 여러분은 현재 여러분 조직이 보유하고 있는 자원만 가지고 IT 전략을 수립하면 된다.

▶ IT 전략 계획이 수립된 이후에 이를 업데이트하기 위해서는 최초의 계획 수립에 소요된 것만큼의 자원이 또 들어간다. 이는 기업 조직의 자원과 시간이 제한적이란 점을 고려하면 아주 비효율적인 행동이다..

여기에서 소개할 IT 전략 계획 수립 방법론은 전 세계 20개국의 40개 산업에서 활동 중인 60개가 넘는 조직에서 실제 사용되고 있는 것이다. 또한 10명으로 구성된 소규모 IT 조직에서부터 400명이 넘는 대규모 IT 조직에 이르기까지 조직의 규모와 무관하게 사용되고 있다. 특히 IT 전략 기획 분야의 전문 용어 및 특수 개념이 거의 사용되지 않으며 비즈니스 상식을 바탕으로 전개되는 IT 전략 방법론이다. 다음은 이를 바탕으로 한 IT 전략 기획 프로세스의 주요 특성에 대한 설명이다.

▶ IT 전략 계획은 IT 부서 관리자 및 직원과 경영진 및 비즈니스 부문의 참여를 바탕으로 해서 이들 간 상호 협업 방식에 의해 수립된다. 이 같은 접근방식을 통해 여러분은 조직 내 이해 관계자들로부터 더 많은 이해와 지원 및 Ownership을 도출해 낼 수 있다.

▶ IT 전략 계획의 핵심 요소는 본서에 소개된 구조화된 분석 테이블과 리스트이다. 이러한 것들은 각종 분석 작업은 물론 IT 전략 계획의 업데이트 및 유지보수를 용이하게 해줄 것이다.

▶ IT 전략 기획 프로세스가 모든 핵심 참가자들의 풀타임 참여 없이도 가능해진다. 따라서 기획 과정에 소요되는 자원의 부담이 줄어든다.

▶ 전략 계획 및 IT 분야의 전문 용어와 특수 개념이 사용되지 않는다. 다시 말해 IT 전략 기획 프로세스가 비즈니스 상식을 바탕으로 전개되기 때문에 참가자들에 대한 교육 부담이 크게 감소된다.

▶ IT 전략 계획 수립의 결과, 항상 구체적인 활동 계획과 프로젝트들이 도출된다. 결코 고차원의 애매모호한 목표나 전략과 같은 개념으로 끝나지 않는다.

IT 전략 계획은 맨 처음 수립된 이후에 얼마나 자주 업데이트하는 것이 좋을까? 과거에 비즈니스 및 IT 환경이 비교적 안정적이었던 시절에는 3~5년 마다 재수립했던 적도 있지만, 오늘날에는 최소한 매년 한번정도 업데이트하는 것이 좋다고 한다. 하지만 이 역시 Golden Rule은 아니다. 저자들의 경험에 따르면 가장 바람직한 업데이트 방법은 비즈니스 계획과 연동해 갱신하는 것을 기본으로 하면서 다음과 같은 IT 전략 환경 변화가 발생할 때마다 갱신하는 것이다.

- 기업 조직이 관심을 갖고 있는 신기술의 등장
- 새로운 비즈니스 전략 수립에 따른 신규 프로젝트의 필요성 제기
- 특정 비즈니스 부서로부터 대규모 IT 자원 투입 요청의 발생
- 프로젝트의 정상 완료 또는 중도 종료로 인한 투입 IT 자원의 해제

위와 같은 변화를 무시한 채 1년에 한 번만 IT 전략 계획을 갱신하면 기존의 IT 전략 계획은 무용지물인 '두꺼운 문서'로 전락하거나 IT 계획의 단절 현상만 야기한다. 이 결과 연말에 여러분은 계획상의 많은 활동들이 구현되지 않고 그대로 사장돼 버렸다는 사실만 발견하게 된다.

경험에 의하면 IT 전략 계획은 자주 갱신하는 것이 좋다. 최소한 1년에 두 번은 해야 하며, 가능하면 분기별로 하도록 한다. 이처럼 IT 전략 계획 갱신의 빈도를 높이면 기업 조직의 내외 환경 변화에 좀 더 효과적으로 대처할 수 있으며 더 많은 고려 요인을 적시에 생생하게 반영할 수 있다.

IT 전략 계획 수립시 지나친 의욕은 금물이다. 기업 조직의 여건을 고려하지 않은, 실현 가능성이 낮은 목표를 수립해서는 안 된다. 종종 경영진 및 비즈니스 관리자들은 일단 계획으로 수립되면 모든 것이 쉽게 실현될 수 있는 것으로 생각하는 경우가 많다. 이들이 이러한 태도를 보이는 것은 어쩌면 극히 당연한 현상이지만, IT 책임자인 여러분마저 이에 부화뇌동한다는 것은 진짜 문제가 된다.

IT 전략 계획은 다음과 같은 4단계의 프로세스를 거치면서 수립된다. 이들 각각의 단계는 순서대로 수행되는 것이 아니라 동시에 수행되는데 이로 인해 각 단계 간 논리적 선후 관계에 대해 각별히 관리하여야 한다.

- **1단계** : IT 성과 측정. 이 단계가 끝나면 IT 성과 점수 카드 (Performance Score Card)가 생성된다.
- **2단계** : 현행 비즈니스 전략 계획에 대한 검토 및 비즈니스 방향성 도출
- **3단계** : IT 전략 계획 초안 개발, 피드백 수렴 및 보완
- **4단계** : IT 전략 계획과 비즈니스 부문 간 연계

그런데 실제로는 이것이 다가 아니다. 화룡점정(畫龍點睛)에 해당하는 아주 중요한 것임에도 불구하고 종종 간과되는 단계가 하나 더 남아 있다. 앞의 4 단계를 성공적으로 마치면 IT 전략 계획에는 구체적인 세부 활동 계획이 포함되어 있을 것이다. 하지만 이들 세부 활동들은 아직 그 수행에 필요한 자원이 배정되어 있지 않은 상태이다. 이 같은 상태에서 IT 전략 계획을 실행하려고 하면 계획에 정의된 프로젝트와 활동들이 기존의 업무 활동 및 프로젝트와 자원 배정을 두고 경쟁 관계에 빠지는 상황이 발생할 수 있다. IT 전략 계획의 Ower인 여러분이 미처 예기하지 못한 IT 계획 수립 프로세스 내의 심각한 국면에 빠져드는 아주 난감한 순간이다. 바로 이 때문에 여러분 조직에서 IT 자원을 배분하기 위해 사용하고 있는 접근 방식이 아주 중요하다. 만약 IT 자원을 'Fire-fighting 방식' 또는 '수동적 요청 대응형' 방식에 따라 기존에 수행하고 있는 활동에 우선순위를 두고 배정하면, 이는 마치 여러분이 세부 실행 계획이란 아주 정밀한 용(龍)을 힘들게 그리긴 그렸지만 정작 용의 눈에 점(點)을 찍지 못한 것과 같이 가장 중요한 것을 생략하는 거나 다름이 없다.

1단계 : 현행 IT 성과 측정

전략에 관한 불후의 명저 손자병법에는 '지피지기백전불태(知彼知己百戰不殆)'라는 명언이 있다. 이처럼 IT 전략 계획을 개발하기 위한 첫 번째 작업은 기업 조직의 현행 IT가 어떻게 수행되고 있는지 파악하는 것이다. 이러한 IT 성과 측정을 통해 여러분은 잠재적인 개선 기회를 파악할 수 있다. 물론 IT 관리자와 직원들 단독적으로 해서는 안 되며, 비즈니스와의 공조적 접근방식을 통해 변화의 이유와 변화 대상 영역들을 파악하여야 한다. 요컨대 IT 전략 계획의 궁극적 목적은 기존의 IT 조직과 시스템 및 기술 그리고 어플리케이션들에 대해 변화와 개선을 가하기 위한 것이다.

이를 위해 제1장에 있는 그림 1.5를 자세히 살펴보도록 하라. 그림 1.5를 바탕으로 여러분은 IT 성과 점수 카드(IT Performance Score Card)를 개발할 수 있다. 그림에 제시되어 있는 성과 요소들은 기존의 IT 문제점 및 현안을 파악하는데 아주 유용한 가이드라인을 제공해줄 것이다.

현행 IT 아키텍처도 평가하여야 한다. 이를 위해 제3장의 그림 3.5부터 그림 3.8을 활용하도록 한다. 이들은 IT 시스템을 비즈니스 프로세스 및 비즈니스 팩터(Business Factor)와 매핑하기 위한 도구들이다. 이를 통해 여러분은 어떤 시스템이 비즈니스 프로세스에 가장 심각한 영향을 미치고 있는지 파악할 수 있다. 아울러 기술적 Gap 및 결함과 기술 현안도 쉽게 파악할 수 있다.

마지막으로 기존에 수립된 IT 계획들을 재점검해 보아야 한다. 반드시 세부 실행 활동 각각에 대해 세부적으로 검토하여야 한다. 아울러 계획이 승인된 후에 무슨 일이 발생되었는지 파악하고, 이와 함께 기존의 IT 계획 수립 프로세스에 대해서도 분석해 보아야 한다.

2단계 : 현행 비즈니스 계획 검토 및 방향성 도출

이를 위해 여러분은 제2장에 소개된 테이블들을 활용하도록 한다. 우선 비즈니스 프로세스를 중심으로 비즈니스 비전, 미션, 목표, 현안과의 관계를 파악한다. 처음에는 불가능한 작업인 것처럼 보일 수 있지만, 이들을 유심히 살펴보면 내용이 자주 변하는 것들이 아님을 알 수 있을 것이다. 기업의 비전 및 미션은 자주 변하는 것이 아니다. 비즈니스 프로세스 역시 자주 변하지 않는다. 자주 변하는 것은 비즈니스 현안이다. 바로 이러한 이유 때문에 평소에 여러분은 현안을 자주 업데이트하여야 한다.

3단계 : IT 전략 계획 초안 개발 및 피드백 수렴

먼저 IT 전략 관련 주요 용어 및 개념에 대한 알아보자. 이들은 앞에서 소개한 테이블의 구성 요소들로서 IT 전략 계획의 핵심 팩터들이다.

▶ 현안 및 기회(Issues and Opportunities)
현안은 주로 문제점이나 관심 사항 및 잠재적 위협을 말하며, 기회는 잠재적 가치가 있는 이니셔티브를 의미한다. 이들은 IT 전략을 통해 반드시 해결되어야 한다. 그림 4.1에는 현안 및 기회가 예시돼 있다.

▶ 목표(Objectives)
IT 전략에서 목표란 IT가 중장기적으로 지향해야 할 방향성을 의미하는데, 그 예시가 몇 가지 그림 4.2에 제시되어 있다.

- 레거시 시스템(Legacy Systems)의 운영 및 지원에 아주 많은 자원과 노력이 들어갈 뿐만 아니라 변경하기 어렵다.
- 클라이언트-서버 시스템(Client-server systems)이 비즈니스의 개선 기회를 많이 제공할 것 같지만 이를 학습하는데 상당한 노력과 시간이 필요하다.
- 인트라넷(Intranet)과 클라이언트-서버 중 어떠한 아키텍처를 선택해야 하는가?
- 객체 지향 방법론과 툴을 도입할 것인가 아니면 계속해서 COBOL과 같은 전통적인 개발 언어를 사용할 것인가?
- 리엔지니어링(Reengineering)과 관련해 IT 시스템의 역할을 어떻게 가져가야 할 것인가?
- 소프트웨어 패키지를 구매할 것인가 아니면 자체적으로 개발할 것인가?

그림 4.1 IT 현안 및 기회 예시

- IT 자원을 핵심 비즈니스 프로세스의 지원에 집중.
- 모든 비즈니스 부서에게 모든 종류의 IT 서비스를 제공.
- 전사 통합 데이터베이스 및 정보에 대한 일관성있는 접근을 제공.

그림 4.2 IT 목표 예시

- 기술적 격차
- 제한된 자금
- 기존 IT 직원들의 최신 기술 및 역량 미흡
- 현행 조직 구조

그림 4.3 IT 제약 요건 예시

▶ 제약 요건(Constraints)

제약 요건이란 IT 조직과 그 수행 업무 및 자원에 대한 제약 사항을 의미한다. 현안 및 기회와는 달리 제약 요건은 여러분의 재량에 따라 바뀔 수 있는 것이 아니다. 여러분은 이들 제약 요건을 있는 그대로 수용하여야 한다. 따라서 IT 전략 계획은 제약 요건을 만족시키면서 수립되어야 한다. 그림 4.3에는 IT 전략 수립시 많이 등장하는 제약 요건 몇 가지가 예시돼 있다.

▶ 추진 전략(Strategies)

추진 전략이란 IT의 중장기적인 목표를 달성하기 위해 기업 조직이 취해야 할 개괄적인 대책을 말한다. 다시 말해 추진 전략은 여러분이 실제 실행하는 구체적인 세부 활동보다 훨씬 포괄적인 행동 방침을 말한다. 그림 4.4에는 저자들이 컨설팅했던 몇몇 기업 조직들의 추진 전략 몇 가지가 예시되어 있다.

- 광대역 네트워크(Wide Area Network) 구축
- 주요 비즈니스 프로세스의 지원을 위한 새로운 클라이언트-서버 시스템 구축
- 신규 개발 건은 모두 리엔지니어링을 통해 수행

그림 4.4 IT 추진 전략 예시

- 모든 개발 프로젝트에 대해 IT 운영 위원회(Steering Committee) 운영
- 자금이 배정된 개발 프로젝트에 대해 가시적인 유형의 효과 창출 독려
- 마케팅 부서용 클라이언트-서버 시스템 개발 시, 프로토타이핑 접근방식 적용

그림 4.5 세부 IT 활동 예시

▶ 세부 활동(Action Items)

세부 활동은 추진 전략을 지원하기 위해 실행해야 할 구체적인 대책을 말하는 것으로 다음과 같은 것들이 있다.

- 정책의 변경
- 조직의 변경
- 절차 수립 및 교육훈련
- IT 프로젝트 구상안 또는 프로젝트 아이디어

그런데 여기에서 유의할 점은 세부 활동이 프로젝트 구상안보다는 좀 더 광의의 개념이라는 점이다. 그림 4.5에는 몇몇 세부 활동들이 예시돼 있다.

이들 IT 전략 계획의 핵심 팩터와 관련해 특히 유념해야 할 점은 이들 팩터 간에 다대다 관계(Multi-multi relationship)가 존재한다는 점이다. 예를 들어 하나의 IT 추진 전략은 여러 가지의 중장기 IT 목표들을 지원하면서 이와 동시에 하나의 중장기 IT 목표는 여러 가지의 IT 추진 전략들을 필요로 한다는 점이다.

여러분은 이들 IT 팩터(IT Factor)들을 종합적으로 분석해 상호 어떠한 관계가 있는지 명확히 제시할 수 있어야 한다. 이러한 관계는 가급적 그림 4.6과 같이 가시화하는 것이 좋다. 그림의 굵은 화살표는 현안 및 기회를 해결하기 위해 제약 요건을 충족시키면서 중장기 IT 목표를 설정한 것을 의미한다. 굵은 점선은 이 같은 상황에서의 추진 전략을 의미하며, 가는 점선은 세부 활동을 나타낸다.

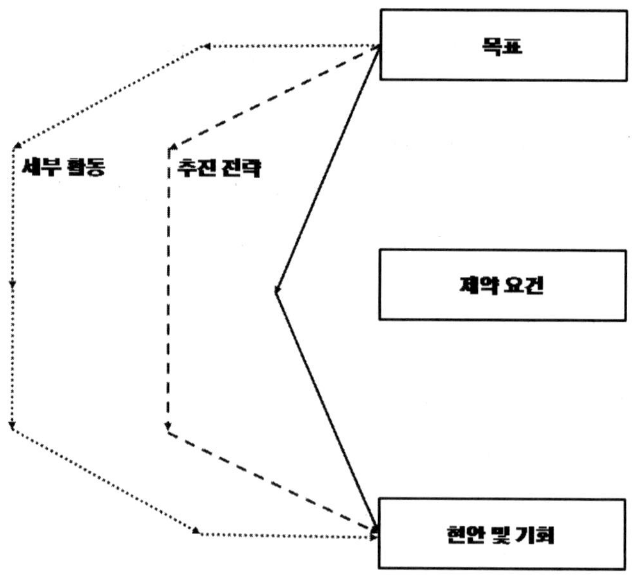

그림 4.6 IT 전략 계획 구성 요소 간 관계 예시

일반적으로 어떤 기업 조직이든 현안 및 기회를 많이 갖고 있다. 하지만 이들을 모두 IT 전략 계획에서 해결하는 것보다는 핵심 현안에 집중하는 것이 좋다. 중장기 IT 목표는 개괄적인 것이기 때문에 3~5개로 정의하는 것이 좋으며, 추진 전략은 목표보다 더 많이 정의하고, 세부 활동은 추진 전략보다 더 많이 정의하도록 한다.

그런데 중장기 IT 목표를 정의할 때에 구체적인 영역별로 분류해 정의하면 아주 좋다. 저자들은 주로 다음과 같은 영역별로 목표를 정의하였다.

- IT 인력 충원
- IT 아키텍처
- 하드웨어
- 네트워크
- 외부 네트워크
- 비즈니스 프로세스
- 방법론 및 지원 툴
- 소프트웨어 패키지
- 어플리케이션 소프트웨어
- 사용자 역할

세부 IT 활동을 도출할 때에도 역시 구체적인 영역별로 접근하면 아주 쉽게 도출할 수 있다. 다음에 제시된 것은 저자들이 실제 컨설팅에서 사용했던 분류 영역들이다.

- 어플리케이션 소프트웨어
- 시스템 소프트웨어
- 네트워크 관리, 운영 및 유틸리티 소프트웨어

- WAN(Wide Area Network) 및 LAN(Local Area Network)
- 엑스트라넷(Extranet), 인트라넷(Intranet), 인터넷
- 하드웨어 및 오퍼레이팅 시스템
- 시스템 운영 인력
- 컨설턴트 및 아웃소싱
- 통제
- 측정
- 정책
- 사용자 및 경영진 역할

지금까지 IT 전략 계획의 핵심 팩터들에 대해 알아보았다. 이제부터는 IT 전략 계획을 어떻게 수립하는지 알아보기로 하자. 한 기업 조직의 IT 책임자인 여러분은 그렇지 않아도 다른 일로 바쁜 임직원들에게 IT 전략 계획 수립과 관련해 지나친 부담을 주고 싶지 않을 것이다. 따라서 미리 IT 팩터(IT Factor)별로 초안이나 예시를 만들어야 한다. 이는 백지 상태에서 이해 관계자들의 답변에만 의존해 내용을 채워가는 것과는 비교가 되지 않을 만큼 효과적인 방법이다. 특히 경영자와 비즈니스 관리자들은 예시를 들어주면 답변을 더 잘하는 경향이 있다. 따라서 예시가 들어있는 리스트를 보여준 다음에 그들의 피드백을 받도록 하고, 그들의 코멘트는 모두 기록하도록 한다. 만약 여러분이 미처 생각하지 못한 새로운 내용이 발견되면 여러분 스스로에게 왜 사전에 이 같은 것을 생각 못했는지 질문하도록 한다. 이렇게 해야만 여러분과 여러분 직원들의 IT 기획 및 관리 역량이 향상될 수 있다. 일단 경영자 및 비즈니스 관리자들로부터 예시 리스트에 대한 피드백을 수집하면, 이를 활용해 분석용 테이블을 작성한다. 분석용 테이블은 크게 두 가지 유형으로 나뉘는데, 그림 4.7에는 첫 번째 유형인 IT 분석 테이블들이 제시돼 있다. 이들 IT 분석 테이블을 작성할 때에는 다음과 같은 점에 유의하도록 한다.

- IT 목표 대비 IT 추진 전략
- IT 목표 대비 제약 요건
- IT 추진 전략 대비 세부 IT 활동
- IT 목표 대비 현안 및 기회
- 세부 IT 활동 대비 현안 및 기회
- IT 목표 대비 세부 IT활동

그림 4.7 IT 전략 계획을 위한 주요 IT 분석 테이블

▶ IT 팩터(IT Factor)를 조합해 분석 테이블을 만들면 그림 4.7보다 더 많이 만들 수 있다. 하지만 저자들의 경험에 의하면 여기에 제시된 테이블들이 가장 많이 그리고 가장 유용하게 사용되는 것들이다.

▶ IT 목표 대비 현안 및 기회 테이블은 현재 설정한 목표들이 현안을 얼마나 폭넓게 다루고 있는지 제시해 준다.

▶ IT 목표가 완벽히 수립되었다 하더라도 각 현안을 제대로 해결할 수 있는지는 전혀 별개의 문제이다. 따라서 세부 IT 활동 대비 현안 및 기회 테이블을 활용해 이를 분석해 보아야 한다.

▶ 중장기 IT 목표, IT 추진 전략, 세부 IT 활동 간에는 논리적 관계가 명쾌히 형성되어야 한다. 이러한 논리적 연결 고리는 IT 목표 대비 IT 추진 전략 테이블과 IT 추진 전략 대비 세부 IT 활동 테이블을 통해 분석할 수 있다.

▶ IT에 대한 제약 요건이 IT 목표에 미치는 영향을 파악해야 하는데 이는 IT 목표 대비 제약 요건 테이블을 통해 가능하다.

▶ 대개 경영진은 기술적인 세부 활동에 대해서는 그리 큰 관심을 갖지 않는다. 따라서 여러분은 IT 추진 전략 대비 현안 및 기회 테이블을 활용해 여러분이 수립한 중장기 IT 목표가 현실적이며 가치가 있는 것들임을 명확히 제시하여야 한다.

이 같은 IT 팩터(IT Factor)는 제2장에서 설명한 비즈니스 팩터(비즈니스 프로세스, 비즈니스 현안, 비즈니스 비전, 비즈니스 목표, 비즈니스 전략)와 연계되어야 한다. 이를 위해 여러분은 비즈니스 프로세스를 중심으로 다음과 같은 테이블을 만들어야 한다. 이들 테이블은 IT와 비즈니스 얼라인먼트를 위한 기본 토대가 되는 아주 중요한 것들이다.

▶ IT 현안 및 기회 대비 비즈니스 프로세스 테이블
IT 현안 및 기회가 비즈니스 프로세스에 미치는 영향과 그 중요성에 대해 파악할 수 있다.

▶ 세부 IT 활동 대비 비즈니스 프로세스 테이블
세부 IT 활동을 성공적으로 완수했을 때에 각 비즈니스 프로세스에 미치는 영향을 명확히 추정한다.

▶ IT 목표 대비 비즈니스 프로세스
중장기 IT 목표가 비즈니스 프로세스의 수행에 얼마나 많은 도움이 되는지 파악할 수 있다.

이를 테이블 기입 항목의 내용은 무엇이든 상관없지만 간단한 것이 좋다. 대개 전략 수준에서 영향 및 중요도는 '높음(High)', '보통(Medium)', '낮음(Low)'과 같이 평가해도 무방하다. 물론 각 테이블의 아래쪽에 이 같은 평가가 어떻게 도출되었는지 간단히 기록하는 것이 좋다.

- IT 목표 대비 비즈니스 비전 테이블
  - IT와 비즈니스의 개괄적인 얼라인먼트를 나타내는데 사용
- IT 목표 대비 비즈니스 목표 테이블
  - IT 목표와 비즈니스 목표 간의 관계를 명확히 이해하는데 사용
- IT 전략 대비 비즈니스 전략 테이블
  - IT 전략이 비즈니스 전략을 지원하고 있는 정도를 파악하는데 사용
- IT 현안 및 기회 대비 비즈니스 현안 테이블
  - IT 현안의 적정성을 비즈니스 관점에서 파악하는데 사용
- 세부 IT 활동 대비 비즈니스 현안 테이블
  - 세부 IT 활동이 비즈니스 현안을 얼마나 효과적으로 해결할 수 있는지를 파악하는데 사용
- 세부 IT 활동 대비 비즈니스 목표 또는 비즈니스 전략 테이블
  - 세부 IT 활동이 비즈니스 목표 및 전략의 성공적 달성 얼마나 잘 기여할 수 있는지를 파악하는데 사용

그림 4.8 IT와 비즈니스 얼라인먼트 분석 테이블

이와 같은 IT 팩터(IT Factor)와 비즈니스 프로세스의 관계를 나타내는 3가지 테이블을 제2장에서 소개한 비즈니스 팩터 테이블과 연계하면 그림 4.8에 제시되어 있는 것과 같이 IT와 비즈니스의 얼라인먼트를 분석할 수 있는 테이블들을 도출할 수 있다. 예를 들어 여러분은 어느 한 비즈니스 목표의 달성이 어떤 비즈니스 프로세스에 깊이 의존돼 있고, 이 비즈니스 프로세스의 성과가 어떤 IT 목표의 달성 여부에 영향을 받게 된다면 이들 비즈니스 목표와 IT 목표가 밀접한 관계에 있는 것으로 간주할 수 있다.

그림 4.8의 테이블들은 IT와 비즈니스의 얼라인먼트에 대한 증거로도 활용할 수 있다. 일례로 경영진 및 비즈니스 관리자에게 IT와 비즈니스의 얼라인먼트에 대해 프리젠테이션 할 경우, 먼저 그림 4.8의 테이블을 보여

준 다음에 비즈니스 프로세스와 다른 비즈니스 팩터(Business Factor) 및 IT 팩터 간의 관계를 다루는 구체적인 테이블을 제시함으로써 여러분 조직의 IT가 비즈니스와 얼라인먼트되어 있다는 것을 논리적으로 입증할 수 있다. 즉, IT 책임자인 여러분이 경영진에게 그동안 개념적인 것으로만 치부되었던 다음과 같은 가장 근본적인 사실들을 명확히 설명할 수 있다.

- 자칫 애매모호한 말장난으로 그칠 수 있는 비즈니스 비전 및 목표가 조직의 구체적인 비즈니스 프로세스와 연계되어 있다.
- 비즈니스 프로세스야말로 비즈니스의 성패를 좌우하는 핵심 요소이다.
- IT 전략 계획을 구성하는 IT 팩터들이 비즈니스 프로세스와 잘 연계되어 있다.
- 회사의 비즈니스 전략 계획을 구성하는 비즈니스 팩터들이 비즈니스 프로세스를 통해 IT 팩터들과 잘 연계되어 있다.

그런데 여러분이 극히 주의해야 할 점이 한 가지 있다. IT 목표 및 세부 활동들이 성공적으로 수행되었다 하더라도 비즈니스 현안들이 완벽하게 해결되지는 않으며 여러분 회사의 비전이 즉시 실현되지 않는다는 점이다. 따라서 여러분은 IT가 실제로 달성 가능한 것을 정확하고 솔직하게 말할 수 있는 겸양의 태도를 견지할 필요가 있다.

지금까지 여러분은 IT 전략 계획을 수립하기 위해 필요한 각종 분석용 테이블 및 리스트의 초안을 개발하고, 이를 여러분 조직의 경영진 및 기타 이해 관계자들에게 제시한 다음에 이들로부터 의견을 수렴해 이를 적절히 반영하였다. 이 상태는 바로 여러분이 IT 전략 계획서의 초안을 작성할 수 있다는 것을 의미한다. 그림 4.9에는 저자들이 실무에서 자주 사용하였던 IT 전략 계획서 아웃라인이 예시되어 있다.

Executive Summary

1. 개요
   - IT 전략 계획 수립의 필요성
   - IT 전략 계획의 활용 방법
   - 기획 관련 데이터 수집 방식
2. 현안 및 기회
   - 경쟁 및 산업 환경에서의 당면 문제
   - 조직의 내부 현안
   - 비즈니스 및 기술적 기회
3. 목표
   - 목표 및 제약 요건
   - 목표 달성을 통한 현안 해결의 모습 및 접근방식
4. 전략
   - 개별 추진 전략의 주요 내용
   - 전략의 성공적 실현을 통한 목표 달성의 모습 및 접근방식
5. 세부 활동 및 향후 수행 프로젝트 리스트
   - 세부 활동 리스트 및 활동별 효과 및 영향
   - IT 전략 대비 세부 활동 간 연관성
   - 세부 활동 간 관계 및 구현 방법
   - 세부 활동 대비 현안 및 기회 간 연관성
6. 권고 사항
   - 향후 수행 요망 특별 대책 리스트
   - 특별 대책과 IT 전략 계획 간 연관성
   - 특별 대책 수행을 통한 기대 효과
7. 각종 기획 관련 테이블
   - 본서에 설명된 각종 분석용 테이블 및 리스트

그림 4.9 IT 전략 계획서 아웃라인 예시

- IT 전략 계획과 여러분 조직의 실제 상황 간 연계 실패
- 세부 IT 활동 간 연관 관계 정의 실패
- 어느 한 분야에 대한 지나친 집중
- 지나치게 개괄적이거나 개념적인 관점 견지
- 기술적 측면 중시 및 비즈니스 측면 경시
- 특정 평가 사항에 대한 지나친 비중 부여
- 이해 관계자들에게 IT 전략 계획에 대한 마케팅 실패
- 공식적인 프리젠테이션만 중시 – 비공식적인 검토회가 더 효과적임
- 비즈니스 프로세스 관련 실무자들에 대한 커뮤니케이션 미흡
- 외부 컨설턴트들에 대한 지나친 의존 – 통제력 상실
- 특이한 접근 방식에 대한 지나친 의존
- 비즈니스 상황에 맞는 전략 범위의 정의 및 기획 방법론 적용의 실패
- IT 전략 계획의 공식적인 승인 획득에만 치중 – 사실 진짜 중요한 것은 비공식적인 조율 속에 보이지 않게 처리됨
- IT 전략 계획과 기존의 수행 활동 간 연계 실패
- IT 전략에 대한 지나친 확신 – IT 전략은 단지 논리적 사고의 결과임
- 특정 신기술에 맞춰서 IT 전략 계획을 변경 – IT 전략의 안정성 상실
- IT 전략 계획 승인이후의 후속 조치 미흡 – IT 전략의 주된 실패 원임
- 세부 IT 활동에 필요한 자금 충당 방안에 대한 고려 미흡
- 전사 차원의 체계적인 자원 배정 방안에 대한 고려 미흡
- IT 전략 수립 과정 전반에 걸쳐 특정 한 사람에 대한 지나친 의존
- 비즈니스 부서의 기획 과정과 IT 전략 기획 과정 간 얼라인먼트 실패
- IT 전략 계획 수립 지원 도구나 데이터베이스에 대한 지나친 의존
- 기업 조직의 외부 환경에 대한 정보 부족
- 지나치게 많은 외부 환경 정보에 대한 집착
- IT 전략 계획 수립 기간 내에 필요한 정보 미확보

그림 4.10 IT 전략 계획 수립 도중 발생 가능 문제

IT 전략 계획서와 특히 프리젠테이션 문서는 경영진이 쉽게 이해할 수 있도록 단순 명료하게 작성되어야 한다. 또한 분석용 테이블 및 리스트는 추후 변경 및 업데이트가 용이할 수 있도록 관리되어야 한다.

IT 전략 계획을 수립하는 과정에 여러분은 여러분의 역량과 관계없이 많은 문제에 봉착하게 될 것이다. 그림 4.10에는 이 같은 문제들이 열거돼 있다. 물론 이 중에는 발생할 가능성이 아주 낮은 것들도 있다. 그럼에도 불구하고 부득불 여기에 포함시킨 이유는 과거에 많은 기업 조직들이 그 문제로 인해 심각한 상태에 빠져 본 경험이 있기 때문이다.

4단계 : IT 전략 계획과 비즈니스 부문 간 연계

지금쯤이면 여러분은 IT 전략 계획을 성공적으로 수립하였고 이를 비즈니스 전략과 잘 연계시켜 놓았을 것이다. 따라서 모든 것이 다 끝났을 것이라고 생각하겠지만, 아직은 아니다. 마지막으로 IT 전략 계획이 여러분 조직의 몇몇 핵심 비즈니스 부서에 내재화될 수 있도록 해야 한다. 이것을 일컬어 IT 전략 계획의 화룡정점(畵龍定點)이라고 한다. 물론 여러분 조직의 모든 비즈니스 부서를 대상으로 IT 전략 계획의 내재화를 한다는 것은 엄청난 시간과 자원이 소요되며 쉬운 일이 아니다. 따라서 여러분은 전사 차원에서 가장 중요한 비즈니스 부서를 몇 개 선택해야 한다. 이러한 핵심 비즈니스 부서의 선정은 논리적이며 공평하고 누구나 수긍할 수 있도록 되어야 한다. 이를 위해 여러분은 본서의 제2장에서 설명한 비즈니스 부서 대비 비즈니스 프로세스 테이블을 활용하도록 한다. 먼저 개별 비즈니스 프로세스별로 연관성이 높은 비즈니스 목표 및 현안을 파악하도록 한다. 이는 반드시 관련 비즈니스 부서들과의 공조를 통해 수행되어야 하며, 이 결과 다음과 같은 2가지 테이블이 생성되어야 한다.

- 비즈니스 부문 목표 대비 비즈니스 프로세스 테이블
- 비즈니스 부문 현안 대비 비즈니스 프로세스 테이블

이제 여러분은 이 2 테이블을 활용해 다음과 같은 테이블들을 생성해 낼 수 있다.

▶ 비즈니스 부문 현안 대비 IT 현안 및 기회 테이블

- 이 테이블을 활용하면 IT 현안 및 기회의 해결이 비즈니스 부문의 현안 해결에 어떻게 기여할 수 있는지 파악할 수 있다.

▶ 비즈니스 부문 현안 대비 세부 IT 활동 테이블

- 이 테이블을 활용하면 각 세부 IT 활동의 성공적 수행이 비즈니스 부문의 문제 및 현안 해결에 어떠한 영향과 효과를 미치는지 파악할 수 있다.

▶ 비즈니스 부문 목표 대비 IT 목표 테이블

- 이 테이블을 활용하면 IT 부서와 비즈니스 부서들이 어떻게 얼라인먼트되어 있는지 파악할 수 있다.

▶ 비즈니스 부문 목표 대비 세부 IT 활동 테이블

- 이 테이블을 활용하면 세부 IT 활동의 완수가 비즈니스 부분의 목표 달성에 어떻게 기여하는지 파악할 수 있다.

이들 테이블의 생성 과정에 비즈니스 부서 임직원들이 반드시 참여해야 한다. 그 이유는 (1) 이렇게 해야만 자기의 실제 이익을 반영할 수 있기 때문이다. 즉 세부 IT 활동에 자기의 의견을 반영해야만, 관련 비즈니스 프로세스의 성공적인 수행을 지원하고 참된 기대효과를 실현할 수 있다.

(2) 핵심 비즈니스 부서의 자동화 계획과 전사 차원의 IT 전략 계획 간 일관성을 확보할 수 있다. 이때 유의할 점은 개별 비즈니스 부서의 자동화 계획이 수립된 후에 IT 전략 계획을 확정해야 한다는 점이다. 시간이 허락하고 이들 비즈니스 부서가 자동화에 깊은 관심이 있다면 최소한 다음과 같은 비즈니스 부서 자동화 계획을 수립하는 것이 좋다.

- 비즈니스 프로세스와 비즈니스 부서의 포괄적인 연관 관계
- 비즈니스 부서 현안이 비즈니스 프로세스 성과에 미치는 영향
- 비즈니스 프로세스와 관련된 비즈니스 부서의 목표
- 비즈니스 프로세스와 관련된 IT 목표
- 비즈니스 프로세스와 관련된 세부 IT 활동
- 앞에서 언급한 관련 분석 테이블

사실 이러한 일은 일반적인 IT 전략 계획 수립 활동의 범위를 벗어난 것이지만 이 같은 단계를 거친 것과 않은 것은 IT 전략 계획의 승인 확보 측면에서 엄청난 '정치적 차이'가 있다. 왜냐하면 최고 경영자라 하더라도 주요 비즈니스 부문이 IT 전략 계획을 지지하고 있으며 이들이 세부 IT 활동의 완수에 따른 비즈니스 효과를 정확히 인지하고 있고 이를 절실히 바라고 있으면 IT 전략 계획을 승인하지 않을 수 없기 때문이다.

IT 전략 계획 수립 가이드라인

지금까지 설명한 IT 전략 계획 수립 방법론을 적용하는데 있어 도움이 될 만한 가이드라인은 수 없이 많지만 이중에서 아주 긴요하게 사용되고 있는 것으로는 다음과 같은 것들이 있다.

▶ 사전에 IT 전략 계획의 아웃풋 이미지(Output Image)를 제시하라.
- 아웃풋 이미지는 그 내용이 아직 채워지지 않은 IT 전략 계획서 초안을 말한다. 이는 IT 전략 계획의 이해 관계자들이 그 수립의 필요성을 이해하지 못하고 있을 때 특히 효과적이다.

▶ Quick-win 활동을 도출해 즉시 수행하라.
- Quick-win 활동이란 효과의 발생이 확실하며 즉시 구현 가능한 세부 IT 활동을 말한다. 이러한 세부 IT 활동은 IT 전략 계획이 수립되는 도중이더라도 즉시 수행하는 것이 좋다.

▶ 파악된 현안 및 목표 등은 모두 리스트로 만들어 관리하라.
- IT 전략 계획 수립 과정의 진척과 더불어 발생되는 현안, 목표 등은 모두 일목요연하게 리스트로 만들어 관리하도록 하라.

▶ IT 전략 수립 프로세스를 자동화하도록 하라.
- 비즈니스 팩터 및 IT 팩터와 관련된 분석 테이블은 소프트웨어를 사용해 관리하는 것이 좋다. 예를 들어 PC용 데이터베이스 관리 시스템이나 Spreadsheet를 이용하면 쉽게 관리할 수 있다.

▶ 여러분의 현재 지식과 경험을 최대한 활용해 소박하게 시작하라.
- 앞에서 설명한 분석 테이블 및 리스트는 현재 여러분이 보유하고 있는 지식과 경험을 활용해 그 초안을 만들도록 한다. 처음에는 작게 소박하게 시작하는 것이 좋으며, 이는 충분히 가능하다.

▶ 경영진에게 IT 전략 계획을 기대효과 중심으로 마케팅하라.
- 여러분이 경영진에게 IT 인프라스트럭처에 대한 투자의 필요성에 대해 처음으로 말하는 시점에 그 기대효과를 마케팅하여야 한다.

이는 아주 중요하지만 실제로는 잘 되지 않고 있다. 경영진이란 항상 투자에 따른 결과를 생각하며, 이것이 명확히 이해되어야만 투자 코스트에 대한 타당성을 인정한다.

▶ IT 투자 딜레마인 '닭과 달걀'의 문제를 반드시 해결하도록 하라.
- 이는 거의 모든 기업의 공통적인 현상이다. 하지만 IT 책임자인 여러분은 IT 인프라스트럭처에 대한 투자가 선행되어야 비즈니스 효과를 기대할 수 있다는 사실을 효과적으로 설득하여야 한다.

▶ IT 인프라스트럭처가 비즈니스 프로세스와 어떻게 연관되어 있는지 명확하게 보여 주도록 하라.

▶ IT 전략 계획의 범위가 아닌 IT 활동과의 관계를 명확히 하도록 하라.
- 이를 위해 세부 IT 활동, 즉 IT 프로젝트와 기존의 IT 운영 업무와의 관계를 명확히 정의하도록 한다.

▶ IT 전략 계획의 자원 소요 요건 및 그 배분 방식을 명확히 하라.
- 어떠한 IT 인적 자원이 필요하고 이들 인적 자원의 재분배가 IT 프로젝트 및 업무에 어떠한 영향을 미치는지 명확히 제시하도록 한다. 이는 추후 자원 배분 과정에 아주 유용하게 사용된다.

▶ 세부 IT 활동의 핵심 내용, 전반적 일정 및 코스트를 제시하도록 하라.

▶ IT 전략 계획이 성공적으로 수행되면 비즈니스가 어떻게 좋아질 수 있는지 그 시나리오를 개발하라.
- IT 전략에 대한 회의적 시각이 존재하더라도 도를 넘는 약속을 해서는 안 된다. 다만 IT 전략이 필요한 이유를 적시하도록 한다.

▶ IT 전략 계획 수립 팀과 그 노력의 규모는 가급적 작게 하라.

▶ IT 전략 계획을 수립하는 과정에 IT 전략 계획의 실행을 위한 접근 방법을 개발하도록 하라.

▶ 개별 세부 IT 활동에 대한 비즈니스 논거를 제시할 수 있어야 하며 이들이 상호 어떻게 연계되어 있는지 제시하여야 한다.

▶ 여러분 조직의 비즈니스 부서 관리자들이 Politics을 구사할 수 있는 여지를 남겨 두도록 하라.

▶ 다양한 비즈니스 부서 관리자들과 폭넓게 연합할 수 있어야 한다.
- 유력한 단 한명의 관리자에게만 의존해서는 안 된다.

▶ IT 전략 계획 수립에 필요한 시간을 여유있게 확보하도록 하라.
- IT 전략 계획을 수립하는데 있어 돈은 그리 중요한 문제가 아니다.

▶ Pilot 프로젝트를 수행하도록 하라.
- IT 전략 계획을 프리젠테이션하기 전에 IT 전략 계획의 일부를 미리 구현해 그 결과와 함께 프리젠테이션하도록 하라.

▶ IT 전략 계획의 저항 세력을 정확히 파악하도록 하라.
- 신기술에 반대하는 IT 부서 내 중관 관리자 및 직원
- 가용 자원의 손실을 우려하는 비즈니스 부서 관리자 및 직원
- 기존의 업무 처리 방식이 새로운 아키텍처에 포함되지 않을 것을 걱정하고 있는 비즈니스 부서 관리자 및 직원
- 즉각적이고 단기적인 효과만 원하는 모든 임직원

세부 IT 활동(Action Item)에 대한 승인 획득

▶ 네트워크의 업그레이드 및 교체

– 기존의 네트워크가 잘 돌아 가고 있는 경우에 경영자는 네트워크와 관련된 새로운 세부 IT 활동을 승인하지 않을 것이다. 따라서 여러분은 네트워크를 최신의 기술로 개비하지 않았을 경우 발생될 문제점들에 대한 강조를 통해 네트워크 관련 세부 IT 활동의 수행 타당성을 제시하여야 한다.

▶ 새로운 핵심 소프트웨어의 도입

– 일반적으로 기존의 소프트웨어에 적지 않은 문제가 있다 하더라도 상당한 부분은 아직까지 쓸 만하다고 여기는 경우가 대부분이다. 따라서 여러분은 현행 소프트웨어가 어떠한 장애를 발생시키고 있으며 이로 인해 비즈니스가 어떠한 악영향을 받고 있는지 적시하여야 한다.

▶ 프로세스의 변경 및 혁신

– 이는 정치적으로 풀어야 할 사안이다. 백이면 백 사람들은 여러분에게 도대체 왜 이것이 IT 프로젝트인지 반문할 것이다. 어떠한 조직에서든 전통적으로 이러한 활동은 철저히 비즈니스 프로젝트라고 생각되어 왔기 때문이다. 따라서 그대로 방치하면 IT 전략 계획에 포함되지 않을 수 있다.

IT 전략 계획의 꽃인 세부 IT 활동들, 즉 IT 프로젝트 슬레이트 또는 프로젝트 마스터 플랜을 비공식적으로 마케팅하기 위한 가장 좋은 방법의 하나는 이들을 수행하지 않았을 경우에 발생될 수 있는 부정적인 효과에 대한 우려를 이용하는 방식이다. 그 이유는 간단하다. 사람들은 오랫동안 IT의 효과에 대해 너무나 많은 것들을 들어 왔지만 이들이 기대한 대로 실현되는 것은 극히 드물었기 때문이다. 따라서 세부 IT 활동이 수행되지 않았을 경우에 발생되는 악영향을 말하는 것이 그 필요성을 이해시키는데 훨씬 효과적이다.

각각의 세부 IT 활동은 독립적으로 존재하는 것이 아니다. 대개의 경우 어떤 특정 IT 전략을 지원하기 위해서는 여러 가지의 세부 IT 활동들이 수행되어야 한다. 예를 들어 네트워크의 현대화 전략을 달성하기 위해서는 다음의 4가지 세부 활동들이 필요할 것이다.

- 네트워크 운용 인력의 증강
- 네트워크 구성 장비 및 요소 기술의 교체
- 네트워크 운영을 위한 지원 설비 및 시설의 변경
- 관련 하드웨어에 대한 추가적 업그레이드

그런데 이와 관련해 가장 불행한 상황은 이들 4개 중에 2개 또는 3개의 활동은 승인을 받았지만 나머지는 승인을 받지 못하는 경우이다. 이러한 상황이 벌어지지 않도록 하기 위해서는 특정 IT 전략과 관련된 세부 IT 활동들을 하나의 논리적인 그룹으로 통합시킬 필요가 있다.

한 기업 조직의 IT 책임자인 여러분은 지금까지 IT 전략 계획의 Owner로서 여러분 조직의 비즈니스 부서들을 대상으로 IT 전략 계획을 마케팅해 왔다. 이 결과 이들로부터 IT 전략 계획에 대한 컨센서스와 세부 IT 활동에 대한 비공식적인 승인을 확보하였다. 이제 여러분은 여러분에게 있어 가장 중요한 사람인 여러분 조직의 경영진에게 IT 전략 계획에 대한 마케팅을 수행하여야 한다.

최고 경영진에 대한 IT 전략 계획 마케팅은 비즈니스 관리자들을 대상으로 하는 것과는 접근방식이 상당히 다르다. 우선 경영진에게는 IT 전략 계획에 대한 마케팅을 개별적으로 해야 한다. 이때에 가장 유효적절하게 사용할 수 있는 IT 전략 계획의 두 가지 요소가 있는데, 하나는 비즈니스 비전 및 목표이고, 또 다른 하나는 세부 IT 활동의 기대효과 및 영향이다. 그런데 비즈니스 부서 관리자에게 했던 것처럼 세부 IT 활동을 수행하지 않았을 경우에 발생할 수 있는 부정적인 영향보다는 이들을 성공적으로 완수했을 경우에 조직의 비즈니스 비전과 목표에 어떠한 도움이 되는지와 같은 긍정적인 기대효과에 초점을 맞춰야 한다.

저자들의 경험에 의하면 이 같은 접근방식은 아주 효과적이었다. 사실 기업 조직의 비즈니스 부서 관리자와 직원들은 일상적인 비즈니스 운영에 얽매여 비즈니스 비전이나 목표에 대해서는 거의 신경 쓰지 못하고 있는 경우가 많다. 이러한 사실을 잘 알고 있는 경영진은 조직 구성원들이 이들 비즈니스 비전 및 목표를 평소에도 잘 인식한 상태에서 일상적인 업무를 수행할 수 있도록 하기 위해 상당히 많은 관심과 노력을 기울인다. 따라서 IT 전략 계획의 꽃인 세부 IT 활동들이 비즈니스 비전 및 목표의 달성에 어떻게 기여한다는 것을 이해하면 이들 세부 IT 활동을 승인할 가능성이 훨씬 더 높아진다. 특히 경영진은 자신이 직접 IT 전략 계획 수립 과정에 참여하고 있다고 생각하면 더 많은 지원을 보이는 경향이 있다.

이 같은 비공식적인 마케팅 활동을 모두 마치면 여러분은 이제 IT 전략 계획에 대한 공식적인 프리젠테이션을 준비하여야 한다. 그런데 간혹 이 같은 공식적인 프리젠테이션은 가급적 생략하라는 사람들이 있기도 하다. 상당히 일리가 있는 말이다. 왜냐하면 공식적인 프리젠테이션이란 언제든 IT 전략 계획의 승인 획득을 저해하는 심각한 리스크를 발생시킬 수 있기 때문이다. 일례로 간혹 경영진 및 비즈니스 부서 관리자의 경우, IT 전략 계획 프리젠테이션을 위한 미팅을 IT 전략 계획과 무관한 현안을 가지고 IT 조직을 비판하기 위한 장으로 활용한다. 따라서 여러분은 이에 대비해 공식적인 IT 전략 계획 프리젠테이션을 철저히 준비하여야 한다.

공식적인 IT 전략 계획 프리젠테이션은 어떻게 하여야 할까? 'IT 전략' 하면 뭔가 있는 듯이 보여야 하므로 현학적으로 프리젠테이션해야 한다고 주장하는 사람들도 있다. 이들은 먼저 IT 전략 수립 과정 전체를 설명한 후에 세부 사항을 하나하나 설명해 나가는 방식을 취한다. 하지만 IT 전략 계획 프리젠테이션에 관한한 이것만큼 어리석고 비효과적이며 참석자들을 지루하게 만드는 방식은 없다. 먼저 여러분 자신에게 프리젠테이션을 통해 과연 무엇을 얻고자 하는지 물어 보도록 하라. 여러분이 원하는 것은 IT 전략 계획에 대한 승인이 아닌가? 따라서 다음과 같은 관점에서 접근하면 프리젠테이션을 성공적으로 마칠 수 있다.

IT 전략 계획을 프리젠테이션하는 실제 목적은 계획서에 정의된 세부 IT 활동들에 대한 경영진의 승인을 획득하고자 하는 것이다.

세부 IT 활동(Action Item)에 대한 최고 경영자의 승인을 받지 않으면 IT 전략 계획은 화장실의 휴지로도 사용될 수 없는 무용지물로 전락하고 만다. IT 책임자인 여러분과 여러분의 IT 부서가 IT 전략 계획을 진실로 '실행'하고자 한다면 반드시 세부 IT 활동들(프로젝트 마스터 플랜 또는 프로젝트 스레이트)에 대한 최고 경영진의 승인을 획득하여야 한다. 이를 이렇게 강조하는 것은 그동안 많은 사람들이 IT 전략 계획을 수립한 것만으로 끝냈기 때문이다. 왜냐하면 이것이 IT 전략 계획을 실행하는 것보다 훨씬 쉽고 빛나는 것이기 때문이다. 적지 않은 돈을 지불하고 귀한 시간을 할애해 본서를 탐독하고 있는 여러분은 제발 그렇지 않기를 바란다.

이러한 세부 IT 활동에 대한 경영진의 승인 확보를 위한 공식적인 IT 전략 계획 프리젠테이션은 다음과 같은 아웃라인으로 구성하도록 한다.

1. 비즈니스와 IT의 현안 및 기회에 대한 요약
   - 이를 통해 반드시 해결해야 할 문제와 기회에 대해 전사 차원의 관심을 고취시키고 집중시킬 수 있다.

2. 비즈니스 프로세스 및 현안
   - 앞에서 요약 설명한 기회 및 현안이 비즈니스에 미치는 영향을 구체적으로 설명한다. 이를 통해 더 많은 관심을 촉발할 수 있다.

3. IT 전략 및 비즈니스 프로세스
   - IT 전략의 주요 내용과 이들이 비즈니스의 현안을 어떻게 해결할 수 있는지와 같은 IT 전략의 영향을 설명한다.

4. IT와 비즈니스 간 얼라인먼트
   - 중장기 IT 목표와 비즈니스 미션, 비전 및 목표와의 연관 관계를 설명한다.

5. 세부 활동 계획
   - IT 추진 전략별로 수행되어야 할 세부 IT 활동(Action Item)과 그 주요 내용을 간략히 설명한다.

6. 비즈니스 프로세스 모델 및 수행 시나리오
   - 세부 IT 활동이 성공적으로 완수되었을 경우의 비즈니스 프로세스 수행 방식을 설명한다. 이를 통해 비즈니스의 문제 및 현안들이 어떻게 해결될 수 있는지 구체적으로 설명한다.

IT와 비즈니스의 얼라인먼트

이번 장에서는 비즈니스 프로세스를 중심으로 비즈니스 팩터와 IT 팩터를 연계해 분석하기 위한 핵심 테이블들을 소개하였다. 이러한 접근방식은 비즈니스 프로세스의 중요성을 파악하고, 비즈니스 변화에 대비한 IT 전략 계획의 안정성을 확보하기 위한 최적의 접근방식이다. 왜냐하면 기술이란 조직 구조와 더불어 자주 변하는 가변적인 것이지만 비즈니스 프로세스는 이들보다는 훨씬 더 안정적이기 때문이다. IT와 비즈니스의 얼라인먼트를 실현하기 위한 IT 전략 계획을 수립할 때에는 다음과 같은 분석 테이블을 사용하도록 한다.

- IT 목표 대비 비즈니스 프로세스
- 세부 IT 활동 대비 비즈니스 프로세스
- 비즈니스 목표 대비 비즈니스 프로세스
- 비즈니스 현안 대비 비즈니스 프로세스
- 비즈니스 목표 대비 IT 목표
- 비즈니스 목표 대비 IT 추진 전략

리스크 관리

IT 전략 계획 수립과 관련된 리스크로는 다음과 같은 것들이 있다.

▶ 세부 IT 활동 계획(Action Plan)의 완성도 결여
  - 단지 향후 수행할 프로젝트 리스트만 도출하는 것은 무의미하다. 각 IT 추진 전략별로 그 지원을 위한 구체적인 활동들로 구성된 완벽한 Set이 도출되어야 한다.

▶ 세부 IT 활동에 대한 자원 미배정 및 자원 경합 상황 간과

– 많은 기업들이 IT 전략 계획까지는 성공적으로 도출한다. 하지만 실행 가능한 세부 IT 활동 계획을 통해 IT 전략의 기대 효과를 실현하는 기업은 그리 많지 않다. 따라서 IT 책임자인 여러분은 세부 IT 활동에 대한 자원 배정이 '능동적 니즈 선도형' 방식으로 수행될 수 있도록 경영진과 비즈니스 관리자를 설득하여야 한다.

▶ IT 전략 계획 승인 획득 이후에 세부 IT 활동 미실행

– 여러분은 본서에 소개된 바와 같이 IT 전략이 실제로 실행될 수 있는 접근방식을 취해야 한다. IT 전략 계획이란 실행되지 않으면 아무런 가치가 없다. 따라서 세부 IT 활동 실행에 대한 경영진의 승인 획득 역시 IT 전략에 대한 승인 획득만큼 여러분이 심혈을 기울여야 할 영역이다.

사례

SUPREME OIL – 종합 에너지 회사

Supreme Oil에서도 IT 전략 계획 수립 방법론을 사용해 오고 있었다. 하지만 다양한 절차와 전문 용어로 가득 찬 복잡한 방법론이었기 때문에 기본 개념 및 용어만 익히는데도 족히 하루가 걸렸다. 이 방법론은 오래 전에 어떤 컨설팅 업체가 프로젝트를 수행하면서 사용했던 것인데 이들이 떠난 후에도 계속해서 사용해 오고 있었다. 그런데 더 심각한 문제는 IT 전략 계획이 수립된 이후에 그 산출물에 대해 누구도 주목하지 않는다는 점이었다. 물론 매번 IT 전략 계획이 수립되면 최종 산출물을 경영진에게 보고하였지만 대부분 보고로만 끝나고 IT 전략 계획은 거의 무시 되었다. 그도 그럴 것이 IT 전략 계획에는 세부 IT 활동 계획이 없었다.

이 결과, 신규 IT 프로젝트는 제안될 때마다 개별적인 평가 과정을 거쳐 승인되었다. 시간이 흐름에 따라 혼란과 중복이 조직 전반에 만연되었다. 그런데 최고 경영자가 IT의 중요성을 인지하면서 상황은 변하기 시작했다. 본서와 동일한 접근방식을 취했던 것이다. 물론 초기에 IT 책임자는 비즈니스 부서의 일을 IT가 어떻게 하냐며 저항했지만, IT 전략 수립 과정에 비즈니스가 실제 필요로 하는 세부 IT 활동들이 자연스럽게 도출되었다.

TUCKER COUNTY – 지방 정부

Tucker County에서도 그전에 2회에 걸쳐 IT 전략 계획을 수립했지만 매번 급한 운영 활동에 자원이 배정돼 실행 가능한 IT 전략을 수립하지 못했다. 그러던 중, 가장 큰 비즈니스 부문에서 IT 전략 계획의 필요성을 느끼고 컨설팅 업체로 하여금 IT 전략 계획과 세부 IT 활동 계획을 도출하게 하였다. 경영진은 IT 전략 계획 및 세부 IT 활동 계획을 이의 없이 승인하였다. IT 부서는 상당히 당혹스러워 했는데 그럴 수밖에 없는 것이 이들에게는 공식적인 IT 전략 계획이 없었기 때문이었다. 추후 IT 부서도 그 비즈니스 부서가 적용했던 방법론을 사용해 IT 전략 계획과 세부 IT 활동 계획을 수립하였는데 그 결과는 대단히 만족스러운 것이었다.

SHAMROCK AGRICULTURE – 농업 협동조합

Shamrock Agriculture의 IT 부서는 소규모이기 때문에 IT 전략 계획 수립에 따로 인력을 배정할 여유가 없었다. 따라서 간단히 하기로 하였다. 본서의 방법론을 적용하되 먼저 현행 IT 직원들의 과거 다른 조직에서의 경험을 바탕으로 최소한의 핵심 분석 테이블 및 리스트를 도출하였다. Shamrock의 관리자들은 이를 체크리스트로 활용해 IT 전략 계획을 수립해 나갔다. 물론 세련된 접근방법은 아니었지만 아주 효과적이었다.

교훈

- ▶ IT 전략 계획을 절대로 두껍고 방대한 문서로 만들어서는 안 된다. 저자들의 기억에 의하면 이처럼 지루하고 어려우며 재미없는 문서를 다 읽은 사람은 한명도 없었다. 차라리 비즈니스 팩터와 IT 팩터를 분석하기 위한 테이블 및 리스트와 프리젠테이션 문서를 개발하는 것에 집중하는 것이 훨씬 더 효과적이다. IT 전략 계획서는 여러분이 프리젠테이션하기에 편하게 작성하면 된다.

- ▶ IT 전략 계획을 수립하기 전에 문헌 자료와 웹사이트 및 다른 전략 계획 등을 활용해 비즈니스 팩터와 IT 팩터별로 초안을 미리 만들어 두도록 한다. 이 초안을 외부의 컨설턴트가 한 것처럼 세련되게 만들 필요는 없다. 여러분과 여러분의 IT 직원들이 기존에 보유한 지식을 바탕으로 만들 수 있는 것이면 충분하다. 이렇게 하면 IT 전략 계획 수립에 소요되는 시간과 노력을 크게 줄일 수 있을 뿐만 아니라 그 내용의 완성도를 크게 높일 수 있다.

- ▶ IT 전략 계획서에서 기술 용어 및 전문 용어를 최소화하라. 이렇게 하지 않으면 사람들로부터 외면당한다.

IT 전략 계획 수립을 위한 성과 척도

IT 전략 계획은 두 가지 측면에서 평가된다. 첫 번째는 IT 전략 계획 수립 프로세스와 접근방식인데, 그림 4.11에 이를 위한 평가 항목이 제시돼 있다. 두 번째는 IT 전략 계획 자체를 평가하는 것인데, 그림 4.12와 같이 주로 IT 전략 계획의 가치와 효용성에 대해 평가한다.

- 계획 수립 프로세스는 얼마나 오랫동안 사용돼 왔는가?
- 계획 수립 프로세스의 효과성 평가 및 개선을 위한 시도가 지속적으로 이루어지고 있는가?
- 계획 수립 프로세스에 IT 부서 직원들이 얼마나 많이 참여하는가?
- 계획 수립 프로세스에 비즈니스 부서 직원들이 얼마나 많이 참여하는가?
- 계획 수립에 얼마나 많은 시간이 소요되는가? 일반적으로 6-8주 이내가 가장 적당하다고 한다.
- 계획 수립 방법론이 공식적인 것인가 아니면 비공식적인 것인가?
- 방법론에 전략 기획 관련 특수 용어와 개념들이 많이 포함되어 있는가?
- 비즈니스 부서의 자동화 계획 수립 시에도 동 프로세스가 사용되는가?
- IT와 비즈니스의 얼라인먼트가 계획 수립 프로세스 전반에 걸쳐 일관성 있게 강조되고 있는가?
- 계획 수립 프로세스에 경영진은 얼마나 참여하고 있는가?
- 새로운 IT 기회가 발생하면, 이를 계획 수립 프로세스에 반영하고 있는가?
- IT 전략 계획은 얼마나 자주 갱신되고 있는가?

그림 4.11 IT 전략 계획 수립 프로세스 및 방법론 평가 척도

요약

IT 작업 수행 방식과 성과는 IT를 비즈니스에 얼라인먼트시키는데 있어 가장 중요한 요소의 하나이다. 하지만 이것보다 훨씬 중요한 것이 있는데, 바로 IT 부서 책임자인 여러분이 IT의 방향성과 IT 프로젝트 및 업무를 최고 경영진에게 이해시키고 이들의 컨센서스를 확보하는 것이다. 만약에 여러분의 IT 전략 계획이 본서의 접근방식과 같이 수립되어 있지 않다면, 경영진은 여러분의 IT를 이해하지도, 지원하지도 않을 것이다.

- 계획은 전사 차원에서 관련자 전원의 공조 속에 수립되고 있는가? 아니면 소수의 한정된 의견을 바탕으로 수립되고 있는가?
- 계획에는 구체적인 세부 IT 활동 계획이 포함되어 있는가?
- 구체적인 세부 IT 활동 계획에는 프로젝트 아이디어이외에 비즈니스 정책 및 절차의 개선에 관한 것도 포함돼 있는가?
- 계획에 정의된 세부 IT 활동, 즉 세부 IT 활동 계획 중에서 경영진의 승인을 획득한 것은 얼마나 되는가?
- 세부 IT 활동 계획 중에서 예산이 배정된 활동은 얼마나 되는가?
- 세부 IT 활동 계획 중에서 자원이 배정된 활동은 얼마나 되는가?
- 자원 배정 프로세스는 '사용자 니스 선도형' 방식으로 수행되고 있는가?
- 계획 수립 후에 경영진과 IT 책임자는 이를 얼마나 자주 참조하는가?
- 계획에 빠져 있거나 계획과 상치되는 프로젝트 아이디어는 어떻게 처리되는가?
- 각각의 세부 IT 활동이 종료된 후에 그 효과의 실현을 조사하기 위한 공식적인 방법론이 있는가?
- 승인 받지 못한 세부 IT 활동들은 어떻게 처리하고 있는가?

그림 4.12 IT 전략 계획 평가 척도

IT 전략 계획 수립의 기본 목적은 (1) 여러분 조직의 미래 IT 방향을 개발하고, (2) IT가 비즈니스와 어떻게 얼라인먼트될 것인지 명확히 제시하고, (3) 비즈니스 미션, 비전 및 프로세스를 지원할 구체적인 세부 IT 활동들을 도출해 그 타당성을 입증하는 것이다. 따라서 IT 전략 계획 수립의 핵심 관건인 다음의 3가지를 명심, 또 명심하도록 하라.

- 기술 용어와 전략기획 전문 용어의 사용이 없는 상식적인 접근방식
- IT 전략 계획에 대한 전사적 합의와 지원을 위한 공조적인 접근노력
- 점진적 접근방법 – 맨 처음에 리스트, 그 다음에 분석용 테이블 개발

제2부

IT 직원과 작업을 관리하라

제5장

프로젝트 포트폴리오 및 리스크 관리

서론

전통적인 프로젝트 관리는 특정 작업에 대한 사용자 요청이 제기되면서부터 시작한다. 만약 당해 작업 요청이 현실적으로 타당하고, 소요 자원 및 자금이 가용하며, 작업 요청에 대한 비즈니스 부문의 지원이 존재하면 프로젝트 관리자가 선임돼, 프로젝트 계획을 수립한다. 그리고 경영진이 프로젝트 계획을 승인하면 프로젝트 팀을 구성, 본격적으로 작업이 이루어진다. 오늘날 이 같은 과정은 대부분의 기업 조직에서 정형화된 프로세스로 정착돼 있다. 그런데 이 프로세스를 좀 더 깊이 살펴보면 그간 왜 많은 IT 프로젝트들이 처음부터 실패할 수밖에 없었고, 이로 인해 많은 기업이 기대 효과를 실현 못했는지 그 이유를 파악할 수 있다.

그 이유는 바로 전통적인 프로젝트 관리 방법론을 사용했기 때문이다. 전통적인 접근방식은 건설 공사에서는 적합하지만 'IT 세계'에서는 실패로 끝날 수밖에 없다. 왜냐하면 IT 프로젝트와 전통적인 프로젝트는 그림 5.1에서와 같이 근본적으로 다르기 때문이다.

차이점	전통적인 프로젝트	IT 프로젝트
관리의 초점	개별 프로젝트	복수 프로젝트
프로젝트 자원	개별 프로젝트에 전용	복수 프로젝트와 운영 업무에 의해 공유
프로젝트 현안	대부분 기술적	관리적, 정치적, 프로세스 관련 및 기술적
프로젝트 성공	납기 및 예산 준수	비즈니스 프로세스 개선, 납기 및 예산 준수

그림 5.1 전통적인 프로젝트와 IT 프로젝트 간 차이점

이처럼 전통적인 프로젝트와 IT 프로젝트 간에는 프로젝트 관리 방식의 차이가 존재하는데, 이에 대해 좀 더 알아보기로 하자.

▶ IT 프로젝트에서 성공에 대한 기준은 무엇일까? 건축 공사와 같은 전통적인 프로젝트에서의 성공은 확실하다. 왜냐하면 일례로 도로를 일단 건설하기만 하면 사람들이 거기로 자동차를 몰고 다니기 때문이다. 하지만 IT 프로젝트에서는 그렇지 않다. 설령 누군가가 어떤 IT 프로젝트를 예산과 납기를 준수하면서 끝냈다 하더라도 사용자가 프로젝트의 산출물을 사용하지 않는 상황이 종종 발생하기 때문이다. 이는 프로젝트의 기대효과가 전혀 실현되지 않았다는 것을 의미한다. 이런 경우 프로젝트가 기술적인 측면에서 성공을 거두었다 하더라도 실제로는 실패한 프로젝트에 지나지 않는다. IT 프로젝트의 성공이란 신규 IT 시스템이 구축되고, 이를 계획대로 이용하기 위해 비즈니스 프로세스를 변경하고 옛날 프로세스를 완전히 제거한 다음에 새로운 프로세스에 대한 측정을 통해 계획된 성과를 달성한 경우를 말한다. 따라서 IT 프로젝트의 성공을 측정하기 위한 첫 번째 기준은 기업의 비즈니스 프로세스 변화 및 이로 인한 성과의 개선이며, 프로젝트의 납기와 예산 준수는 부차적인 기준일 수밖에 없다.

▶ 전통적인 프로젝트에서는 개별 프로젝트에 초점을 맞추어 관리한다. 따라서 자원은 일단 특정 프로젝트에 배정되면 그 프로젝트에 전용되는 경우가 보통이다. 이 반면 'IT 세계'에서 자원은 여러 개의 IT 프로젝트와 비프로젝트성 운영 업무에 의해 동시에 공유되는 경우가 많다. 일례로 프로그래머가 기존 시스템의 유지보수 및 운영 업무와 신규 IT 프로젝트를 동시에 수행하는 것은 극히 보편적인 현상이다. 따라서 IT 프로젝트 관리에서의 초점은 복수 프로젝트와 일상적인 운영 업무 사이에 자원을 효과적으로 배정하는 것에 둔다.

▶ 전통적인 프로젝트에서 현안 및 문제점은 대부분 기술적인 것들이다. 이 반면 IT 프로젝트는 조직의 프로세스를 변화시켜 이해 관계자의 역할과 책임을 재정립하게 하고, 임직원들의 조직적 파워의 균형을 무너뜨린다. 따라서 IT 프로젝트에서 현안 및 문제점은 정치적 또는 비즈니스 및 관리적인 것들이 주류를 이룬다. 이 같은 복합 현안을 해결하기 위한 접근방식은 기술적 현안과는 근본적으로 다르다.

IT 프로젝트는 어디에서 어떻게 생성되는가?

IT 부서는 대부분 비즈니스 부서가 IT 작업을 요청할 때까지 기다린다. 그러다가 사용자들로부터 작업 요청서가 접수되면 이들과의 공조를 통해 작업 요청서를 분석, 검토하고 적절한 대책을 마련한다. 이러한 대책에는 대규모 시스템 구축 프로젝트에서부터 단순한 변경 또는 아무것도 하지 않는 것까지 아주 다양하다. 그런데 어떠한 대책이 실행되든 바로 이 같은 접근방식으로 인해 대책이 실행되기 이전부터 다음과 같이 아주 심각한 문제가 발생한다.

> IT 지원 요청을 기다리는 '수동적 요청 대응형' 방식의 행동으로 인해 IT 부서는 수많은 비즈니스 개선 기회를 놓치고, IT 자원을 중요하지 않은 프로젝트에 배정되게 하는 실수를 범한다.

이러한 문제의 최적 해결방법은 IT 프로젝트를 착수하기 전에 수행하는 활동의 수행 방식을 근본적으로 변화시키는 것이다. 다시 말해, IT가 미래 지향적으로 비즈니스를 리딩하는 '능동적 니즈 선도형' 방식에 따라 (1) IT 프로젝트 기회를 도출한 다음에, (2) 새로운 IT 프로젝트 기회와 기존 수행 활동에 대한 검토를 통해 자원을 재배분하여야 한다.

이제 여러분은 IT 프로젝트 기회의 도출 및 검토를 제1부에서 논의한 IT와 비즈니스의 얼라인먼트(IT and Business Alignment) 결과를 바탕으로 수행하여야 한다. 이미 여러분은 IT와 비즈니스 얼라인먼트를 위해 비즈니스 전략과 IT 전략을 구성하는 비전, 미션, 목표, 현안, 추진 전략 등과 같은 비즈니스 팩터와 IT 팩터를 알아보았고, 비즈니스 프로세스를 중심으로 IT와 비즈니스의 얼라인먼트를 분석하였다고 하자. IT 프로젝트 기회를 도출하기 위해서는 먼저 비즈니스 프로세스를 중심으로 비즈니스 목표와 비즈니스 현안을 분석하는 것부터 시작하여야 한다.

이 같은 분석을 위해 두 가지 테이블을 활용하는데 첫 번째 테이블인 비즈니스 목표 대비 비즈니스 프로세스 테이블이 그림 5.2에 예시돼 있다. 테이블의 가로는 비즈니스 목표를, 세로는 비즈니스 프로세스를 나타낸다. 그런데 모든 비즈니스 프로세스를 다 포함시킬 필요는 없다. 기업 조직의 프로세스는 아주 많으므로 여러 조직 기능에 걸쳐 수행되는 교차 기능적 프로세스(Cross-functional process)와 전사 차원에서 핵심 프로세스(Critical process)라고 생각하는 것만 포함해도 무방하다. 테이블 기입 항목은 각 비즈니스 목표를 달성하는데 있어 개별 비즈니스 프로세스의 중요도를 나타낸다. 중요도는 목표 달성을 촉진시키는 프로세스의 '긍정적 영향 측면'에서 결정되어야 하며, 시간적으로는 '장기적인 측면'에서 분석되어야 한다.

비즈니스 목표	비즈니스 프로세스		
	판매	주문처리	회계
매출 증대	높음	낮음	낮음
비용 절감	높음	높음	낮음

그림 5.2 비즈니스 목표 대비 비즈니스 프로세스 테이블 (예시)

비즈니스 현안	비즈니스 프로세스		
	판매	주문처리	회계
고객 불만	높음	낮음	낮음
재무 정보 적시성	높음	낮은	높음

그림 5.3 비즈니스 현안 대비 비즈니스 프로세스 테이블 (예시)

새로운 방식의 IT 프로젝트 기회 도출 및 검토를 위한 두 번째 요소인 비즈니스 현안 대비 비즈니스 프로세스 테이블이 그림 5.3에 예시돼 있다. 테이블의 가로는 비즈니스 현안을, 세로는 그림 5.2의 테이블에서 사용된 것과 동일한 프로세스를 나타낸다. 테이블의 기입항목은 개별 프로세스의 변화가 각각의 현안을 얼마나 잘 해결하는지를 나타낸다. 이러한 분석은 현안과 문제점의 해결이 절실한 비즈니스 프로세스를 도출하는 것이므로 그림 5.2의 분석과는 달리 프로세스의 '부정적 영향 측면'에서 접근해야 하며, 시간적으로는 '단기적 측면'에서 분석되어야 한다.

그림 5.2와 그림 5.3의 테이블은 Shamrock Agriculture의 사례이다. 분석 대상 프로세스로는 판매, 주문처리, 회계 프로세스가 예시되어 있다. 비즈니스 목표로는 매출과 비용에 관련된 목표가 2가지 예시되어 있는데 이는 다른 기업 조직에서도 공통적인 현상일 것이다. 비즈니스 현안으로는 고객 불만 건수나 그 심각성과 관련된 현안 하나와 재무 정보의 적시성과 관련된 현안이 예시돼 있다. 이들 테이블에 대한 분석을 통해 Shamrock Agriculture에서 개선의 필요성이 가장 절실한 것은 판매 프로세스이며, 그 다음이 주문처리 프로세스, 회계는 맨 마지막이라는 사실을 추론할 수 있을 것이다. 이처럼 이들은 핵심 프로세스를 도출하기 위한 도구로 활용되는데, 이를 좀 더 효과적이며 효율적으로 도출하기 위해서는 제1부에서 했던 것처럼 비즈니스와의 공조를 통해 이들 테이블을 개발하여야 한다.

비즈니스 프로세스	IT 프로젝트 구상안		
	POS 구축	HR 보고서 생성	E-Business 구축
판매	핵심적 영향	영향 없음	미미한 영향
주문처리	미미한 영향	영향 없음	핵심적 영향
회계	영향 없음	영향 없음	미미한 영향

그림 5.4 비즈니스 프로세스 대비 IT 프로젝트 구상안 테이블 (예시)

이번에 할 일은 현재 계획 중이거나 승인을 받았지만 착수가 되지 않은 IT 프로젝트를 조사하는 것이다. 수행 기간이 1개월 이상인 프로젝트는 하나도 빠짐없이 포함시킨다. 이 같은 프로젝트 구상안 리스트를 바탕으로 여러분은 그림 5.4와 같은 테이블을 개발할 수 있는데, 테이블의 가로는 비즈니스 프로세스를, 세로는 IT 프로젝트 구상안을 나타낸다. 테이블의 기입항목은 각 프로젝트 구상안이 개별 비즈니스 프로세스에 미치는 영향이다.

여기에서도 역시 Shamrock Agriculture를 사례로 설명하도록 하겠다. 현재 고려중인 IT 프로젝트는 3개 인데, 첫 번째는 POS(Point Of Sales) 시스템 및 프로세스를 새롭게 구축하는 것이고, 두 번째는 새로운 방식의 HR 보고 체계를 구현하는 것이며, 세 번째는 E-Business 시스템을 구축하는 것이다. 그림 5.4를 보면 첫 번째와 세 번째 프로젝트는 프로세스에 큰 영향을 미치는 반면에 두 번째는 그렇지 않은 것으로 나타났다. 따라서 두 번째 프로젝트는 취소시켜야 할 것이다. 하지만 여기서 잠깐만! 일단 여러분은 조직적 파워 및 영향력이 중요한 역할을 하는 '정치적 세계'에 살고 있고, 이러한 세계에서는 현명하게 처신해야 한다는 점을 기억하라. 따라서 여러분은 그림 5.4와 같은 테이블을 가지고 인력관리 담당임원을 설득해 자신의 IT 지원 요청을 취소하도록 해야 한다.

- 요청일자
- 요청자 및 요청부서
- 요청 제목
- 요청의 목적
- 현행 문제점 및 주요 내용
- 해결 방안 및 주요 내용
- 해결 방안의 기대 효과
- 당해 작업의 긴급도 및 우선순위

그림 5.5 사용자 요청서 및 주요 구성 항목

이제 프로젝트 후보로 POS와 E-Business가 남았다. 그런데 그림 5.2의 비즈니스 목표 대비 비즈니스 프로세스 테이블과 그림 5.3의 비즈니스 현안 대비 비즈니스 프로세스 테이블을 분석해 보면 이 2개중에서 POS가 가장 유력한 프로젝트 후보라는 사실을 도출할 수 있을 것이다.

지금까지는 '능동적 니즈 선도형' 방식에 따라 IT 프로젝트 기회를 도출하는 것에 대해 알아보았다. 이번에는 이렇게 도출된 IT 프로젝트 기회를 '능동적 니즈 선도형' 방식에 따라 검토하는 것에 대해 알아보기로 하자. 전통적으로 이 같은 검토는 사용자 요청서(User Request Form)를 통해 수행되었다. 따라서 그림 5.5에서와 같은 사용자 요청서가 IT에 전달되면 IT는 사용자 부서와 공조해서 소정의 분석을 수행하고, 그 결과를 사용자 요청서에 추가하는 방식으로 검토 업무를 수행하고 있다.

그런데 이 같은 사용자 요청서의 구성 항목을 검토하는 과정에 몇 가지 문제가 존재한다. 첫 번째는 비즈니스 부문의 사용자들이 기술적인 지식 및 비즈니스 전반에 대한 지식이 부족해서 문제의 해결방안, 즉 솔루션을 제대로 정의할 수 없다는 점이다. 물론 이런 이유로 인해 오늘날 이 같은 일은 IT가 비즈니스 부서를 대신해 수행해야 하는 책임으로 주장하기도 한다. 두 번째 문제는 사용자 요청서의 구성 항목이 대부분 설명 및 백업 자료가 없는 주관적인 것들이라는 점이다. 가장 대표적인 예로 해결방안의 기대효과와 긴급도 및 우선순위를 들 수 있다. 실무에서는 종종 이에 대해 충분한 설명이나 개관적인 백업 자료 대신에 관리자들이 생각하는 바를 그대로 사용하고 있다.

이외에도 전통적인 사용자 요청서는 여러 가지의 문제점을 노출시키고 있는데 대별해 보면 다음과 같이 3가지로 요약될 수 있다.

▶ 구성 항목이 대부분 주관적이고, 이에 대한 충분한 설명 및 개관적인 백업 자료가 부족하다.

▶ 전사 차원에서 그리 중요하지 않거나 지원의 필요성이 낮은 사용자 요청서의 제출을 사전에 막을 수 있는 메커니즘이 없다.

▶ 사용자가 요청한 내용이 구현되지 않는 경우에 어떠한 일이 발생될 것인지를 명확히 설명하는 영향 기술서(Impact Statement)가 없다.

따라서 이 같은 문제점뿐만 아니라 관련 정치적 현안도 함께 포함해 해결할 수 있는 좀 더 포괄적이고 체계적인 접근방법이 필요하다. 이와 관련해 저자들은 그동안 다양한 기업 조직에서 그림 5.6과 같은 '개선 기회 제안서(Opportunity Form)'를 활용해 큰 효과를 거둔바 있다.

그림 5.6의 개선 기회 제안서와 그림 5.5의 전통적인 사용자 요청서와 대비해 보면 다음과 같이 몇 가지 차이점이 존재함을 알 수 있다.

- 작성 일자
- 작성자 및 작성 부서
- 제목
- 작업 목적
- 현행 문제점 및 주요 내용
- 조직적 영향
- 작업의 긴급도
- 해결 방안 및 주요 내용
- 해결 방안의 기대 효과
- 기대 효과의 검증 및 평가 방법
- 요청 부성의 역할 및 책임

그림 5.6 개선 기회 제안서 및 주요 구성 항목

▶ 작업 목적

– 작업 목적은 기업 조직의 비즈니스에 초점을 맞춘 것이어야 하며 결코 기술적 목적이 되어서는 안 된다. 그 이유는 기술적 목적은 본질적으로 해결방안의 일부일 뿐이며 결코 해결방안의 존재의 이유인 비즈니스 관점의 목적이 아니기 때문이다.

▶ 현행 문제점 및 주요 내용

– 전통적인 사용자 요청서와 동일

▶ 조직적 영향

– 현행 문제점이 해결되지 않을 경우에 IT 지원 요청부서에 미치는 영향을 기술한다. 이 항목과 다음 항목은 요청 작업의 긴급도 및 우선순위를 나타내는데 요청 부서가 요청 건이 프로젝트로 선정되지 않으면 어떻게 될 것인지 설명하여야 한다.

▶ 작업의 긴급도
- 해결 방안이 지연될 경우에 요청 부서에 미칠 영향을 기술한다.

▶ 기대 효과
- 문제점이 해결될 경우에 비즈니스 부서가 향유할 수 있는 효과를 기술하는데 그 내용은 전통적인 사용자 요청서와 동일하다.

▶ 기대 효과의 검증 및 평가 방법
- 기대 효과 실현의 확인 및 평가 방법을 기술한다. 이는 전통적인 사용자 요청서에는 존재하지 않는 것이며, 요청 부서에게 사전에 기대 효과를 어떻게 해서 가시적이며 측정 가능한 것으로 만들 것인지 정의하게 하는 효과가 있다.

▶ 요청 부서의 역할 및 책임
- 이는 요청 부서가 작업 수행 과정에서 맡게 될 책임을 나타낸다. 이를 통해 여러분은 해결 방안 구현 과정에서 요청 부서가 핵심 역할을 수행하도록, 사전에 요청 부서의 약속을 확보할 수 있다. 이제 요청 부서는 구현 과정에서 더 이상 '구경꾼'이 아니며, 실제 업무를 수행하는 'Player'로서의 역할을 떠맡게 되며, 구현 작업에 전력을 기울이게 될 것이다.

현행 프로젝트에 대한 예비 평가

앞에서 언급한 바와 같은 전통적인 IT 프로젝트의 문제점 및 그 해결과 관련해서 우리는 어디에서부터 시작해야 할 것인가? 일단 현재 진행 중인 프로젝트를 분석하는 것부터 시작하도록 하자. 그런데 현행 IT 프로젝트와 관련해 잠재적 문제점이나 현안으로는 어떤 것들이 있을 수 있을까? 그림 5.7에는 잠재적인 문제 영역이 제시되어 있는데 이들 각각에 대해 간략히 알아보도록 하자.

- 예산 집행 현황
- 작업 일정 진척도
- 미결 현안의 개수 및 유형
- 프로젝트 팀원의 충원 현황
- 프로젝트에 대한 비즈니스 니즈의 유효성
- 기술의 변화

그림 5.7 현행 IT 프로젝트의 잠재적 문제 영역

▶ 예산 집행 현황

– 예산 대비 집행 실적뿐만 아니라 당면한 주요 비용 지출 건들에 대해 파악해 보아야 한다.

▶ 직업 일정 진척도

– 이는 일정 계획 대비 수행 실적을 의미한다. 이를 통해 여러분은 계획된 일정의 지체 이유를 파악할 수 있다. 아울러 계획된 작업과 대비해 어떤 작업들이 계획되지 않은 채 수행되었는지 파악할 수 있다.

▶ 미결 현안의 개수 및 유형

– 이는 개별 프로젝트에서 어떤 일이 벌어지고 있는지 이해하는데 아주 효과적이다. 특히 프로젝트 관련 외부 현안들은 내부 현안에 비해 일반적으로 해결하기 어려우므로 내부 현안 및 외부 현안을 적절히 배합해 평가하여야 한다.

▶ 프로젝트 팀원의 충원 현황

– 프로젝트 팀원들의 작업 시간과 관련된 현안을 파악할 수 있다.

▶ 프로젝트에 대한 비즈니스 니즈의 유효성

– 비즈니스 여건 및 조직 상황의 변화와 이러한 변화에도 불구하고 프로젝트의 수행이 여전히 필요한지 파악한다. 프로젝트가 잘 되고 있더라도 이에 대한 사용자의 니즈는 언제든 사라질 수 있다.

▶ 기술의 변화

– 프로젝트 기간이 길수록 신기술의 출시로 인해 기존의 프로젝트에 적용하고 있는 기술이 진부화될 가능성이 높으며, 이외에도 도입하고자 하는 신기술이 심각한 문제를 발생시킬 수 있다.

여러분은 그림 5.7을 활용해 현재 진행 중인 프로젝트를 평가하기 위한 체크리스트나 또는 그림 5.8과 같은 테이블을 만들 수 있다. 그림 5.8에서 테이블의 가로는 그림 5.7의 항목들이고, 세로는 현재 진행 중인 프로젝트들이다. 테이블 기입항목에는 각 프로젝트에 대한 평가 점수(예, 1 : 가장 낮음, 5: 가장 높음)나 간단한 Comment를 적어 넣는다. 이러한 것들은 다음 단계인 프로젝트 평가 및 선정 시, 아주 긴요하게 활용된다.

비즈니스 현안	현행 IT 프로젝트		
	프로젝트 A	프로젝트 B	프로젝트 C
예산 집행 현황			
작업 일정 진척도			
미결 현안의 개수 및 유형			
프로젝트 팀원의 충원 현황			
비즈니스 니즈의 유효성			
기술의 변화			

그림 5.8 현행 IT 프로젝트 평가 테이블

프로젝트 평가 및 선정

지금까지 우리는 새로운 프로젝트 아이디어 또는 구상안과 현재 진행 중인 프로젝트를 조사해서 예비 평가를 수행하였다. 이제 이러한 결과를 이용해 프로젝트 슬레이트(Project Slate)를 도출하여야 한다. 프로젝트 슬레이트란 조직의 공식적인 승인을 획득한 프로젝트의 리스트를 말하며, 프로젝트 슬레이트에 등재된 프로젝트들은 반드시 수행되어야 한다.

그런데 이와 같은 프로젝트 평가 및 선정 프로세스는 얼마나 자주 수행되어야 할까? 한 조사에 의하면 대부분의 IT 조직들이 1년에 한 번 수행하는 것으로 파악되었다. 하지만 저자들의 경험에 의하면 1년에 한 번은 너무 길며 이로 인해 다음과 같은 문제가 발생한다.

- ▶ IT 자원이 1년에 한 번 배분됨으로써 어느 한 프로젝트에 오랫동안 묶여 있게 된다.
- ▶ 프로젝트 수행 여부가 1년에 한 번 결정됨으로 인해 프로젝트 팀원들이 성과를 향상해야 한다는 압박감을 느끼지 않을 수 있다.
- ▶ 기업의 경영진은 종종 전사 관점에서 가치가 있는 새로운 프로젝트 아이디어를 갑자기 제기하곤 한다. 이러한 프로젝트는 대개 시급히 수행되어야 할 것들이어서 다음 번 연례 프로젝트 검토까지 기다릴 수 없는 것들이다. 따라서 진행 중인 프로젝트로부터 필요한 자원을 뺄 수밖에 없으며 이로 인해 진행 중인 프로젝트는 심각한 타격을 입게 되거나 또는 그 동안의 투입 노력을 무위로 한 채 중도에 끝나 버리는 상황이 자주 발생한다.

이에 대한 대안으로 프로젝트에 대한 검토 및 평가를 분기별로 수행하는 방안이 있다. 이렇게 하면 프로젝트 팀원에게 자기의 프로젝트가 지속될 수 있도록 소정의 결과를 산출할 수 있게 압박할 수 있을 뿐만 아니라 자원의 배분을 더욱 능동적이고 유연하게 수행할 수 있다.

일단 프로젝트 검토 및 선정 빈도에 대해 결론이 지어졌다고 가정하고 이제 프로젝트 선정 방식에 대해 알아보기로 하자. 전통적으로 프로젝트에 대한 선정은 다음과 같은 방식을 사용해 왔다.

- 경영진은 자신의 주관적인 판단에 따라 객관적인 정보의 투입 없이 프로젝트를 승인하며, 직원들은 경영진의 이러한 행동에 대해 신분의 불이익이 두려워 그 어떠한 이의를 제기하지 못한다. 하지만 이들은 추후 프로젝트에 대한 경영진의 관심이 시들해지면 프로젝트에 대한 기술적 사보타지를 감행한다.

- 오늘날 투자 수익률(ROI, Return On Investment) 및 내부 수익률(IRR, Internal Rate of Return) 등의 지표는 투자 효과를 측정하는 보편화된 지표가 되었고, 경영진은 소정의 목표 수익률을 충족시킬 수 있는 프로젝트만 승인되어야 한다고 강조한다. 일견 아주 지당한 말이다. 하지만 진짜 그럴까? 과연 누가 그 추정치를 자신 있게 제공할 것이며, 투자가 종료된 이후에 목표 수익률이 실현되었는지 검증하겠는가? 저자들이 약 400개 이상의 조직을 대상으로 수행한 조사 결과에 따르면 프로젝트 종료 후에 이 수치를 검증한 조직은 10%도 안 되었다. 수치적 목표에 대한 검증이 없으면 이러한 것들은 모두 공허한 숫자 놀음밖에는 되지 않는다.

- 또 하나의 환상, 비용 대비 효과! 투자 수익률과 상황은 비슷하다.

비즈니스 프로세스	현행 프로젝트 및 프로젝트 아이디어		
	프로젝트 A	프로젝트 B	프로젝트 C

그림 5.9 비즈니스 프로세스 대비 프로젝트 테이블

이처럼 문제가 많은 전통적인 프로젝트 선정 방식의 대안으로 저자들이 다양한 기업 조직에서 실제로 활용해 상당한 효과를 보았던 방법이 있다. 이를 위해서는 먼저 현행 프로젝트 및 프로젝트 아이디어를 모두 망라한 총체적인 모습을 파악할 수 있어야 한다. 그 첫 번째 단계로 그림 5.9와 같은 테이블을 도출하여야 한다. 테이블의 가로에는 비즈니스 프로세스가, 세로에는 앞에서 수행한 예비 분석을 통해 일차 걸러진 현행 프로젝트 및 프로젝트 아이디어 또는 구상안이 위치하게 된다. 만약 어느 한 프로젝트(아이디어)가 특정 프로세스에 소정의 효과를 제공해 주거나 많은 사람을 지원할 경우, 테이블 기입항목에 'X'를 표시하고 그렇지 않으면 빈칸으로 남겨 둔다. 일례로 시스템의 성능을 개선하기 위한 네트워크 프로젝트는 많은 효과를 제공해 줄 수 있으므로 'X'를 기입해도 좋지만 어느 부서의 몇몇 사람들만 지원해 주는 프로젝트는 'X'를 기입해서는 안 된다. 물론 이 같은 작업은 누누이 강조하는 바와 같이 경영진 및 비즈니스 부문과 공조를 통해 수행하여야 한다.

그림 5.9의 테이블은 다음과 같이 분석하도록 한다.

▶ 'X'가 없거나 한두 개밖에 없는 현행 프로젝트들을 파악하도록 한다. 이러한 프로젝트는 가장 유력한 제거 또는 취소 대상이 된다.

▶ 'X'가 많이 있는 프로젝트(아이디어)를 파악한다. 이러한 프로젝트 아이디어는 가장 유력한 실행 대상 후보가 된다.

그런데 프로젝트를 선정 및 취소하기 위해서는 이외에 몇 가지 사항을 더 고려해야 한다. 이러한 고려사항에는 프로젝트를 수행하지 않았을 때에 비즈니스에 미치는 영향, 소요 자원 가용성, 프로젝트 기대효과, 비즈니스 목표에 대한 지원, 비즈니스 현안의 해결, 프로젝트 리스크가 있다. 따라서 여러분은 먼저 이들 각각에 대해 구체적으로 분석할 수 있는 다음과 같은 6개의 테이블을 개발하여야 한다.

▶ 소요 자원 대비 프로젝트 테이블

- 가로에는 자원을 세로에는 프로젝트를 표시한다. 어떤 프로젝트가 어떤 자원을 필요로 하면 해당 테이블 기입항목에 'X'를 표시한다. 이를 통해 소요 자원과 관련해 조직 내부의 경쟁 상황을 파악할 수 있다.

▶ 조직적 영향 대비 프로젝트 테이블

- 이를 통해 여러분은 특정 프로젝트를 수행하지 않거나 중지하였을 경우에 조직의 비즈니스에 미치는 잠재적인 영향을 모두 파악할 수 있다. 이러한 영향의 예로는 업무 수행의 불가능이나 코스트의 증가 등이 있다. 이러한 구체적인 영향 항목들은 모두 테이블의 가로로 표시하고, 세로에는 프로젝트를 표시한다. 기입항목에는 프로젝트가 중단되거나 착수되지 않을 경우에 조직이 받게 되는 영향의 정도를 '높음', '보통', '낮음'과 같은 것으로 평가해 표시하도록 한다.

▶ 기대효과 대비 프로젝트 테이블

- 기대효과의 구체적 항목으로는 매출 증대, 비용 절감, 고객 서비스 개선 등과 같은 것이 있으며, 이들 각각에 대해 그 정도를 '높음', '보통', '낮음' 등과 같은 것으로 평가해 표시하도록 한다.

▶ 비즈니스 목표 대비 프로젝트 테이블
  - 이를 통해 각 프로젝트의 성공적인 완수가 비즈니스 목표의 달성에 어떻게 영향을 주는지 추정할 수 있다.

▶ 비즈니스 현안 대비 프로젝트 테이블
  - 이를 통해 각 프로젝트의 성공적인 완수가 비즈니스 현안 해결에 어떻게 기여하는지 파악할 수 있다.

▶ 프로젝트 리스크 영역 대비 프로젝트 테이블
  - 리스크 영역에는 기술적, 관리적 및 조직 문화적인 것뿐만 아니라 팀 내부, 프로젝트 작업, 방법론 및 툴, 비즈니스 부서와 관련된 것들이 있다. 테이블의 기입항목에는 여러분의 경험을 바탕으로 프로젝트가 착수될 경우에 이 같은 리스크의 영향이 얼마나 심각할 것인지와 같은 것을 표시하도록 한다.

이 같은 평가 테이블은 하나의 테이블로 요약되어야 하는데, 그림 5.10에는 요약 테이블의 레이아웃이 예시되어 있다. 주의할 점은 이 같은 요약 작업은 반드시 비즈니스 관리자 및 기타 이해 관계자들과의 협의를 통해 수행되어야 한다는 점이다.

평가 영역	현행 프로젝트 및 프로젝트 아이디어		
	프로젝트 A	프로젝트 B	프로젝트 C
주요 프로세스 지원			
비즈니스 현안에 대한 중요도			
비즈니스 목표에 대한 중요도			
가시적인 유형의 효과			
잠재적 프로젝트 현안(리스크)			
자원 소요			

그림 5.10 프로젝트 평가 요약 테이블

이 같은 비즈니스 관리자와의 협의를 통한 프로젝트 평가 요약 작업은 본서의 제1부에서 설명한 공조적 접근방식(Collaborative Approach)을 적용해 수행하면 훨씬 효과적이다. 이를 위해 여러분은 비즈니스 관리자 및 이해 관계자들에게 이들이 검토할 수 있도록 사전에 개발한 테이블과 리스트 초안을 제공해 주고, 이들의 피드백을 수렴한 다음, 이를 바탕으로 테이블과 리스트를 정제해 나가야 한다. 이렇게 해야 경영진과 기타 핵심 임직원들이 여러분의 분석 결과를 수용할 가능성이 높아지며, 특히 최종 분석 결과에 대해 강한 주인 의식을 느끼게 된다. 만약 이렇게 하지 않고 최종 분석 결과만 제공하면 이들은 최종 분석 결과와 자신들과의 관계를 강하게 부정하고 비판만 하려고 할 것이다.

지금까지 여러분은 프로젝트를 평가해 최종적으로 수행할 프로젝트를 선정하는데 있어 그동안 적용해 왔던 전통적인 접근방식의 문제점과 이를 해결하기 위한 새로운 접근방식인 '능동적 니즈 선도형' 방식에 대해 알아보았다. 이 같은 접근방식은 맨 처음에는 전통적인 접근방식에 비해 아주 복잡하고 힘들어 보이지만 일단 한 번 수행해 두면, 추후에 계속해서 수행되는 프로젝트 검토 작업이 다음과 같은 이유로 인해 아주 쉬어 진다.

- ▶ 과거에 수행한 프로젝트 검토 및 평가 결과에 대한 데이터베이스가 구축되며, 이를 활용해 비즈니스 및 IT 부문 직원들에게 이들이 분석 작업을 어떻게 수행할 것인지 쉽게 가르쳐 줄 수 있다. 이 결과 프로젝트 평가 및 선정 프로세스가 점점 능률적으로 수행된다.
- ▶ 추후 프로젝트 검토 및 평가 작업을 수행할 때에 테이블과 리스트를 재사용할 수 있다. 즉 테이블 및 리스트의 템플릿뿐만 아니라 검증된 내용을 조직 전반에 걸쳐 공유함으로 인해 시간이 절약되고, 경험이 부족한 직원들도 쉽게 평가 및 선정 작업을 수행할 수 있다.

전사차원의 포괄적인 자원 배분

이론적으로 지금 정도면 여러분에게는 더 이상 할 일이 없다. 왜냐하면 여러분은 이미 공식적으로 승인된 프로젝트 슬레이트(Project Slate)를 확보하였고, 경영진 역시 이에 대해 확고한 지지를 천명하였기 때문이다. 하지만 여러분은 이론만으로는 되지 않는 현실 세계에 살고 있으며, 현실 세계에서는 여러분 조직의 수많은 활동들 간에 유한한 자원을 확보하기 위한 경쟁이 끊임없이 벌어진다. 기업 조직 내에서 자원의 경합을 벌이는 여러 활동들 중에서 가장 대표적인 것들이 몇 가지 그림 5.11에 예시되어 있다. 먼저 이들 각각에 대해 간략히 알아보기로 하자.

▶ 지속적인 사용자 지원

- 이는 IT 자원을 가장 많이 소비하는 활동이다. 물론 지원 활동은 어떠한 조직에서든 반드시 필요한 것이지만, 이와 동시에 자원의 소비를 크게 줄일 수 있는 영역이기도 하다.

- 지속적인 사용자 지원
- 교육 훈련 및 휴가
- 비상 장애 해결
- 갑자기 하달된 IT 업무
- 현행 시스템 유지보수
- 현행 시스템 개선
- 현행 시스템 운영
- 오래 전에 승인을 획득한 현행 프로젝트
- 새로이 승인을 획득한 신규 프로젝트

그림 5.11 프로젝트 자원에 대해 경쟁을 벌이는 업무의 종류

▶ 교육훈련 및 휴가
- 이에 소요되는 자원 역시 쉽게 통제되지 않는다.

▶ 비상 장애 해결(Emergency Fix)
- 이러한 활동은 전년도의 비상 장애에 대한 경험을 통해 어느 정도 쉽게 예측할 수 있지만, 발생 시기에 대해서는 정확히 예측하기 어렵다.

▶ 갑자기 하달된 IT 업무
- 이와 같은 것들은 대개 경영진이나 신기술과 관련된 것들이 많다. 이들에 대해서는 분기별 프로젝트 평가 및 선정을 통해 이들을 적시에 프로젝트化 할 수 있도록 자원을 통제하여야 한다.

▶ 현행 시스템 유지보수
- 이는 특히 세심히 살펴보아야 할 영역이다. 즉, 유지보수 작업이 수행되지 않으면 어떻게 될 것인지 추정해 보아야 한다. 경험에 의하면 유지보수 업무의 많은 부분이 하면 좋은 것이긴 했지만 반드시 필요한 것은 아니었다.

▶ 현행 시스템 운영
- 사용자 지원과 상황이 비슷하다.

▶ 현행 시스템의 개선
- 시스템 유지보수와 상황이 비슷하다.

특히 앞서 살펴본 바와 같이 전통적인 '사용자 요청 대응' 방식의 조직 문화에서는 체계적인 프로젝트 평가 및 선정이 거의 수행되지 않을 뿐만 아니라 신규 프로젝트도 그리 많이 발생하지 않는다. 따라서 상당 부분의 IT 자원이 유지보수나 운영 및 지원 활동에 사용되는데, 물론 여기에서도 정치적인 요인이 작용하고 있음을 발견할 수 있다. 대다수의 IT 직원들은 프로젝트성 업무보다는 일상적인 정규 업무를 더 선호하는데 이는 후자가 쪼임을 훨씬 덜 당하고, 스트레스를 덜 받으며, 특히 데드라인의 중압감이 훨씬 적기 때문이다.

이러한 비프로젝트성 업무를 축소 통제하기 위한 정치적인 접근방법의 하나로 그림 5.12와 같은 핵심 IT 자원 배분 테이블을 이용하는 방법이 있다. 테이블의 첫 번째 열에는 핵심 IT 자원을 표시하고, 두 번째 열에는 비프로젝트성 업무에 투입된 작업시간의 비율을 표시한다. 세 번째 열부터 마지막 열까지에는 프로젝트 슬레이트(Project Slate)에 정의된 조직의 공식적 승인을 얻은 프로젝트를 표시하고, 기입항목에는 개별 프로젝트에 할애된 작업시간의 비율을 표시하도록 한다. 그리고 테이블의 맨 마지막 열에는 각 줄의 합계가 100%임을 확인하는 표시를 한다.

이 테이블은 프로젝트 또는 프로젝트 아이디어가 프로젝트 슬레이트에 포함되기 전후와 상관없이 필요한 경우에 언제든지 활용될 수 있다. 다만 그 근본적인 목적은 철저히 정치적인 것으로써 비프로젝트성 업무를 통제하거나 제한 또는 감축시키고자 하는 것임을 유념하기 바란다.

IT 자원	비프로젝트성 업무	프로젝트		100%
		프로젝트 A	프로젝트 B	

그림 5.12 핵심 IT 자원 배분 테이블

'성공하는 프로젝트' 환경 조성

전통적인 프로젝트 관리에서는 맨 처음에 수행 태스크의 완전한 리스트를 포함하고 있는 WBS(Work Breakdown Structure)에서부터 시작한다. 표준 WBS로부터 적절한 태스크를 선택한 다음, 이를 프로젝트 계획서에 등록한다. 그런데 바로 이 부분에서 IT 프로젝트를 실패로 이끄는 심각한 약점이 싹트기 시작한다. 첫 번째는 표준 WBS가 유연성을 충분하게 제공하지 못한다는 점이고, 두 번째는 WBS의 개별 태스크에 대해 프로젝트 관리자나 팀원이 Ownership을 느끼지 못한다는 점이다.

따라서 여러분은 프로젝트 계획 단계에서부터 다음과 같이 프로젝트의 성공을 확실히 보장하는 접근방법을 적용하여야 한다.

- ▶ 프로젝트 계획 수립 과정에 팀원들의 참여를 제고시켜 프로젝트에 대한 이들의 Ownership을 고취시키고 이를 통해 프로젝트 계획에 헌신할 수 있도록 만든다.

- ▶ 경험이 많은 프로젝트 리더나 초급 프로젝트 리더의 구분 없이 모든 종류의 프로젝트 리더들이 프로젝트 계획을 일관성 있고 신속하게 수립할 수 있도록 한다.

- ▶ 적용하고 있는 프로젝트 관리 프로세스 및 방법론이 시간이 지남에 따라 체증해서 개선될 수 있도록 한다.

이처럼 새로운 방식의 프로젝트 관리를 위해서는 다음과 같은 3가지의 구성요소가 반드시 필요하다.

▶ 템플릿(Template)

– 최소한 템플릿이라면 수행할 태스크의 완벽한 리스트와 태스크 간 선후 관계 및 태스크별 소요 자원 요건이 포함하고 있어야 한다.

▶ 현안 데이터베이스(Issue Database)

– 과거에 수행된 모든 IT 프로젝트들에서 발생된 현안을 빠짐없이 저장해 놓은 공유 데이터베이스를 말한다.

▶ 교훈 데이터베이스(Lessons learned Database)

– 이는 과거의 프로젝트 및 일반 운영 업무 수행 과정에서 획득한 경험 및 지식을 저장해 놓은 데이터베이스를 말한다.

일단 이러한 것들이 공유 데이터베이스로 구축되면 시간이 지남에 따라 템플릿이 개선되고, 이로 인해 프로젝트 계획의 정확성과 완성도가 크게 향상된다. 또한 종료된 프로젝트로부터 Lessons learned를 더 많이 확보함에 따라 새로 착수되는 프로젝트의 성과를 크게 향상할 수 있으며, 특히 매번 반복해서 발생되는 동일한 현안을 과거보다 더 잘 해결할 수 있게 됨으로써 프로젝트 현안 해결 및 관리 역량이 비약적으로 향상된다. 그림 5.13에는 프로젝트 계획과 이들 3가지 핵심 요소 간의 관계가 예시되어 있는데, 이를 각각에 대해 간단히 알아보도록 하자.

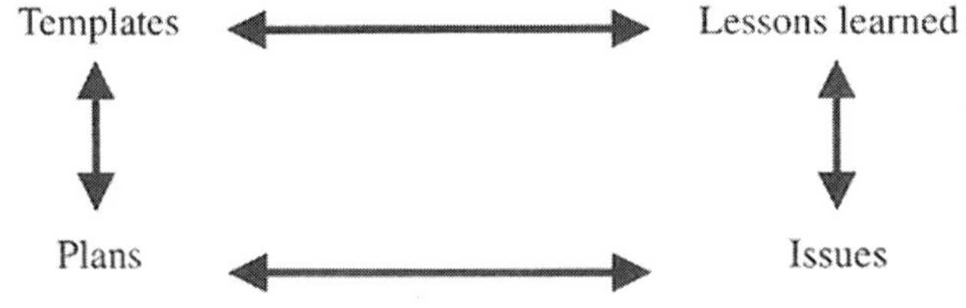

그림 5.13 템플릿, 현안 및 Lessons learned

▶ 템플릿과 프로젝트 계획

- 프로젝트 계획은 반드시 템플릿을 통해 수립하여야 한다. 이렇게 하면 무엇보다 먼저 프로젝트 계획 수립 소요 시간을 크게 단축할 수 있다. 아울러 프로젝트 계획 수립이 종료되면 그 과정에서 획득한 경험을 활용해 기존의 템플릿을 개선하도록 한다.

▶ 프로젝트 계획과 현안

- 먼저 프로젝트 계획에 정의되어 있는 WBS(Work Breakdown Structure)를 살펴보고 현안과 리스크가 있는 태스크를 도출한다. 그리고 현안 데이터베이스를 검색해 태스크별로 지금까지 발생된 현안을 모두 파악한다. 특히 이런 과정에서 데이터베이스에 없는 새로운 현안이 발견되면 데이터베이스에 추가하게 되는데, 이러한 행동이 반복되면 시간이 흐름에 따라 더욱 완벽한 현안 리스트를 확보할 수 있게 된다. 따라서 여러분은 프로젝트 및 개별 태스크별로 고려해야 할 현안들을 보다 쉽고 완벽하게 파악할 수 있다. 아울러 프로젝트 현안별로 관련된 태스크를 빠짐없이 모두 파악할 수 있게 됨으로써 각각의 현안에 대해 완벽하고 일관성 있게 관리할 수 있다. 이러한 과정을 통해 여러분은 프로젝트 계획에 정의된 태스크와 현안을 사전에 완벽히 검증함으로써 프로젝트의 성공을 저해하는 요인들에 대한 대비책을 마련할 수 있게 된다.

▶ 현안과 Lessons learned

- 이제 여러분은 프로젝트 수행 중에 현안이 발생하면 데이터베이스에 저장돼 있는 Lessons learned를 활용해 좀 더 신속하고 효과적으로 현안을 해결할 수 있다. 아울러 현안이 해결되면 그 해결 과정에서 획득한 경험을 수집해서 데이터베이스에 저장돼 있는 기존의 Lessons learned를 개선할 수 있어야 한다.

▶ 템플릿과 Lessons learned

– 여러분이 아무리 구체적이고 방대한 Lessons learned 매뉴얼을 만들었다 하더라도 그 사용자가 이를 업무에 적용하고자 할 때에 쉽게 이용할 수 없다면 Lessons learned는 아무런 가치가 없다. 따라서 여러분은 템플릿 내의 태스크나 주요 마일스톤별로 관련 Lessons learned를 연결하여야 한다. 이렇게 함으로써 사람들은 필요한 Lessons learned를 신속히 발견할 수 있으며, 이와 같은 과정이 반복됨에 따라 템플릿과 Lessons learned의 내용은 더욱 구체적이고 현실적인 것으로 진화한다.

이외에 새로운 방식의 IT 프로젝트 계획 수립과 관련해 저자들이 실제 적용했던 몇 가지 주요 가이드라인에 대해 간략히 설명하고자 한다.

▶ 템플릿은 오브젝트(Object)로 볼 수 있는데 이 같은 관점에서 보면 요구사항 분석 및 테스트 등과 같은 서브-프로젝트(Sub-project)는 오브젝트의 클래스(Class)로 간주할 수 있다. 따라서 각 클래스별로 사전에 템플릿을 정의해 두면, 서브-프로젝트 계획을 수립할 때에 각 클래스의 공통적 속성들을 그대로 이어받되(이런 것을 객체 지향 방법론에서는 'Inheritance'라고 한다) 그 상황에 맞는 새로운 것을 추가한 또 다른 오브젝트를 생성할 수 있다.

▶ 따라서 프로젝트 리더는 맨 먼저 프로젝트에 적용할 서브-프로젝트 템플릿을 선정한다. 이는 마치 프로젝트 계획 수립을 위한 컴포넌트(Component) 접근방식이라고도 할 수 있다. 이런 다음에 프로젝트 리더는 템플릿을 프로젝트 팀원들에게 나주어 주고, 프로젝트 팀원은 자신이 수행해야 할 태스크를 좀 더 구체적으로 정의해서 프로젝트 리더의 검토를 받아 태스크를 확정하도록 한다.

▶ 이처럼 수행 태스크에 대한 구체적인 검토 과정에서 새로운 현안이 많이 도출될 수 있는데, 이는 극히 바람직하고 정상적인 상황이다. 왜냐하면 현안이나 문제는 늦게 도출되는 것보다는 조기에 파악되는 것이 훨씬 좋기 때문이다. 이외에도 이러한 검토 과정을 거치게 되면 태스크 간의 관계와 소요 자원 및 태스크 수행 기간 등에 대해 훨씬 구체적으로 추정하고 검증할 수 있다.

위와 같은 과정을 모두 거치면 그림 5.14의 간트 차트(Gantt Chart)와 같은 프로젝트 계획 초안을 확보하게 된다. 프로젝트 계획 초안은 대부분 스케줄이 너무 길게 잡혀 있어 수용하기 힘든 경우가 많다. 여러분이라면 이런 경우에 어떻게 할 것인가? 모든 것을 처음부터 다시 시작하면서 팀원들을 닦달해 현실적이지 못한 짧은 스케줄을 잡도록 할 것인가? 이렇게 해서는 안 된다. 최선의 방법은 태스크를 더 세분화시켜 동시병행 가능한 태스크를 더 많이 도출해, 전체 프로젝트 기간을 축소하는 것이다.

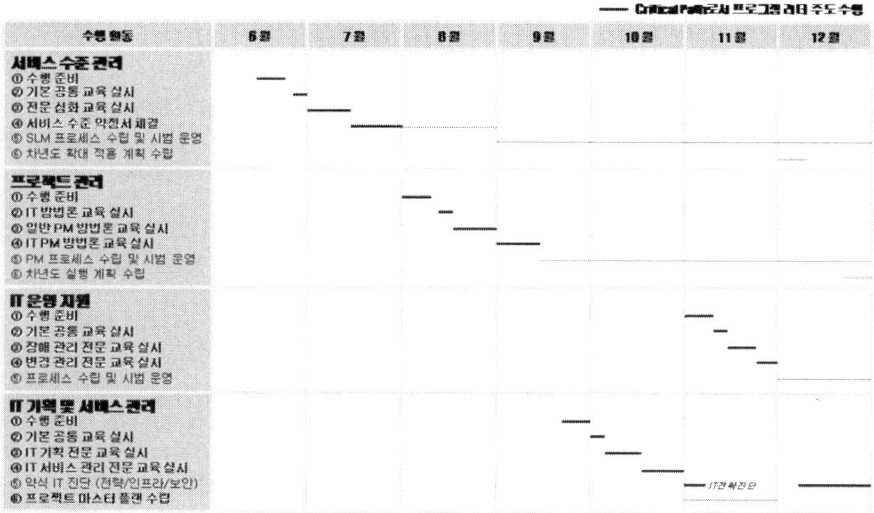

그림 5.14 간트-차트 예시

프로젝트에서 경영진의 역할

전통적인 프로젝트 관리에서는 경영진이 프로젝트의 성공을 위해 적극적인 역할을 수행하도록 요구하고 있다. 물론 틀린 말은 아니다. 적어도 프로젝트 계획 수립 단계까지는 말이다. 이와 같이 경영진은 개시 시점에 프로젝트에 대한 적극적인 지원을 아끼지 말아야 한다.

하지만 프로젝트 개시 이후에 경영진의 지나친 참여는 프로젝트 업무를 지체시키거나 중단시킬 수 있다. 따라서 프로젝트 개시 후의 가장 바람직한 경영진의 역할은 프로젝트 진행 상태 검토나 핵심 현안을 처리할 때에만 참여하는 것이다. 이러한 방식은 다소 제한적이기 하지만 가장 효과적이고 바람직한 경영진 역할이다. 왜냐하면 현안을 해결할 때가 그 어느 때보다 경영진의 역량 및 파워의 효과가 가장 절실하게 필요한 때일 뿐만 아니라 가장 돋보이는 순간이기 때문이다.

바람직한 프로젝트 리포팅

프로젝트 리포팅(Project Reporting)은 가장 먼저 표준화되어야 하며, 리포팅 내용은 진척도 및 진행 상태이외에 현안도 포함하고 있어야 한다. 일반적으로 프로젝트 리포팅은 월별로 하는데, 보고 내용은 다음과 같다.

- 프로젝트 이름
- 보고 일자
- 비즈니스 관점에서의 프로젝트 목적
  - 이를 통해 비즈니스 프로세스의 변화 및 개선에 대한 경영진 및 조직의 초점을 지속시킬 수 있다.

- 비즈니스 관점에서의 프로젝트 범위
  - 이를 통해 프로젝트가 기술적인 측면으로만 보이지 않게 할 수 있다.
- 요약 간트 차트(Gantt Chart)
  - 주로 계획 대비 실적
- 누적 예산 대비 실적
- 주요 마일스톤 달성 현황
  - 주로 비즈니스 측면에서의 마일스톤
- 프로젝트 진척도
  - 전체 수행 태스크 대비 완료 태스크의 비율
- 리스크 및 현안 관련 태스크 진척도
  - 현안 및 리스크와 관련되어 있는 전체 태스크 대비 이들 중 완료된 태스크의 비율
- 리스크 및 현안 관련 태스크의 작업 시간 비율
  - 현안 및 리스크와 관련되어 있는 전체 태스크의 총 작업 시간 대비 이들 중 완료된 태스크의 작업 투입 시간의 비율
- 잔여 리스크 및 현안 관련 태스크 비율
  - 아직 수행하지 않은 전체 태스크 대비 이들 중 현안이나 리스크와 관련되어 있는 태스크의 비율
- 잔여 리스크 및 현안 관련 태스크의 작업 시간 비율
  - 아직 수행하지 않은 태스크들의 전체 예상 작업 시간 대비 이들 중 현안 및 리스크와 관련되어 있는 태스크들의 예상 작업 시간의 비율

이와 같은 지표들은 실무에서 종종 프로젝트의 문제를 예측 또는 탐지하기 위한 지표로 활용되기도 한다.

바람직한 프로젝트 미팅

오늘날 많은 IT 조직들이 주간 프로젝트 회의(Weekly Project Meeting)를 운영하고 있다. 물론 회의의 목적은 프로젝트의 진척 사항을 파악하자는 것이다. 그런데 저자들의 경험에 의하면 이 같은 회의는 전혀 가치가 없을 뿐만 아니라 정보도 거의 공유되지 않고 있는 경우가 많다. 그럴 수밖에 없는 것이 프로젝트 회의에 가보면 팀원들은 이미 다 알고 있는, 현재 각자가 하고 있는 일만 매번 암송하고 있고, 프로젝트 관리자 또는 리더는 이를 받아 적고 있는 경우가 대부분이다. 또 하나의 중요한 문제는 프로젝트 관리자든 팀원이든 거의 모두 여러 사람 앞에서 자기의 현안 및 문제점을 밝히려 하지 않는다는 점이다.

이처럼 가치가 없는 주간 프로젝트 회의는 할 필요가 없을 뿐만 아니라 즉시 개선되지 않으면 안 된다. 이에 대한 대안으로 주간 프로젝트 회의 개최 전에 프로젝트의 진척 상황을 미리 파악한 다음에 프로젝트 회의에 참가하도록 하는 방법이 있다. 따라서 주간 회의 중에는 프로젝트 상황을 요약만하고 나머지 시간 동안 현안에 대해 더 많은 논의를 하거나 Lessons learned를 더 많이 다룰 수 있게 된다. 단순히 프로젝트의 진척 상황만 다루는 것보다 훨씬 가치가 있는 회의이다. 한 가지 유념할 점은 주간 프로젝트 회의 시 논의되는 현안이 반드시 즉석에서 해결될 필요는 없다는 점이다. 비록 해결이 되지 않더라도 프로젝트 팀원들 간에 논의가 이루어지는 것만으로도 충분한 가치가 있기 때문이다.

특히 Lessons learned를 소개하거나 토의하기 위한 회의는 여러 가지 주제를 가지고 다양하게 진행될 수 있는데, 저자들이 실제로 적용해 적지 않은 효과를 거두었던 진행 방식을 간단히 소개하고자 한다.

- 신규 팀원 소개 – 이전의 업무 경험과 봉착했던 현안 및 문제점
- 프로젝트 팀원 간 마일스톤 및 업무에 대한 검토
- 다음 단계에서의 업무 착수 및 수행 방법에 대한 협의
- 사용자나 전문 협력 업체의 업무 소개를 통한 지식 공유
- 핵심 팀원의 자기 업무 설명을 통한 지식 공유
- 주요 마일스톤 달성 현황

전통적인 주간 프로젝트 회의에 대한 또 다른 획기적인 개선 방법으로 기계적으로 매주 만나는 것으로부터 탈피하는 방법이 있다. 프로젝트가 잘 진행되고 있으면 매주 만날 필요가 없지만, 문제나 현안이 있으면 더 자주 만나야 한다. 이렇게 하면 특히 좋은 것은 프로젝트 상황이 위급해 질 때, 이러한 것이 모든 사람들에게 명확히 전달된다는 점이다. 요컨대 프로젝트 관리자는 영화감독과 동일한 역할을 수행한다. 영화감독이 타이밍을 통제하듯 프로젝트 리더도 상황의 위급한 정도에 따라 프로젝트 회의 빈도를 유연하게 조절할 수 있어야 한다.

프로젝트 팀워크 구현

프로젝트는 팀워크(Team work)를 의미한다. 그런데 팀워크는 팀원을 프로젝트 회의에 함께 참석시킨다고만 해서 형성되는 것은 아니다. 더욱이 IT 프로젝트의 경우, 팀원에게 배정되는 작업은 대부분 팀워크의 형성이 어려운 개별적인 것들이다. 바로 이로 인해 심각한 문제가 자주 발생한다. 일례로 팀원이 맘만 먹으면 현안 및 문제점은 프로젝트 리더에게 들키지 않도록 얼마든지 숨길 수 있다. 이러한 상태에서 팀원이 도중에 프로젝트 팀을 떠나면 프로젝트는 아주 치명적인 악영향을 받게 된다. 이외에도 팀워크가 미흡한 IT 프로젝트에서는 지식의 공유마저 어렵게 된다.

IT 프로젝트에서 팀워크를 확보할 수 있는 최선의 방법은 각 태스크를 가급적 동시에 두 사람 이상에게 배정하는 것이다. 물론 이로 인해 책임의 추적성(Accountability) 약화와 같은 문제가 야기되기도 하지만, 이들 간 정부(正副)의 관계를 명확히 해 놓으면 이 같은 문제도 상당 부분 해결할 수 있다. 이러한 업무 공조 방식은 지식의 공유를 활성화시킬 뿐만 아니라 인력의 백업 및 현안의 조기 탐지와 같은 효과를 발생하기도 한다.

이러한 업무 공조 방식은 프로젝트 팀원뿐만 아니라 프로젝트 관리자나 리더에게도 확대 적용되어야 한다. 만약에 프로젝트 리더가 한 사람이라면 다음과 같은 리스크가 발생하기 때문이다.

▶ 프로젝트 리더 역시 백업 없이 프로젝트 팀을 떠날 수 있다.

▶ 신임 프로젝트 리더의 경우, 현안을 해결하는데 있어 경험 미숙으로 인해 더 큰 사고를 칠 수 있다.

▶ 필요 시, 신임 프로젝트 리더에게 지식과 경험을 공유시켜 줄 사람이 없다.

▶ 프로젝트 리더가 내부 고객 또는 비즈니스 부서 관리자와의 마찰이 생기면 당해 프로젝트는 엄청난 대가를 치르게 된다.

따라서 최근의 IT 프로젝트 관리 방법론에서는 중요한 프로젝트의 경우, 2명의 프로젝트 리더가 선임되도록 하면서 프로젝트에 대한 최종 책임은 반드시 어느 한 명이 맡게 하고 있다. 이렇게 하면 지식의 공유 및 백업의 문제가 크게 해소될 뿐만 아니라 비즈니스 부서와 마찰이 있는 프로젝트 리더를 대신해 다른 한명이 이들과 작업을 계속해서 진행해 나갈 수 있다.

프로젝트 트래킹(Tracking)

전통적인 프로젝트 관리에서 프로젝트 진척도에 대한 추적, 즉 트래킹은 다음과 같은 2가지 요소를 바탕으로 전개된다.

▶ 예산 대비 실적
  – 비용에 대한 비교

▶ 기준 일정 계획(Baseline Schedule) 대비 실제 진척도
  – 계획된 작업 일정 대비 실제 수행 결과와 상태의 비교

그런데 이 같은 프로젝트 트래킹 방식에는 아주 심각한 두 가지 문제가 존재한다. 첫 번째 문제는 상기의 프로젝트 트래킹 요소 중 그 어디에서도 리스크나 현안과 관련된 측면을 찾아 볼 수 없다는 점이다. 일반적으로 IT 프로젝트의 경우에 초기 단계에 하드웨어, 소프트웨어, 네트워크 및 설비에 대한 지출이 거의 다 이루어지고, 그 이후에는 거의 대부분 인건비만 발생한다. 이 반면 IT 프로젝트에서의 심각한 리스크는 대부분 프로젝트의 종반 단계에 집중해 있다. 예를 들어 데이터 컨버전(Data Conversion), 테스팅, 시스템 통합, 사용자 승인(User Acceptance) 등과 같이 심각한 리스크와 관련된 태스크는 대부분 프로젝트의 종반 단계에 수행되는 경우가 많다. 이와 같은 상황을 좀 더 이해하기 쉽게 설명해 놓은 것이 그림 5.15이다. 그림에서 실선의 커브는 코스트를 나타내고, 점선의 커브는 리스크를 나타낸다. 여러분은 그림의 굵은 수직선에 주목하기 바란다. 이 시점은 바로 프로젝트가 60%이상 완수된 상태이지만, 리스크 측면에서는 아직 50%도 끝나지 않은 상태이다. 한 마디로 아주 좋지 않은 상황으로서, 프로젝트는 납기나 예산 초과가 발생할 리스크에 직면해 있다.

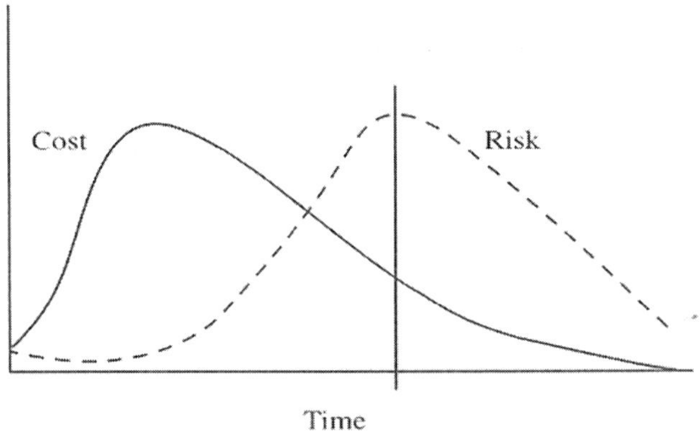

그림 5.15 프로젝트 코스트 및 리스크

예를 들어 다음과 같이 3개의 태스크로 구성된 프로젝트의 경우, 현재 진척도는 50%이지만 해결된 리스크의 비율은 16.67%에 지나지 않는다.

- 태스크 A : 소요시간(40), 수행상태(종료), 리스크(없음)
- 태스크 B : 소요시간 (20), 수행상태(50% 종료), 리스크(존재)
- 태스크 C : 소요시간(40), 수행상태(미착수), 리스크(존재)

오늘날 이러한 리스크 관련 정보는 프로젝트 문제나 프로젝트 실패를 미리 가늠할 수 있는 선행 지표로 널리 활용되고 있다.

복수 프로젝트에 대한 분석

동시에 수행되고 있는 여러 개의 프로젝트들 역시 바로 앞에서 언급한 접근방식과 같이 분석될 수 있는데, 오늘날 실무에서 유용하게 사용될 수 있는 분석 도구들로는 다음과 같은 것들이 있다.

▶ 전체 프로젝트에 대한 요약 간트 차트(Gantt Chart)
  – 프로젝트별 개괄적인 일정 계획 대비 실적을 한꺼번에 표시해, 전체 프로젝트의 진척도 개황을 일목요연하게 파악할 수 있다.

▶ 요약 간트 차트(Gantt Chart) 및 리스크 관련 태스크
  – 어떤 현안이 왜, 얼마나 시급한지 보여줄 수 있다. 특히 경영진에게 특정 현안이 신속히 해결되어야 한다는 점을 납득시키는데 가장 효과적이고 객관적인 방법이다.

▶ 현안 대비 프로젝트 테이블
  – 테이블의 기입항목은 각 현안이 개별 프로젝트에 미치는 영향을 나타낸다. 이 테이블과 이전의 간트 차트를 이용하면 경영진에게 특정 현안이 여러 프로젝트에 얼마나 큰 영향을 미치는지 명확히 일깨워 줄 수 있다.

IT와 비즈니스의 얼라인먼트

IT 프로젝트는 IT와 비즈니스 사이에 얼라인먼트가 실현되는 '터'이다. 따라서 프로젝트의 초점을 기술적인 것에만 맞추어서는 안 된다. 이러한 것을 테스트하기 위해 다음과 같은 질문을 활용해 보도록 하라.

▶ 비즈니스에 유익한 프로젝트들은 모두 선정되었는가?

▶ 중요하지 않은 프로젝트에 얼마나 많은 IT 노력이 낭비되고 있는가?

▶ 프로젝트 수행 과정에 비즈니스 부서 인력들이 참여하고 있는가?

▶ 비즈니스를 직접적으로 지원하는 프로젝트들에 대해 더 많은 자원이 배정될 수 있도록 IT 운영, 유지보수 및 지원 활동들에 대한 통제가 제대로 이루어지고 있는가?

▶ 비즈니스 부문 인력들은 변화를 수용하며 지지하고 있는가?

▶ IT 프로젝트가 종료된 이후에 관련 비즈니스 프로세스 및 업무들이 제대로 변화되었는가?

▶ 비즈니스 관점의 프로젝트 기대효과가 실제로 측정되고 있는가?

▶ 비즈니스 프로세스의 중요한 변화 요건들이 관련 IT 프로젝트들에 제대로 반영되어 있는가?

리스크 관리

리스크에 대한 정의는 다양하지만 공통적으로는 잠재적 현안과 관련된 것이라고 정의하고 있다. 따라서 IT 프로젝트의 리스크 관리 접근방식은 현안을 관리하는 것과 유사한다. 각 현안이 미치는 영향은 아주 다양하다. 특히 정치적인 현안과 같은 것은 다른 현안에 비해 해결하기 아주 어렵고 복잡하다. 따라서 각 리스크의 실체를 정확히 파악하여야 하며, 이를 위해 현안 데이터베이스(Issue Database)를 구축해 운용하여야 한다. 아울러 데이터베이스에 저장돼 있는 개별 현안은 추후 다양한 분석을 위한 검색 및 처리가 가능하도록 적절한 방식으로 구분 표시해 두어야 한다. 이러한 현안 데이터베이스를 활용해서 현안 및 리스크를 분석하기 위한 다양한 종류의 그래프들이 있는데, 오늘날 많은 기업 조직에서 폭넓게 사용되고 있는 것으로는 다음과 같은 것들이 있다.

▶ 전체 현안 증감 추이(그림 5.16)

- 프로젝트가 잘 되고 있으면 전체 현안 건수는 서서히 줄어들게 되어 있고, 그림에서 보는 것처럼 시간이 지날수록 새로 발생되는 신규 현안이 급격히 감소한다.

▶ 미결 현안 추이(그림 5.17)

- 프로젝트의 진척과 함께 어느 시점까지는 문제가 점점 많이 발생하게 되고 이에 따라 미결 현안의 건수도 증가하게 된다. 그러나 어느 시점이 지나면 현안이 발생하는 속도보다 해결하는 속도가 더 빨라진다. 물론 이러한 상황은 프로젝트가 잘 관리되고 있는 경우에 한한다. 그러다가 프로젝트 종반의 구현 단계에 접어들면 현안이 더 많이 발생함에 따라 그림과 같이 오른쪽에서 급격한 상승 국면이 나타난다.

▶ 현안 관리 역량 변동 추이(그림 5.18)

- 일반적으로 IT 프로젝트에서는 프로젝트 관리자와 팀원이 현안 해결에 필요한 스킬과 경험을 확보할 때까지 현안 한 건을 해결하는데 걸리는 시간이 점점 길어진다. 하지만 그 단계가 지나면 그림에서와 같이 짧아지는 경향을 보인다.

▶ 미결 현안 구성 현황(그림 5.19)

- 그림에는 두 프로젝트가 예시돼 있다. 만약에 여러분이 프로젝트 관리자라면 어떤 프로젝트에서 일하고 싶은가? 노회한 프로젝트 관리자라면 점선으로 표시된 프로젝트에서 일하고자 할 것이다. 이유는 간단한다. 그 프로젝트의 현안들이 주로 팀 내부와 관련된 것이며 따라서 훨씬 통제하기 쉽기 때문이다.

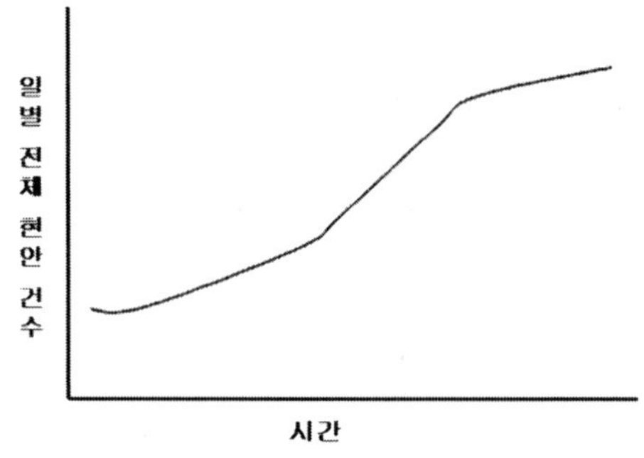

그림 5.16 전체 현안 증감 추이

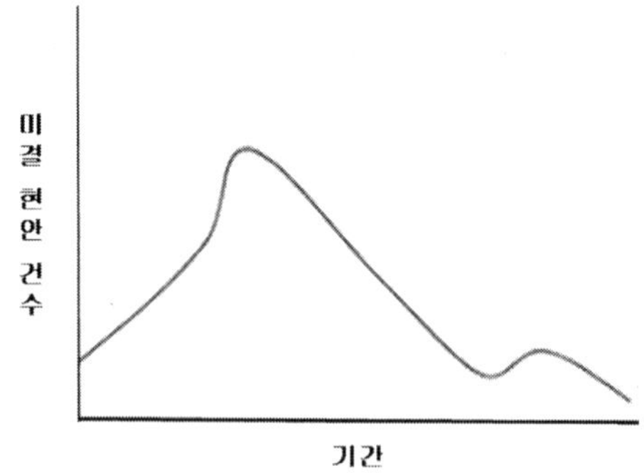

그림 5.17 미결 현안 추이

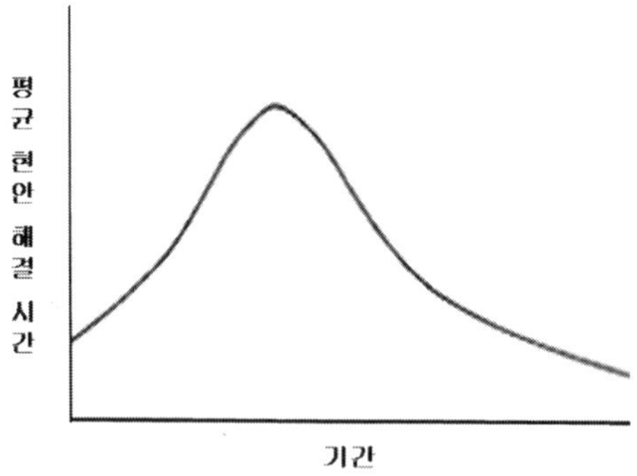

그림 5.18 현안 관리 역량 변동 추이

▶ 미결 현안 Aging 현황(그림 5.20)

- 일반적으로 IT 프로젝트에서 현안이 정상적으로 관리되고 있는 경우에는 그림의 커브 오른쪽과 같이 미결 현안은 대개 최근에 발생된 것일 것이다. 하지만 커브 왼쪽에 있는 돌출 부분이 존재한다는 것은 아직 해결되지 않은 오래된 현안이 존재한다는 것을 의미한다. 다시 말해 프로젝트가 문제에 빠져 있다는 것을 시사하고 있다.

▶ 유형별 현안 발생 추이(그림 5.21)

- 일반적으로 IT 프로젝트의 경우 초기 단계에는 주로 기술적인 현안이 많이 발생한다. 하지만 프로젝트의 진척과 함께 기술적인 지식과 스킬이 높아지면서 이들 기술적인 현안은 점점 줄어들고, 프로젝트 프로세스의 예외 사항들이 속속 발견되면서 프로세스 관련 현안이 발생한다. 그러다가 마지막으로 사용자들의 변화에 대한 저항 및 기타 요인으로 인해 비즈니스 관련 현안들이 발생하기 시작한다.

여러분은 개별 현안뿐만 아니라 전체 현안에 대해서도 이러한 그래프를 이용해 아주 쉽게 리스크를 관리할 수 있다. 이들 그래프는 대부분 즉시 가용한 데이터를 이용해 언제든 쉽게 만들 수 있는 것들이다. 사실 저자는 Spreadsheet를 이용해 만들곤 하였다.

이러한 그래프는 프로젝트 관리자이외에 경영진에게 개별 프로젝트나 복수 프로젝트의 전체적인 현안들을 명확히 이해하도록 하는데 있어 아주 효과적이었다. 아울러 이러한 그래프와 다음 절에 나오는 프로젝트 성과 척도를 연계하면 아주 유용하게 사용할 수 있다.

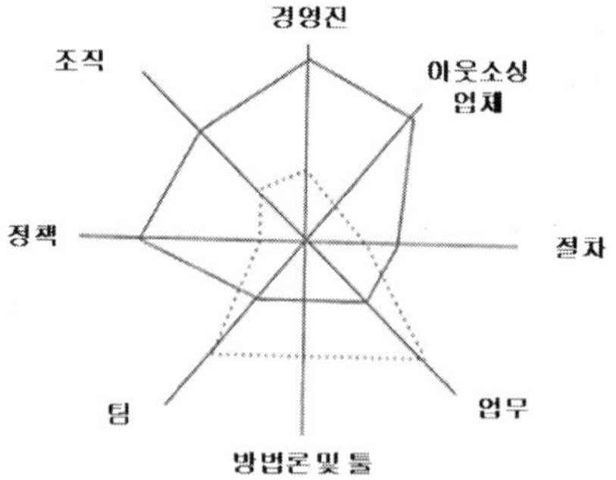

그림 5.19 미결 현안 구성 현황

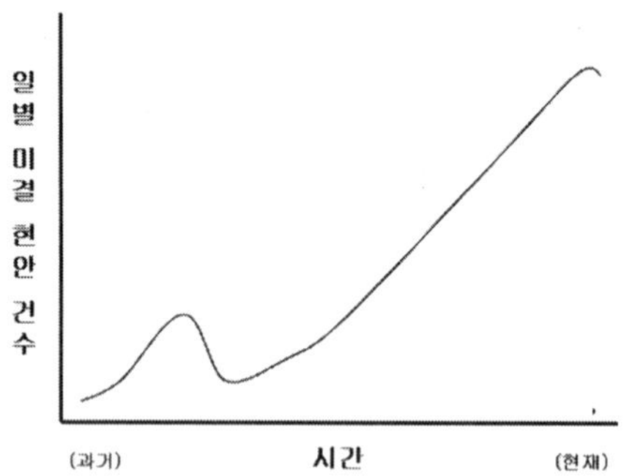

그림 5.20 미결 현안 Aging 현황

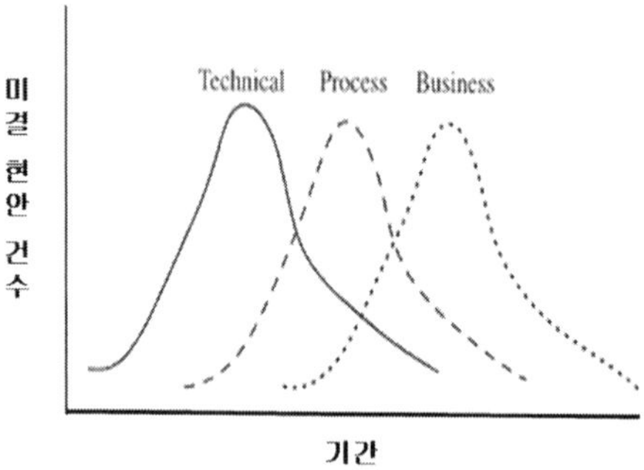

그림 5.21 유형별 현안 발생 추이

사례

SUPREME OIL – 종합 에너지 회사

Supreme Oil의 IT 조직은 그 동안 여러 개의 IT 프로젝트 관리 방법론을 사용해 봤지만 꾸준히 적용해 온 것은 하나도 없었다. 이런 가운데 본장에서 소개한 IT 프로젝트 관리 방법론을 점진적으로 도입하기로 하였다. 맨 먼저 프로젝트 회의(Project Meeting)와 현안 관리(Issue Management)에 적용한 다음에, Lessons learned 및 템플릿(Template)으로 확대하였다. 물론 이 과정에서 IT 조직의 직원들이 저항하였다. 이들에 의하면 IT 프로젝트란 각각 독특한 특성을 갖는 것이기 때문에 템플릿은 효과적이지 못할 것이라는 것이었다. 해서 템플릿은 어느 정도 개괄적인 수준의 태스크들에 한해서만 적용하였고, 그 이하의 구체적인 작업은 각 프로젝트 팀에 의해 유연하게 정의될 수 있도록 하였다.

TUCKER COUNTY – 지방 정부

Tucker County의 IT 부서는 전통적인 접근방식에 의해 IT 프로젝트를 관리해 왔다. 가장 큰 이유는 몇몇 주요 프로젝트의 연이은 실패로 인해 IT 부서가 통제 지향적인 프로젝트 관리 방법론을 적극적으로 도입하였기 때문이었다. 특히 IT 부서는 이 같은 방법론을 이용해 자신이 통제를 받는 것으로부터 벗어나 비즈니스 부서를 통제하려고 하였다. 하지만 이와 같은 IT 부서의 통제에 대해 비즈니스 부서는 모두 반대하고 있었다. 왜냐하면 제대로 종료된 IT 프로젝트가 하나도 없었기 때문이었다. 그러던 어느 날 Tucker County의 최고 경영진은 한 비즈니스 부서에게 프로젝트를 책임지고 자체적으로 관리할 수 있게 허락하였고, 이 비즈니스 부서는 본장에 소개된 프로젝트 관리 방법론을 도입하였다.

저자들의 권유에 따라 당 비즈니스 부서가 가장 중점을 두고 제일 먼저 착수했던 것은 프로젝트 현안을 파악, 추적하고 그 결과를 데이터베이스에 저장하는 것이었다. 이를 통해 우리는 프로젝트 현안의 건수가 약 150개에 이르면 더 이상 새로운 현안은 발생하지 않는다는 사실을 알게 되었다. 본 저자들은 이러한 성공이 Tucker County의 IT 부서에게로 확대되도록 권고하였으나, 그러한 일은 일어나지 않았다. 저자들이 본장을 집필하고 있는 동안에도 IT 부서는 여전히 통제 지향적 프로젝트 관리 방식에 빠져 있었다. 소문에 의하면 조만간에 이들 IT 관리자 중 몇몇이 옷을 벗을 것이라고 한다.(그 이후 이야기는 독자의 판단에 맡기겠다.)

SHAMROCK AGRICULTURE – 농업 협동조합

Shamrock Agriculture는 IT 부서를 소규모 조직으로 발족하였고, 특히 초기에는 IT 업무량이 그리 많지 않았다. 따라서 IT 프로젝트를 관리하고 수행하는데 있어 구태여 구조화되고 체계적인 접근방식에 대한 필요성을 느끼지 않았다. 하지만 업무량이 증가함에 따라 프로젝트 관리 및 수행에 있어 구조적이고 체계적인 접근방식을 사용해야 할 필요성이 인식되었다. 왜냐하면 IT 부서 및 비즈니스 부서 관리자들 모두 전통적 프로젝트 관리 방식의 폐해를 뼈저리게 경험하였기 때문이었다. 이에 따라 Shamrock Agriculture는 본장에서 언급한 접근방식을 비교적 조기에 도입하였으며, 이 결과 적용 개시 시점부터 그 효과를 향유할 수 있었다. 이들 효과 중 가장 대표적인 효과로는 다음과 같은 것이 있었다.

- 프로젝트 관리에 투입된 시간의 감소
- 주요 프로젝트 현안의 조기 탐지 및 해결
- Lessons learned의 확보 및 활용과 이를 통한 소프트웨어 품질 개선

교훈(Lessons learned)

▶ 여러분은 프로젝트의 계획 수립 시에 수행 태스크에 대한 소요 시간 및 코스트를 어떻게 추정하고 있는가? 특히 태스크가 쉽게 추정될 수 없는 경우에 어떻게 하고 있는가? 이런 경우에 가장 좋은 방법은 먼저 그 태스크를 좀 더 세부적으로 분해해, 추정될 수 없는 부분을 별도로 구별해 두는 것이다. 이런 상태에서 그 부분을 왜 추정할 수 없는지 질문하도록 하라. 이렇게 하면 많은 현안들이 노출될 것이다. 이런 현안을 하나씩 해결해 나가게 되면 애초에 추정할 수 없었던 태스크를 비교적 쉽게 추정할 수 있다.

▶ 혹시 여러분은 프로젝트 계획을 수립할 때에 불확실하거나 자신이 없는 것들은 모두 컨틴전시(Contingency)로 간주해 소요 시간 및 비용을 필요 이상으로 늘려 잡고 있지는 않는가? 이는 아주 바람직하지 않은 접근방법이다. 모두 이렇게 해버리면 웬만한 프로젝트는 2~3년이 걸려야 겨우 끝낼 수 있게 된다. 그런데 컨틴전시란 현안 때문에 발생한다. 따라서 현안을 사전에 잘 파악해 관리할 수 있으면 컨틴전시는 최소화시킬 수 있다. 이와 관련해서 노련한 IT 프로젝트 관리자가 자주 사용하는 기법을 간략히 소개하겠다. 우선 컨틴전트 태스크(Contingent Task)도 미리 템플릿(Tempate)에 정의해 두고, 프로젝트 계획을 수립할 때에 작업 스케줄의 맨 아래에 배치하도록 하라. 물론 이들 컨틴전트 태스크도 프로젝트 계획서(간트 차트)에 표시되어 있지만 아직 작업 스케줄과는 연계가 되어 있지 않은 상태이다. 평소에는 이렇게 관리하다가 경영진이 현안에 대해 여러분에게 질문을 하는 바로 그 때에 컨틴전트 태스크들을 일정과 연계해, 그들에게 현안의 영향을 명확히 제시해 주도록 한다.

▶ 건설 공사와 같은 전통적인 프로젝트와는 달리 IT 프로젝트에서 Critical Path는 용도가 극히 제한된다. 왜냐하면 Critical Path에는 프로젝트 리스크 및 현안이 반영되어 있지 않기 때문이다. 여러분도 잘 알겠지만 Critical Path란 가장 긴 Path로서 이 Path 내의 어떤 태스크가 지체되면 프로젝트 전체가 지체된다. 그런데 이런 특성은 프로젝트 리스크나 현안과는 전혀 무관한 사항이다. 따라서 IT 프로젝트에서는 전통적인 Critical Path보다 리스크 및 현안 관리 관점에서의 Management Critical Path가 더 중요한 척도가 된다.

리스크 및 프로젝트 포트폴리오 관리를 위한 성과 척도

이와 관련된 주요 성과 척도 몇 가지가 본장에서 이미 소개되었으므로 여기에서는 이들에 대해 간략히 알아보기로 하자.

▶ 가장 오래된 주요 미결 현안
- 주요 현안이 미결인 채로 오래 지속될수록 프로젝트가 문제 상황에 빠져들 가능성이 높다.

▶ 유형별 현안 구성 및 통제 현황
- 미결 현안에 대해서는 가급적 그 대부분을 당해 프로젝트 팀에서 처리될 수 있도록 해야 한다.

▶ 미결 현안 관련 태스크 비율
- 이 비율이 높을수록 프로젝트가 위험에 빠져들 가능성이 높다.

▶ 요약 간트 차트 및 현안 관련 태스크(앞 절 참조)

▶ 현안 대비 프로젝트 테이블(앞 절 참조)

▶ 평균 현안 해결 시간
- 경영진, IT 및 비즈니스 부문, 업체의 성과 척도로 활용된다.

요약

이번 장에서 설명한 것은 전통적인 프로젝트 관리 방식과 아주 다른 것처럼 보일 수 있다. 하지만 최근에 전통적인 프로젝트 관리 방식에서도 IT 프로젝트의 특성 및 프로젝트 포트폴리오를 다루고 있다. 아울러 템플릿(Template), 업무공조(Collaboration) 및 Lessons learned에 중점을 두기 바란다. 이들은 모두 본서의 나머지 장에서 공통적으로 다루고 있는 주제의 일부이기 때문이다. 마지막으로 이번 장에서 나오는 방법 및 기법은 모두 PMBOK(Project Management Body of Knowledge)과 일관성을 유지하고 있다는 점을 밝혀두는 바이다.

(역자 주)

PMBOK :

국제 프로젝트 관리 협회(Project Management Institute)에서 주관 및 관리하고 있는 프로젝트 관리 프로세스에 대한 표준 및 지식 체계. 동 협회는 PMP(Project Management Professional)라는 프로젝트 관리 분야의 자격증 시험, 발급 및 유지도 주관하고 있는데, 현재 국내에 다수의 PMP 자격증 획득자들이 각각의 분야에서 활동 중에 있으며, 역자 역시 PMP 자격증 소지자임.

제6장

IT 직원 관리

서론

어떠한 IT 조직에서든 IT 성과의 핵심 요소는 IT 인력들의 성과이다. 이들에 대한 동기부여가 부족하면 IT 업무가 영향을 받게 된다. 이로 인해 이들의 사기는 조직 내외부에 걸쳐 많은 관심을 받아 왔다. 이는 본서에서도 마찬가지이다. 하지만 수많은 IT 문제의 핵심 속에는 동기부여 이외에 또 다른 근본적인 문제가 도사리고 있다. 팀워크(Teamwork)의 부재가 바로 그것이다. IT 직원들은 거의 모두 개별적으로 업무를 수행한다. 주간 또는 월간 프로젝트 회의 역시 프로젝트 상태만 점검할 뿐이고 팀워크에 대해서는 철저히 팀원 각자에게 맡겨두고 있다. 이는 처음부터 IT 업무를 개별적으로 배정했기 때문에 IT 직원들에게 다른 사람들과 서로 공조해 가면서 일하도록 독려할 여지가 거의 없기 때문이다. IT 부서 관리자들은 말로는 팀워크에 대해 강조를 하지만 실제로는 여전히 개별적으로 업무를 배정하고 있으며, 팀워크를 활성화하기 위한 장을 마련하기 위한 노력은 전혀 보이지 않는 경우가 아주 많다.

IT 관리가 성공하기 위해서는 무엇보다 먼저
IT 부서 관리자들의 언행이 일치되어야 한다.

IT 세계의 또 한 가지 특성이 있다. 사람들에게 강제로 일을 하게 할 수 없다는 것이다. 이것이 가능하다면 IT 부서도 여느 비즈니스 부서와 같이 관리할 수 있다. 사실 IT 직원이 수행하는 업무와 비즈니스 부서의 직원이 수행하는 업무 간에는 몇 가지 근본적인 차이점이 있다. 어느 날 갑자기 IT 부서를 떠맡게 된 비즈니스 관리자의 경우 대가를 톡톡히 치른 후에 이러한 사실을 배우게 된다. 이 같은 차이점 중에서 몇 가지 중요한 것으로 다음과 같은 것들이 있다.

▶ IT 업무의 많은 부분이 창의성을 필요로 하는 것으로 단순하고 일상적인 루틴(Routine)한 업무가 아니다. 이러한 예로는 IT 문제 해결, 비상 장애 해결(Emergency Fix), 시스템 분석 및 설계 등이 있다.

▶ IT 업무는 거의 모두 하루 이틀에 끝나는 것들이 아니다. IT 업무란 대부분 개별 프로젝트 또는 개별 Job으로 처리되어야 할 성질의 것들이다. 이 반면 비즈니스 부서의 업무는 대부분 몇 분 또는 몇 시간 내에 처리될 수 있는 비교적 단기성 태스크인 경우가 많다.

▶ IT 직원들은 대개 다양한 종류 업무를 폭넓게 수행한다. 컴퓨터 프로그래머의 평균적인 한 주간의 업무를 생각해 보자. 대부분 자기가 맡고 있는 시스템의 몇 가지 문제들을 해결하고 있을 것이며, 시스템 설계에 관한 작업을 수행할 것이고, 각종 검토회에 참가하고 있을 것이다. 따라서 많은 수의 IT 인력들은 이런 업무에 대해 멀티태스킹(Multitasking)을 어떻게 해야 하는지 잘 알고 있다. 하지만 비즈니스 부문의 직원들은 매번 하나의 태스크만 수행하는 경향이 있다. 이를 IT 전문용어로 표현하면 싱글 쓰레딩(Single Threading) 방식으로 업무를 수행한다고 한다.

이와 같이 비즈니스 부서 직원과 IT 부서 직원 간의 업무 성격 및 수행 방식의 차이는 IT 부서 직원에 대한 관리 방식에 큰 영향을 미치게 된다. 특히 이들의 문제 해결 능력 및 창조적 업무 수행 역량이 여러분 조직의 IT 성과를 좌우한다는 점을 고려하면, 이들의 사기는 IT 세계에서는 아주 중요한 핵심 관리 요소일 수밖에 없다. 바로 이렇기 때문에 IT 직원들에 대한 동기부여는 비즈니스 부서와 같이 일상적이고 단순한 업무 환경에서보다 더 중요하고 세심하게 다루어진다.

현행 IT 직원들에 대한 평가

현행 IT 직원들의 스킬, 지식 및 업무적 대응 방식에 대한 평가를 통해 여러분은 IT 서비스에 대한 여러분 조직의 요구사항 충족이라는 관점에서 이들의 강약점을 정확히 이해할 수 있으며, 이에 더해 다음과 같은 효과도 얻을 수 있게 된다.

- 특정 직원에 대해 지나치게 의존하고 있는 업무 영역의 발견
- 필요한 스킬 및 지식의 부족 상태에 대한 명확한 이해
- IT 부서와 비즈니스 부문의 관계에 대한 정확한 인식

물론 이 같은 접근방식은 통상적인 인력 관리 기능의 성과 평가 범위를 벗어나는 것이긴 하지만 이러한 평가 결과는 통상적인 인력 관리 기능의 성과 평가를 수행하는 과정에서 참고 자료로 사용되거나 그 결과에 대한 논거로 활용될 수 있다. 일반적으로 통상적인 성과 평가의 경우 직원들은 결과만을 통보받는 반면에 개선을 위한 구체적인 피드백은 받지 못한다. 하지만 이 같은 방식에 따라 IT 직원들을 평가하면 그 과정에서 직원들의 관리자들은 획득한 정보를 개별 직원의 스킬 및 지식을 향상시키기 위한 구체적인 가이드라인으로 활용할 수 있다.

이번 장에서는 IT 직원에 대한 체계적인 평가 프레임워크를 제공하기 위해 다음과 같은 테이블들을 활용하고자 한다.

( ) 그룹 IT 직원	사용 툴		
	툴 A	툴 B	툴 C

그림 6.1 IT 직원별 사용 툴 현황 테이블

▶ IT 직원별 사용 툴 현황 테이블(그림 6.1)

- 우선 IT 직원들을 적절한 그룹(예, 개발 및 유지보수, 네트워크, 운영 등)으로 분류한 다음에 각 그룹별로 IT 시장에서 획득할 수 있는 것 중에서 반드시 사용해야 할 툴 리스트를 작성하도록 한다. 이를 바탕으로 각각의 그룹별로 테이블을 작성하는데 가로에는 IT 직원의 이름을, 세로에는 툴을 표시하도록 한다. 테이블 기입항목에는 툴에 대한 직원의 스킬 등급을 '고급', '중급', '초급'과 같은 스케일로 평가한 것을 적어 놓는다. 이러한 테이블을 통해 여러분은 다음과 같은 사항을 추론할 수 있다.

  첫째, 예를 들어 어느 열에 '고급'이 하나만 있다는 것은 그 툴에 대해 한 직원에게만 의존하고 있다는 점을 말하며 바로 이곳이 SPOF(Single Point of Failure)나 SPOR(Single Point of Risk)임을 의미한다.

  둘째, 어느 열에 '고급'이 전혀 없다는 점은 직원 중 그 툴의 전문가가 없다는 것을 말하는데 이는 그 툴이 최대한 활용되지 않고 있다는 것을 의미한다.

  셋째, 어느 줄에 '초급'만 존재한다는 것은 그 툴을 사용하는 IT 직원들은 자신의 스킬 및 지식을 향상해야 할 필요성이 존재한다는 점을 말한다.

(　　　　　　) 그룹 IT 직원	비즈니스 부서		
	A 부서	B 부서	C 부서

그림 6.2 IT 직원 대비 비즈니스 부서 테이블

▶ IT 직원 대비 비즈니스 부서 테이블(그림 6.2)

– 이 테이블은 IT 부서 직원과 비즈니스 부서 직원 간의 관계를 파악하고자 하는 것이다. 테이블의 가로에는 IT 직원의 이름을, 세로에는 비즈니스 부서 이름을 표시한다. 테이블 기입항목에는 그 관계에 대한 평가, 일례로 '높음', '보통', '낮음'과 같은 것을 표시하거나 또는 특정 IT 직원이 자주 접촉하는 비즈니스 부서 직원들의 이름을 적도록 한다.

이 같은 테이블을 통해 여러분은 IT 부서 내 접촉창구(Point of Contact)가 제한되어 있는 비즈니스 부서들을 파악해서 접촉창구를 다양화하도록 유도할 수 있다.

만약에 어느 줄에 비즈니스 부서의 접촉 장구가 아주 적거나 전혀 없다는 것은 그 IT 직원이 IT 부서 내에서만 일하는 것을 의미하는데, 이는 기술 지원 업무에는 용인될 수 있지만 시스템 분석 업무에는 용인될 수 없는 문제이다.

또한 어느 열에 '보통'이나 '높음'과 같은 것이 하나도 없다는 것은 IT와 비즈니스 부서 사이에 접촉이 없다는 점을 의미한다. 이는 중요한 현안으로써 추후에 IT 부서와 비즈니스 부서 간에 심각한 문제를 발생시킬 수 있는 근본 원인이 될 수 있다.

▶ IT 직원 대비 IT 직원 테이블(그림 6.3)

– 이 테이블의 용도는 IT 부서 전반에 걸쳐 핵심 직원을 파악하는 것이다. 테이블의 가로와 세로에는 각각 IT 직원의 이름을 표시하고, 기입항목에는 직원 상호 간 접촉 내용과 정도를 기록한다. 테이블의 대각선상에 있는 기입항목은 공란이 된다.

IT 직원	IT 직원		

그림 6.3 IT 직원 대비 IT 직원 테이블

이 테이블을 통해 여러분 및 당해 IT 직원들의 상사는 직원들 사이의 관계를 일목요연하게 이해할 수 있다. 또한 커뮤니케이션 문제가 어디에 존재하는지 파악할 수 있고, 특히 접촉이 있어야 할 곳에 접촉이 없는 경우 여러분은 관련 직원들이 공조를 통해 업무를 수행하도록 적절한 대책을 수립할 수 있을 것이다.

▶ IT 직원별 강점 현황 테이블(그림 6.4)

- 테이블의 가로의 줄은 IT 직원 또는 핵심 직원을, 세로의 열은 각 직원이 보유하고 있는 강점을 나타낸다. 그림 6.5에는 일반적으로 많이 언급되고 있는 IT 직원들의 강점 리스트가 예시되어 있으니 참조하도록 하라. 이 테이블 기입항목은 두 가지 요소로 구성되는데 하나는 정점의 수준에 대한 평가 결과로서 '높음', '보통', '낮음'으로 표시하도록 한다. 다른 하나는 각 강점 항목의 중요도로서 역시 '높음', '보통', '낮음'으로 표시한다.

이 테이블을 통해 여러분은 IT 직원들의 강점을 명확히 파악할 수 있다. 특히 중요도와 함께 고려하면 이들 직원 개개인들의 역량에 대해 총체적으로 분석할 수 있다. 일례로 어떤 줄이 거의 모두 '낮음'으로 구성되어 있는 경우 그 직원의 상사는 그 직원과 상의해서 그 직원의 IT 역량을 개선하는 방법을 강구해 낼 수 있을 것이다. 또는 어떤 한 열에 있는 역량이 중요한 것임에도 불구하고 모두 '낮음'으로 구성되어 있는 경우에 이는 IT 직원 모두에 대해 총체적으로 문제가 있다는 것을 시사한다.

IT 직원	강점		

그림 6.4 IT 직원별 강점 현황 테이블

- 문제 해결 스킬
- 정보시스템 개발 및 프로젝트 관리 방법론 적용 능력
- 툴 사용 능력
- 창의적인 개선안 제시 능력
- 커뮤니케이션 능력
- 프로젝트 관리 역량
- IT 관리 역량
- 비즈니스 부서 및 사용자들과의 공조 능력
- 외부 업체와의 공조 능력

그림 6.5 IT 직원의 강점 예시

▶ IT 직원별 약점 현황 테이블(그림 6.6)

– 이 테이블의 구성 및 활용 방법은 테이블의 세로 열이 IT 직원의 약점인 것을 제외하면 그림 6.4의 테이블과 비슷하다. 일반적으로 많이 언급되고 있는 IT 직원들이 약점이 그림 6.7에 예시되어 있다.

IT 직원	약점		

그림 6.6 IT 직원별 약점 현황 테이블

- 다른 직원들과의 친화력에 관한 문제
- 업무 지시 이행 능력의 부족
- 툴의 올바른 활용 능력 부족
- 경험을 통한 학습 능력 부족
- 비즈니스 지식 부족

그림 6.7 IT 직원의 약점 예시

그림 6.4 테이블과 그림 6.6 테이블은 IT 직원에 대한 총체적 평가를 수행할 때에 자주 사용된다. 여러분의 IT 조직이 큰 경우에는 모든 직원들을 대상으로 하기보다는 일부 직원을 대상(예, 평가 대상을 근무 기간이 1년 이상인 직원으로 제한)으로 평가할 수도 있다.

이와 같은 접근방법을 적용하는 과정에서 여러분도 저자들이 그랬던 것과 같이 테이블의 기입항목을 다 채울 수 없을 것이다. 이는 극히 당연한 현상이므로 좌절하거나 당황하지 말라. 이는 오히려 여러분이 각 IT 직원에 대해 무엇을 모르는지 명확히 알게 되었다는 것을 의미한다. 이를 통해 여러분 및 IT 관리자들은 이들과 더 많은 접촉을 더 효과적으로 갖으면서 이들에 대해 더 많은 것을 더 효율적으로 파악할 수 있게 될 것이다.

이러한 테이블들은 모두 IT 부서 관리자인 여러분이 혼자서도 만들 수 있는 것들이지만, 이렇게 하면 본연의 목적에 어긋나게 된다. 가장 좋은 방법은 IT 직원들의 상사들에게 이들 테이블을 채우게 하는 것이다. 물론 이러한 접근방식은 의견의 불일치 상황을 발생시킬 수도 있지만 이 역시 추후에 상세한 검토를 통해 충분히 해결할 수 있다. 여기에서 중요한 점은 이를 통해 조직적 합의 즉 컨센서스(Consensus)가 도출된다는 점이다. 또 다른 효과로는 IT 부서의 중간 관리자나 업무 감독자들로 하여금 상호 협의 또는 공조할 수 있게 한다는 점이다. 사실 이들은 평소에는 각자가 맡은 업무에 쫓겨 서로 간에 접촉할 기회가 그리 많지 않은 사람들이다.

신규 IT 직원의 채용

아무리 소속 조직이 좋다고 하더라도 직원들의 이직은 있기 마련이고, IT 역시 예외는 아니다. 여러분 조직의 IT 인력들은 언젠가는 예상하지 못한 시기에 떠나기 마련이다. 이런 경우 여러분은 어떻게 하겠는가? 이직하는 직원과 동일한 스킬을 보유하고 있는 사람을 곧바로 구하려고 할 것인가? 반드시 그럴 필요는 없다. 먼저 여러분은 이전 절에서 파악해 놓은 테이블들을 활용해 여러분의 IT 조직이 부족한 역량이 어떤 것인지 파악한 다음에 채용 여부를 결정하여야 한다. 그런데 기존의 IT 직원들이 경험하지 못한 새로운 IT 툴을 사용해 본 경험이 있는 누군가를 조직에 새로 영입해야 할 경우가 있다. 사실 이러한 신규 IT 직원의 영입은 기존 IT 조직의 총체적인 역량 및 스킬을 업그레이드할 수 있는 절호의 기회이다. 하지만 안타깝게도 기존의 IT 조직에 새로운 피를 수혈하는 것의 긍정적 효과를 제대로 인식하지 못함으로 인해 이 같은 기회를 허비하고 있다는 사실을 한 기업 조직의 IT 책임자로서 여러분은 알고 있는가?

일반적으로 신규 채용 프로세스의 일환으로 필요한 인력에 대한 직무 기술서(Job Description)를 작성한다. 그런데 이와 같은 직무 기술서는 대부분 개별 직원이 수행해야 할 역할 및 책임 간 차이를 무시한 채 모든 직원에게 공통으로 적용되는 표준 포맷에 따라 작성된다. 그 구성은 거의 모두 다음과 같은 항목으로 이루어져있다.

- 직무명
- 의무 사항
- 스킬 및 지식
- 교육 요구사항
- 조직적 상하 관계
- 채용 기준

그런데 많은 IT 관리자들에 의하면 이 같은 포맷으로는 부족하며 다음과 같은 항목들이 추가되어야 한다고 한다.

- 바람직한 후보자의 주요 특성
- 조직의 발전에 기여할 수 있는 잠재 역량
- 당해 직무의 1년 후의 성공의 기준
- 잠재적인 승진 및 직무 이동 경로

일단 여러분 조직의 인력관리 부서 앞으로 입사 후보자들의 이력서가 많이 도착했다고 하자. 여러분은 이렇게 많은 이력서들을 어떻게 평가할 것인가? 이들 입사 후보자들은 대부분 자신의 현재 및 과거 직책과 수행 업무를 자세히 기록하였을 것이다. 하지만 여러분은 이들 각자의 업적을 좀 더 구체적으로 파악하여야 한다. 과거 각자의 업무 경험을 통해 무엇을 배웠으며 이를 바탕으로 이들이 좀 더 확대된 역할과 책임을 수행할 수 있는 직무를 원하는지 알아보아야 한다. 같은 맥락에서 이들이 왜 지금의 직장이나 직무를 변경하려고 하는지 파악하여야 한다. 이를 위한 방법의 하나로 이들이 현재의 조직에서 동일한 프로젝트나 업무에 오랫동안 근무했는지 확인해 보도록 하라. 만약 그렇다면 이는 이들이 현재 맡고 있는 업무에 진절머리가 났다는 것을 의미할 수 있으며, 이는 다시 그 프로젝트나 업무가 문제투성이어서 거기로부터 탈출하기 위해 이직하려고 한다는 점을 시사할 수도 있다.

여러분은 입사 후보자 리스트에서 몇 명을 추려내 인터뷰를 수행할 것이다. 이때에 활용할 수 있는 가이드라인으로는 다음과 같은 것이 있으니 참조하기 바란다.

▶ 피면담자와 함께 이력서를 간략히 검토하도록 한다.

▶ 이들로 하여금 여러분 조직에서 일하게 되었을 때에 봉착할 수 있는 문제점 및 현안을 제기해 보게 한다. 이는 이들이 어떠한 사람인지 파악할 수 있는 아주 좋은 방법이 될 수 있다. 이를 통해 여러분은 이들이 잠재적 문제 상황에서 어떻게 대응할 것인지 미리 파악해 볼 수 있고, 이들에 대한 통찰력을 얻을 수 있을 것이다.

▶ 이들에게 자신의 현재 및 과거 업무 수행을 통해 무엇을 배웠는지 질문하도록 한다. 만약 제대로 된 답변을 못한다면 이는 뭔가 문제가 있거나 그 분야에 약하다는 것을 시사한다.

▶ 이들이 프로젝트 계획 수립 및 수행을 어떻게 하고 있는지 테스트해 보도록 한다. 구체적인 프로젝트 아이디어를 제시해 주고 프로젝트 업무 및 활동을 어떻게 구성할 것인지 질문해 보도록 하라.

최종 입사 후보자들에 대한 인터뷰에는 이들의 미래 상사뿐만 아니라 추후 이들과 같이 일하게 될 동료 직원들도 참가하게 한다. 이런 방식에는 몇 가지 장점이 있다. 첫째, 기존 IT 직원들이 자신도 채용 및 선발 프로세스에 참여한다는 생각을 갖게 된다. 둘째, IT 부서 책임자인 여러분이나 중간 IT 관리자들에게 그것이 긍정적이든 부정적인 것이든 입사 후보자에 대한 피드백을 제공해 준다는 점이다. 그렇다면 기존의 IT 직원들은 입사 후보자들에게 어떤 질문을 해야 할 것인가? 기존 직원들에게는 구체적인 현안을 질문하게 해, 입사 후보자들이 자신이 갖고 있는 툴 및 방법론에 관한 지식을 검증해 보이도록 하는 것이 좋다.

인터뷰 이후에는 인터뷰에 참가했던 일선 관리자 및 기존 IT 직원들과 미팅을 갖도록 한다. 가급적 입사 후보자별로 각 참가자의 피드백을 얻는 것이 좋지만, 사람이 많은 경우 기존 직원들이 관리자의 의견에 동조하는지의 여부만 파악하여도 무방하다. 아울러 인터뷰 참가 직원들에게 당해 입사 후보자들과 같이 일하는 것에 대해 어떻게 생각하는지 질문하도록 한다. 이외에 이들 입사 후보자가 받아야 할 교육 및 훈련으로는 어떠한 것이 있는지 이 기회를 활용해 파악하는 것도 좋은 방법이다.

이제 IT 조직에 누군가 새로 영입됐다고 하자. 일반적으로 신입 직원은 업무 관리자에게 배정되고, 업무 관리자는 신입 직원이 업무에 익숙해져 제 몫을 제대로 할 수 있을 때까지 모든 업무를 일일이 간섭하고 챙길 것이다. 하지만 이 같은 것은 그리 좋은 방법이 아니다. 이러한 방식은 신입 직원이 기존 IT 조직에 동화되는 것을 지연할 뿐이다. 가장 좋은 방법은 신입 직원이 들어오자마자 특정 태스크를 배정해 기존의 직원들과 공조해 나갈 수 있도록 하는 것이다. 이 같은 방법은 특히 기존 직원들이 제공해 주는 피드백을 바탕으로 신입 직원의 능력 및 장단점을 조기에 정확하게 파악할 수 있는 방법이기도 한다.

IT 직원의 업무 배정 및 교육훈련

대개 IT 부서 직원들의 업무 배정은 이들의 슈퍼바이저(Supervisor)나 일선 관리자가 수행한다. 다시 말해 이들이 IT 인력 자원의 배정에 책임을 지고 있는 것이다. 그런데 이로 인해 다음과 같은 문제가 발생한다.

▶ IT 부서의 최종 책임자 즉 부서 관리자가 자원 배정에 배제된다.

▶ IT 직원들이 각 일선 관리자의 책임 아래에 있는 업무에 100% 전용됨으로써 IT 조직 전반에 걸쳐 수행되는 중요한 업무에 참여할 수 있는 기회를 전혀 갖지 못하게 된다.

물론 이와 같은 자원배정 방식도 특정 기술 분야의 지원 인력들에게는 적합한 것이라고 할 수는 있지만, 전사 차원에서 이에 따른 문제점의 영향 및 심각성을 고려하면 더 나은 접근방법이 필요하다.

우선 IT 책임자로서 여러분은 이들 일선 관리자들과 함께 정기적으로 미팅을 가져야 한다. 격주든 월별이든 상관없다. 중요한 것은 IT 인력의 배정에 대해 이들이 여러분과 협의를 한다는 점이다. 이때 다양한 사항을 고려해 볼 수 있는데 중요한 것으로는 다음과 같은 것들이 있다.

▶ 각 직원은 IT 부서 내 어느 분야에서 근무할 때에 가장 큰 가치를 창출할 수 있겠는가?

▶ 각 직원은 어떠한 태스크를 수행할 때에 IT 부서에 가장 큰 기여를 할 수 있겠는가?

▶ 각 직원은 어떠한 태스크를 수행할 때에 각자의 스킬과 역량을 향상시킬 수 있겠는가?

▶ 각 직원은 어떠한 태스크를 수행할 때에 각자의 약점을 최소화하고 강점을 극대화할 수 있겠는가?

이와 관련해 여러분은 본장의 앞에서 설명한 IT 직원 관련 테이블들을 활용하면 이 같은 미팅을 좀 더 효과적으로 진행할 수 있다.

이와 같은 접근방식을 취하면 설령 인력 배정 회의 결과가 예전과 같이 IT 직원들을 일선 관리자들에게 배정하는 것으로 끝나도 큰 문제가 되지 않는다. 왜냐하면 IT 부서 관리자인 여러분과 일선 관리자들은 이미 IT 인력 배정에 관해 다양한 대안을 검토해 보았기 때문이다.

그런데 IT 직원들을 다양한 교육훈련 프로그램에 참가하게 하는데 있어 어떻게 하는 것이 가장 효과적일까? 우선 여러분은 다음과 같은 질문에 대한 답을 갖고 있어야 한다.

▶ 참가 직원들이 교육훈련 프로그램에서 배운 지식과 정보를 실무에 즉시 활용할 수 있을 것인가? 배운 시점과 활용 시점 사이에 시간적 격차가 존재하면 배운 지식의 많은 부분을 잃어버리게 될 것이다.

▶ 교육훈련 프로그램에서 다루는 방법론 및 기법은 현재 IT 조직에서 적용하고 있는 것들과 상호 일관성이 있는 것들인가? 물론 기존의 방법론으로부터 탈피하기 위해 직원을 교육훈련 프로그램에 파견해 새로운 것을 도입해야 할 때가 있는데, 이런 경우에는 신기술 도입에 준한 별도의 방식으로 접근해야 한다.

IT 직원들이 교육훈련 프로그램에 참가하기 전에 여러분의 기대수준을 명확히 제시해 줄 필요가 있다. 즉 이들에게 교육훈련 프로그램을 마치고 조직에 복귀하면 이들이 무엇을 해야 할 것인지에 대해 여러분의 기대를 명확히 이해시켜 주어야 한다. 이를 통해 교육훈련 프로그램에 참가하는 직원들은 뭔가를 꼭 배워 와야 된다는 것에 대해 더욱 진지해 질 것이다. 아울러 이들에게 교육훈련 프로그램의 주제와 관련된 현안 및 문제점을 제기해 보게 해야 한다. 사실 이런 것들은 모두 교육훈련 프로그램 시작 전에 수행하는 사전 준비의 일환이기도 하다.

IT 직원이 교육훈련 프로그램을 마치고 복귀하면 여러분은 어떻게 하고 있는가? 대개 돌아오자마자 곧바로 실무에 복귀시키고 있을 것이다. 사실 교육훈련 프로그램 참가를 정상적 근무로부터의 이탈, 즉 휴가로 여기고 있는 사람도 적지 않을 것이다. 가장 바람직한 방법은 교육훈련 프로그램 참가자에게 교육 내용과 유관한 업무를 수행하고 있는 직원들을 대상으로 프리젠테이션을 수행하게 하는 것이다. 이러한 프리젠테이션에서는 반드시 다음과 같은 것들이 다루어질 수 있도록 해야 한다.

▶ 교육훈련 프로그램 내용 중에서 새로웠거나 충격적이었던 것은 무엇이었는가? 이를 통해 프리젠테이션을 좀 더 흥미롭게 만들 수 있다.

▶ 교육훈련 프로그램 참가 중 만난 사람 중에서 추후 계속 연락하고 지낼 수 있는 사람은 누구인가? 이는 인적 네트워크의 구축에 아주 도움이 되는 것으로서 교육훈련 프로그램 참가의 아주 중요한 부수 효과임을 명심하도록 하라.

▶ 당해 교육훈련 프로그램을 다른 직원들에게 추천하겠는가? 그렇다면 그 이유는 무엇이고 그렇지 않다면 그 이유는 또 무엇인가?

- ▶ 교육훈련 프로그램에서 소개된 방법론 및 기법들은 타당한 것들이고, 우리 조직에서 사용하고 있는 것들과는 잘 맞겠는가? 그렇다면 그 이유는 무엇이고 그렇지 않다면 그 이유는 또 무엇인가?
- ▶ 즉시 사용가능하거나 구현할 수 있는 것들은 어떤 것들인가?
- ▶ 즉시 구현하는데 있어 장애 요인이나 저항이 발생할 것인가?
- ▶ 즉시 구현할 수 있는 방안으로는 무엇이 있는가?
- ▶ 이 같은 구현 및 활용을 통해 어떠한 효과를 기대할 수 있는가?
- ▶ 추후에 구현 및 활용 가능한 것들로는 어떠한 것들이 있는가?
- ▶ 이 같은 구현 및 활용을 위해 어떠한 변화가 필요한가?

협업(Collaboration) 문화의 정립

이것은 기업 조직에서 가장 중요하면서도 가장 어려운 일이기도 하다. 하지만 이를 위한 노력은 반드시 이루어져야 한다. 왜냐하면 이는 약간의 진전만 있어도 상당한 효과가 발생하기 때문이다. IT 조직에서 위와 같은 협업 문화를 촉진하기 위한 방안으로 다음과 같은 것들이 있다.

- ▶ 프로젝트 회의 시 팀원들에게 각자의 작업 결과를 발표하게 한다.
- ▶ 태스크는 반드시 두 사람에게 배정하고, 책임은 한 명에게 부여한다.

▶ IT 직원이 인적 네트워크를 형성하도록 사회화 활동을 권장한다.

▶ 작업 계획을 수립할 때에 Lessons learned 공유 미팅을 실시한다.

▶ 방법론 및 툴과 관련된 Lessons learned 공유 미팅을 개최한다.

▶ 일 년에 며칠 동안은 IT 직원들이 짝을 이뤄 사용자 부서에서 자신들의 업무를 수행하게 한다.

특히 마지막 항목은 일반적으로 다음과 같은 효과가 있다.

- IT 직원이 비즈니스 부문의 업무를 직접 수행하는 기회를 제공한다.
- 비즈니스 부문에게 비즈니스 프로세스의 지원을 위한 IT의 헌신적인 노력을 보여줄 수 있다.
- IT 직원이 비즈니스 부문의 전문 용어와 업무 절차에 익숙해진다.

저자들은 위와 같은 효과 이외에 비즈니스 프로세스의 개선을 위한 좋은 아이디어를 많이 획득할 수 있었다.

IT 직원에 대한 동기부여

본장의 맨 처음에서 IT 직원들의 사기는 아주 중요한 것이라고 하였다. 이들의 동기부여 상태 또는 근로 의욕은 사기와 밀접한 연관이 있다. 몇몇 IT 조직에서는 추가 보상의 형식으로 주는 보너스를 IT 직원에 대한 가장 효과적인 동기부여 요인으로 믿고 있다. 하지만 이를 시행하기 전에 다시 한번 깊이 생각해 보라고 권하고 싶다.

이와 관련해 어느 한 컴퓨터 소프트웨어 개발 회사의 사례를 소개한다. 사례의 회사는 고객과의 비즈니스 유지 및 소프트웨어 제품에 대한 신뢰 유지를 위해 새로운 소프트웨어 제품들을 지속적으로 출시해야만 했었다. 따라서 새로운 소프트웨어 제품 개발을 촉진하기 위해 프로그래머들에게 보너스를 지급하기로 하였다. 하지만 불행히도 회사의 경영진은 자신들이 내린 의사결정의 시사점을 제대로 파악하지 못하였다. 왜냐하면 몇 가지 심각한 문제가 발생하였기 때문이다. 맨 먼저, 프로그래머들이 지급받은 보너스를 서로 비교하기 시작했다. 가장 많은 보너스를 지급받은 프로그래머이외의 나머지 프로그래머들은 크게 실망하였고 근로 의욕이 크게 저하되었다. 급기야 이들 모두의 생산성은 크게 하락하였으며 결코 만회할 수 없는 상태에 빠져버렸다. 설상가상으로 프로그래머들이 보너스를 지급받지 못한 테스트 및 품질 보증 직원들에게 으스댐으로써 이들 지원 인력들은 크게 분노하게 되었고, 사기가 크게 떨어졌다. 이 결과 이들 지원 인력들은 소프트웨어를 테스트하는데 있어 최선의 노력을 기울이지 않게 되었다. 결국 소프트웨어 제품은 경영진이 인지 못하는 에러와 버그를 내포한 채 출시되었으며 출시하자마자 시장에서 사장돼 버리는 운명을 맞이하였다. 불행 중 다행으로 사례의 회사는 그나마 부도가 나기 전에 다른 회사에 매각되었다.

그러면 IT 직원에 대한 가장 효과적인 보상 방법으로는 어떠한 것들이 있을 수 있겠는가? 일반적으로 많은 IT 조직들 사용하고 있는 방법으로는 다음과 같은 것들이 있다.

- 정기 휴가이외의 특별 휴가
- 상품권 또는 고급 레스토랑에서의 식사 쿠폰
- 직원 가족을 동반한 식사에의 초대
  - 직원 가족 앞에서 회사를 대리해 감사와 치하를 표시

IT 조직 내 인간관계 문제의 해결

IT 조직에서 자주 발생하는 심각한 문제 중의 하나가 바로 직원들 간에 서로 사이좋게 지내지 못하고 있는 상황이다. 이러한 문제는 기술적 이견이나 작업 수행 방식에 대한 차이로 인해 자주 발생한다. 이유야 어떻든 이러한 문제가 지속되면 서로 접촉을 피하게 되고, 급기야 공동 프로젝트에서 상호 정보를 교환해야 하는 상황임에도 불구하고 서로 접촉을 회피하는 상황이 지속된다.

IT 부서 관리자인 여러분은 이러한 상황을 어떻게 처리하겠는가? 물론 당장의 업무가 급하고 천체적인 근무 분위기를 훼손하지 않기 위해서는 모른 척하고 지낼 수도 있다. 하지만 이보다 더 효과적인 방법은 관계가 좋지 않은 직원들에게 공동 작업을 배정하는 것이다. 이렇게 하면 이들은 동시에, 하지만 따로따로 여러분을 찾아와 자신들이 사이가 좋지 않다는 것을 뻔히 알면서 왜 그런 결정을 내리셨느냐고 따질 수 있다. 바로 이때 여러분의 태도가 아주 중요하다. 여러분은 "그 점은 잘 알고 있다. 그런데 앞으로 계속해서 관계가 좋지 않으면 공동 작업을 더 배정할 것이다."라고 대답해야 한다. 어쨌든 여러분은 IT 부서의 관리자이고 부서의 전반적인 근무 분위기를 책임지고 있는 사람이다. 직원들의 이 같은 요구에 응하면 그 순간부터 여러분은 파워를 잃게 된다는 점을 명심하라.

IT 직원 중에는 자기의 기술적 지식을 이용해 비공식적인 파워를 행사하려는 직원이 더러 있다. 분명히 말하거니와 이는 IT 부서 관리자와 일선 관리자들의 파워 상실이라는 희생을 바탕으로 발생되는 것이니 만큼 결코 허용해서는 안 되는 것이다. 이 같은 상황이 발생하면 경험상 가장 좋은 방법은 그 직원을 불러 기술적 전문 용어를 전혀 사용하지 않으면서 극히 상식적인 단어를 사용해서 질문을 던지는 것이다. 이렇게 하면 그 직원도 어쩔 수 없이 평범한 단어를 사용해서 대답할 것이다. 이 방법의 또 다른 효과는 그런 직원들에게 마치 '너희들의 기술적 지식은 분명히 중요하다. 하지만 더 중요한 것은 너희들은 팀의 일부라는 사실이다.'라고 경고하는 것과 같다는 점이다.

많은 IT 조직에서 외톨이 직원들을 쉽게 찾아 볼 수 있다. 이들 외톨이 직원들은 업무 수행 과정에서 다른 동료 직원과 접촉을 거의 하지 않는다. 다른 직원 역시 이들과 접촉하지 않는다. 이러한 상황은 과거의 IT 환경이라면 용납할 수 있지만 오늘날과 같은 IT 환경에서는 절대로 방치해서는 안 된다. 오늘날 정보 시스템은 과거와는 비교가 안 될 정도로 상호 연동 및 통합돼 있으며 이로 인해 인터페이스는 굉장히 다양하고 복잡해졌다. 따라서 외톨이 직원들에게는 공동 업무를 배정해 다른 사람들과 협업이 이루어질 수 있게 하여야 한다. 이와 더불어 이들 직원들이 자신의 수행 업무에 대해 발표할 수 있는 기회를 더 많이 부여하여야 한다.

하급 직원들의 스킬 향상

IT 조직의 하급 또는 초급 직원들은 대개 고참 직원들에게 눌려 지낼 수밖에 없다. 여러분도 다 짐작하고 있겠지만 고참 직원들이 하급 직원들과 비교해 다음과 같은 조직적 우위를 점하고 있기 때문이다.

- 다양한 경험
- 더 많은 기술적 지식
- 내부 시스템에 대한 숙지도
- 다른 IT 직원 및 사용자들과의 정치적 유대 관계와 접촉 능력

만약에 IT 부서 관리자가 이들 하급 직원들을 아무런 대책 없이 실무에 투입시키면 이들은 습득이 용이한 기술적 스킬로 가능한 난이도가 낮은 업무만 계속 수행할 뿐, 어플리케이션 및 아키텍처에 대한 지식이 필요한 고난이도 업무는 전혀 손대지 못하게 된다. 아울러 이들의 업무적 성장이 지체됨으로 인해 비즈니스 부서와의 관계도 원활하지 않게 될 가능성이 높아진다. 이러한 상황은 상당히 많은 경험을 보유한 중도 입사자에게도 똑같이 발생될 수 있다.

따라서 여러분은 IT 부서 내 하급 직원과 신입 직원 및 중도 입사자가 조기에 조직에 적응하고 빠른 시일 내에 제 몫을 할 수 있도록 하기 위한 대책을 마련하여야 한다. 이를 위한 몇 가지 가이드라인으로 다음과 같은 것들이 있다.

▶ 각각의 하급 직원에게 흔히 말하는 '사수' 또는 Mentor 역할을 수행할 수 있는 고참 직원을 배정해 준다.

▶ 이를 위해 사전에 고참 직원을 따로 불러 이 같은 역할을 수행하는 것의 가치와 장점을 정확히 말해 준다.

▶ '사수' 배정 시에는 반드시 두 사람을 동시에 불러 해야 하며, 이때 이들 간에 작업 배정이 어떠한 방식으로 이루어져야 하는지에 대해 여러분의 생각을 명확하게 전달하도록 한다. 특히 지식 전수에 대한 여러분의 기대도 분명히 전달한다.

▶ 하급 직원에게는 어느 정도의 시간이 지나면 몇 가지 태스크를(물론 소규모의 부담 없는 것이어야 한다.) 맡기겠다는 점도 말해 주도록 한다.

이에 대해 고참 직원들이 반발하거나 또는 부외 업무로 간주할 수 있다. 하지만 IT 책임자가 이런 것을 IT 부서의 일반화된 관행으로 정해버리면 고참 직원은 왜 자신만 이런 일을 해야 하는지 생각하지 않을 것이고 이 같은 업무를 수행하는 것이 아주 공정한 것이라고 생각하게 된다. 아울러 초급 직원 역시 처음부터 고참 직원의 업무 중에서 아주 상규적인 잡무를 도와 줄 수 있기 때문에 고참 직원에게도 적지 않은 도움이 된다. 이러한 접근방식은 본서의 제5장에서 다룬 신입 프로젝트 관리자에게도 똑같이 적용될 수 있다.

IT와 비즈니스의 얼라인먼트

IT와 비즈니스의 얼라인먼트를 평가하기 위한 하나의 기법으로 비즈니스 프로세스를 지원하기 위해 배정된 IT 직원의 근무시간을 파악하는 방법이 있다. 이 기법은 그림 6.8에 나오는 테이블을 활용하는데, 테이블의 세로는 비즈니스 프로세스를 나타내고 가로는 IT 조직 내 작업 그룹 및 업무 기능 영역을 나타낸다. 그런데 여기에서 중요한 문제는 네트워크 운영 및 관리와 같은 공유 서비스(Shared service)를 제공하는 직원들의 근무시간을 배분하는 방법을 결정하는 것이다. 일반적으로 비즈니스 프로세스별로 규모에 따라 배분하는 방법을 많이 사용하고 있는데, 간혹 각 비즈니스 프로세스의 중요도에 따라 배분하는 방법도 사용하고 있다. 하지만 이러한 방식은 아주 정치적이라는 점을 명심하도록 하라.

IT 업무 영역	비즈니스 프로세스		

그림 6.8 IT 직원 근무시간 대비 비즈니스 프로세스 테이블

IT 업무 영역	비즈니스 부서		

그림 6.9 IT 직원 근무시간 대비 비즈니스 부서 테이블

현명한 여러분은 이 테이블과 함께 제2장과 제4장에서 소개된 테이블을 활용해서 다양한 IT 활동들이 비즈니스 비전 및 목표를 어떻게 지원하고 있는지 파악할 수 있을 것이다. 이와 같은 접근방식은 조직의 경영진 및 IT 부서 관리자 모두에게 더할 나위 없이 값진 관리 도구가 된다.

그런데 비즈니스 프로세스대신 주요 비즈니스 부서를 지원하는데 소요된 IT 직원의 근무시간을 파악하는 방법도 있다. 이는 그림 6.9의 테이블을 활용하는데 가이드라인은 그림 6.8의 테이블과 동일하다.

여기에서 유의할 점은 이들 두 테이블이 정확히 일치하지 않는다는 점이다. 다시 말해 어느 한 비즈니스 부서가 특정 프로세스에 대한 Owner라고 하더라도 당해 프로세스에 배정된 시간은 그 부서에 배정된 시간과 일치하지 않을 수 있다. 왜 그럴까? 여러 가지 이유가 있을 수 있겠지만, 그 중의 하나가 여러 부서에 걸쳐 수행되는 프로세스(Cross-department process) 및 교차-기능적 프로세스(Cross-functional process)가 존재하기 때문이다.

이들 테이블의 활용 효과는 무엇일까? 가장 중요한 효과는 경영진에게 IT 부서가 하고 있는 것을 비즈니스 관점에서 설명할 수 있다는 점이다. 두 번째로 비즈니스 미션 및 목표를 전사 차원에서 효과적으로 지원하기 위해 우선순위에 따라 IT의 지원 노력을 차별화시킬 수 있다는 점이다.

리스크 관리

IT 조직에서 가장 바람직하지 않은 상황은 외견적으로는 일이 잘 돌아가고 있는 것처럼 보이지만 그 누구도 실제 상황에 대해서는 전혀 말하지 않는다는 것이다. 예를 들어 두 아이가 옆방에서 놀고 있는데 갑자기 조용해졌다고 하자. 이런 경우에 여러분은 곧바로 문제가 발생했다고 생각할 것이다. IT도 마찬가지이다. 아무런 말도 하지 않는다는 것은 문제가 존재한다는 것을 의미한다. 이럴 때에는 관련 직원들을 한 명씩 따로따로 불러 대화해 보아야 한다. 대화할 때에는 추궁하는 태도를 취해서는 안 된다. 다만 일이 어떻게 진행되고 있으며 그들이 실제로 무엇을 하고 있는지에 대해서만 질문하도록 하고 이들의 말을 주의 깊게 경청한다. 이렇게 하면 직원들도 숨김없이 털어 놓을 것이다.

거의 모든 IT 조직들이 IT 관리감독에 대해서는 소수의 몇 사람에게만 의존하고 있다. 물론 이 같은 현상은 이들의 어플리케이션 및 툴에 대한 심도 있는 지식으로 인해 어쩔 수 없는 것일 수도 있다. 아울러 항상 인적 자원이 여유롭지 않기 때문에 IT 관리자들은 백업 인력에 대해서는 허용될 수 없는 사치로만 여기고 있을 뿐이다. 이런 상황에서 IT 직원 리스크 관리를 위한 가장 바람직한 접근방식은 다음과 같은 측면에서 리스크가 가장 높은 영역을 사전에 미리 파악해 두는 것이다.

- 직원들의 연령대 및 생활의 안정성
- 직원들이 보유하고 있는 지식별 중요도
- 직원들이 지원하고 있는 프로세스의 중요도

본래 문제란 반드시 커지기 마련이고 입에서 입을 통해 소문으로 퍼져

나가게 되어 있다. 처음에는 몇몇 IT 직원이 자기들끼리 속닥거릴 것이다. 일단 이렇게 되면 소문은 신속히 확산된다. 따라서 IT 책임자인 여러분은 평소에 소문에 대한 리스트를 만들어 관리하여야 하며, 회의 시 관련 직원들과의 공유를 통해 소문과 관련된 우려를 말끔히 해소해 주어야 한다.

IT 직원들의 작업시간 및 업무와 관련해서도 리스크가 발생할 수 있다. 시간이 지남에 따라 IT 부서의 일선 관리자 및 고참 직원들과 비즈니스 부서의 일선 관리자 및 고참 직원들 사이에 업무적 유대 관계가 형성된다. 이 자체로는 전현 문제될 바가 없으며 극히 당연한 일이다. 그런데 문제는 이들 비즈니스 부서 직원들이 이와 같은 관계를 이용해 IT 부서 직원이나 일선 관리자들에게 직접 지원 요청을 하게 된다는 점이다. 물론 처음에는 사소한 업무부터 시작할 것이다. 하지만 그것이 아무리 사소한 일이라 하더라도 IT 부서 책임자인 여러분이 이를 전혀 모르고 있다는 것은 심각한 문제다. 여러분이 책임을 맡고 있는 직원의 시간과 활동이 여러분이 전혀 모르는 곳에 사용되고 있다는 의미이다. 이를 좌시해서는 안 된다. 이들 직원들의 접촉 내용과 관계를 정확히 추적해서 다시는 이 같은 일이 발생되지 않도록 해야 한다.

사례

SUPREME OIL – 종합 에너지 회사

Supreme Oil은 IT 부서 내에 별도의 프로젝트 관리 그룹을 운용하고 있었다. 그런데 그 프로젝트 관리 그룹의 책임자는 프로젝트 관리 규칙을 IT 부서 내 모든 사람들에게 확대 적용하려고 하였다. 사실 이는 IT 부서 관리자의 권한을 행사하는 것과 마찬가지였다. 물론 이 같은 접근방식은 프로젝트로 정의된 업무에 대해서는 아주 좋은 효과를 거둘 수 있었지만 문제는 획일적인 확대 적용은 그렇지 못했다는 점이었다. 상황이 이럼에도 불구하고 프로젝트 관리 그룹은 확대 적용 정책을 줄기차게 밀고 나갔고 급기야 IT 부서 내 나머지 직원들의 분노가 여기저기서 터져 나오기 시작하였다. 이 결과 IT 직원들은 각자의 업무 대부분을 프로젝트가 아닌 일상적인 운영 업무라고 주장하기에 이르렀다. 이 같은 문제는 결국 IT 부서 책임자에게까지 보고되었고 부서장의 지시에 따른 조사 결과 IT 직원의 근무시간 중 단지 25%만이 프로젝트에 사용되고 있다는 것이 밝혀졌다. 하지만 이는 Supreme Oil이 수행하고 있었던 프로젝트와 비교해 볼 때 턱없이 작았다. 결국 모든 사실이 밝혀졌고 프로젝트 관리 그룹의 책임자 및 관련 직원들은 전원 재교육을 받기에 이르렀다.

TUCKER COUNTY – 지방 정부

Tucker County의 IT 부서에는 한 동안 3명의 '골목대장(The King and Queen Bees)' 직원들이 버티고 있었다. 이들은 비공식적으로 막강한 파워를 행사하면서 IT 부서장의 권한을 잠식하고 있었다. 이와 같은 것이 어떻게 가능하였을까? 바로 이들이 보유하고 있던 기술적 지식을 통해서였다. 전임 IT 부서 관리자가 이들의 조직적 입지를 인정해 주었기 때문에 이들의 이러한 행태는 IT 부서 내에서 하나의 관행으로 고착되었고, 어느 순간부터는 IT 책임자마저 고칠 수 없게 돼버렸다. 하지만 새로 취임한 IT 부서장은 이러한 문제점을 즉시 간파했다. 신임 IT 부서장은 이들에게 종전의 기술 지향적 행동 방식을 지양하고 비즈니스 지향적 행동 방식을 취하라고 엄명하였다. 이 일환으로 이들에게 어떤 커뮤니케이션을 하든지 반드시 기술적 전문 용어대신에 보통의 비즈니스 언어를 사용하라고 지시하였다. 이를 통해 신임 IT 부서 관리자는 이들과의 관계에 있어 본연의 파워를 회복할 수 있게 되었다.

SHAMROCK AGRICULTURE – 농업 협동조합

Shamrock의 IT 책임자는 한 고참 직원을 기술 인프라스트럭처 관리를 책임지는 일선 감독자, 즉 슈퍼바이저로 승진시켰다. 그런데 Shamrock의 IT 부서는 소규모 조직이었으므로 새로 승진한 인프라스트럭처 관리자는 예전에 자신이 맡았던 업무도 계속 수행해야 했었다. 하지만 그는 그렇게 하지 않았다. 그는 휘하에 직원 1명밖에 없음에도 불구하고 관리의 역할만 수행하고 기술적 실무는 전혀 수행하지 않았다. 이 결과 네트워크 장애에 대한 적시 대처가 제대로 이루어지지 않았고 이로 인해 수많은 문제점이 발생하기에 이르렀다. 결국 그는 옛날의 직위로 좌천되었다. 여기에서의 교훈은 IT 부서의 기술직 직원들을 관리직으로 승진시킬 때에는 사전에 주의 깊게 생각해 보아야 한다는 점이다. 관리직과 기술직은 근본적으로 전혀 다른 스킬을 필요로 하다는 사실을 명심할 필요가 있다.

교훈(Lessons learned)

▶ IT 인력을 작업에 배정할 때에는 반드시 미래지향적인 '사용자-니즈 선도형' 방식에 따라 수행하여야 한다. 그렇지 않으면 많은 부분이 일선 업무 감독자나 고참 직원들의 자의적인 재량에 의해 배정된다. 이는 결국 IT 자원 배정이 '우는 놈에게 떡 하나 더 준다.'는 논리에 의해 지배된다는 것을 의미한다. 이것이야말로 IT 조직의 가장 현명하지 못한 자원 배정 방식이다.

▶ 자원 배분과 관련한 중요도 평가 및 가치 결정 시, 반드시 일선 업무 감독자 및 직원들을 참여시키야 한다. IT 관리자인 여러분 혼자 하게 되면 IT 부서 내 업무 공조의 효과는 결코 발생하지 않는다.

▶ IT 인력 자원 배분과 관련된 각종 측정 결과를 경영진뿐만 아니라 비즈니스 관리자들에게도 설명해 주도록 한다. 이를 통해 여러분은 IT 부서가 핵심 비즈니스 니즈를 충족하기 위해 전문화된 자원 배정 기법을 활용하고 있다는 점을 보여줄 수 있다. 아울러 IT의 자원을 지원받지 못한 비즈니스 부서에게 왜 그럴 수밖에 없었는지에 대한 타당한 이유를 제시할 수 있다.

IT 직원 관리 성과 척도

IT 부서 관리자로서 여러분이 IT 직원들을 효과적으로 관리하고 있다면 이는 그림 6.10과 같은 성과 척도를 통해 명확히 제시될 수 있어야 한다. 그림 6.10에 나와 있는 질문 항목들은 본장의 각 절에서 다룬 핵심 주제와 관련된 것들이다.

- IT 직원 성과 평가 시, 어떠한 접근방식을 취하고 있는가?
- IT 직원 스킬 분석 시, 어떠한 방법을 활용하고 있는가?
- IT 직원 채용 시 어떠한 체계와 절차를 적용하고 있는가?
- IT 조직 내 협업 및 업무 공조에 대한 IT 관리자의 지원은 어떠한가?
- IT 조직의 사기를 높이고 관리하는데 있어 어떤 대책들이 수립돼 있는가?
- IT 자원은 비즈니스 프로세스에 어떻게 배분되고 있는가?
- IT 자원은 비즈니스 부서에 어떻게 배분되고 있는가?
- 전체 IT 업무 중에서 '사용자-니즈 선도형' 방식 대비 '사용자-요청 대응형' 방식으로 전개되는 것들의 비율은 어떠한가?

그림 6.10 IT 직원 관리 성과 척도

- 얼마나 많은 IT 태스크들이 2명 이상의 직원에게 공동으로 배정되고 있는가?
- IT 부서 내 단위 조직간 자원의 공유가 제대로 이루어지고 있는가?
- 신입 직원의 경우 기존 직원과의 공조가 가능하도록 배정되고 있는가?
- IT 직원들은 각자의 작업 결과를 서로에게 발표하도록 하고 있는가?
- IT 조직 내에서 비즈니스 프로세스에 대한 지식은 어떻게 공유되고 있는가?
- IT에서 사용되고 있는 방법론 및 툴에 대한 정보는 어떻게 공유되고 있는가?
- 직원들은 매번 교육훈련 및 세미나 참가 결과를 프리젠테이션하고 있는가?
- IT 업무 평가 시, 일선 감독자 및 직원들이 어느 정도 참여하고 있는가?

그림 6.11 IT 조직의 팀워크 평가용 질문 항목

특히 IT 조직에서 팀워크란 매우 중요하므로 IT 조직의 팀워크 수준 및 범위를 평가할 수 있는 질문 항목들이 그림 6.11과 같이 마련되어야 한다. 이와 같은 질문을 통해 여러분은 IT 부서 내 팀워크와 관련된 문제점을 파악하고 이를 개선하기 위한 통찰력을 얻을 수 있게 될 것이다.

요약

일반적으로 기업 조직의 비즈니스 부서 관리자들은 나름대로 직원들에 대한 관리 스킬과 경험을 충분히 갖고 있는 것으로 알려져 있다. 하지만 IT 인력들은 그들이 수행하는 업무의 성격과 수행방식의 특이성으로 인해 이들에 대한 관리감독은 비즈니스 부서 직원들에 대한 관리감독과는 아주 다르다는 사실을 유념하여야 한다. 저자들의 경험에 의하면 각 기업의 IT

조직들은 저마다 특이했으며 고유한 문제를 갖고 있었다. 이런 맥락에서 볼 때에 비즈니스 관리자들에게 있어 IT 부서 책임자로 이동한다는 것은 커다란 당혹감을 불러일으킬 수 있다. 하지만 바로 이 같은 점으로 인해 기업 조직의 일반 관리자로서 흥미롭고 그 만한 가치가 있는 것일 수도 있다는 점을 새겨 둘 필요가 있다.

제7장

IT 작업 관리

서론

이번 장에서는 여러분이 IT 부서 관리자로서 직원들이 수행하는 작업을 어떻게 관리하고 리뷰할 것인지 설명하고자 한다. 본래 이와 같은 주제는 내용이 아주 광범위하므로 여기에서는 몇 가지 핵심적인 영역에 대해서만 다루고자 한다. 그런데 IT 작업을 관리하는데 있어 가장 큰 고민은 시간과 중요성에 관한 것이다. IT 부서 책임자나 프로젝트 리더 및 슈퍼바이저는 직원들의 작업을 관리하고 방향을 설정하며 감독을 하는데 있어 시간이 한정되어 있다. 이에 관련해 그동안 시간 관리에 관한 서적들이 많이 출판되었는데 이들 모두 공통적으로 다음과 같은 것을 지적하고 있다.

IT 작업을 관리하는데 있어 관리자의 시간 배분이야말로
IT 관리의 전반적인 성공을 달성하기 위한 핵심 요소이다.

IT 작업 관리와 관련해 일을 어렵게 만드는 것이 한 가지 더 있다. 바로 IT 부서의 모든 관리자들이 직위고하와 상관없이 자신이 잘 알고 있거나, 관심이 있는 작업에 대해서만 주의를 기울인다는 점이다. 문제나 현안 및 리스크가 있는 업무에 대해서는 주의를 기울이지 않는다. 이 결과 상황은 걷잡을 수 없을 정도의 심각한 위기로 치닫게 된다. 이와 관련해 여기에서도 제 5장에서 정의했던 리스크를 똑같이 준용하기로 하겠다.

어떤 작업에 현안이나 문제가 존재한다는 것은
그 작업에 리스크가 잠재돼 있다는 것을 말한다.

따라서 현안 및 문제의 색출을 통해 리스크를 식별하는 것이 이번 장의 전편에 걸친 초점이 되겠다.

작업 체크는 비공식적으로 하라

IT 작업에 대한 체크는 공식적인 미팅이나 리뷰만으로는 부족하다. IT 직원들은 대개 부서 관리자인 여러분에게 여러분이 듣고 싶어 하는 말만 하기 때문이다. 정상적인 직원이라면 공식석상에서 괜스레 문제나 현안을 제기해 편지풍파만 일으켰나는 비난을 받고 싶어 하지 않을 것이다. 서양 속담에도 있지 않은가? '욕먹을 놈 따로 있고 욕먹는 놈 따로 있다'고 (Blame the messenger bringing bad news - 역자 주; 속담 번역은 고도의 언어적 및 문화적 전문성을 바탕으로 해야 하나, 본서에서는 본 역자의 극히 개인적인 경험과 뼈아픈 과거를 바탕으로 하였음. 독자 여러분의 양해를 바람.). 바로 이러한 이유 때문에 IT 부서 책임자인 여러분이 직접 나서서 IT 직원들과 극히 비공식적인 접촉을 갖도록 해야 한다. 이를 위해 저자들의 다양한 경험을 바탕으로 다음과 같은 비공식 커뮤니케이션 가이드라인을 제시해 본다.

▶ IT 부서 직원들이 일하고 있는 현장을 직접 방문해 이들에게 "그래, 일은 어떻게 돼가고 있어?"라고 물어 보도록 하라. 이때에 여러분은 이들의 말을 끝까지 경청하여야 한다. 이들의 말이 끝나지 않았는데 떠나는 일은 절대로 없어야 한다.

▶ 직원들과의 비공식적 접촉은 가급적 작업 수행 전후나 회의 전후의 휴식시간에 갖도록 하라.

▶ 직원들과의 대화 도중에는 이들의 말을 경청하면서 이들의 행동을 유심히 관찰하도록 하라. 특히 이들의 Body Language에 주목하여야 한다. 직원들이 여러분과 대화할 때에 여러분을 응시하였는가 아니면 고객을 숙인 채 아래만 바라보고 있었는가?

▶ 직원들에게 여러분의 도움이 필요한지 물어보라. 솔직히 이런 질문을 액면 그대로 받아들여 즉석에서 도움을 청하는 직원은 거의 없다. 하지만 이 같은 질문을 통해 여러분은 직원 하나하나에게 자기 부서의 관리자가 자기를 돕기 위해 최선을 다하고 있다는 이미지와 신뢰를 심어 줄 수 있다.

▶ 여러분이 만날 직원들을 리스트를 만들어 관리하라. 테이블을 활용해 가로에는 직원들의 이름을 세로에는 만난 날짜를 기록하고 테이블 기입항목 난에는 특기 사항이나 그냥 'X'를 적어 놓는다.

▶ 여러분이 만난 어떤 직원이 부서 현안을 제기한 경우 여러분은 아주 조심히 행동하여야 한다. 만약 그 즉시 관련 업무 감독자를 부르면 이들은 IT 부서장이 자기들의 일을 대신하고 있다고 생각할 것이다. 심하면 이들 업무 감독자들은 그 직원을 혼내 주거나 여러분과 직원들의 접촉을 어떠한 방식으로든 통제하려고 할 것이다. 따라서 이와 같은 현안은 추후에 그 직원 및 업무 감독자와 함께 통상적인 업무 수행의 일환으로 조사하게 하여야 한다. 이때에 그 현안을 그 직원과 절대로 연계시켜서는 안 된다.

▶ 특정 분야의 기술과 관련된 주제를 가지고 직원들과 비공식적인 미팅을 자주 갖도록 하라.

▶ 여러분의 방문 대상에 단 한명의 직원도 제외되지 않도록 해야 한다. 만약에 한 명이라도 제외되면 그 직원은 고립감을 느끼게 될 것이다. 이는 다시 말해 만약에 여러분의 IT 조직이 3 교대 근무제로 일하고 있다면 여러분은 24시간 내내 일해야 한다는 것을 말한다.(왜냐고? 여러분은 IT 부서 책임자이니까.)

IT 조직의 책임자인 여러분이 시간을 조금 할애해 이러한 활동을 수행하면 많은 효과를 얻게 될 수 있다. 우선 여러분의 IT 조직이 어떻게 돌아가고 있는지 생생히 파악할 수 있다. 저자들은 이 같은 기법을 20년 넘게 사용하고 있다. 처음에는 어느 정도의 시간이 소요되었지만 곧 익숙해져 다른 업무에 대해서도 쉽게 적용할 수 있음을 알게 되었다. 아울러 이러한 방식으로 약 150명과의 비공식적인 접촉을 유지한 바 있다.

이러한 방식은 IT 부서 직원들의 사기앙양에도 도움이 된다. 다시 말해 IT 조직의 프로젝트 리더 및 업무 감독자를 위한 부하 관리 모델로 활용할 수 있다. 이들 중간 관리자에게 모델의 활용을 적극 권장하고, IT 부서 직원들이 중간 관리자와의 비공식 접촉에서 제기한 현안들을 해당 중간 관리자와 함께 검토하도록 한다.

이 같은 비공식적인 접촉 활동은 IT 부서 직원들이 특정 작업에 개별적으로 배정돼 업무를 수행한다는 점을 고려하면 아주 중요한 의미를 갖고 있다. 이들은 거의 모두 정보가 필요한 경우에 한해 다른 직원과 접촉하는 경향이 있기 때문이다. 바로 이점이 공동작업과 협업이 자주 이루어지는 보통의 비즈니스 부서와 크게 다른 점이기도 하다.

이외에 IT 조직의 책임자로서 여러분이 직원의 작업 관리를 위해 특히 집중해야 할 영역이 있다. 주요 영역으로는 다음과 같은 것이 있으며 이들 각각에 대해 설명하도록 하겠다.(마지막 2개는 나머지에 언급되어 있다.)

- 기존 IT 방법론 및 툴에 대한 평가
- IT 작업 수행 방식의 구조화
- IT 작업 산출물에 대한 리뷰
- IT 작업 현안 관리

- Lessons learned의 수집 및 활용
- 문서화(Documentation) 방식의 개선
- 새로운 IT 방법론 및 툴 선정과 도입
- 일상적 작업 활동 및 프로젝트 관리
- 자원 관련 상충 상황 해결

기존 IT 방법론 및 툴에 대한 평가

기업 조직의 다른 비즈니스 기능에서와 같이 IT 영역에서도 방법론과 툴은 아주 중요하다. 방법론이란 범용적으로 적용되는 방법 또는 기법을 말하며, 일례로 객체 지향 프로그래밍(Object Oriented Programming) 방법론을 들 수 있다.

그런데 객체 지향 프로그래밍이 아주 유용한 방법론이긴 하지만 쉽게 적용하기 위해서는 이를 위한 지원 툴이 필요하다. 이 같은 툴로는 객체 소프트웨어 라이브러리, 컴파일러, 에디터 등이 있다.

여러분은 IT 책임자로서 이 같은 IT 방법론 및 툴의 활용과 관련해서 직원들에게 다음과 같은 목표를 제시할 수 있어야 한다.

▶ 작업 산출물의 오류가 감소되고 품질이 향상될 수 있어야 한다.

▶ 작업 수행 시간을 단축할 수 있어야 한다.

▶ 업무 인수인계 및 지식 전수가 쉽게 이루어질 수 있어야 한다. 만약 어떤 직원이 특정 방법론 및 툴을 사용하다가 조직을 이동하는 경우, 다른 직원이 그 직원의 업무를 조기에 따라 할 수 있어야 한다.

▶ 동일한 방법론과 툴을 사용하는 직원 간에 작업 산출물의 일관성 및 호환성을 확보할 수 있어야 한다.

▶ IT 조직에서 사용하고 있는 모든 방법론 및 툴에 대해 일관성 있게 활용할 수 있는 표준과 가이드라인을 마련하여야 한다.

▶ 방법론 및 툴을 바탕으로 작업 소요 시간을 추정할 수 있어야 한다.

▶ 유지보수 및 개선이 좀 더 쉽게 수행될 수 있어야 한다.

▶ 운영 지원이 적시에 이루어 질 수 있어야 한다.

그림 7.1에는 현재 사용하고 있는 방법론 및 툴에 대한 평가 테이블이 제시되어 있다. 가로의 줄은 현재 수행하고 있는 IT 활동들을 의미한다. 세로의 각 열은 현재 사용하고 있는 방법론 및 툴의 종류, 전문가의 존재 여부, 방법론 및 툴의 효과적 활용을 위한 가이드라인 존재 여부, 방법론 및 툴 활용에 대한 경영진의 기대수준을 나타낸다.

이를 위해 맨 먼저 직원들을 시켜 IT 활동 리스트를 만들되, 완벽하고 구체적으로 만들게 해야 하며 철저한 리뷰를 수행하여야 한다. 각 활동을 적절한 그룹으로 분류한 다음에 직원들에게 테이블을 채우게 한다. 이러한 과정을 거치는 동안에 아주 흥미로운 사실들이 밝혀질 것이다. 저자들의 경험에 따르면 다음과 같은 사실들이 자주 밝혀졌다.

IT 활동	방법론	툴	전문가	가이드라인	경영진 기대

그림 7.1 IT 방법론 및 툴 테이블

- ▶ 자기가 근무하고 있는 IT 부서에서 어떤 방법론과 툴들이 사용되고 있는지 전혀 모르고 있는 직원들이 의외로 많다.
- ▶ 방법론 및 특히 툴의 기대 효과가 명확히 정의되어 있지 않다.
- ▶ 방법론 및 툴의 활용도가 상당히 저조하다.

세 번째 사실은 IT 작업 관리에 큰 문제를 야기한다. 예를 들어 방법론 및 툴의 활용없이 사용자 요구사항을 정의하고 있다고 하자. 이와 관련된 IT 직원들은 각자의 과거 경험을 바탕으로 수작업에 의해 이 활동을 수행할 것이다. 바로 이것이 문제다. 즉, IT 부서의 공식적인 표준 방법론이 부재한 가운데 IT 직원들 각자가 서로 다른 자기만의 방식에 의해 작업을 수행한다는 점이다. 이 결과 작업 산출물이 모두 각자의 경험 및 지식을 바탕으로 생성됨으로써 이들 작업 산출물 간에 일관성이 크게 떨어진다.

그런데 예를 들어 프로젝트 프리젠테이션을 위한 IT 조직의 공식적인 방법론이 존재하면서 사전에 정의된 구체적인 표준 아웃라인을 준수하고 있지만 지원 툴로는 단순한 그래픽 프리젠테이션 소프트웨어만 사용하고 있는 경우는 그리 큰 문제가 되지 않는다.

이와는 반대로 툴은 있지만 방법론이 없을 수 있는데 이런 경우는 대개 누군가에 의해 툴이 도입되긴 하였지만 툴의 활용을 위한 체계적인 접근 방법이 아직 못 갖추어진 상황이다. 이런 상황에서는 대개 엄청난 규모의 노력이 낭비되고 있다고 생각하면 된다.

방법론 및 툴이 존재하더라도 그 활용에 관한 가이드라인이 존재하지 않는 경우에도 IT 직원들은 자신만의 방법 및 경험에 의거해 작업을 수행한다. 아울러 IT 직원들이 툴 활용법을 배울 때에 아무것도 없는 상태에서 하나하나 배우지 않으면 안 된다. 이 얼마나 낭비적이며 비생산적인 상황인가. 더 심각한 문제는 직원들 각자가 제각각으로 배운다는 사실이다. 이 결과, 앞에서와 마찬가지로 작업 산출물의 품질이 균등하지 않게 된다.

IT 전문가란 무엇인가? IT 전문가란 특정 기술 분야에 대한 전문성뿐만 아니라 이와 관련된 방법론 및 툴에 대한 전문성을 모두 보유하고 있는 사람을 말한다. 일반적으로 IT 조직이 현재 사용하고 있는 방법론 및 툴 모두에 대해 전문가를 보유할 수는 없다. 따라서 여러분은 그림 7.1의 테이블을 통해 여러분의 IT 조직에서 어떠한 분야의 전문가가 부족하다는 사실을 정확히 알 수 있고, 이를 통해 IT 작업을 더 효과적으로 관리하기 위한 통찰력을 얻을 수 있게 된다.

IT 방법론 및 툴 활용과 관련해 경영진의 기대는 왜 중요한 의미를 갖는 것일까? 일반적으로 IT 방법론 및 툴은 사용자인 직원들의 의사와는 무관하게 관리자의 뜻에 의해 도입되며, IT 직원들은 별 생각 없이 관련된 교육을 받는다. 사정이 이렇다 보니 IT 직원들은 방법론 및 툴을 활용하는 근본적인 목적을 명확하게 인식하지 못하고 있는 경우가 많다. 예를 들어 여러분의 IT 조직에서 Microsoft Project를 도입해서 활용하기로 했다고 하자. 이런 경우 "도대체 어떤 프로젝트에서 사용하려고 하며, 만약에 IT 직원들 모두가 이 툴을 사용하는 것이라면 어떤 효과를 기대하고 그러는 것인가?"와 같은 질문에 대한 대답을 명확히 내려야 한다. 그렇지 않으면 설령 직원들에게 툴 활용법을 교육시킨다 하더라도 직원들 중에는 여전히 이렇게 하는 것의 목적과 기대효과를 명확하게 인식하지 못하는 사람들이 상당히 많이 존재할 것이다. 심지어 어떤 직원들에게는 자신의 실제 업무 수행에 방해만 되는 오버헤드 작업으로만 비춰질 수 있다. 물론 이 같은 상황은 IT 조직의 책임자인 여러분이 바라는 것은 아닐 것이다. 바로 이런 이유 때문에 IT 방법론 및 툴의 활용에 관한 경영진의 기대가 중요하다.

IT 작업 수행 방식의 구조화

IT 부서에서는 매번 새로운 작업이 발생한다. 이는 어느 한 프로젝트의 일부 태스크에서부터 장애 해결 및 시스템 업그레이드 등 아주 다양하다. 작업이 무엇이든 일반적으로 IT 관리자는 직원에게 일단 작업을 배정하고 뒷전에 물러선다. 이렇게 하는 것은 그 직원이 적격자이며 무엇을 해야 할지 잘 알고 있다는 것이 전제되었기 때문이다. 관리자가 그 직원의 과거 업무 수행 방식과 성과를 잘 알고 있고 이를 바탕으로 직원을 확신하고 있으면 이는 아주 자연스러운 접근방식이다.

하지만 설령 그렇다 하더라도 이 같은 방식은 올바르다고 할 수 없다. 작업 수행 방식에 대한 계획이 빠졌기 때문이다. 최소한 작업 개시 시점에 관리자와 직원이 계획 수립 세션을 반드시 가져야 한다. 이때에 고려해야 할 항목으로는 다음과 같은 것들이 있다.

- 비즈니스 및 기술 측면에서 작업의 목적은 무엇인가?
- 작업의 범위는 무엇인가? 특히 범위 밖의 것들은 어떤 것인가?
- 각 작업자의 역할과 책임은 무엇인가?
- 작업자들은 업무 수행 시 상호 어떻게 커뮤니케이션할 것인가?
- 작업 수행 시 예상되는 문제와 현안은 무엇인가?
- 과거 작업에서 얻은 교훈 중 이번에 적용할만한 것은 어떤 것인가?
- 각 작업자는 본 작업을 통해 무엇을 얻고, 무엇을 배우고자 하는가?
- 작업의 성공 기준은 무엇인가?
- 작업은 어떻게 구성되어야 하는가?
- 작업 산출문은 어떻게 리뷰를 하고 어떻게 활용할 것인가?
- 어떠한 방법론과 툴을 어떻게 활용할 것인가?

이러한 체크리스트는 IT 조직 전체에 배포해 활용될 수 있게 해야 한다. 매번 무언가를 위해 IT 노력을 투입하려고 할 때에는 반드시 이들 질문에 대한 대답을 내리고 착수하게 하여야 한다. 체크리스트 항목 중에 작업의 성공 기준과 관련된 질문은 아주 중요하다. 이는 작업 수행자들에게 작업의 수행 기준을 제시해 주기 때문이다. 물론 이와는 반대로 작업의 실패 기준에 대해서도 질문할 수 있겠지만 이는 작업 개시 전부터 너무 부정적으로 흐를 수 있기 때문에 가급적 지양하는 것이 좋다. IT 부서 책임자인 여러분이 주목해야 할 또 하나의 항목이 바로 '작업 수행을 통해 작업자가 무엇을 얻게 되느냐'이다. IT 부서의 관리자들 중에는 급여로 충분하다고 생각하는 사람들도 있다. 하지만 여러분의 IT 조직이 지속적으로 발전하길 바란다면 이는 아주 좋지 못한 생각이다. 매번 작업을 수행할 때마다 IT 직원은 업무적 지식과 경험뿐만 아니라 특히 방법론 및 툴에 대한 지식을 축적할 수 있어야 한다. 바로 이것이 매번 수행되는 IT 작업이 매번 각각 다르다는 점이고, 타 비즈니스 부서의 작업과 대비해 IT 조직만의 매력인 것이다. 따라서 IT 부서 직원들에게 작업을 시작하기 전에 이 같은 질문에 대한 답을 내리게 하면 이들은 작업을 성공적으로 완수하는 것이 자기에게 이로운 것임을 스스로 깨닫게 된다.

IT 작업 산출물에 대한 리뷰

IT 조직의 관리자인 여러분은 일상적인 운영 업무든 프로젝트든 개별 작업과 관련된 일정 계획을 항상 의식하고 있을 것이다. IT 작업 일정에는 최종 산출물, 중간 산출물 또는 마일스톤(Milestone)이 반드시 포함된다. 아무리 작은 IT 조직이더라도 이러한 작업 산출물을 항상 많이 보유하고 있기 때문에 이들을 모두 일일이 리뷰하지 못하고 있다. 따라서 제1장에서 언급한 바와 같이 여러분은 선택적으로 리뷰하여야 한다.

최종 산출물	중요도	현안	리스크	우선순위

그림 7.2 최종 산출물 평가 테이블

그러면 IT 조직의 관리자인 여러분은 무엇을 리뷰해야 할 것인가? 이에 대한 가이드라인이 없으면 IT 관리자들은 자신이 잘 알고 있는 것만 리뷰하려고 할 것이다. 왜냐하면 그렇게 하는 것이 작업에 보탬이 된다고 생각하기 때문이다. 잘 모르는 작업 산출물에 대한 리뷰는 다른 사람에게 맡겨 버린다. 하지만 이는 아주 나쁜 접근방식이다. 이것은 현안 및 리스크에 완전히 무방비인 것과 다름이 없다.

그러면 어떻게 하는 것이 좋은 접근방식인가? 먼저 생성 예정인 작업 산출물의 리스트를 만들도록 한다. 이를 바탕으로 IT 조직의 다른 관리자들과 함께 최종 산출물의 중요도와 현안 및 잠재적 문제점을 파악하도록 한다. 이를 위해 그림 7.2의 테이블을 이용하도록 하라. 테이블의 가로는 최종 산출물이고, 두 번째 열은 각 산출물의 중요도(예: 높음, 보통, 낮음)이다. 그리고 세 번째 열은 현안을, 네 번째 열은 리스크(예: 높음, 보통, 낮음)를 나타낸다. 다섯 번째 열에는 각 산출물의 중요도와 리스크를 바탕으로 리뷰 우선순위를 표시하도록 한다. 물론 정답이 하나일 수는 없다. 여기에는 평가자들의 전문가적 주관이 개입할 수밖에 없다.

그렇지 않아도 이런 저런 일로 바쁜 상황에서 위와 같은 노력이 반드시 필요한 것일까? 그렇다. 이를 통해 여러분은 체계적인 방식에 의해 리뷰를 수행해 나갈 수 있을 뿐만 아니라 진짜로 중요한 리스크 및 현안에 대해 계속해서 초점을 맞추어 나갈 수 있다. 그림 7.2를 바탕으로 그림 7.3과 같은 그리드에 최종 산출물을 배치해 보도록 하라. 그러면 여러분이 집중해야 할 최종 산출물을 더욱 쉽게 파악할 수 있을 것이다. 그림 7.3에서는 1번, 2번, 7번이 여러분이 초점을 맞추어야 할 산출물이다.

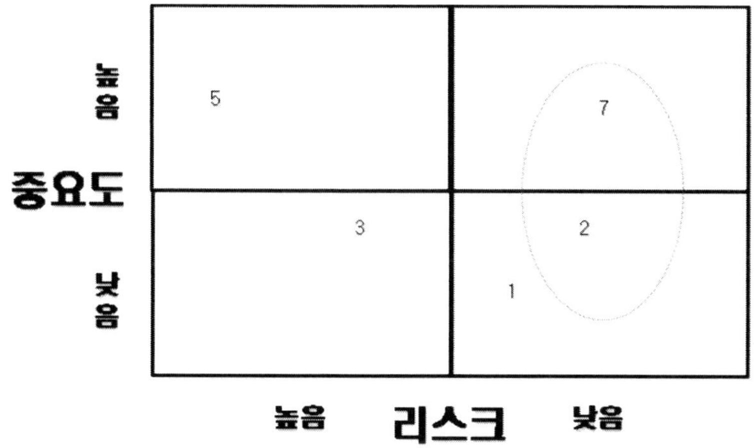

그림 7.3 최종 산출물 Grid

그런데 여러분 중에는 중요도와 리스크가 높은 최종 산출물에만 초점을 맞추어야 한다고 생각하는 사람도 있을 것이다. 하지만 꼭 그렇지 않다. 왜냐하면 중요도는 낮지만 리스크가 높은 것들은 언젠가는 반드시 문제를 일으키기 때문이다. 이 반면에 중요도와 리스크가 모두 낮거나 중요도는 높은데 리스크가 낮은 것에 대해서는 관리자인 여러분이 신경 쓸 필요는 없다. 물론 이러한 접근방식은 불공평하며 획일적일 수 있다. 하지만 어쩔 수 없다. 여러분은 IT 조직의 관리자이며, 항상 시간이 부족한 사람들이기 때문이다.

위와 같이 최종 산출물을 개괄적으로 평가한 다음에 시간이 허용되면 좀 더 정교하고 자세한 평가 작업을 수행할 필요가 있다. 일례로 다음과 같이 평가할 수 있을 것이다. 이 경우 여러분은 레벨 3에 해당하는 최종 산출물만 리뷰하면 된다.

- 0 – 리뷰 불필요
- 1 – 최종 산출물의 존재 여부만 평가
- 2 – 최종 산출물의 구성만 평가
- 3 – 최종 산출물의 구체적인 내용에 대한 리뷰

전통적인 접근방식에 따른 리뷰는 최종 산출물을 묘사한 문서를 관리자들이 받는 것부터 시작한다. 관리자들은 의무감으로 이 문서를 숙독하려고 한다. 하지만 이러한 문서는 대개 길며, 장황하고, 자세하다. IT 관리자인 여러분이 과연 이런 일련의 과정에서 무엇을 파악할 수 있겠는가? 이러한 상태에서 리뷰 미팅에 참석한다. 하지만 당해 문서와 관련해 정작 중요한 현안과 문제점은 제대로 다루지 못한 채 미팅이 끝난다. 이러한 코미디가 매번 반복해서 발생되고 있다.

저자들이 교육을 할 때에는 학생들에게 실제 프로젝트를 배정하곤 한다. 그러면 으레 그렇듯이 학생들은 두꺼운 보고서를 제출한다. 이런 상황은 바로 앞의 상황과 매우 흡사하다. 보고서를 제대로 검토할 시간이 부족한 것도 마찬가지이다. 하지만 저자들에게는 아주 효과적인 방법이 있었다. 학생들에게 각자 자기 프로젝트에 대해 프리젠테이션하게 하였던 것이다. 이를 통해 저자들은 더 정확하고 철저하게 보고서를 리뷰를 할 수 있다는 사실을 알게 되었다.

이러한 접근방법을 최종 산출물 리뷰에도 똑같이 적용해 보도록 하라. 최종 산출물을 만든 직원에게 프리젠테이션하게 하는 것이다. 물론 이러한 프리젠테이션은 구조적 워크쓰루(Structured Walk-through)와는 전혀 별개로 진행해야 한다. 프리젠테이션의 아웃라인을 다음과 같이 하면 훨씬 효과적으로 리뷰할 수 있을 것이다.

- 작업의 목적
- 작업 수행 현안
- 최종 산출물 내용에 대한 요약 설명
- 시간이 더 주어졌을 경우에 더 잘할 수 있었던 분야
- 작업 수행을 통해 얻은 Lessons learned

두 번째 항목인 작업 수행 현안은 제5장에서 소개한 방법에 따라 도출하도록 하고, 주요 운영 업무에 대해서도 똑같은 방법을 적용하도록 하라. 그런데 마지막 두 항목은 약간 이례적으로 생각될 것이다. 하지만 네 번째 항목은 직원들에게 시간의 추가 투입과 방법론 및 툴의 활용을 바탕으로 자기의 성과를 어떻게 하면 개선할 수 있는지 생각하게 하는 효과가 있다. 다섯 번째 항목은 직원들에게 작업 수행을 통해 무엇을 얻었는지 말하게 하는 것이다. 이것이 중요한 이유는 무엇일까? 여러분은 IT 조직의 관리자로서 직원들의 직무 관련 Lessons learned 습득을 적극 권장해서 이들의 경력이 점점 발전하도록 해 주어야 하기 때문이다. 여러분이 직원들을 교육 프로그램에 보냈다고만 해서 관리자로서의 책임이 다 끝난 것은 아니다.

직원들의 작업 산출물 관련 프리젠테이션이 진행되는 중간에 여러분은 이들의 Body Language 및 목소리 톤에 주의할 필요가 있다. 아울러 어떤 부분에서 개괄적이었고 어떤 부분에서 구체적이었는지 파악하도록 한다. 이러한 것은 모두 최종 산출물의 잠재적 문제 영역을 나타내는 징후이기 때문이다. 프리젠테이션이 끝난 후에 여러분은 여러분이 받은 문서 내에서 프리젠테이션 시 파악한 징후와 관련된 부분에 초점을 맞추어 리뷰하면 훨씬 효과적이고 완벽하게 리뷰를 끝마칠 수 있다.

IT 작업 현안 관리

바로 앞 절에서 우리는 IT 작업 수행과 관련된 현안 및 잠재적 문제에 대해 알아보았다. 그림 7.4에는 실무에서 자주 발생하는 작업 수행 현안이 몇 가지 예시돼 있다.

- 담당자가 작업 수행에 충분한 시간을 할애하지 못하고 있다.
- IT 조직 내에 방법론 및 툴 전문가가 없다.
- 작업 수행 과정에 지나친 업무 중단 상황이 발생한다.
- 작업 담당자들이 해결하기에 벅찬 현안들이 존재한다.
- 작업 담당자들이 필요한 정보를 제대로 받지 못하고 있다.
- 하드웨어, 네트워크 및 소프트웨어 문제가 발생하고 있다.

그림 7.4 IT 작업 수행 현안 예시

위와 같은 IT 작업 수행 현안에 대해서는 어떻게 접근해야 할 것인가? 이 일환으로 우리는 제5장에서 IT 조직 내 모든 프로젝트 및 운영 활동 전반에 걸쳐 발생되는 현안을 체계적으로 저장하고 관리하기 위한 현안 데이터베이스(Issue Database)의 운영에 대해 알아보았고, 다음으로 각종 현안 테이블을 활용해 비즈니스에 큰 영향을 미치는, 시급히 해결해야 할 현안을 식별해 이들에 초점을 맞추는 접근방식에 대해 알아보았다.

그러면 개별 현안은 어떻게 처리해야 할 것인가? 무엇보다 먼저 관련 현안들을 서로 묶어 놓아야 한다. 특히 유념해야 할 점은 성급한 판단을 지양하면서 현안을 해결해 가야 한다는 것이다. 현안 해결 대책을 수립할 때에는 반드시 다음과 같이 다양한 대안을 고려해 보아야 한다.

- 무대책 – 새로운 정보를 획득할 때까지 기다린다.
- 추가적 자원 투입
- 작업 구조의 변경 – 반드시 현안의 미발생 여부 확인 필요
- 외부 자원 활용을 통한 현안 해결
- 방법론 및 툴 활용을 통한 현안 해결의 타당성 검토

위와 같은 사항은 현안을 검토하기 위한 체크리스트로 활용하면 아주 효과적이다. 검토 중에는 현안에 대해 자유롭게 토의하도록 하되 즉석에서 해결하려고 할 필요는 없다. 오히려 검토 미팅 후에 해결 대책을 모색하는 것이 훨씬 효과적인 경우가 많다.

Lessons learned의 수집 및 활용

우리는 제5장에서 Lessons learned 데이터베이스에 대해 알아보았다. 역사적으로 인류는 지난 수천 년 동안 Lessons learned 및 경험 활용의 중요성에 큰 중점을 둬 왔다. 일례로 로마 제국은 수로, 광장, 신전, 기타 구조물을 건설하는 작업에 Lessons learned를 폭넓게 활용하였다. 그들은 작업 중 또는 작업 후에 아이디어의 공유를 권장 및 독려하였다. 따라서 작업 인력을 여러 건설 현장에 순회시키면서 경험과 지식을 공유하도록 하였다.

그런데 오늘날 비즈니스 및 IT 세계에서는 왜 로마 제국에서와 같이 잘 되지 않는 것일까? 그 이유는 바로 정보 공유에 의해 일을 처리하기보다는 '골목대장(The King and Queen Bees)'직원들에게 의존하는 것이 훨씬 쉽기 때문이다. 이들 '골목대장 직원들은 지식의 보고이지만 이와 동시에 앞에서 언급한 바와 같이 심각한 문제를 야기하는 존재이기도 하다.

IT 조직은 거의 대부분 이들 '골목대장(The King and Queen Bees)' 신드롬에서 벗어나지 못하고 있다. 일례로 어느 한 시스템을 잘 알고 있는 사람이 그 시스템의 유지보수 및 개선에 대한 책임을 계속 맡고 있는가 하면, 네트워크 장애 해결 역시 어느 한 사람에게만 의존하고 있다. 물론 가장 큰 이유는 IT 인력이 부족하기 때문일 것이다. 또는 작업을 제때에 제대로 마쳐야 한다는 압박으로 인해 정보 공유라는 시간적 호사를 누릴 여유가 없기 때문일 것이다.

Lessons learned와 관련해 IT 조직의 일반 직원들에게도 문제가 있다. 직원들 대다수는 반복되는 IT 작업들이 상호 완전히 다른 것이라고 간주한다. 따라서 이전 작업에서 획득한 Lessons learned가 향후 작업 수행에 큰 Value를 제공하지 못할 것이라고 주장한다. 전혀 틀린 말은 아니지만 방법론 및 툴의 활용과 관련해서는 틀린 말이다. 작업 간 수행 활동들은 개괄적인 수준에서 보면 거의 모두 동일하기 때문이다. 차이는 세부적인 수준에서 나타난다. 이와 관련해 제5장에서 IT 프로젝트 템플릿의 활용을 소개한 바 있다.

전통적으로 Lessons learned는 작업이 종료된 후에 수집하도록 되어 있다. 그런데 여기에도 역시 심각한 문제가 존재한다. 예를 들어 어떤 IT 직원이 특정 작업을 수행하다 다른 작업에 배정돼 상당 기간 원래 작업을 수행하지 못했다고 하자. 한참 후에 다시 원래 작업을 개시할 때가 되면 오래 전에 수행한 작업 내용을 제대로 기억해 내기가 여간 어려운 일이 아닐 것이다. 이 같은 상태에서 특히 당장 눈앞에 떨어진 작업을 수행하다 보면 직전에 종료된 작업의 Lessons learned를 제대로 수집해 정리할 수 있는 시간적 여유가 전혀 없을 것이다.

이에 대한 최선의 해결방법은 작업 또는 프로젝트의 일환으로 수행되는 각 IT 활동이 종료될 때마다 Lessons learned를 수집하도록 공식화하는 것이다. 이렇게 해야 최신의 내용으로 좀 더 정확하고 완벽한 지식을 얻게 된다. 하지만 이에 대한 저항이 만만치 않다는 점을 명심하라. 대개의 경우 IT 조직 내 중간 관리자들은 작업의 수행 속도를 더디게 할 것이라고 반대하며, 일반 직원 역시 Lessons learned를 즉시 활용할 수 없다며 저항을 하는 경향이 있다. 하지만 이러한 것은 모두 근본적으로 잘못된 것이라는 점을 재차 강조한다. 저자들의 경험에 의하면 Lessons learned의 수집 및 활용을 통해 IT 조직은 다음과 같은 효과를 획득할 수 있었기 때문이다.

- IT 직원들이 수행 작업 간 공통 패턴을 많이 발견하게 된다.
- 경영진이 IT 직원들의 전문성, 경험 및 지식의 가치를 인정함으로써 직원들의 사기가 진작된다.
- 작업 수행 프로세스가 개선된다.
- IT 직원들 사이에 작업을 통한 학습의 필요성과 가치에 대한 인식이 더욱 고양된다.

그런데 Lessons learned를 수집해서 문서화하는 것만으로는 부족하다. 추후 작업 수행 과정에서 사용하기 용이하도록 구조화 및 체계화하여야 한다. 이를 위해 Lessons learned에 대해 많은 고려와 토론이 이루어져야 하며, 이를 통해 Lessons learned의 가치와 유용성을 더욱 높이고 더욱 쉽게 접근할 수 있도록 해야 한다. 이러한 과정에서 다음과 같은 질문을 활용하면 더욱 효과적으로 체계화시킬 수 있을 것이다.

- 어떠한 상황에서 Lessons learned를 적용하게 되는가?
- Lessons learned의 내용은 무엇인가?
- Lessons learned의 활용으로 인한 성과 및 기대효과는 무엇인가?
- Lessons learned의 효과적인 활용을 위한 가이드라인은 무엇인가?

위와 같은 질문에 대한 답을 얻었다고 해서 다 끝난 것은 아니다. 추후 적용의 편리를 위해 Lessons learned를 어떻게 구성할 것인지 결정해야 한다. Lessons learned를 책이나 매뉴얼로 만들면 이용자는 원하는 것을 찾기 위해 목차나 인덱스를 훑어보아야 한다. 여러분이라면 현재의 작업 또는 미래의 작업에 적용되는 단 2가지의 Lessons learned를 찾기 위해 400개가 넘는 Lessons learned를 빠짐없이 훑어보겠는가?

따라서 Lessons learned를 적용하기 편하게 구성하기 위한 가장 좋은 방법은 이용자가 즉시 접근할 수 있는 것에 Lessons learned를 연결하는 것이다. 이에 대한 몇 가지 사례가 다음에 나와 있다.

▶ 어느 IT 조직에서는 프로젝트 WBS(Work Breakdown Structure) 템플릿의 각 태스크에 Lessons learned를 연결했다. 일상적인 운영 작업에 대해서도 이와 동일한 방식을 적용했는데, 직원들은 작업과 관련된 태스크만 보면 Lessons learned를 쉽게 알 수 있었다.

▶ 어느 운송업체에서는 차량에 정착된 GPS(Geographical Positioning System) 기기에 Lessons learned를 연결하였다. 따라서 기사는 경도 및 위도에 따라 분류된 Lessons learned를 쉽게 찾을 수 있었다.

▶ 한 군부대에서는 트럭 정비와 관련된 Lessons learned의 효과적인 활용을 위해 3차원 영상을 이용하기로 하였다. 이제 정비사는 컴퓨터 화면상의 트럭 부품에 마우스를 갖다 대고 클릭만 하면 해당된 Lessons learned를 쉽게 파악할 수 있게 되었다.

상기 사례들은 모두 Lessons learned가 효과적으로 사용되기 위해서는 실제로 수행되는 작업과 연결되어 있어야 한다는 점을 시사한다.

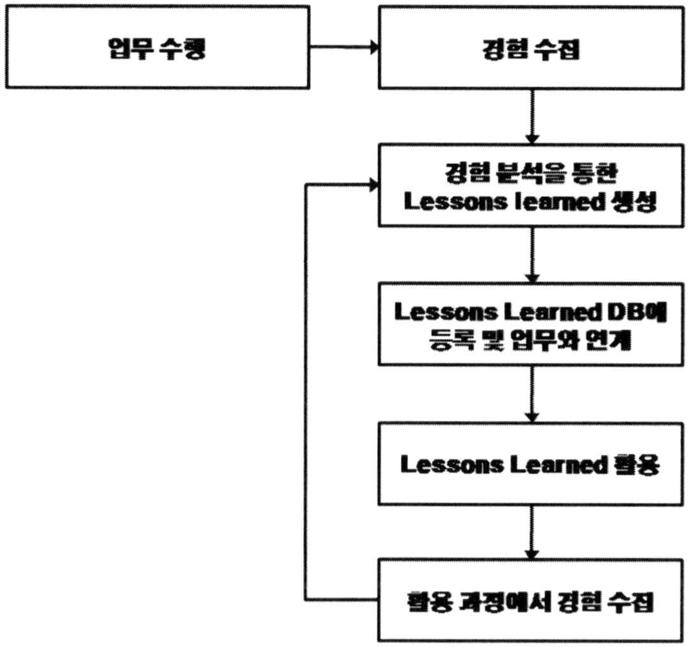

그림 7.5 Lessons learned 형성 및 활용 예시

사례와 같이 Lessons learned가 작업 수행 과정에서 효과적으로 활용되기 위해서는 반드시 그림 7.5처럼 수집, 분석, 시스템화와 같은 과정을 거쳐야 한다. 아울러 Lessons learned 활용 과정에서 새롭게 얻게 되는 경험을 다시 기존의 Lessons learned를 업데이트하는데 사용하여야 한다.

이와 같은 과정을 몇 번 반복하면 여러분은 기존의 Lessons learned로부터 다음과 같은 것들을 파악할 수 있게 된다.

- 더 이상의 업데이트가 필요 없을 정도로 확실한 Lessons learned
- 변경이나 확대 및 보완이 필요한 Lessons learned
- 범위의 조정이 필요한 Lessons learned

프로그래머들은 이러한 접근방법을 프로그램 코드의 모듈화에 이용하고 있다. 저자들 역시 COBOL 프로그래머였을 때에 재사용 가능한 모듈을 약 75개 만들어 활용하였는데, 이를 통해 COBOL 프로그램의 개발 시간을 대폭 줄일 수 있었다.

제5장에서 설명한 현안 데이터베이스(Issue Database)는 최초 구축된 이후에 시간이 지남에 따라 현안의 숫자가 급격히 증가하다 차츰 안정화되기 시작한다. 그러다 어느 시점부터 새로운 현안은 그리 많이 발견되지 않는다. 하지만 Lessons learned는 시간이 지날수록 점점 많이 증가한다. 따라서 어느 시점부터는 Lessons learned에 대한 선별 과정을 통해 전체 Lessons learned 숫자를 적절히 유지하여야 한다.

본절에서 설명한 접근방법은 비즈니스 프로세스에서도 적용될 수 있다. 비즈니스 업무를 수행할 때에 Lessons learned를 활용하면 업무의 품질 및 생산성을 향상시킬 수 있다. 아울러 '골목대장(The King and Queen Bees)' 직원들의 파워를 크게 줄일 수 있는 동시에 일반 직원들의 사기를 크게 향상시킬 수 있다.

Lessons learned를 수집하고 활용하는데 있어 결코 많은 비용이 들지 않는다. 단지 경험을 수집하는 시간이 필요할 뿐이다. 따라서 장기에 걸쳐 수행되는 IT 프로젝트의 경우에 작업 수행 결과 및 방식을 개선하고 이를 통해 개발된 시스템이 성공적으로 구현될 수 있도록 필요한 Lessons learned의 수집 및 활용을 프로젝트의 일환인 '단기 변화 활동'으로 시도해 볼 필요가 있다. 이와 같이 단기에 그리 많은 자원의 투입 없이 조기에 성과를 올릴 수 있는 '단기 변화 활동'을 다른 말로는 'Quick Hit' 활동이라고 한다. 오늘날 Lessons learned의 수집 및 활용은 대표적인 Quick Hit 활동임이 그동안 수많은 조직을 통해 검증되었다.

문서화(Documentation) 방식의 개선

IT 직원들은 종종 문서화 및 이에 투입되는 노력에 대해 많은 불만을 제기해 왔다. 사실 사용자 요구사항 분석, 설계, 코딩, 테스트 등을 다루는 IT 방법론은 많은 분량의 문서화를 요구한다. 따라서 IT 문서화와 관련해 실무에서는 다음과 같은 문제가 자주 제기되고 있다.

- 반드시 문서화해야 할 것은 무엇인가?
- 문서를 어떻게 생성해야 할 것인가?

그동안 'IT 세계'에서 제기된 문서화에 대한 불만 중에 가장 대표적인 것으로는 틀린 것들에 대한 문서화 및 명약관화한 것들에 대한 지나치게 자세한 문서화를 들 수 있다. 아울러 공란의 인쇄물이나 빈 컴퓨터 화면과 같이 의미 없는 것에 대한 문서화도 있다.

하지만 이러한 것들은 IT에만 국한된 것이 아니다. 기실 그 수행 절차가 문서화되어 있지 않은 비즈니스 프로세스는 어떤 기업에서든지 쉽게 찾아 볼 수 있다. 그나마 공식적으로 문서화된 것마저 내용이 틀리거나 오래된 것인 경우가 대부분이다. 비즈니스 부서 직원들 역시 작업 수행 과정에서 '골목대장(The King and Queen Bees)' 직원이나 책상 한 쪽에 처박아둔 빛바랜 노트에 적힌 절차에 의존하고 있는 것이 보편적인 상황이다.

따라서 문서화 방식을 개선할 때 그 궁극적인 목적은 실용적인 방식의 문서화에 두어야 한다. 다시 말해 문서화 양을 최소화하고 문서화에 들어가는 노력을 감소시켜 주되 핵심 내용은 모두 들어갈 수 있도록 해주는 문서화 방식이 도출이 되어야 한다.

이 같은 맥락에서 지금부터는 본절의 맨 처음에서 제기된 두 가지 문제에 대해 언급하기로 하겠다. 첫 번째 질문은 '반드시 문서화해야 할 것은 무엇인가?'이다. 대답은 '사안별로 다르다'는 것이다. 만약에 특정 사안이 그리 중요하지 않고 문서화를 안 했을 때 리스크도 없어 보이면 문서화를 최소화하거나 전혀 할 필요가 없다. 일반적으로 특정 문서의 생성 여부를 결정할 때에는 다음과 같은 사항을 고려하여야 한다.

- 누가 문서를 생성할 것인가?
- 누가 문서를 리뷰할 것인가?
- 누가 문서를 사용할 것인가?
- 누가 문서를 업데이트하고 유지보수할 것인가?
- 문서를 생성하지 않으면 소요 자원은 어디에 어떻게 활용할 수 있는가?
- 문서를 생성하지 않았을 경우에 발생될 수 있는 리스크는 무엇인가?

간단한 예를 들어보자. 여러분이 매일 모는 자동차의 운전자 매뉴얼을 한 번 들여다보라. 우선 거의 모두 수 백 페이지에 달하는 분량일 것이다. 특히 우스꽝스러운 점은 자동차 매뉴얼이 대부분 매뉴얼 사용자에 대해 비일관적인 전제를 바탕으로 하고 있다는 점이다. 매뉴얼의 어떤 곳에서는 사용자를 자동차 문하나 제대로 열지 못하는 바보천치로 생각하는가 하면, 다른 곳에서는 사용자가 혼자서도 자동차를 정비할 수 있는 슈퍼맨정도로 생각해 그 복잡한 정비 방법을 자세히 설명하고 있다. 이러한 것들은 사실 대부분의 운전자들에겐 아무짝에 쓸모없는 것들일 뿐이다. 자동차 매뉴얼 중에 가장 유용한 부분은 고장에 관한 것인데, 그 두꺼운 매뉴얼의 여러 곳에 분산되어 있다 보니 사용자 입장에서는 조금도 도움이 되지 않는다. 사정이 이렇다 보니 자동차 매뉴얼을 읽어 보는 운전자는 거의 없다. 그렇다고 버릴 수는 없으므로 자동차 조수석 앞에 있는 수납함에 처박아 두고 평소에는 있는지 없는지 모르고 지낸다.

그런데 IT 조직의 관리자로서 여러분은 특히 상기 6 가지 고려사항들 중에 마지막 2개에 주목할 필요가 있다.

5번째 질문은 한마디로 말해 문서화 소요 자원의 대안적 활용을 의미한다. 따라서 여러분은 문서화를 수행하지 않았을 경우에 발생할 수 있는 기회비용(Opportunity Cost)을 고려하여야 한다. 이에 대한 여러분의 이해를 돕기 위해 저자들의 예를 들어 설명하겠다. 저자들이 컨설팅할 때에 고객들은 대부분 어마어마한 분량의 문서화를 요구하곤 하였다. 이런 경우 우리들은 고객에게 실제로 원하는 것이 정말로 문서화인지 아니면 저자들이 일을 더 많이 하는 것인지 물어 본다. 대답은 대부분 우리들이 더 많은 일을 해 주기를 바라는 것이었다. 물론 전혀 놀라운 일은 아니지만...

마지막 질문은 문서화의 정곡을 찌르는 질문이다. IT 조직에서 누군가가 시스템에 관해 설명해 놓은 문서를 필요로 할 때에 그에 대해 문서화된 것이 전혀 없는 경우 어떤 일이 벌어지는가? 사실 IT 조직 내에 존재하는 많은 문서들이 제대로 업데이트되거나 유지보수되지 않는다. 자연히 이들 문서는 신뢰성이 떨어져 거의 활용되지 않는다. 하지만 아주 신기한 것은 이로 인한 악영향이 거의 발생하지 않는다는 사실이다. 여러분은 자동차의 바퀴가 펑크가 났을 때에 매뉴얼이 없다 하더라도 과거의 경험 및 관찰을 통해 이 같은 위기 상황을 혼자서도 잘 해결하고 있지 않는가?

문서화와 관련된 또 다른 문제로 '어떤 문서를 어떻게 생성할 것이냐?'가 있다. 사실 IT 조직에서 사용되는 문서의 종류는 그리 다양하지 않다. 이중 중요한 것 몇 가지가 그림 7.6에 예시돼 있다. 마지막으로 문서화의 궁극적인 목표는 재사용 가능한 고품질의 결과를 적정한 시간 안에 생성하되 작업의 양을 감소시키는 것이라는 점을 항상 명심하길 바란다.

문서	비고
프로젝트 개념 정의서	자주 참조 가능
신규 프로세스 개념 모델	각종 절차, 기대 효과 및 요건 정의에 활용
사용자 요구사항 정의서	신규 프로세스 모델로부터 도출
시스템 요건 정의서	표준 툴 및 패키지 활용 시, 대폭 축소 가능
화면 설계서	소프트웨어를 통해 생성 가능
데이터베이스 설계서	DBMS를 통해 생성 가능
프로그램 내부 문서화	프로그램 소스 코드와 연계
시스템 통합 요건 정의서	추후 유용성 높음
사용 절차 및 설명서	운영 절차서의 일환
테스트 스크립트	너무나 다양하므로 리스크가 높은 영역에 집중
교육훈련 자료	운영 매뉴얼과 연계

그림 7.6 IT 문서 예시

새로운 IT 방법론 및 툴 선정과 도입

앞 절에서 여러분은 현행 IT 방법론 및 툴에 대해 평가를 하고 부족한 점을 도출하였다. 이제 여러분은 새로운 IT 방법론 및 툴을 선정하고 이를 도입하여야 한다.

새로운 방법론 및 툴은 어느 날 갑자기 마술처럼 나타나는 것은 아니다. 툴은 주로 업체들에 의해 개발되고 방법론은 컨설팅 업체나 학계에 의해 개발된다. 그런데 어느 경우든 모두 자신들이 개발한 방법론 및 툴이 널리 채택돼 많이 사용되기를 바라며, 이를 통해 재무적 이익이나 시장에서의 명성을 얻고자 한다. 이를 위해 이들은 책이나 논문, 세미나 및 전시회 등을 통해 새로운 방법론 및 툴을 홍보한다. 이와 더불어 몇몇 사용자들에게 이를 무료로 제공해 실무 적용에 대한 경험 및 레퍼런스 사이트를 확보하기도 한다. 이런 과정을 거친 후에 본격적으로 마케팅이 시작된다. 이때를 즈음해 여러분은 새로운 방법론 및 툴에 대한 정보를 얻게 된다. 이런 모든 시나리오가 시사하는 바는 바로 여기에서도 여러분은 '수동적 요청 대응형' 방식으로 행동한다는 것이다. 속된 표현으로 말해 뒷북을 친다는 말이다.

이와는 전혀 다른 시나리오를 생각해 보자. 여러분은 기존의 방법론 및 툴에 대한 분석과 Lessons learned를 통해 방법론 및 툴의 개선 요건을 도출하였다. 이러한 개선 요건을 바탕으로 여러분은 여러분 조직에 가장 적합한 새로운 방법론 및 툴을 능동적으로 찾을 수 있는 능력을 확보하게 되었다. 이런 것이 바로 '능동적 니즈 선도형' 방식에 의한 IT 방법론 및 툴 도입이라는 것이다.

이처럼 새로운 방법론 및 툴을 도입할 때에는 반드시 체계적으로 접근해야 한다. 이를 위해 다음과 같은 사항을 확인해 보아야 한다.

▶ 새로운 방법론 및 툴은 기존의 것과 조화를 이룰 수 있겠는가?
이는 방법론 간 불일치나 툴 간 데이터 비호환성 등을 미연에 방지할 수 있다는 점에서 아주 중요한 고려사항이다.

▶ 전문성을 확보하는데 얼마나 많은 노력과 시간 및 비용이 필요하나?
특히 배우는 과정에서 기존 직원들의 업무 중단이 발생할 수 있다.

▶ 새로운 방법론 및 툴은 기존의 조직 문화에 적합한 것인가?
새로운 방법론 및 툴이 제대로 구현되기 위해서는 강제성이나 엄격한 규율이 필요한데 만약에 여러분의 조직이 이러한 스타일에 익숙하지 않다면 방법론 및 툴의 도입은 실패할 가능성이 높다. 이는 중요한 것임에도 불구하고 가장 많이 간과되고 있다.

▶ 방법론 및 툴 활용을 통한 효과는 어떻게 측정할 것인가?
만약 이런 것이 명확하지 않거나 오랜 시간이 걸리는 것이라면 사람들은 크게 실망할 것이며 사용하지 않을 것이다.

▶ 새로운 방법론 및 툴에 대한 저항이 발생하겠는가?
새로운 방법론 및 툴은 종종 기존과는 전혀 다른 사고방식(예: 객체지향적 사고방식)을 필요로 하며, 이로 인해 저항이 발생한다.

▶ 직원들이 방법론 및 툴을 활용하는지 어떻게 파악할 것인가?
방법론 및 툴의 활용도를 측정하고 검증하기 위한 방안을 미리 마련해 두어야 한다. IT 부서 관리자인 여러분의 명령이나 직원들의 교육 프로그램 참가로만 직원들이 방법론 및 툴을 사용할 것이라고 생각하면 큰 오산이다.

구조적 프로그래밍(Structured Programming) 방법론을 예로 들어보자. 과거 많은 조직들이 유지보수가 용이한 코볼(COBOL) 프로그램 코드를 만들기 위해 이 방법론을 도입했다. 하지만 코볼로는 구조적 프로그래밍을 구현하기가 아주 어려웠다. 부득불 이를 하기 위해서는 코볼 소스 코드를 이전 보다 더 많이 작성하여야 한다. 더욱이 조직 내 프로그래머들이 모두 구조적 프로그래밍을 적용하고 있는지 검증한다는 것은 거의 불가능한 일이었다. 이 결과 이 같은 시도는 거의 모두 실패로 끝나고 말았다.

직원들에게 방법론 및 툴을 교육하는 방식에도 문제가 있다. 거의 모든 IT 조직이 방법론 및 툴과 관련된 직원들을 모두 교육시키고 있다. 하지만 이는 아주 리스크가 높은 방식이다. 사실 교육 후에 방법론 및 툴을 즉시 적용할 수 있는 직원들은 어떤 조직에서든지 극히 소수이다. 이렇다 보니 상당한 규모의 교육 투자가 낭비되고 있다. 따라서 다음과 같은 IT 방법론 및 툴 교육 가이드라인을 제시하는 바이다.

- 즉시 사용해야 할 필요가 있는 소수의 직원들을 집중 교육한다.
- 이들로 하여금 반드시 실무에 적용하게 하고 이를 모니터링 한다.
- 방법론 및 툴의 최적 활용에 관한 Lessons learned를 수집한다.

이러한 접근방식은 새로운 방법론 및 툴의 효과와 타당성을 검증하는 기회이기도 하다. 따라서 방법론 및 툴을 확대 적용하기 전에 기경험자가 자기의 경험을 다른 직원들에게 발표할 수 있도록 해야 한다. 이와 같은 방법론 및 툴 경험담은 다음과 같은 아웃라인으로 구성하도록 한다.

- 새로운 방법론 및 툴은 전반적으로 얼마나 효과적이었는가?
- 종전의 방법론 및 툴과 비교해 볼 때 어떠한 차이점이 있는가?
- 이번에 확보한 경험 및 지식 중에 실무에 활용할 만한 것은 무엇인가?
- 다른 직원들은 새로운 방법론 및 툴을 어떻게 배웠으면 좋겠는가?

- ◆ 방법론 및 툴은 작업의 품질, 수행 시간, 비용을 개선시켜 주는가?
- ◆ 작업 수행 과정에서 협업 및 지식의 공유가 발생하는가?
- ◆ 작업의 개선을 위해 Lessons learned가 수집 및 활용되고 있는가?
- ◆ 작업을 수행할 때마다, 특히 초급 직원들의 스킬이 향상되고 있는가?
- ◆ 작업을 프로젝트처럼 관리 및 통제하고 있는가?
- ◆ 작업 산출물에 대한 문서화가 적절한 수준인가?
- ◆ 문서들이 적절한 리뷰를 거친 후에 재사용되고 있는가?
- ◆ 신규 작업은 매번 그 목표 달성 방법 측면에서 사전에 계획되고 있는가?
- ◆ 최종 산출물 및 마일스톤은 리스크 측면에서 적절하게 리뷰되고 있는가?
- ◆ 최종 산출물은 비즈니스에 대한 공헌 및 효과와 연계되어 있는가?

그림 7.7 IT 작업에 대한 얼라인먼트 평가 항목

IT와 비즈니스의 얼라인먼트

IT 조직의 책임자인 여러분은 IT와 비즈니스의 얼라인먼트를 위한 전략 계획을 잘 수립하는 것도 중요하지만 얼라인먼트를 실현시키는 것은 IT 작업이라는 점을 유념할 필요가 있다. 그림 7.7에는 이를 평가하기 위한 항목들이 제시돼 있다. 이들 질문에 대한 답이 부정적이거나 또는 여의치 않다는 것은 작업 자체에 문제가 존재한다는 것을 의미한다. 이는 나중에 IT 성과 및 IT와 비즈니스의 얼라인먼트에 심각한 영향을 미친다.

리스크 관리

IT 작업에는 다수의 잠재 현안과 다양한 리스크 요소들이 내재돼 있다. 이 중 다양한 IT 조직에서 공통적으로 발생되는 리스크로는 다음과 같은 것들이 있다. 이들 리스크에 대해서는 좀 더 구조적이고 체계적으로 접근하여야 한다.

▶ 매번 작업을 수행할 때에 사전에 충분한 계획 수립 없이 진행한다. 상당수의 IT 직원들이 일단 작업을 진행하고, 작업이 완료된 다음에 재작업하는 것을 당연한 것으로 생각하고 있다.

▶ 작업에 내재되어 있는 잠재적 문제에 대해 주의를 충분히 기울이지 않는다. 대표적인 예로 작업 산출물에 대한 불충분한 리뷰, 문서화에 대한 계획 및 검토 미흡 등을 들 수 있다.

▶ 작업의 효과성 및 효율성을 향상하기 위한 노력이 미흡하다. 대부분 일상적인 운영 및 지원에 중점을 둔 작업을 수행하고 있다.

▶ 직원들 간에 방법론 및 툴의 활용도 차이가 심하다. 몇몇 직원들은 아주 잘 사용하는가 하면 어떤 직원들은 전혀 사용하지 않고 있으며, 심지어 치명적인 문제를 야기하는 직원들도 존재한다.

▶ 작업 간 학습이 제대로 이루어지지 않는다. 이로 인해 매번 동일한 실수가 계속해서 반복되고 있다.

사례

SUPREME OIL – 종합 에너지 회사

Supreme Oil의 IT 조직은 오래 전에 상당한 노력을 투입해 표준 작업 수행 절차와 정책 매뉴얼을 만들어 확산을 위한 교육을 많이 시행하였다. 하지만 매뉴얼의 실무 적용에 대한 모니터링 및 갱신과 같은 후속 조치를 전혀 취하지 않았다. 이 결과 매뉴얼의 활용도는 아주 저조하였다.

직원들이 매뉴얼을 사용하지 않은 가장 큰 이유는 부가적 작업에 많은 시간이 소요된다는 점이었고, 이외에 사용되지 않을 문서를 너무나 많이 양산한다는 것도 이었다. 수년이 지난 뒤에 경영진은 다수의 프로젝트가 실패로 끝나고 있다는 사실을 알게 되었다. 조사를 통해 그 근본 원인이 매뉴얼대로 하지 않았기 때문인 것으로 밝혀졌다.

이러한 상황을 개선하기 위해 몇 가지 대책이 실행되었는데, 먼저 표준 작업 절차 및 정책의 준수를 활성화하기 위한 가이드라인을 만들어 배포하였다. 두 번째, 작업의 최종 산출물을 시스템에 등록해 여러 직원들이 재사용할 수 있게 하였다. 세 번째, 표준 작업 절차 및 정책의 활용도를 모니터링하기 위해 다양한 활동을 수행하였다.

TUCKER COUNTY – 지방 정부

Tucker County의 IT 조직에서는 작업 산출물에 대한 리뷰를 사전에 계획 없이 진행하고 있었다. 일단 오류투성이의 최종 산출물이 만들어진 다음에 비즈니스 부서가 이를 변경해 주도록 압력을 가하면 IT 부서장이 직원들에게 모든 작업 산출물에 대한 리뷰를 수행하게 하는 방식이었다. 이는 아주 비합리적인 접근방식으로써, 제대로 되는 리뷰는 전혀 없었다. 왜냐하면 직원들이 '일단 소나기부터 피하고 보자'는 면피용의 형식적인 리뷰만 하였기 때문이었다. 이 같은 상황은 새로운 IT 부서장이 올 때까지 계속되었다.

SHAMROCK AGRICULTURE – 농업 협동조합

Shamrock의 IT 부서장은 작업 산출물에 대해 직접 리뷰하고 있었다. 이 같은 방식은 IT 작업의 대부분이 운영 및 유지보수이고 개발이 거의 없을 때에는 별 문제가 되지 않았다. 하지만 작업의 종류와 양이 증가하기 시작하였다. 신규 시스템의 개발 요청은 더 많은 분석 작업을 요구하였고 기존 시스템에 대한 개선 요청도 점점 증가하였다. 작업 Backlog이 급증하면서 IT 부서장은 리뷰를 제대로 수행할 수 없게 되었다. 뭔가 획기적인 돌파구가 필요한 상황이었다.

다행히 IT 부서장은 상황이 파국으로 치닫기 전에 문제를 인식하였다. 먼저 리뷰 업무의 상당 부분을 아래 직원들에게 위양하였다. 아울러 외부 컨설턴트를 활용해 급증한 분석 업무를 지원하도록 하였고, 몇몇 개발 및 분석 업무를 아웃소싱하였다. 이러한 개선 대책들은 아주 효과적이었다. 하지만 뭔가 2%가 부족하다는 느낌을 지울 수 없었다. 해서 찾은 해법이 IT 부서장은 리스크가 높은 작업의 산출물 리뷰에만 집중하기로 한 것이었다. 이렇게 하자 작업 Backlog가 급감하기 시작하였다.

교훈(Lessons learned)

▶ IT 작업 관리 방식을 성공적으로 변화시키기 위해서는 반드시 여러 가지의 연계 대책들을 동시에 수행하여야 한다. 그렇지 않으면 변화 이행 기간이 지나치게 길어진다.

▶ 기존의 IT 조직이 어떤 수준에 있는지 반드시 측정하고, 6개월 후에 이를 다시 측정하도록 한다.

▶ 모든 개선 활동들에 대한 IT 조직의 내부 저항을 당연시하여야 한다. 다만 IT 조직의 책임자로써 여러분은 기존의 문제에 대해 직원들의 공감대를 확보해 나가는 방식으로 저항에 대처하도록 한다. 따라서 방법론 및 툴의 경우 직원들이 기존의 문제점 및 미흡한 점에 대해 동의할 수 있도록 하고, 문서화 방식의 변화를 위해서는 가치 없는 문서를 양산하는데 너무도 많은 시간이 낭비되고 있다는 점에 대해 직원들의 동의를 확보하도록 한다.

IT 작업 관리 성과 척도

IT 작업 관리의 성과 평가를 위해서는 일반적으로 다음과 같은 3가지 유형의 지표를 활용한다.

▶ **작업 관리에 대한 개괄적인 평가 지표**

- IT 작업에 대해 예산 및 일정이외의 것도 측정하고 있는가?
- 리스크 및 현안에 대해 충분한 주의를 기울이고 있는가?
- 방법론과 툴의 활용도를 측정 및 관리하고 있는가?

- 범 조직적 IT 과제 수행 시 팀워크가 실제로 가동하고 있는가?
- 전반적인 IT 작업 품질이 점점 개선되고 있는가?
- 신규 방법론 및 툴 도입 시, 체계적인 접근방식을 적용하고 있는가?
- 관리자는 작업을 어떻게 체크하고 있는가? (공식적 또는 비공식적)
- IT 산출물의 전반적인 품질 수준은 어떠한가?
- 작업이 종료된 후에 재작업이 많이 이루어지고 있는가?

▶ 작업 산출물 리뷰에 대한 평가 지표

- 리뷰 대상 최종 산출물은 어떻게 결정하고 있는가?
- 최종 산출물이 승인된 후에 문제로 인해 변경된 경우가 있는가?
- 최종 산출물 리뷰를 위해 어떠한 접근방식을 적용하고 있는가? 이때에 리스크 및 현안에 초점을 맞추고 있는가?
- 직원들은 산출물 리뷰를 통해 Lessons learned를 얻고 있는가?
- 리뷰 후에 직원들의 작업이 개선되었는지 확인하기 위한 노력이 이루어지고 있는가?
- 최종 산출물 중 얼마나 많은 부분을 자세히 리뷰하고 있는가?
- 전체 최종 산출물 중에서 생성자의 진술만을 토대로 승인해 주고 있는 것들은 얼마나 되는가?
- 최종 산출물에 대한 리뷰 결과 역시 Lessons learned로 정리돼 활용되고 있는가?
- 최종 산출물에 대한 리뷰 시 도출된 현안은 현안 데이터베이스에 저장되고 있는가?

▶ 방법론 및 툴에 대한 평가 지표

- 현행 방법론 및 툴의 부족한 사항을 파악해본 적이 있는가?
- 새로운 방법론 및 툴은 어떠한 방법으로 파악하고 있는가?
- 새로운 방법론 및 툴은 어떠한 방법으로 평가하고 있는가?

- 이에 대한 경영진의 기대 수준은 명확히 제시돼 있는가?
- 신규 직원들이 기존의 방법론 및 툴을 조기에 적용할 수 있도록 하기 위해 어떠한 촉진 대책을 실행하고 있는가?
- 방법론 및 툴에 대한 교육훈련은 얼마나 효과적인가?
- 기존의 방법론 및 툴에 대한 평가를 통해 너무 오래돼 유용성이 떨어진 것들을 교체하기 위한 노력을 기울이고 있는가?
- 방법론 및 툴이 효과적으로 활용되고 있다는 것을 어떤 방법으로 검증하고 있는가?
- 방법론 및 툴의 효과적 활용을 위한 가이드라인을 적용하고 있는가?
- 방법론 및 툴의 가치 및 효과를 어떻게 측정하고 있는가?

요약

IT 작업을 관리한다는 것은 IT 관리자의 시간을 효과적으로 관리하는 것을 말한다. IT 작업은 최종 산출물과 활동이외에 그 상태도 관리되어야 한다. 이를 위해서는 무엇보다 먼저 방법론 및 툴, 최종 산출물 리뷰, 현안 처리, 교훈(Lessons learned)의 활용 등에 중점을 두어야 한다. 아울러 이를 통한 IT 작업 관리의 첫 번째 목표는 작업에 대한 직원들의 태도와 사기를 제고하는 것이고, 두 번째는 작업 개선 효과가 시간의 흐름과 함께 체증되도록 하는 것임을 명심하라. 물론 이러한 목표는 달성하기 어려운 것임에는 틀림없다. 하지만 기업 조직의 IT 책임자인 여러분이 IT 조직의 행동을 예측 가능하게 만들고 점점 복잡해지고 증가하고 있는 비즈니스 부문의 요구사항을 성공적으로 충족시키기 위해서는 반드시 달성해야 할 목표임을 명심하여야 한다.

제3부

IT를 감독하고 조율하라

제8장

비즈니스 부서에 대한 조율

서론

기실 많은 비즈니스 부서들이 정보시스템 운영에 깊숙이 관여하고 있다. 대개의 경우 비즈니스 부서에는 업무 현장에서 시스템 문제에 대한 초기 진단 및 질문에 대한 답을 제공해 주는 직원이 존재하며, 이들의 지원에 힘입어 비즈니스 부문의 관리자 및 직원들은 매일 매일 시스템을 활용해 제조나 마케팅 및 회계 등의 업무 기능을 수행한다. 이처럼 이들 비즈니스 부서 직원들은 일상적으로 시스템을 사용하고 있기 때문에 IT 서비스를 극히 당연한 것으로 간주하는 경향이 있다.

그런데 기업 조직의 IT와 비즈니스 사이에는 일상적인 운영뿐만 아니라 추가적인 IT 지원과 관련해 문제가 자주 발생한다. 수많은 기업 조직에서 공통적으로 발생하고 있는 사례를 몇 가지 알아보자.

▶ 어느 날 갑자기 한 비즈니스 부서 관리자가 직원들과의 충분한 검토 없이 IT 작업을 요청한다. IT 부서 관리자는 그 작업 요청을 경청한 다음에 비즈니스 부서 관리자와 마찬가지로 충분한 조사 과정 없이 당해 작업 요청 건을 높은 우선순위를 부여해 처리하도록 지시한다.

▶ 비즈니스 부서 직원이 정보시스템에 내재된 문제점을 발견하고 이를 자기의 중간 관리자에게 장황하게 설명한다. 이에 그 관리자는 즉시 해당 프로그래머를 직접 접촉해 개선 작업을 요청한다. 프로그래머는 현재 하고 있는 일을 중지하고 개선 작업을 수행한다.

이러한 상황으로 인해 조직은 어떠한 영향을 받게 될까? 물론 즉각적인 영향은 없다. 오히려 사용자들은 좋아할 것이다. 하지만 비즈니스 부서의 갑작스러운 IT 지원 요청은 기업 조직의 IT 생산성을 근본부터 뒤흔드는 것임을 명심하여야 한다. 저자들은 어느 IT 조직을 대상으로 2주에 걸쳐 IT 작업을 자세히 조사해 보았다. 그 결과 프로그래머 및 네트워크 지원 인력의 작업 시간 중 약 70% 이상이 위와 같은 갑작스러운 IT 지원 요청을 해결하는데 사용되고 있었다. 이로 인해 전사 차원에서 아주 중요한 IT 프로젝트 및 업그레이드와 같은 작업이 전혀 진척되지 못하고 있었다.

이 같은 문제의 근본 원인은 크게 두 가지로 요약될 수 있다. 첫 번째는 비즈니스 부문으로부터 기인하는 것인데, IT 부서는 비즈니스 부서가 요청할 때는 언제나 즉시 지원할 수 있어야 한다는 사고방식이다. 두 번째는 IT 조직 자체로부터 기인하는 것으로, 비즈니스 부서 관리자 및 사용자를 무조건 만족시켜야 한다는 강박관념이다.

기업 내부의 IT 사용자 만족도 제고란 훌륭한 목표이다. 하지만 만족도란 일시적 현상일 뿐이다. 사용자는 아무리 만족했다 하더라도 언젠가는 "IT가 우리를 위해서 해준 것이 뭐가 있어?", "도대체 이런 일이 어떻게 해서 일어날 수 있지?"라고 말할 가능성이 농후한 존재이다. 그런데 이런 상황이 자주 발생하는 이유는 비즈니스 부서와 IT 부서 간에 역할 및 책임(Roles and Responsibilities)에 대한 명확한 기대와 정의가 존재하지 않기 때문이다.

따라서 비즈니스 부서와 IT 부서 간에 업무 관계가 명확히 구축되어야 한다. 이 일환으로 먼저 기업 내부의 IT 활동과 관련된 비즈니스 부서의 역할과 책임을 IT와 비즈니스가 공동으로 정의하여야 한다. 또한 비즈니스 부문의 자동화 현황에 대한 분석을 수행하여야 한다. 특히 비즈니스와 IT 간의 관계가 무계획적이고 임의적으로 전개되는 것이 아니라 계획적이며 안정적인 것이 되기 위해서는 전사 차원의 주요 비즈니스 프로세스들에 대한 중장기 계획이 수립돼야 한다. 이러한 중장기 프로세스 계획을 바탕으로 IT 부서 책임자인 여러분은 제4장의 IT 전략 계획 수립에서 제시된 접근방법에 따라 비즈니스 부문을 위해 IT 전략 계획을 수립하여야 한다. 이런 다음에 비즈니스 부서의 IT 지원 요청에 대해 IT 전략 계획에 따라 좀 더 구체적이며 효율적인 대응 방식을 도출해 주어야 한다.

간혹 이러한 과정이 번잡스럽게 비춰질 수 있지만 이렇게 하면 다음과 같은 효과가 발생한다.

▶ 비즈니스 부문 임직원들이 자기의 역할 및 책임뿐만 아니라 IT와의 관계에서 어떻게 행동하는 것이 바람직한 것인지 명확히 알게 된다.

▶ IT 부서 직원들이 비즈니스 부문의 니즈나 방향 및 업무에 대해 더 잘 이해하게 된다.

▶ 비즈니스 부문을 지원하는데 있어 IT 부서의 행동 방식이 사용자의 IT 지원 요청을 기다리는 '수동적 요청 대응형'으로부터 비즈니스를 리딩하는 '능동적 니즈 선도형'으로 변화한다.

▶ 각각의 비즈니스 부서가 자기의 IT 투입 노력을 좀 더 효과적으로 조정할 수 있다.

▶ 비즈니스 부문의 IT에 대한 니즈가 명확하게 정의됨으로써 앞에서 언급한 무계획적이고 갑작스런 IT 지원 요청이 급감한다.

이와 같은 것들은 비즈니스 부문의 입장에서 보면 부정적으로 비춰질 수도 있다. 하지만 실질은 전혀 그렇지 않다. 이러한 상황에서도 비즈니스 부문은 IT에 관한한 여전히 핵심적인 역할을 수행한다. 이러한 접근방법의 근본적인 목적은 기업 조직의 비즈니스 부문과 IT 부문이 더 생산적이고 효과적인 관계를 형성할 수 있도록 하기 위해 비즈니스 부문의 활동 및 행동 방식을 체계화하는 것이기 때문이다.

비즈니스 부문의 IT 관련 역할 및 책임 정의

IT 활동은 크게 일상적인 운영과 프로젝트로 구분할 수 있는데 먼저 각 비즈니스 부문별로 어플리케이션 시스템을 따로따로 사용하는 일상적인 운영 상황에 대해 살펴보자. 이런 상황에서 어플리케이션 시스템의 사용자 부서는 전통적으로 다음과 같은 역할을 수행해 왔다.

- 어플리케이션 시스템을 사용해 비즈니스 업무 수행
- 어플리케이션 시스템의 장애 및 문제점을 도출해 IT 부서에 전달
- 변경 및 개선된 어플리케이션 시스템의 테스트에 참여
- 시스템 개선 영역을 도출하고 이에 대한 타당성을 검증

이처럼 비즈니스 부문의 IT 관련 역할 및 책임이 제한돼 있으면 다양한 문제가 발생한다. 이 중 중요한 것으로는 첫째, 시스템과 프로세스 간에 연결이 존재하지 않음으로써 개별 시스템이 따로따로 활용 및 관리된다. 둘째, 프로세스에 대한 중장기 계획의 부재로 인해 시스템에 대한 방향을 제대로 수립할 수 없다. 셋째, 비즈니스 부문이 요청하는 시스템에 대한 변경이 모두 일상적인 운영 기능에 관한 것으로 제한돼 소요 코스트보다 훨씬 작은 기대효과에 만족한 채 승인된다.

이처럼 일상적인 시스템 운영에서의 극히 제약적인 비즈니스 부서 역할 및 책임이 더 생산적인 것이 되기 위해서는 다음과 같이 변화되어야 한다.

- 비즈니스 프로세스 및 그 구성 요소인 시스템에 대한 성과 분석
- 프로세스 성과를 실제 향상시키는 시스템 변경 건의 도출
- 시스템을 활용한 비즈니스 업무 수행
- 프로세스 및 시스템 관련 문제 파악
- 변경된 시스템의 테스트에 참여
- 프로세스 및 시스템 운영 절차 개발

이 같은 새로운 역할 및 책임은 훨씬 포괄적일 뿐만 아니라 비즈니스 프로세스 지향적이며, 다음과 같은 효과를 제공한다.

- 비즈니스 프로세스와 시스템이 긴밀하게 연계된다.
- 시스템 변경 요청 건의 기대효과가 시스템뿐만 아니라 비즈니스 프로세스 관점에서 명확하게 도출된다.
- 최종 사용자가 프로세스 및 시스템에 대해 Ownership을 갖는다.

이번에는 비즈니스 프로세스의 개선을 지원하기 위한 IT 프로젝트에서 비즈니스 부문이 수행하는 역할 및 책임에 대해 알아보자. 비즈니스 부문은 전통적으로 다음과 같은 역할을 수행해 왔다.

- 신규 시스템의 분석 및 설계에 필요한 정보 제공
- 신규 시스템 사용 절차의 개발 과정에 참여
- 신규 시스템의 테스트에 참여
- 데이터 컨버전의 일부분 수행
- 시스템 사용자 교육 지원

그런데 신규 시스템이 비즈니스 프로세스에 내재화될 수 있기 위해서는 비즈니스 부문은 다음과 같은 것들을 더 수행해야 한다.

- 현행 프로세스 및 업무 리뷰를 통해 개선해야 할 문제점 도출
- IT 부서와의 공조를 통해 신규 비즈니스 프로세스 정의
- 신규 비즈니스 프로세스의 기대효과 및 실현 방안 도출
- 프로세스의 성공적 구현에 필요한 정책, 절차 및 기타 변경의 실행
- 사용자 절차를 포함한 운영 절차의 개발
- 시스템 교육 자료의 개발
- 기존 및 신입 임직원에 대한 교육 실시

그런데 여러분은 이와 같은 비즈니스 부문의 기대 역할 및 책임에 대해 정작 비즈니스 부문은 어떻게 반응할 것으로 생각하는가? 이제껏 모르고 있던 바를 알려줘서 고마워하고 쌍수를 들고 환영할 것으로 생각하는가? 저자들의 경험에 의하면 이들은 대부분 다음과 같이 반응하였다.

- *우리 부서에는 인력이 충분치 않아 기존의 업무 수행도 벅차다.*
- *IT 프로젝트이므로 우리 부서가 그런 역할을 담당할 수 없다.*
- *최종 사용자들이 그런 일을 할 정도의 역량을 갖고 있지 않다.*

이에 대해 IT 책임자인 여러분은 실망할 필요가 없다. 왜냐하면 이러한 현상은 여러분에게만 나타나는 것이 아니기 때문이다. 하지만 이와 같은 상황이 발생하면 여러분은 각 상황별로 다음과 같이 대응하도록 하라.

- *인력이 부족하고 직원들이 모두 그렇게 바쁘다면 프로젝트를 착수하지 말아야 된다. 왜냐하면 비즈니스 프로세스 변화의 핵심 성공 요인은 프로세스 사용자의 적극적인 참여이기 때문이다.*
- *프로젝트의 작업 내용이 완전히 IT 인프라스트럭처에만 국한된 것이 아닌 이상 IT 프로젝트라는 것은 존재하지 않는 개념이다. 또한 IT란 비즈니스 프로세스를 구성하는 하나의 요소일 뿐이다.*

따라서 비즈니스 프로세스를 개선하기 위한 프로젝트는 비즈니스 프로젝트이다.

- *IT 직원과의 공조를 하면 어떠한 사용자라도 이러한 일을 충분히 수행할 수 있으며, 그런 사례도 있다.*

이제 비즈니스 부서의 전반적인 IT 참여 방식에 대해 알아보도록 하자. 오늘날 비즈니스 프로세스가 중요하다는 점에 대해서는 이론의 여지가 없다. 따라서 비즈니스 프로세스에 대해서는 신중히 계획하고 관리하여야 한다. 이를 위해 먼저 비즈니스 부문은 총괄 프로세스 코디네이터(Overall Process Coordinator)를 선정해 다음과 같은 책임을 담당하게 해야 한다.

- 비즈니스 프로세스 계획(Process Plan) 수립 및 업데이트
- 비즈니스 프로세스의 개선을 위한 변화 활동 정의
- 비즈니스 프로세스 및 시스템에 대한 성과 측정
- 비즈니스 부서 및 IT 부서 간 정보 흐름에 대한 통제
- IT 부서에게 IT 성과에 대한 피드백 제공
- 비즈니스 프로세스에 대한 잠재적 개선 기회 도출
- 프로세스 내에서 직원들의 업무 수행 방식에 대한 리뷰

총괄 프로세스 코디네이터는 가급적 상위 직책자로 선정하는 것이 좋다. 총괄 프로세스 코디네이터는 파트-타임으로 근무해도 되므로 자신의 고유 업무와 병행해서 위와 같은 역할과 책임을 수행할 수 있다.

이 같은 총괄 프로세스 코디네이터를 보좌하기 위해 비즈니스 부문 내 낮은 직급의 실무급 프로세스 코디네이터를 운영하도록 하고, 책임은 주로 비즈니스 프로세스 및 시스템과 관련해 일상적인 운영사의 문제가 발생될 때마다 이를 처리하는 것으로 한다. 실무급 프로세스 코디네이터는 반드시

총괄 프로세스 코디네이터를 통해 IT 부서 관리자와 커뮤니케이션하여야 하며, IT 부서의 일반 직원들과는 직접 접촉을 통해 문제 및 현안을 해결하도록 한다.

이러한 2 계층 구조의 프로세스 코디네이션(Two-tied process coordination)은 다양한 장점이 있다. 하지만 이중에서 특히 전사 차원에서 시스템 코디네이션이란 말 대신에 프로세스 코디네이션이란 말이 사용됨으로써 조직 전반에 걸쳐 시스템 성과가 아닌 프로세스 성과가 핵심 요소로 부각된다. 아울러 비즈니스 부서 및 IT 부서의 관리자와 비즈니스 부서 직원 및 IT 부서 직원 간의 커뮤니케이션 상에 단일의 접촉 창구(Single Point of Contact, SPOC)가 형성된다.

그림 8.1에는 지금까지 설명한 비즈니스의 역할 및 책임이 요약돼 있다.

- 전반적인 프로세스 코디네이션
- 매일 매일의 세부적인 프로세스 코디네이션
- 비즈니스 프로세스에 대한 직원 교육
- 직원 간 작업 수행 지식의 공유 촉진
- IT와 무관한 프로세스 변화 활동의 파악 및 구현
- 쉐도우 시스템(Shadow System)을 공식적 시스템에 통합
- 예외적 사항 및 임시방편의 작업 수행 방법(Workaround) 최소화
- 골목대장(The King and Queen Bees) 직원의 비공식적 파워 통제
- 비즈니스 프로세스 문서화와 직원 교육 교재 개발 및 유지보수
- 비즈니스 프로세스 성과 측정
- 제반 IT 관련 변화 활동 및 소프트웨어 개선 시 IT와의 공조

그림 8.1 비즈니스 부문의 IT 관련 역할 및 책임

그런데 이와 같은 비즈니스 부문의 역할 및 책임을 당사자인 비즈니스 부문에게 어떻게 설득할 수 있을까? 가장 효과적인 방법은 이들의 부서 이기주의를 이용하는 것이다. 원래 IT 부서가 공조 업무의 상당한 부분을 수행하면 비즈니스 부문은 당해 업무에 대한 Ownership을 갖으려 하지 않고, 비즈니스 프로세스에서의 IT 활용을 통한 기대효과의 실현 책임이 IT 부서에게 있다고 생각한다. 따라서 약간 얄팍하게 들릴지 모르겠지만 이들의 부서 이기주의를 부축이기 위해 여러분은 기대효과에 대한 증거를 제시할 수 있어야 한다. 또 한 가지 문제는 프로세스 및 시스템과 관련된 문서의 유지보수인데, 문서화가 끝나면 누군가는 반드시 문서를 제때에 업데이트하여야 한다. 그런데 사용자가 비즈니스 프로세스의 Owner이므로 문서의 개발 및 유지보수도 사용자가 하는 것이 바람직하다. 프로세스 및 시스템 교육도 마찬가지이다. 사실 IT 부서는 비즈니스 부문에 누가 언제 새로 들어왔는지 제때 알 길이 없다. 하지만 비즈니스 부문은 정확하게 파악할 수 있다. 따라서 최초 교육 및 지속적인 교육에 대한 책임은 모두 비즈니스 부문이 맡도록 해야 한다.

프로세스 계획(Process Plan) 수립

프로세스 계획은 비즈니스 프로세스의 중장기 발전 방향을 구체적으로 제시해 놓은 계획을 말한다. 이를 통해 비즈니스 부서와 IT 부서는 비즈니스 프로세스의 다음과 같은 측면에 대해 공감대를 형성할 수 있다.

- 비즈니스 부문의 작업 수행 방식에 대한 문제점 및 그 영향
- 조기 개선 가능 활동(Quick-Hits) 및 그 효과
- 비즈니스 프로세스의 바람직한 장기 비전
- 비즈니스 프로세스의 구체적인 'To-be' 모습 및 기대효과

이 같은 프로세스 계획의 가장 큰 효과는 비즈니스와 IT 부서가 공조를 통해 도출한 문제점과 실제 IT 니즈에 대해 합의를 한다는 점이다. 이는 추후 비즈니스와 IT 모두에게 업무 처리를 용이하게 할 수 있도록 해준다. 두 번째로는 비즈니스 프로세스의 개선 방향이 구체적으로 정의됨으로써 시스템 변경 요청이 프로세스 계획을 기준으로 평가될 수 있다는 점이다. 세 번째는 프로세스 계획을 통해 비즈니스 및 IT 관리자들이 프로세스와 시스템의 개선이 어디까지 가능한지 파악할 수 있다는 점이다. 네 번째는 아주 적은 자원의 투입을 통해 조기에 프로세스를 개선하기 위한 'Quick-Hit' 활동을 파악할 수 있는데, 사실 이것만으로도 프로세스 계획을 수립할만한 가치가 충분하다. 이처럼 프로세스 계획은 프로세스를 체계적이고 일관적인 방식으로 개선할 수 있는 기본 토대를 제공한다.

여러분 중에는 프로세스 계획이 이렇게 좋은 것이라면 왜 모든 기업이 적용하지 않고 있는지 반문하는 사람도 있을 것이다. 그 이유는 프로세스 계획 수립이 부가적인 오버헤드 활동이기 때문이다. 일반적으로 기업의 경영자와 관리자들은 프로세스 계획이 필요한 정도로 자기들의 프로세스에 문제가 있다고 생각하지 않으며, 이 보다는 비즈니스 및 IT 전략 계획을 더 중요하게 생각하는 경향이 있다. 하지만 비즈니스 프로세스가 기업의 비즈니스 성과 창출에 가장 핵심적인 요소라는 점을 고려하면 이는 아주 위험한 생각이다.

프로세스 계획은 어떻게 수립해야 할까? 먼저 제2장에 소개된 비즈니스 프로세스 성과 척도를 활용해 현행 프로세스의 성과를 측정하는 것부터 시작하도록 한다. 이를 통해 비즈니스 프로세스가 현재 어떻게 수행되고 있는지 파악할 수 있다. 그런데 이런 과정은 반드시 비즈니스와 IT 부서가 함께 수행하여야 한다. 왜 그럴까? IT가 이런 것을 자체적으로 수행할 수 없어서 그런가? 물론 아니다. 이런 정도는 얼마든지 IT 혼자서도 수행할 수 있다. 하지만 현행 비즈니스 성과 평가의 궁극적인 목적이 평가 결과를 얻는 것뿐만 아니라 비즈니스 부서로 하여금 현행 업무에 대한 문제점을 최대한 생생하게 토로하게 하는 것이기 때문이다.

프로세스 성과 평가의 다음 단계는 프로세스 내에서 직원들이 업무를 일관성 있게 수행하고 있는지 파악하는 것이다. 모든 작업은 일관성 있게 수행되어야 하며, 그렇지 않으면 이는 문제가 있다는 것을 의미한다. 이를 위해 다음과 같은 것들을 파악하도록 한다.

▶ 예외적 처리 작업(Exception Work)
- 이런 작업은 특별한 지식을 많이 필요로 하기 때문에 처리하는데 시간이 많이 소요되며, '골목대장(The King and Queen Bees)' 직원들의 참여를 반드시 수반한다는 사실을 명심하라.

▶ 쉐도우 시스템(Shadow Systems)
- 이는 중장기적으로 반드시 표준화 과정을 거쳐 공식적 시스템으로 통합되어야 한다.

▶ 워크-어라운드(Workaround)
- 임시방편으로 수행되는 이 같은 작업들은 업무 생산성에 악영향을 미치는 것임을 명심하라.

▶ 표준 운영 절차(Standard Operating Procedure, SOP)
- 표준 운영 절차이외에 직원들에 대한 업무 교육 자료 및 그 품질 및 완성도와 최신성을 파악한다.

이제 여러분은 현행 프로세스의 성과와 프로세스의 문제점들을 완벽히 이해하였다. 이번에는 이들 문제점과 현안을 구체적으로 분석하여야 한다. 이를 위해 비즈니스 및 IT 부서 직원으로 구성된 분석 팀을 만들어, 개별 현안이 업무 수행 성과에 미치는 영향을 조사하게 한다. 사실 이런 조사는 관련자 모두에게 있어 곤혹스러운 일이지만 이와 동시에 아주 가치있는 일이기도 하다. 왜냐하면 IT와 비즈니스 부문이 프로세스에 문제가 있다는 사실과 이로 인해 업무 수행 성과가 심각한 영향을 받고 있다는 사실을 깨닫게 되기 때문이다. 어쨌든 이러한 공동 인식 아래에 개별 현안의 영향 및 중요도를 바탕으로 우선순위 또는 등급을 매기도록 한다. 우선순위는 반드시 토론과 투표를 통한 합의를 바탕으로 결정되어야 한다.

분석 팀은 이들 현안의 해결에 필요한 변경 활동과 변경 활동에 대한 직원들의 적극적인 참여를 촉진할 수 있는 방안을 도출하여야 한다. 특히 변경 대상에는 시스템이외에 비즈니스 정책 및 절차, 직원 재배치, 교육 및 훈련, 문서화, 사무실 레이아웃 등도 포함되어야 한다. 그런데 현안 및 문제점 중에는 간단한 변경이나 Quick-Hit를 통해 해결되는 것이 있는가 하면, 비즈니스나 시스템의 동시적 변경이 필요한 것도 있으며, 솔루션을 찾지 못한 것도 있을 수 있다.

도출된 변경 활동들에 대해서는 관련 직원들로 하여금 경험을 바탕으로 각 변경 활동의 난이도를 투표를 통해 결정하게 한다. 이때에 고려할 사항으로는 변경 소요 시간 및 비용과 변화에 대한 저항의 강도 등이 있다.

이러한 모든 분석 결과를 그림 8.2의 테이블에 요약하도록 한다. 가로는 프로세스의 현안 또는 문제점을 나타내고, 마지막 열은 관련 변경 활동의 종류(Quick-Hit 활동 대비 중장기 변경 활동)를 나타낸다.

문제점(등급)	영향도	솔루션	구현 난이도	Quick-Hit 여부

그림 8.2 프로세스 계획 수립을 위한 요약 테이블

이제 여러분은 향후 바람직한 비즈니스 프로세스의 구체적인 모습, 다시 말해 'To-be 프로세스'를 도출할 차례이다. 'To-be 프로세스'에서는 앞에서 파악된 문제점 및 현안들이 효과적으로 해결될 수 있어야 한다. 이를 위해 제일 먼저 개괄적인 수준에서 'To-be 프로세스'를 정의하게 되는데, 왕왕 그 결과가 너무 막연해 보일 때가 있다. 하지만 이것은 아주 당연한 것임을 명심하도록 하라. 또한 'To-be 프로세스'를 도출할 때에는 최대한 예외적 처리 업무를 배제하고 구체적이되 공통적인 비즈니스 트랜잭션을 바탕으로 정의하여야 한다.

개괄적인 'To-be 프로세스'를 바탕으로 먼저 현행 트랜잭션 리스트를 만든 다음에 분석 팀원들에게 다음과 같은 작업을 수행하게 한다.

- 트랜잭션별로 처리 단계 및 처리 단계별 작업 내용을 정의한다.
- 기 파악된 현안과 문제점 중 처리 단계와 관련된 것을 파악한다.
- 이들 현안이 처리 단계 및 트랜잭션에 미치는 영향을 도출한다.

특히 비즈니스 부서 직원들로 하여금 Quick-Hit와 개별 트랜잭션 간 관계를 정의하도록 한다. 보통 하나의 Quick-Hit에 여러 개의 트랜잭션이 관련돼 있다. 비즈니스 부서 직원들은 기존의 트랜잭션을 매일 수행하므로 Quick-Hit로 자기들의 작업이 어떻게 변화할 것인지 가장 잘 알고 있다. 따라서 이들로부터 의견을 적극적으로 도출하되, 이 과정에서 다음과 같은 방식으로 문서화하면 훨씬 좋은 결과를 산출할 수 있다.

- 개별 트랜잭션의 처리 단계
- Quick-Hit 실행 이후에 변경되는 작업
- Quick-Hit로도 해결되지 않는 현안 및 문제점
- 'To-be 워크-플로우(Work-flow)'와 기존 것과의 차이
- 변경된 작업으로 인한 개선 효과

저자들의 경험에 의하면 중요도 10위 안에 드는 트랜잭션들의 작업량이 전체 작업량의 60-70% 이상을 차지하였다. 따라서 'Quick-Hit'의 범위를 이 정도만 하였더라도 상당히 만족할 만한 효과를 달성할 수 있었다.

이 같은 작업을 수행할 때에는 직원들의 창의성을 활용한 브레인스토밍(Brain-storming)을 통해 시스템, 기술, 자금, 설비 등에 제약이 없다는 가정 아래에 자기들의 업무를 어떻게 수행하는 것이 가장 최선의 것인지 도출하게 한다. 이 과정에서 이들이 현실에 구애받지 않도록 해야 한다. 예상되는 문제는 간단한 예시 트랜잭션을 사용해 표현하도록 한다. 이런 것을 'To-be 트랜잭션'이라고 하는데 다음과 같이 문서화하도록 한다.

- 'To-be 트랜잭션' 처리 단계('To-be 처리 단계')
- 'To-be 처리 단계'별로 수행되어야 할 작업 내용
- 'To-be 처리 단계'와 Quick-Hit 이후의 처리 단계의 차이점
- 'To-be 처리 단계'와 현행 처리 단계의 차이점
- 'Quick-Hit'로 인한 기대효과
- 'To-be 처리 단계'로의 변화를 통한 기대효과

이 같은 기대효과를 바탕으로 여러분은 'To-be 프로세스'의 전체적인 기대효과를 추정할 수 있을 뿐만 아 니라 'To-be 트랜잭션'들을 바탕으로 전사차원의 프로세스 비전을 수립할 수 있게 되었다.

- 개요 – 프로세스 계획 수립의 의의, 목적 및 범위
- 현행 프로세스 및 시스템의 요약
- 현행 프로세스의 현안 및 영향
- 현행 공통 트랜잭션의 예시
- 관련 문제점, 영향 및 해결방안
- 프로세스의 장기적 방향성
- 향후 구체적인 트랜잭션 – 현행 및 Quick-Hit 이후의 것과의 차이점
- 구체적인 실행 계획

그림 8.3 프로세스 계획(Process Plan) 아웃라인

이제 여러분은 지금까지 도출한 것을 바탕으로 그림 8.3의 아웃라인에 따라 프로세스 계획을 작성하여야 한다. 먼저 프로세스 계획 초안을 작성하고 비즈니스 부문에 회람시킨 다음 이들로부터 피드백을 받도록 한다. 또한 비즈니스 부문 관리자를 대상으로 'To-be 프로세스' 프리젠테이션을 수행해야 하는데, 계획 수립 과정에 참여했던 비즈니스 부문 직원들에게도 프리젠테이션의 일부를 담당하도록 하는 것이 좋다. 왜냐하면 이를 통해 프로세스 변화에 대한 비즈니스 부문의 지원 약속을 더욱 공고히 할 수 있기 때문이다.

개별 비즈니스 부문 IT 전략 개발

개별 비즈니스 부문의 IT 전략(Business Unit IT Strategy)이란 무엇일까? 조직과 상황에 따라 다르겠지만 일반적으로 구체적인 실행 전략을 말하는 것이 아니라, 개별 비즈니스 부문의 비전, 미션, 프로세스 및 IT와 관련된 개괄적인 수준의 방향성을 말한다. 그 내용은 다음과 같은 것으로 구성되며 대부분 그림 8.4부터 8.7까지의 테이블을 활용해 수립된다.

- 당해 비즈니스 부문에서 시스템 및 기술의 중요성
- 당해 비즈니스 부문의 미션과 비즈니스 프로세스와의 연관 관계
- 당해 비즈니스 부문의 미션과 전사적 비즈니스 미션과의 관계
- 당해 비즈니스 부문의 미션 지원을 위한 IT의 역할

비즈니스 부문 미션 구성 요소	비즈니스 프로세스		

그림 8.4 비즈니스 부문 미션 구성 요소 대비 비즈니스 프로세스

비즈니스 부문 미션 구성 요소	전사 비즈니스 미션 구성 요소		

그림 8.5 비즈니스 부문 미션 대비 전사 미션

IT 지원 활동(지원 구성 요소)	비즈니스 프로세스		

그림 8.6 비즈니스 부문 프로세스 대비 IT 지원 활동

IT 지원 활동(지원 구성 요소)	비즈니스 부문 미션 구성 요소		

그림 8.7 비즈니스 부문 미션 대비 IT 지원 활동

그림 8.4의 비즈니스 부문 미션 대비 비즈니스 프로세스 테이블은 개별 비즈니스 프로세스가 비즈니스 부문의 미션 구성 요소를 어떻게 지원하고 있는지 파악하기 위한 것이다.

그림 8.5의 비즈니스 부문 미션 대비 전사 미션 테이블은 제2장을 바탕으로 작성하는데, 테이블 기입항목에는 비즈니스 부문의 미션 구성 요소가 전사 미션 구성 요소 대비 얼마나 중요한지 나타내도록 한다. 이 과정에서 이들 간 일관성을 확인하고자 하면 제2장의 비즈니스 미션 대비 비즈니스 프로세스 테이블을 이용한다.

그림 8.6의 비즈니스 프로세스 대비 IT 지원 활동 테이블의 첫 번째 열은 특정 비즈니스 프로세스를 지원하기 위해 IT가 수행하는 활동을 나타내며, 테이블 기입항목에는 필요한 지원 종류를 표시한다.

그림 8.7의 비즈니스 부문 미션 대비 IT 지원 활동 테이블은 그림 8.4 및 8.6의 두 테이블을 이용해 작성하도록 한다.

효과적인 최종 사용자 지원

어떤 기업에서든 IT 부서는 최종 사용자에 대한 지원 활동을 수행하고 있다. 하지만 문제는 최종 사용자 지원이 얼마나 효과적이냐 하는 것이다. 여기에서 최종 사용자 IT 지원의 효과성은 다음과 같은 것을 의미한다.

- 비즈니스 프로세스가 효과적이고 효율적으로 수행된다.
- IT가 자원 투입을 통해 비즈니스 부문 IT 전략을 지원한다.
- 각 프로세스에 대한 IT 부서 차원의 통합 대응을 통해 프로세스 비전 달성에 기여한다.

- 비즈니스 부문이 수행하는 여러 프로세스 간에 IT 자원은 어떻게 배정되어 있는가? 프로세스 중요도에 따라 배분되고 있는가?
- 당해 비즈니스 부문에 대한 IT 지원은 당해 비즈니스 부문 IT 전략(Business Unit IT Strategy) 달성을 촉진시키고 있는가?
- IT 지원은 비즈니스 프로세스 계획(Process Plan)의 성공적인 실행을 촉진시켜 주고 있는가?
- 현행 비즈니스 프로세스를 1년 전과를 비교해볼 때에 IT 지원은 긍정적인 변화에 기여했다고 할 수 있겠는가?
- 비즈니스 프로세스 개선 대비 긴급 또는 통상적 정비 간에 IT 자원은 어떠한 비율로 배분되고 있는가?

그림 8.8 사용자 부문에 대한 IT 지원의 효과성 측정 관련 질문

모든 IT 조직들이 사용자 부서의 효과적인 지원을 위해 최선을 다하고 있을 것이다. 하지만 비즈니스 프로세스 계획(Process Plan) 및 비즈니스 부문 IT 전략(Business Unit IT Strategy)이 없으면 사용자 부문 지원의 효과성 달성은 굉장히 어렵고 불가능할 것이다. IT 책임자로서 여러분은 이런 활동의 성과를 측정해 가시화할 수 있어야 하며, 이를 위해 그림 8.8의 측정 항목을 활용해 현상을 정확히 파악할 수 있어야 한다.

IT와 비즈니스의 얼라인먼트

이번 장에서는 비즈니스 부문이 IT에 직접적으로 참여하는 것에 대해 알아보았다. 따라서 대부분의 내용이 IT와 비즈니스의 얼라인먼트를 측정하는데 사용될 수 있는 것들이다. 이 중에서 특히 개별 비즈니스 부문과 IT 조직과의 얼라인먼트되어 있는 정도를 평가할 수 있는 항목들이 그림 8.9에 제시돼 있다.

- 특정 비즈니스 부문과 IT 조직은 어느 정도의 커뮤니케이션을 수행하고 있는가?
- 비즈니스 프로세스에 문제가 발생하면 IT 솔루션이외에 다른 것들도 고려하고 있는가?
- 비즈니스 부문은 프로세스 계획(Process Plan)을 갖고 있으며, 제대로 갱신하고 있는가?
- 프로세스 계획에서는 현행 비즈니스 업무의 미래 모습을 명확하게 제시하고 있는가?
- IT 자원은 비즈니스 부문 사이에 어떻게 배분되고 있는가? 전사 차원의 핵심적인 비즈니스 프로세스에 우선해서 배분되고 있는가?
- 비즈니스 프로세스에 중요한 IT 프로젝트 중에서 어떤 것들이 수행되지 않았는가? 그 이유는 무엇인가?

그림 8.9 IT와 비즈니스 부문과의 얼라인먼트 측정 관련 질문

리스크 관리

본래 비즈니스 부문과 IT 부문의 관계 속에는 상당한 수준의 리스크가 내재해 있기 마련이다. 이중에 가장 심각한 리스크는 대규모의 IT 자원이 프로세스 계획(Process Plan) 및 비즈니스 부문 IT 전략(Business Unit IT Strategy)의 성공과 전혀 관계가 없는 시스템 개선 활동에 낭비된다는 점이다.

만약 여러분의 조직에서 전사 차원의 IT 전략 계획 및 IT 자원 배분이 각 비즈니스 프로세스의 중요도와 프로세스 계획을 반영하지 않고 있으면 이는 아주 심각한 리스크 상황임을 의미한다. 또한 IT 책임자인 여러분과 IT 부서는 회사의 비즈니스에 중요한 기여를 제공하는 프로젝트와 활동을

수행하지 못했다는 비난을 받게 될 것이다.

저자들은 본서를 통해 여러분에게 기업 조직에서 IT의 성공은 비즈니스의 성공을 촉진시킨다는 사실을 누차 강조하고 있다. 그런데 이것보다 더 강조해드리고 싶은 것은 사실 다음과 같은 것이다.

중요하지 않은 비즈니스 활동에 잘못 배정된 IT 자원과 작업은 그렇지 않았으면 비즈니스 부문이 충분히 획득할 수 있었을 매출 증대나 비용 절감 및 이익 향상의 기회를 놓치게 한다.

사례

SUPREME OIL – 종합 에너지 회사

Supreme Oil은 다국적 종합 에너지 기업이었다. 그런데 더 많은 기술과 시스템이 비즈니스 현장에 배치되고 비즈니스의 IT에 대한 의존도가 점점 높아짐에 따라 각 비즈니스 부문이 자체적으로 수행해 왔던 IT 활동들을 구조화해야 한다는 필요성이 제기되었다. 이를 위해 2-계층 코디네이션(2-tiered coordination) 체계를 도입하였는데, 이 일환으로 규모가 큰 비즈니스 부문에는 실무급 코디네이터를 두기로 하였다.

또한 별도의 감독 위원회(Oversight Committee)를 통해 여러 비즈니스 부서에 걸쳐 수행되는 IT 활동을 조율하고 정보를 공유하게 하였다. 감독 위원회 의장은 IT 부서장이 맡았으며, 각 비즈니스 부서를 대표하는 상위 직급의 코디네이터들이 위원으로 참가하였다. 초기에는 현안이 많은 이유로 위원회가 분기별로 개최되었지만, 현안의 해결과 더불어 그 수가 감소함에 따라 1년에 1번 개최하게 되었다.

몇 년 후 IT 조직은 주요 비즈니스 부문의 자체적인 IT 조직들로 분리되었다. 이런 상황에서도 감독 위원회는 본래의 기능을 계속 수행했는데 그 이면에는 환경 변화에 맞도록 기존의 위원회 멤버를 각 비즈니스 부문 소속의 IT 관리자로 적시에 교체했기 때문이었다.

TUCKER COUNTY – 지방 정부

Tucker County의 IT 부서는 비즈니스 부서에게 제공하는 IT 지원에 대해 계획이나 감독은 전혀 수행해 오지 않고 있었다. 따라서 IT 작업은 모두 그때그때 상황에 따라 무계획적으로 수행되고 있었다. 이런 상황에서 몇몇 영리한 비즈니스 부서 하위 관리자들은 IT 부서 직원들과 개인적인 유대관계를 구축하고, 이를 통해 자기 부서의 IT 지원 요청 건을 처리하고 있었다. 따라서 1년 간 IT 부서의 총체적인 업무 계획 대비 실행 비율은 평균 30%밖에 되지 않았다. 계획되지 않은 IT 지원 요청 건의 처리가 그 주된 이유였지만, Tucker County의 IT 부서 책임자는 기존 IT가 노후화되었기 때문이라고만 주장하고 있었다.

IT 부서 책임자의 이 같은 주장은 경영진과 비즈니스 부서 관리자들의 신뢰를 받지 못했다. 결국 외부의 전문 컨설턴트를 활용해 감독 위원회(Oversight Committee)를 발족시켰다. 감독 위원회의 위원장은 IT를 잘 이해하고 있는 한 비즈니스 부서 책임자가 맡았는데, 감독 위원회가 내린 결정은 추후 비즈니스 부서의 IT에 대한 업무 지시나 IT 지원 요청 건은 반드시 IT 부서 책임자를 통해서 처리될 수 있도록 하는 것이다. 아울러 비즈니스 부서의 하위 관리자와 직원들에게는 그 어떤 IT 문제도 반드시 소속 비즈니스 부서 관리자를 통해 해결하고, IT 부서 직원들과는 사전에 비공식적으로 접촉하지 말라는 엄명이 내려졌다. 물론 적지 않은 불편함과 어려움이 있었음에도 불구하고 이러한 지시는 지켜졌다.

SHAMROCK AGRICULTURE – 농업 협동조합

Shamrock의 비즈니스 부서들은 각각 고유한 업무 특성으로 인해 독자적으로 운용되고 있었고, 여러 부서에 걸쳐 수행되는 비즈니스 프로세스는 불과 2~3개에 지나지 않았다. 하지만 관련 비즈니스 부서들은 이들 부서간 프로세스(Cross-departmental process)에 대해 장기 프로세스 계획(Process Plan)을 수립하고, 각 부서의 대표자로 구성된 IT 조정 위원회(Coordination Committee)를 운용해 오고 있었다.

나머지 비즈니스 부서들은 IT에 대한 의사결정을 해당 부서장의 재량에 따라 수행하고 있었다. 그러던 어느 날, 이들 중 어느 한 비즈니스 부서 관리자가 현행 시스템이 그런대로 사용할 만 함에도 불구하고 이를 최신의 시스템으로 교체하기로 하였다. 이 부서장은 이를 IT 부서는 물론 경영진에게도 알리지 않은 채, 업체와 접촉해 계약을 체결하였다. 계약이 체결된 후에 이를 알게 된 경영진은 대노하였다. 경영진은 즉시 IT 부서장을 파견해 이를 재검토하게 하였다. 이 결과 그 비즈니스 부서장이 선정한 것보다 훨씬 좋은 패키지들이 여러 개 있다는 사실이 밝혀졌다. 하지만 이미 체결된 계획을 취소하기에는 너무 늦었다. 설상가상으로 그 비즈니스 부서장은 여전히 "내가 담당한 비즈니스 영역의 목표 달성 및 운영 업무의 원활한 수행을 위해서는 이번에 선정한 것과 같은 패키지가 반드시 필요하다."는 주장을 굽히지 않고 있었다. 이러한 상황에서 경영진과 IT 부서장이 택할 수 있는 최선의 결정은 실패할 것을 빤히 알면서도 기 선정된 패키지의 도입을 그대로 진행하게 하는 것밖에는 없었다. 마침내 이들이 예견한 것처럼 패키지 도입 및 설치는 실패로 끝나고 말았다. 가장 결정적인 실패의 원인은 그 부서 직원들이 새로운 패키지보다 종전의 시스템을 선호했기 때문이었다. 직원들이 그 부서장의 새로운 패키지 사용 지시에 대해 거의 항명에 가까운 저항을 보였던 것이다.

Shamrock Agriculture는 이러한 와중에서 불행 중 다행으로 몇 가지 긍정적인 결과를 건질 수 있었다. 첫째, 향후 동일한 상황의 재발 방지를 위한 전사 차원의 IT 정책이 수립될 수 있었고, 둘째, 그동안 IT에 대한 의사결정을 독자적으로 수행해 왔던 비즈니스 부서들은 앞으로는 반드시 IT 부서와 긴밀한 협의를 거치지 않으면 안 되도록 되었고, 이 일환으로 프로세스 계획(Process Plan)을 수립해 운용하라는 경영진 지시가 내려졌으며, 마지막으로 이와 같은 엄청난 실수를 저지른 비즈니스 부서장은 다른 곳으로 좌천되었다.

교훈(Lessons learned)

▶ 저자들의 경험에 의하면 여기에서 소개한 방법의 적용은 IT 부서에 우호적이며 미래지향적인 사고방식을 갖고 있는 비즈니스 부서에서부터 시작하는 것이 바람직하다. 이로부터 얻은 경험과 지식을 바탕으로 나머지 부서로 확대해 나가도록 한다.

▶ IT 부서가 모든 비즈니스 부문의 프로세스 계획(Process Plan) 및 비즈니스 부문 IT 전략(Business Unit IT Strategy)의 개발을 지원하는 것은 현실적으로 불가능하다. 따라서 회사의 비즈니스 측면에서 가장 중요한 비즈니스 부문을 몇 개 선정하도록 한다. Shamrock의 경우에 9개 비즈니스 부서 중 3개가 가장 중요한 것으로 선정됐다.

▶ IT 부서가 비즈니스 부서를 위한 전략 및 계획 업무를 수행한다는 것에 대해 IT 부서 내에서도 저항과 이견이 발생할 수 있다. 이 같은 행동들은 IT 부서가 비즈니스 부서를 지원하는데 있어 '능동적 니즈 선도형' 접근방식을 취하지 못하게 방해하는, 아주 치명적인 영향을

미친다. 따라서 IT 책임자인 여러분은 저항을 보이는 IT 직원들을 설득해야 하는데, 이 일환으로 기존의 IT 지원 활동들이 전사 차원의 비즈니스 관점에서 얼마나 가치 없는 것인지 증명할 수 있어야 한다.

▶ 기업 조직 내에서 공평성이 더 이상 미덕이 아닌 경우가 있다. 다시 말해 기업 조직의 모든 비즈니스 부서에 대해 일괄적으로 균등하게 IT 자원을 배정한다는 것은 비즈니스 프로세스별 중요도의 차이를 무시하는 처사이며 결국 비즈니스 미션의 달성을 저해하는 행위이다. 따라서 중요도가 낮은 몇몇 비즈니스 부서에 대한 IT 지원은 불가피하게 축소되어야 한다. 이는 특히 기업 조직이 항상 IT 자원을 충분하게 가지고 있지 않는 상황을 고려하면 어쩔 수 없는 것임을 명심하도록 하라.

비즈니스 및 IT 관계 관련 성과 척도

먼저 개별 비즈니스 부서에 대한 평가 척도는 그림 8.10과 같이 정의할 수 있는데, 이 과정에서 다음과 같은 사항들을 고려하여야 한다.

▶ 전사 차원에서 중요한 비즈니스 부서들에 대해서는 IT 부서가 직접 평가 척도를 개발해 주도록 한다. 이런 경우에 그림 8.10에 예시된 항목들은 참조하도록 하라.

▶ 몇몇 기업에서는 이와 같은 성과 척도를 비즈니스 부서들의 성과를 평가하기 위한 지표로도 활용하고 있다.

또 다른 주요 성과 척도로 그림 8.11과 같이 IT 부서와 관련된 척도가 있는데, IT 부서는 이를 자기의 성과를 평가하는데 사용할 수 있다.

- 당해 비즈니스 부서는 관련 정책 및 절차를 최신의 내용을 유지하고 있는가?
- 신입 직원들에 대한 관련 비즈니스 프로세스 및 시스템 교육을 정례화하고 있는가?
- 비즈니스 부서 내 얼마나 많은 관리자와 직원들이 IT 직원들과 직접적으로 접촉하고 있는가?
- 비즈니스 프로세스는 측정 및 평가되고 있는가?
- 비즈니스 부서 직원들이 변화에 저항하는가? 이런 경우에 부서 책임자는 어떻게 대응하고 있는가?

그림 8.10 비즈니스 부서의 IT 참여 평가 지표

- 비즈니스 부서와의 공조 업무를 수행하고 있는 IT 직원들의 생산성은 어떠한가?
- IT 직원들은 비즈니스 부서에게 일관성 있는 메시지를 전달하는가 아니면 매번 다른 내용의 메시지를 전달하고 있는가?
- IT 작업의 품질은 어떠한가? 시스템에 대한 변경이 가해진 후에 장애가 많이 발생하는가?
- IT 직원들은 비즈니스 부문 직원들의 프로세스 분석, 문서화, 테스트 등의 활동을 지원해 주고 있는가?
- 사용자 요구사항과 시스템 요건은 일관성을 유지하고 있는가?
- 시스템에 대한 변경은 비즈니스 프로세스의 개선에 기여하고 있는가?

그림 8.11 비즈니스 부서 관점에서 본 IT 부서 평가 지표

- 비즈니스 부서의 분기별 평균 IT 지원 요청 건은 얼마나 되나?
- 비즈니스 부서는 IT 지원 요청 건을 IT 부서에 넘기기 전에 미리 분석을 수행하고 있는가?
- IT 지원 요청으로 인해 발생될 변화에 대해 비즈니스 부서는 폭 넓은 지지를 보이고 있는가?
- 비즈니스 부서의 IT 지원 요청 건들은 상호 일관성이 있는가?
- 시스템에 대한 변경이 이루어진 후에 변경의 효과가 측정되고 있는가?
- 시스템에 대한 변경이 이루어진 후에 프로세스도 공식적으로 변경되고 있는가?
- 변경된 시스템의 테스트에 비즈니스 부서 직원들의 참여도는 어느 정도인가?
- 운영 절차에 대한 비즈니스 부문의 오너쉽은 어느 정도인가?

그림 8.12 전사 차원에서 본 비즈니스 부문의 IT 참여 평가 지표

그림 8.12에는 최고 경영진이 비즈니스 부서의 IT 참여를 평가하는데 활용할 수 있는 평가 지표가 예시돼 있다.

요약

그동안 비즈니스 부문의 IT 참여는 항상 중요한 것으로 간주되어 왔다. 그런데 문제는 말은 이렇게 하지만 실제로는 비즈니스 부문의 IT 참여를 현실화하기 위한 제도적 장치가 전무해 왔다는 점이다. 오늘날 기업 조직에서 가정 성공적으로 수행되고 있는 비즈니스 프로세스의 경우 그 성공의 많은 부분이 바로 비즈니스 부서의 효과적인 IT 참여에 기인하고 있다는 사실은 그 누구도 부인하지 못한다. 이처럼 성공한 기업 조직들의 대부분이 본장에서 설명한 것과 동일하거나 유사한 접근방식을 취하고 있다.

아울러 IT 참여를 감독하기 위한 프레임워크가 아주 중요한데 그 이유는 본장의 Shamrock Agriculture 사례를 보면 잘 알 수 있다. 비즈니스의 IT 참여에 대한 감독 프레임워크가 부재한 경우에 그 영향은 실로 엄청나다는 것을 여러분은 사례를 통해 알 수 있을 것이다.

제9장

아웃소싱 업체에 대한 감독

서론

아웃소싱(Outsourcing)이란 어느 한 기업이 조직의 내부 비즈니스 기능 및 IT 기능의 수행 책임을 특정 기간 동안(대개 장기) 외부의 다른 조직에게 이관하는 것을 말한다. 그런데 왜 장기일까? 이유는 아웃소싱 서비스 공급 체계를 최초에 수립해 운영하면서 이를 제대로 관리하기까지는 많은 시간이 걸리기 때문이다. 아웃소싱 서비스 공급 업체, 또는 아웃소싱 업체 입장에서 보면 아웃소싱은 더욱 복잡한 프로세스인데, 여기에는 대개 아웃소싱 수주 준비, 고객과의 협상, 신규 업무 체계로의 전환, 업무 개시 및 업무 관리 등이 포함된다. 따라서 아웃소싱으로 인한 효과는 어느 정도의 기간이 지나야 발생하는 것이 일반적이다.

그런데 아웃소싱으로 인한 효과란 무엇을 말하는 것일까? 일반적으로 다음과 같은 것을 아웃소싱의 효과로 보고 있다.

▶ 규모의 경제
   – 아웃소싱 업체는 당해 업무 분야의 전문 조직이며, 다른 많은 고객 조직들을 위해 동일한 종류의 업무를 수행하기 때문에 개별 고객 조직보다 훨씬 저렴한 코스트로 당해 업무를 수행할 수 있다.

▶ 핵심 활동에 전념
   – 기업 조직은 중요하지 않은 업무 기능을 아웃소싱하면서 거기에 사용되었던 자원을 핵심 기능에 전용할 수 있다. 대표적인 예로 IT 서비스 헬프 데스크(Help Desk)의 아웃소싱을 들 수 있다. 그런데 아웃소싱은 고객 조직에게 아웃소싱 자체에 대한 관리 및 코디네이션이라는 추가 코스트를 발생시킨다는 점을 유념하라.

▶ 아웃소싱 업체에게 문제 및 리스크의 전가

- 기업 조직이 직원 채용이나 작업 관리 등과 관련해 문제가 있는 경우 당해 업무의 아웃소싱을 통해 문제를 업체에게 전가할 수 있다. 아웃소싱 업체는 전문성 및 경험을 활용해 고객 조직보다 훨씬 효과적이고 효율적으로 문제를 해결한다.

▶ 코스트 절감

- 몇몇 상황에서 기업 조직은 아웃소싱을 통해 코스트를 절감할 수 있다. 대표적인 예로 국내 인력보다 인건비가 저렴한 해외 인력을 활용하는 아웃소싱을 들 수 있다.

▶ 신규 비즈니스 활동 촉진

- 기업이 신규 비즈니스를 개시할 때에 아웃소싱을 활용하면 보다 신속히 일을 진척시킬 수 있다. 이러한 것은 이미 전자상거래(e-commerce)나 e-Business 시장을 통해 검증된 바 있다.

▶ 기타

- 고객 조직이 보유 못한 전문화된 스킬 및 지식의 활용
- 고객 조직의 내부 인력으로 하기 어려운 새로운 업무의 수행
- 고객 조직이 자체적으로 해결하기 어려운 프로세스 문제의 해결

이처럼 아웃소싱은 장점이 있는 반면에 다음과 같은 단점이 있다.

▶ 아웃소싱 업체에게 종속될 수 있다.

▶ 아웃소싱이 기대에 어긋나는 경우에 이를 원래 상태로 복원하는 것(Back-sourcing)이나 아웃소싱 업체를 바꾸는 것이 어렵다.

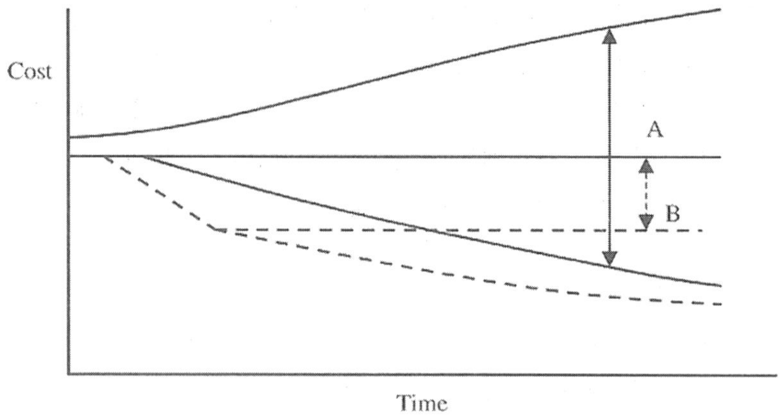

그림 9.1 아웃소싱 추진 전략 다이어그램

- ▶ 기존의 아웃소싱 업체가 자기의 서비스에 대한 고객 조직의 의존도를 높이기 위해 불필요한 변경을 가하거나 부당한 정책을 수립하고 비개방형 소프트웨어를 사용할 수 있다.

- ▶ 아웃소싱 계약서에 정의된 범위이외의 신규 업무 수행에 대한 요청은 추가 코스트가 된다. 따라서 예상했던 것 이상으로 코스트가 증가한다.

- ▶ 고객 조직이 2개 이상의 업체를 활용해 아웃소싱을 하면 현안이 더 많이 발생한다.

아웃소싱 추진 전략과 관련해 아주 중요한 그래프가 그림 9.1에 제시돼 있다. X축은 시간을, Y축은 코스트를 나타낸다. 가운데 수평선은 아웃소싱 대상 영역의 현행 코스트를 나타내는데, 이 코스트는 시간이 지남에 따라 프로세스 품질 저하 등으로 인해 그림과 같이 우상향 커브 형태를 띄우게 된다. 아웃소싱 업체는 그림 상의 우하향 커브와 같이 기존의 코스트보다 낮은 가격의 서비스 제공을 제안할 것이고, 고객 조직은 아웃소싱을 하면 그림 상의 A와 같은 코스트 절감 효과를 얻게 되리라 기대할 것이다.

그런데 비즈니스 프로세스든 IT 프로세스든 무릇 문제가 있기 마련이고 언젠가는 문제 해결을 위한 개선 활동의 수행이 필요할 것이다. 이 같은 개선 작업은 아웃소싱 서비스의 고객인 여러분 조직이나 아웃소싱 업체에 의해 수행될 수 있다. 그런데 아웃소싱 업체가 아웃소싱 대상 프로세스의 정비 및 개선 작업을 담당하면 그 실익은 모두 아웃소싱 업체가 독차지 하고, 여러분은 필요 이상의 가격을 지불하게 된다. 이 반면 여러분 조직이 프로세스의 정비 및 개선 작업을 담당하면 그림 9.1의 위쪽 점선 커브와 같이 코스트를 줄일 수 있다. 이런 상태에서 당해 업무를 아웃소싱하면 업체는 그림 상의 아래 쪽 점선 커브와 같이 훨씬 낮은 가격으로 제안할 것이다. 이 결과 여러분은 프로세스 개선 전후의 코스트 차이인 'B'만큼의 코스트 절감 효과를 향유할 수 있게 된다.

이처럼 아웃소싱을 하기 전에 고객사 조직이나 업체 어느 쪽이든 아웃소싱 대상 프로세스를 정비 및 개선할 필요가 있다. 고객의 입장에서 보면 코스트 절감뿐만 아니라 관리 통제의 질적 향상과 함께 문제가 최소화된 간단명료해진 프로세스를 확보할 수 있다는 장점이 있으며, 업체 입장에서는 업무에 대한 지식 및 통제력을 더 많이 확보할 수 있다는 장점이 있다. 물론 업체는 프로세스의 정비 및 개선으로 인해 수익을 더 많이 확보하지 못할 수 있지만, 이를 상회하는 리스크 최소화란 효과를 얻을 수 있다.

IT 기능에 대한 아웃소싱의 시작은 1960년대에 업체들이 고객사 조직의 컴퓨터 센터를 관리해 주던 Facility Management로 거슬러 올라간다.

이 반면 비즈니스 기능에 대한 아웃소싱은 수백 년 전에 용병을 활용했던 시대까지 거슬러 올라간다. 여러분은 아시는가? 효과적인 아웃소싱 관리 가이드라인을 역사상 최초로 발표한 사람이 군주론(The Prince)의 저자 마키아벨리(Machiavelli)라는 것을.

이처럼 오랜 역사를 자랑하는 아웃소싱 시장에서 최근 미국, 유럽, 일본 등의 선진국을 중심으로 자국보다 인건비가 싼 국가의 인력을 활용하는 해외 아웃소싱(Overseas Outsourcing)이 관심을 끌고 있다. 그런데 이들 국가에 있는 아웃소싱 업체들의 평균 코스트를 분석해 보면 인건비는 20 ~ 25%밖에 되지 않으며, 인건비를 포함해 서비스 관리 및 전환, 운영 등과 같이 효율화를 통해 절감 가능한 코스트가 전체 코스트의 30% 미만이라고 한다. 이는 장기적으로 해외 아웃소싱을 통한 인력 코스트 절감의 효과가 한계가 있으며 점점 감소될 것이라는 점을 시사한다. 특히 그간의 해외 아웃소싱에 대한 경험을 통해 다음과 같은 문제점이 파악되었다.

▶ 아웃소싱 업체의 직원들이 고객사 주재국의 언어로 말한다 하더라도 그 의미나 뉘앙스의 차이점 및 사용 어휘의 부적절성과 같은 문제가 발생한다.

▶ 아웃소싱 업체의 직원들에게 각각의 상황에 맞는 Scripts를 제공해 주어야 하는데, 이는 아주 구조적이며 상투적인 경우에만 가능하다.

▶ 사전에 예측 하지 못한 문화적 차이로 인해 아웃소싱 업무가 영향을 받는다. 여기에는 종교 및 문화적 휴일에서부터 업무에 대한 태도에 이르기까지 다양하다.

▶ 작업이 수행되고 있는 국가의 정치적 상황이 불안해 커뮤니케이션이

제대로 작동하지 않는다.

▶ 해외에 있는 작업 수행자들과 코디네이션을 하는데 있어 생각했던 것보다 훨씬 더 많은 시간과 노력이 소요된다.

물론 이런 문제점들로 인해 해외 아웃소싱이 비효과적이라고 말할 수는 없지만 더 많은 주의와 체계적인 접근이 필요한 것만은 확실하다. 오늘날 기업 입장에서 아웃소싱은 눈앞의 닥친 현실이자 코스트를 통제하기 위한 비즈니스 전략의 일부이다. 전 세계의 주요 기업들 대부분이 내부 업무의 상당 부분을 점점 많이 아웃소싱하고 있는 것이 그 증거일 것이다.

본장의 핵심 주제는 아웃소싱 업체와 상생의 관계, 즉 'Win-win relationship'을 구축하는 것이다. 고객이 너무 싼 가격으로 아웃소싱을 하면 맨 먼저 고통을 당하는 쪽은 당연히 아웃소싱 업체이다. 하지만 궁극적으로는 서비스 수준 및 작업 품질 저하로 인해 고객이 훨씬 더 많은 대가를 지불하게 된다는 점을 명심하라.

아웃소싱의 성공 및 실패 사례

얼마 전에 저자들은 인도네시아 보르네오에 있는 한 가구 제조업체의 수출 업무를 컨설팅하였다. 사례 업체의 공장 인프라스트럭처 및 코스트와 가용 인력 및 역량 수준을 조사한 결과, 모든 것을 아웃소싱해야 한다는 결론을 내렸다. 시장 조사를 통해 웹사이트 개발은 인도에서 하고, 제품은 멕시코에 있는 창고로 배송하고, 고객 콜 응대는 아일랜드의 한 콜센터에 아웃소싱하기로 하였는데, 이는 아일랜드 인들이 영어를 악센트 없이 구사할 수 있기 때문이었다. 아울러 웹사이트는 세금 문제 때문에 잉글랜드와 아일랜드 사이에 있는 섬인 'Isle of Man'에 두기로 하였다. 마지막으로 은행 관련 업무가 남았는데, 이 역시 태평양에 있는 섬인 'Isle of Niue'에 있는 은행을 통해 해결하였다. 사례의 아웃소싱은 아주 성공적이었으며, 오늘날 사례 기업은 제품의 40%이상을 유럽에 수출하고 있다.

우주항공 산업의 한 선두 기업이 엔지니어링 지원 부문을 아웃소싱하기로 결정하였다. 그런데 불행히도 이러한 사실이 당해 부문의 직원들에게 알려지고 말았다. 직원들은 아웃소싱으로 인해 자기들의 일거리가 없어질 것이라고 생각하게 되었다. 본래 이 부문의 업무는 엄청난 양의 문서화를 수반하는 것이었다. 직원들은 마침내 이들 문서들을 집으로 몰래 빼내서 태워버리기로 하였다. 수주에 걸쳐 이런 행동이 자행되었다. 그 후 어느 날 경영진이 아웃소싱을 하겠노라고 공표하자 직원들은 다음과 같이 대답하였다. "좋습니다. 회사가 하겠다는데. 그런데 우리는 그동안 수행한 업무에 대해 문서화를 전혀 하지 않았습니다." 결국 경영진은 아웃소싱 결정을 취소할 수밖에 없었고, 직원들은 자기의 일거리를 유지할 수 있게 되었다. 이 사례는 아웃소싱을 추진하는 과정에 치밀한 계획과 직원들과의 사전 조율이 필요함을 강조하는 좋은 사례다.

미국의 어느 대기업이 비개방형 아키텍처의 레거시 시스템(Legacy Systems) 유지보수를 제외한 모든 IT 업무를 아웃소싱하기로 하였다. 아웃소싱 계약기간은 3년이었다. 하지만 완전한 실패로 끝나고 말았다. 이유는 유지보수 프로그래머들이 네트워크 지원 인력과 함께 동반 사퇴하였기 때문이었다. 결국 아웃소싱 계약은 6개월 만에 중도에 종료되었고, 사례의 기업은 엄청난 코스트를 지불하면서 아웃소싱했던 모든 업무를 원래의 상태로 다시 백소싱(Back-sourcing)하였다.

체계적인 아웃소싱 접근방식의 추구

그동안 기업들이 아웃소싱을 할 때에 적용해 왔던 접근방식은 무엇일까? 정답은 체계적인 접근방식을 전혀 적용하지 않았다는 것이다. 일반적으로 기업들이 제일 먼저 하는 것은 어떤 기능을 아웃소싱하기로 결정하는 것이다. 그 다음에 비로소 자기 조직의 요구사항을 도출하는데, 이것마저도 완벽하게 수행되지 않아 요구사항은 항상 불충분하게 정의된다. 제8장에서 설명한 것과 같이 아웃소싱 대상 프로세스의 사전 정비나 개선 역시 전혀 수행되지 않는다. 이 같은 상태에서 제안요청서(Request for Proposal, RFP) 및 견적요청서(Request for Quotation, RFQ)를 아웃소싱 업체들에게 발송한다.

아웃소싱 업체들은 제안요청서를 받은 후 얼마 안 있어 개최되는 제안요청 설명회(Bidder's Conference)에서 궁금한 사항들에 대해 질문하고, 이들 답변을 바탕으로 제안서를 개발해서 고객 조직에게 제출한다. 고객 조직이 소정의 평가 프로세스를 거쳐 최저 가격을 제시한 업체를 선정한 후에 아웃소싱 대상 업무를 이관하면 비로소 아웃소싱 서비스가 개시된다.

이 같은 접근방식은 외견적으로는 정상적인 것처럼 보일 것이다. 여러분 중에는 도대체 뭐가 문제가 있다는 것인지 의아해 하는 분도 계실 것이다. 그간의 경험을 통해서 우리는 다음과 같은 문제들이 있음을 발견하였다.

- ▶ 아웃소싱 대상 영역을 포괄적인 분석을 바탕으로 결정하지 않는다. 무릇 기업 조직의 내부 비즈니스 활동 및 IT 활동 사이에는 다양한 연관 관계와 인터페이스가 존재한다. 그럼에도 불구하고 아웃소싱의 구체적인 필요성과 그 대안에 대한 고려가 거의 이루어지지 않는다.

- ▶ 아웃소싱 대상 프로세스와 업무에 대해 세부적인 조사가 이루어지지 않는다. 이 결과, 아웃소싱 요건은 개괄적으로만 도출되고 있다. 또한 대상 프로세스의 정비가 이루어지지 않은 채 아웃소싱을 추진한다.

- ▶ 제안 요청서와 견적 요청서는 대부분 오류투성이며, 불완전한 상태로 아웃소싱 업체들에게 발송된다. 아울러 이들 문서의 개발에 참여하지 않은 인력들이 아웃소싱 관련 후속 업무를 수행하며, 아웃소싱 업체 역시 고객의 불완전한 요구사항을 바탕으로 제안한다.

- ▶ 아웃소싱 업체들은 주로 제안 요청 설명회를 통해서 질문하게 된다. 아웃소싱 대상 영역에 대한 실사나 방문 및 Walk-through는 거의 이루어지지 않는다.

- ▶ 아웃소싱 대상 영역에서 일하고 있는 직원들에게 정보를 제공해주지 않음으로 인해 이들의 실직에 대한 우려만 심화시킨다. 결국 이들은 아웃소싱 추진에 대해 자신이 갖고 있는 역량을 최대로 발휘해 기술적인 태업을 자행한다.

- ▶ 아웃소싱 대상 업무의 이관과 신규 아웃소싱 체계로의 전환 계획을 수립하는데 있어 구체적이며 체계적으로 접근하지 않는다.

- ▶ 아웃소싱 업체는 틈만 나면 아웃소싱 코스트를 증가시키는 현안과 문제점만 잔득 제기한다.

이처럼 리스크가 높은 아웃소싱을 성공적으로 추진할 수 있기 위해서는 다음과 같은 단계를 거치면서 체계적으로 접근할 필요가 있다. 지금부터는 각 단계별로 자세히 설명하기로 하겠다.

1. 비즈니스 및 IT에 대한 포괄적인 아웃소싱 전략을 수립한다.
   - 이 같은 전략은 추후에 수행하게 될 아웃소싱 대상 비즈니스 프로세스나 IT 프로세스를 선정할 때에 가이드라인을 제공해 줄 수 있어야 한다.

2. 무엇을 아웃소싱할 것인지 신중히 결정한다.
   - 이를 위해서는 '1 단계'에서 수립된 포괄적인 아웃소싱 전략을 바탕으로 관련 비즈니스 및 IT 프로세스에 대해 심도 있는 분석을 수행하여야 한다.

3. 아웃소싱에 필요한 사전 준비를 완벽히 수행한다.
   - 특히 아웃소싱 대상 프로세스에 대한 정비 및 개선은 물론, 대상 프로세스의 성과에 대한 측정을 수행하여야 한다.

4. 완벽한 제안 요청서를 개발한다.
   - 제안 요청서에는 반드시 고객사 조직의 아웃소싱에 대한 정확한 요구사항들이 정의되어 있어야 하고, 제안서 작성 요강 및 제안 설명회 진행 방법이 포함돼 있어야 한다.

5. 최종 아웃소싱 업체를 선정하고 협상 및 계약 체결을 수행한다.

6. 아웃소싱 대상 업무를 업체에게 이관하기 위한 계획을 수립한다.

7. 새로운 아웃소싱 체계로의 전환(Transition)을 수행한다.

8. 아웃소싱 업무 및 아웃소싱 업체와의 관계를 지속적으로 관리한다.

포괄적인 아웃소싱 전략 개발

아웃소싱 전략은 다음과 같이 구성하도록 한다.

▶ 아웃소싱 대상 선정 방법
- 조직의 비즈니스 및 IT 프로세스 중에서 아웃소싱 대상 영역을 선정하고 평가하기 위한 방법이 제시되어야 한다.

▶ 아웃소싱 대상 업무 및 프로세스 선정 기준
- 프로세스에 대한 개괄적인 측정 방법, 개선 및 정비 방법과 함께 대상 프로세스의 선정 기준이 정의되어 있어야 한다.

▶ 이해 관계자의 역할 및 책임
- 아웃소싱과 관련된 비즈니스 부문, 지원 부서(구매, 인력, 법무 등), IT 부서 및 경영진의 역할과 책임이 정의되어야 한다.

▶ 아웃소싱 업체 평가 및 선정 방식
- 특히 서비스 수준 약정서(Service Level Agreement, SLA) 및 아웃소싱 계약서 초안 역시 포함되어 있어야 한다.

▶ 전환 계획(Transition Plan)
- 아웃소싱 업체에게 업무를 이관하고 새로운 업무 수행 체계로 전환하기 위한 계획과 방법이 포함되어야 한다.

▶ 아웃소싱 업체 감독을 위한 접근방법
- 업체의 업무 성과에 대한 감독 및 추가 발생 업무에 대한 조정 등을 어떻게 수행할 것인지 사전에 명확히 정의해 두어야 한다.

아웃소싱 대상 결정

비즈니스 부문의 아웃소싱 대상 영역은 고객사 조직의 비즈니스 종류에 따라 이루 헤아릴 수 없이 다양하기 때문에 여기에서는 IT 활동을 위주로 살펴보도록 하겠다.

그림 9.2에는 일반적으로 자주 아웃소싱하는 IT 영역들이 제시돼 있다. 이 중 특히 중요한 몇 가지에 대해 간략히 언급하고자 한다.

▶ 오늘날 PC 지원은 표준화된 업무가 됐다. 따라서 2개 이상의 복수 업체에게 아웃소싱하는 것이 좋다. 왜냐하면 아웃소싱 업체로 하여금 경쟁을 통해 업무 성과를 개선하도록 독려할 수 있기 때문이다.

▶ 네트워크 계획 및 관리 업무는 네트워크의 운영 코스트 및 성과를 판단할 수 있는 아주 중요한 업무이며, 고객사 조직이 계속해서 수행해야 할 성격의 업무이므로 아웃소싱하지 않는 것이 좋다.

▶ 네트워크 운영, 설치 및 테스트는 일상적인 단순한 업무이므로 대표적인 아웃소싱 대상 영역이 된다.

▶ 시스템 계획 수립의 경우에 맨 처음에는 아웃소싱을 통해 수행한다. 하지만 설령 아웃소싱하더라도 수립된 계획의 업데이트 및 변경은 고객사 조직이 자체적으로 수행하여야 한다.

▶ 소프트웨어 교육, 설치 및 기타 사용자 지원 등은 아웃소싱하기 아주 적당한 업무들이다. 이를 통해 여러분은 아웃소싱 업체의 전문성 및 경험을 아주 효과적으로 이용할 수 있다.

- 컴퓨터 센터 및 데이터 센터 운영
- 주요 컴퓨터 하드웨어 지원
- PC 설치, 유지보수 및 업그레이드
- 네트워크 계획 수립 및 관리
- 네트워크 설치 및 테스트
- 네트워크 및 시스템 보안
- 인터넷 링크 및 운영
- 네트워크 운영 및 문제 해결
- 헬프 데스크
- 일반적인 IT 교육(소프트웨어 및 네트워크 등)
- 어플리케이션 시스템 설치
- 어플리케이션 시스템 교육
- 어플리케이션 시스템 커스터마이징, 지원 및 유지보수
- 시스템 계획 수립
- 신기술 평가 및 아키텍처 수립
- 시스템 분석 및 설계
- 시스템 개발
- 시스템 통합
- 시스템 테스트
- 데이터 컨버젼 및 테스트
- 소프트웨어 패키지 평가 및 선정

그림 9.2 잠재적인 IT 아웃소싱 대상 영역

▶ 헬프 데스크의 경우 신중히 생각하여야 한다. 만약 헬프 데스크에서 상당한 수준의 고객 업무 및 기술 지식을 필요로 하는 사용자 콜을 처리하는 경우에 이를 아웃소싱하면 너무나 많은 코스트가 발생하게 될 것이다. 왜냐하면 이들 콜 중에 거의 대부분이 결국 고객 조직으로

넘겨져 처리될 가능성이 높기 때문이다. 이러한 보이지 않는 코스트는 결국 생각했던 것만큼의 비용 절감을 달성하지 못하게 한다. 이 반면 단순한 사용자 콜 처리는 아웃소싱하기 적절한 대상이다.

▶ 신기술에 대한 조사 및 평가 업무는 고객사 조직이 자체적으로 수행하는 것보다는 가트너 그룹이나 양키 그룹과 같은 전문 업체를 이용하는 것이 훨씬 비용-효과적이다. 이는 소프트웨어 패키지 평가 및 선정 업무도 마찬가지이다.

소프트웨어 유지보수에 대한 아웃소싱 역시 신중히 접근해야 한다. 만약 고객사 조직이 그리 많이 커스터마이징하지 않은 표준 소프트웨어 패키지를 사용하고 있으면 이는 적절한 아웃소싱 대상이 된다. 하지만 지나치게 많이 커스터마이징했거나 자체 개발한 레거시 시스템을 사용하고 있으면 아웃소싱 업체는 이런 일을 할 수 있는 인력들을 추가로 고용해야 하기 때문에 아웃소싱 코스트가 증가하고, 고객사 조직의 비용 절감 효과는 그만큼 감소하게 된다.

아웃소싱 대상 영역을 결정할 때에는 다음과 같이 총체적인 면을 고려할 수 있는 기준을 적용하여야 한다.

- 아웃소싱 업체의 도산 및 파산 위험
- 아웃소싱 업체의 아웃소싱 서비스 제공 역량 및 전문성
- 고객사 직원이 보유한 지식의 중요성 및 업무 이관의 용이성
- 프로세스 간 연관 관계(상호 의존도가 높은 것들은 하나의 그룹으로 처리)
- 고객사 조직의 핵심 비즈니스 지식과 이것의 대외비 여부
- 아웃소싱 대상 및 관련 직원들의 사기 저하 및 이직

아웃소싱 대상 영역을 선정할 때에는 사전에 조직 내부의 모든 업무에 대해 아웃소싱 후보 리스트를 만든 다음, 아웃소싱하지 않을 것을 하나씩 제거해 나가는 방식을 취하도록 한다. 이를 통해 여러분은 오늘날과 같이 점점 복잡해지고 급변하는 경영 환경 속에서 모든 내부 업무의 수행 방식에 대해 대안을 다양하게 검토해 볼 수 있다.

아웃소싱 준비

아웃소싱 대상 영역을 선정하기 전부터 인력관리 부서와 긴밀한 공조를 취해야 한다. 일단 선정 작업이 시작되면 아무리 은밀하게 추진한다 하더라도 직원들은 소문을 통해 알게 된다. 따라서 여러분은 항상 한 발 앞서 움직여야 한다.

아웃소싱 추진 과정에서 가장 먼저 해야 할 일은 제2장에서 설명한 프로세스 성과 측정 항목 리스트를 활용해 이들 활동들에 대해 측정하는 것이다. 측정이 끝나면 개선 및 정비 대상 활동을 도출하는데, 이 과정에서 다음과 같은 사항에 유의하도록 한다.

▶ 프로세스의 정비 및 개선을 위한 시간이 그리 많지 않다. 기껏해야 수 개월이다.

▶ 프로세스 개선 및 정비의 일환인 자동화 프로젝트를 수행할 시간과 재원을 확보하기가 아주 어렵다. 아웃소싱되면 모두 이괄될 업무에 대해 누가 이를 허용해 주겠는가?

▶ 아웃소싱 대상 부서 직원에게 하는 약속은 신중을 기해서 해야 한다.

반드시 인력관리 부서와의 협의를 거쳐 하도록 한다. 물론 이들 직원들에게는 현재 무엇이 진행되고 있으며, 앞으로 자신들과 자신들의 업무가 어떻게 될 것인지 명확히 전달해 주어야 한다.

이처럼 아웃소싱을 준비하는데 있어 시간과 자금 및 자원 등의 제약이 있긴 하지만, 이러한 상황에서도 여러분은 다음과 같은 영역에서 개선 및 정비 활동을 반드시 수행하여야 한다.

▶ 정책
- 아웃소싱 대상 활동과 관련된 정책을 단순화시키거나 적절하게 변경하여야 한다. 특히 아웃소싱 업체가 수행하는 업무에 대해 통제 방안을 수립하도록 한다.

▶ 절차 및 워크-플로우(Work-flow)
- 이는 누가 무엇을 어떻게 할 것인지를 규정하는 가장 핵심적인 사항이다. 절차 및 워크-플로우를 단순화시켜야 아웃소싱 개시 이후에 발생되는 코스트를 크게 감소시킬 수 있다.

▶ 교육 훈련
- 아웃소싱 대상 영역에서 근무하고 있는 직원들의 교육 훈련 프로그램을 업데이트함으로써 아웃소싱 전후에 걸쳐 업무의 일관성을 확보할 수 있어야 한다.

▶ 문서화
- 업무 수행 절차 및 방법 등은 반드시 사전에 문서화해 두어야 하며, 아웃소싱 업체에게 업무를 인수인계할 때에 문제가 발생하지 않도록 해야 한다.

▶ 시스템 및 기술에 대한 경미한 개선
  - 대대적인 시스템 교체나 변경 등은 할 수 없다하더라도 컴퓨터 소프트웨어에 대한 경미한 개선 등은 가급적 완수하도록 한다.

▶ 작업장 레이아웃 변경
  - 좀 더 효율적인 업무 수행을 위해 추가적인 코스트 발생 없이도 작업장 레이아웃을 개선할 수 있을 것이다.

이러한 정비 작업이 끝나면 다시한번 관련 프로세스를 측정해서 정비 작업의 효과를 확인하도록 한다. 이를 통해 여러분은 아웃소싱 대상 업무에 대한 더 많은 이해와 문서화 및 측정 결과를 확보하게 된다. 이는 추후 여러분이 아웃소싱 업체와 협상할 때에 아주 유용하게 활용될 수 있는데, 특히 아웃소싱 업체가 아웃소싱 대상 업무를 정비해야 할 필요가 있다는 주장을 여러분에게 꺼내지 못하게 할 수 있다.

아웃소싱 준비의 일환으로 수행된 이 같은 정비 작업을 통해 여러분은 과연 무엇을 얻게 되는 것일까? 무엇보다 먼저 여러분은 단기에 아웃소싱 가격을 낮출 수 있게 될 뿐 아니라 프로세스의 성과도 크게 향상시킬 수 있게 된다는 점을 들 수 있다. 특히 후자의 효과는 종종 아웃소싱이 필요 없을 정도로 크게 발생되기도 한다.

이 같은 효과이외에도 철저한 준비 작업을 통해 여러분은 다음과 같은 활동을 수행하는데 있어 유리한 입장을 점하게 된다.

- 가격 및 기타 계약 조건의 협상
- 아웃소싱 업체의 업무 성과 측정 및 통제
- 아웃소싱 업체에 대한 조속한 업무 이관

제안 요청서 작성

제안 요청서를 작성하기 전에 여러분은 먼저 아웃소싱 업체를 평가하기 위한 기준을 도출하여야 한다. 이러한 기준은 아웃소싱 대상 업무에 따라 다르지만 일반적으로 다음과 같은 것들을 자주 사용하고 있다.

- 아웃소싱 업체가 달성 가능하다고 하는 프로세스 성과 및 서비스 품질 개선 수준
- 아웃소싱을 통해 달성 가능한 규모의 경제 효과
- 인소싱(Insourcing, 고객사 조직의 자체적 수행) 대비 당해 업체를 통한 아웃소싱의 타당성
- 아웃소싱 대상 업무와 나머지 업무 간 원활한 연계성
- 아웃소싱 업체의 역량 및 기타 필요한 스킬 수준

두 번째로, 후보 아웃소싱 업체들을 파악하여야 한다. 일반적으로 웹이나 잡지 및 기타 문헌 자료를 통해 후보 업체를 파악할 수 있을 것이다. 아울러 이들 후보의 범위를 좁히기 위한 질문 리스트도 개발하여야 한다.

제안 요청서(Request for Proposal, RFP)에는 다음과 같은 사항들이 반드시 포함되어야 한다.

- 아웃소싱 목표
- 아웃소싱 대상 업무에 대한 요구사항
- 아웃소싱 업체의 지식 및 스킬에 대한 요구사항
- 대상 업무의 지원에 사용되고 있는 시스템 및 기타 기술 환경
- 아웃소싱 대상 활동에 대한 성과 측정 결과

- 아웃소싱 업체 선정 이후의 트랜지션 접근방식
- 트랜지션 계획(또는 전환 계획, Transition Plan)
- 업무에 대한 지속적인 측정 및 관리통제 방식
- 아웃소싱 업체 평가 및 선정 기준
- 아웃소싱 업체 평가 및 선정 방법
- 아웃소싱 업체의 기존 고객사들에 대한 정보 요청

제안 요청서를 후보 아웃소싱 업체들에게 발송한 후에 얼마가 지나면 여러분은 제안 요청 설명회(Bidder's Conference)를 개최해야 한다. 이를 통해 여러분은 후보 아웃소싱 업체들에게 여러분 조직의 아웃소싱 목표 및 기타 관련 정보를 제공하게 되며, 후보 아웃소싱 업체들은 여러분에게 궁금한 사항을 질문할 수 있다. 제안 요청 설명회에서 자주 나오는 질문들로는 다음과 같은 것들이 있다.

- 아웃소싱 계약 기간
- 공표된 아웃소싱 목표 간의 우선순위 및 중요도
- 고객사 직원들의 향후 태도 및 행동에 대한 고객사의 추정
- 아웃소싱 대상 직원들에 대한 평가 방법 및 기타 제한 사항
- 아웃소싱 대상 업무와 관련된 문서화 현황(종류, 주요 내용 등)

최종 아웃소싱 업체의 선정

후보 아웃소싱 업체의 제안서를 평가하기 위해 여러분은 앞에서 소개한 평가 기준을 활용하도록 한다. 아울러 각 후보 업체들이 제안서에서 밝힌 현재 고객사들과의 접촉을 통해 평가에 필요한 정보를 추가로 획득할 수 있다. 이를 위해 다음과 같은 질문을 활용하도록 하라.

- 아웃소싱 계약 기간은 몇 년이고 얼마 동안 해오고 있는가?
- 업체 선정이후부터 지금까지 주요 이벤트로는 무엇이 있었는가?
- 아웃소싱의 원래 목표는 무엇이었는가?
- 이 같은 목표는 달성되었는가? 달성되었다면 그 이유는 무엇인가?
- 아웃소싱 업체에 대해 어떻게 관리하고 있는가?
- 추가적인 업무 요청은 어떻게 처리하고 있는가?
- 업체가 제공하는 인력 및 작업의 품질은 어떠한가?
- 업체 직원들의 근태는 안정적인가? 이직률은 어떠한가?
- 만약 처음부터 다시 시작할 수 있다면 어떻게 할 것인가?
- 추가로 발생되는 아웃소싱에 기존의 업체를 활용하겠는가?
- 아웃소싱의 기대효과는 무엇이었고 얼마나 실현되었는가?
- 가장 어려웠던 점들은 무엇이었는가?

이러한 질문 및 답변 과정을 통해 여러분은 아웃소싱 업체 평가와 선정 작업을 수행하는데 있어 큰 도움을 받게 될 것이다. 하지만 후보 업체의 고객들 역시 여러분의 질문으로부터 아웃소싱 관리 방식을 어떻게 개선할 것인지와 같은 통찰력을 얻을 수 있다.

제안서 평가를 통해 후보 아웃소싱 업체를 3-4 곳으로 압축한 다음에 최종 업체 선정을 위한 단계로 넘어간다. 대개 이들 후보 업체들을 불러 프리젠테이션을 하게 한 다음에 질의 및 응답을 하는 방식으로 진행한다. 이때에 아웃소싱 업체의 조직 및 과거 경험에 대한 전반적인 질문과 함께 다음과 같이 진행하도록 한다.

▶ 여러분이 생각하기에 향후 발생 가능한 주요 현안 몇 가지를 제기한 다음에 해결을 위한 접근방식에 대해 답변하게 한다. 이를 통해 후보 업체의 역량을 파악할 수 있다.

▶ 후보 업체에게 유사 업무 경험을 통해 확보한 Lessons learned의 요약 설명을 요청한다. 이를 통해 업체의 경험 여부뿐만 아니라 그 이후에 업체의 역량이 얼마나 향상되었는지 파악할 수 있다.

다음으로 해야 할 일은 아웃소싱 계약서와 서비스 수준 약정서(Service Level Agreement, SLA)를 작성해 합의하는 것이다. 이 과정에서 고객사 조직의 법무 부서를 참여시킬 수 있는데, 이 방식은 왕왕 그리 효과적이지 않을 수 있다는 점을 유념하도록 하라. 저자들의 경험에 따르면 아웃소싱 업체의 표준 계약서 및 SLA 문서를 바탕으로 시작하는 것이 가장 효과적이었다. 하지만 이들 계약 문서들을 있는 그대로 수용해서는 안 된다는 점 역시 깊이 명심하도록 하라.

아웃소싱 업체가 제공하는 계약 관련 문서는
협상의 Staring Point일 뿐이다.

아웃소싱 업체와의 협상은 항상 시간이 부족해 계약서 및 서비스 수준 약정서에 대해 충분히 논의하지 못하는 경우가 많이 있다. 하지만 시간이 아무리 촉박하더라도 다음과 같은 사항들은 반드시 확인한 후에 계약서의 명시적인 조건 및 조항(Terms and Conditions)으로 포함시켜야 한다.

▶ 분쟁 해결 절차
  – 아웃소싱 계약과 관련된 문제가 발생할 경우에 해결 프로세스는 어떻게 전개되어야 하는가?

▶ 예기치 못한 추가 업무 처리
  – 계약서에 정의된 범위 이외의 예기치 못한 신규 업무가 추가로 발생한 경우에 어떠한 방법으로 협의 및 처리할 수 있는가?

▶ 계약 관계 관리
- 아웃소싱 업체와의 관계를 어떻게 관리하고 조율할 것인가?

▶ 아웃소싱 서비스 성과 측정
- 아웃소싱 업체의 작업 결과 및 서비스 성과를 어떻게 측정할 것인가?

이러한 과정이 모두 완료되면 여러분은 새로운 아웃소싱 업무 체계로의 전환(Transition, 이하 트랜지션)을 위해 프로젝트 리더 및 팀원들을 선정하고, 이들의 역할 및 책임을 명확히 정의하여야 한다.

트랜지션 계획 수립 및 실행

고객사 조직의 아웃소싱 추진 책임자인 여러분은 아웃소싱에 의한 업무 수행 방식으로의 성공적인 트랜지션(Transition)을 위해 다음과 같은 것을 최대한 완벽하게 만들어 두어야 한다.

- 고객사 조직과 아웃소싱 업체 간 공동 트랜지션 계획.
  - 이것이 있어야만 고객사 조직과 아웃소싱 업체가 동일한 작업 일정 계획에 따라 일관성 있게 움직일 수 있다.
- 공동 현안 데이터베이스와 현안 에스컬레이션 및 해결 방안
- 아웃소싱 업체 측 직원에 대한 지식 및 업무 인계 방안
- 고객사 조직 측 직원에 대한 지식 전부 방안
- 트랜지션의 주요 구성 요소
- 트랜지션에 대한 모니터링 및 결과 추적 방안

아웃소싱 관리

트랜지션 이후의 아웃소싱 관리는 서비스 수준 약정서(SLA, Service Level Agreement)를 바탕으로 전개된다. SLA는 아웃소싱 업무의 성과 측정을 위한 가장 기본적인 토대로서 아주 중요한 관리 도구이다. 이외에 아웃소싱에 대한 모니터링 및 추적 방법으로는 다음과 같은 것들이 있다.

- 업무 수행 상태 파악을 위한 업체의 작업 현장에 대한 방문
- 업무 성과에 대한 정기적인 리뷰
- 발생 현안 처리 및 처리 결과 확인을 위한 정기적인 리뷰
- 추가 업무 요청에 대한 분석 절차 및 결과 리뷰

이와 함께 여러분은 본장의 뒤에 나오는 성과 척도를 이용해 아웃소싱 관리를 수행하도록 하라.

아웃소싱 관계에 있어 치명적인 문제는 언제든지 발생할 수 있는데 이런 경우에 여러분은 최후의 수단으로 아웃소싱 계약을 중도에 해약하지 않으면 안 될 상황에 처할 수 있다. 이 결과, 여러분은 아웃소싱한 업무를 다시 원래 상태로 되돌리거나(Back-sourcing) 또는 다른 아웃소싱 업체에게 아웃소싱을 해야 한다. 이런 경우에 대비해 다음과 같은 사항을 미리 준비해 두어야 한다.

- 고객사 직원과 새로운 아웃소싱 업체에게 필요한 문서로는 어떤 것들이 있는가?
- 기존의 아웃소싱 업체 직원들을 고용할 것인가?
  - 이들은 업무 수행에 필요한 지식을 보유하고 있으며, 이들의

고용은 업무의 일관성 유지를 위한 가장 빠른 방법이다.

- 고객사 직원들에게 기존의 아웃소싱 업무를 어떻게 배우게 하고, 어떻게 교육시킬 것인가?
- 아웃소싱 업체 직원들이 보유한 지식을 어떻게 전수하도록 할 것인가?
- 트랜지션은 어떻게 관리해 나갈 것인가?

복수의 아웃소싱 업체에 대한 관리

고객사인 여러분 조직이 동일한 업무를 2개 이상의 아웃소싱 업체들에게 아웃소싱한 상황이라면 트랜지션하기 전에 반드시 이들 업체들이 트랜지션 과정에서 효과적으로 공조할 수 있는 방안을 마련해 두어야 한다. 저자들의 경험에 의하면 이 일환으로 공동의 현안 데이터베이스(Issue Database)를 운용한 것이 아주 효과적이었다.

복수의 아웃소싱 업체 상황에서는 트랜지션 이후의 아웃소싱 운영 단계에서도 다양한 문제들이 발생하기 마련이다. 특히 아웃소싱 업체들 간에 문제를 떠넘기는 상황이 자주 발생한다. 여러분은 이런 현상을 예견하고 있어야 하며, 사전에 이들 아웃소싱 업체들에게 이점을 명확히 짚고 넘어가야 한다. 그런데 모든 문제에 대해 아웃소싱 업체들을 동시에 모두 소집한다는 것은 아주 힘든 일이다. 따라서 공동의 문제만 협의하기 위한 특별회의를 별도로 운용할 필요가 있다. 아울러 문제를 조사할 때에는 반드시 아웃소싱 업체들이 공조해서 해결하게 해야 한다. 저자들의 경험에 의하면 공동의 문제를 해결하기 위해 매번 하나의 업체와 접촉하면서 순차적으로 진행하는 것보다 공동으로 동시에 진행하는 것이 해결방안을 도출하는데 훨씬 효과적이었다.

IT와 비즈니스의 얼라인먼트

본서의 제2장 및 제4장에서 비즈니스와 IT의 얼라인먼트를 위한 기본적인 분석 테이블들에 대해 설명한 바 있다. 이들 테이블을 활용하면 비즈니스의 미션, 비전 및 목표에 아주 중요한 핵심 비즈니스 프로세스들을 도출할 수 있다. 이들 핵심 프로세스들은 아웃소싱이 아닌 인소싱(Insourcing)을 통해 수행해야 하는 것이므로 아웃소싱 대상 프로세스를 결정할 때에 그 폭을 아주 쉽게 좁힐 수 있다. 또한 제4장에서 소개된 테이블을 활용하면 핵심 비즈니스 프로세스를 지원하는 어플리케이션 시스템들도 파악할 수 있다. 이 역시 IT 아웃소싱 대상 범위를 좁히는데 활용할 수 있을 것이다.

이 반면 아웃소싱 대상으로 고려하고 있는 활동들에 대해서는 다음과 같은 질문을 던져 보아야 한다.

아웃소싱 업체가 제대로 하지 못해 그 업무가 잘못될 경우,
고객사인 우리 조직의 비즈니스에 미치는 영향은 무엇일까?

이에 대한 답을 통해 여러분은 조직의 비즈니스 활동과 아웃소싱 활동 간의 얼라인먼트를 확보할 수 있을 것이다.

리스크 관리

저자들의 경험에 의하면 아웃소싱 관계에서 발생될 수 있는 대표적인 리스크로 다음과 같은 것들이 있었다.

▶ 전사 차원의 통합 아웃소싱 전략 개발의 실패

- 비즈니스 부문의 역할이 불명확하고, 심지어 비즈니스 부문이 아웃소싱 업체와 직접 접촉해 아웃소싱을 추진한다. 이것의 끝은 늘 지속적인 코스트의 증가와 다양한 종류의 문제 발생이었다는 사실을 명심하라.

▶ 아웃소싱 계약 체결 전의 프로세스 측정 및 정비 활동 미수행
- 이는 대개 아웃소싱 추진 과정에서 시간이 촉박할 때 발생한다. 하지만 이로 인해 아웃소싱 코스트가 증대한다. 가장 안타까운 점은 꼭 이런 일이 발생한 다음에서야 고객사 조직과 아웃소싱 업체들이 정비 활동을 수행한다는 사실이다.

▶ 아웃소싱 업체의 부적절한 태도
- 아웃소싱 업체와 고객사 조직 간에는 늘 커뮤니케이션의 오류와 오해가 발생하기 마련이다. 이에 대해 아웃소싱 업체는 고객 측 직원들이 정보를 제대로 제공하지 않는다고 말하고, 심지어 자기들의 활동을 교묘히 방해한다고 주장하기도 한다.

▶ 아웃소싱 업체의 부당한 업무 범위 확대 시도
- 아웃소싱 업체가 아웃소싱 관계에서 수익을 증대하려는 노력은 극히 당연하다. 하지만 부당하게 해서는 안 된다. 따라서 업체의 업무 확대 제안을 무조건 거절하는 것보다는 진지하게 평가하고 협의할 수 있는 규칙과 절차를 사전에 수립해 두어야 한다.

▶ 서비스 수준 약정서(Service Level Agreement)의 성과 목표 미달
- 이러한 것은 계약 초기에 고객사 조직이 미리 예상해서 서비스 수준 성과 목표 미달 상황을 처리할 수 있는 에스컬레이션 절차(Escalation Procedures)를 사전에 마련해 두어야 한다.

사례

SUPREME OIL – 종합 에너지 회사

Supreme Oil의 경영진은 타 에너지 회사들의 실패한 아웃소싱 사례로 인해 IT 아웃소싱에 대해 부정적으로 생각하고 있었다. 하지만 IT 부서의 업무량이 급증하자 내부 직원만으로는 이를 감당하기 어렵다고 판단하게 되었다. 해서 내린 결론은 IT 인력을 추가로 충원하기보다는 임시 계약직 프로그래머들을 IT 직원들의 감독 아래에 활용하기로 하였다. 결과는 대성공이었다.

또한 시간이 지남에 따라 IT 부서가 개발한 어플리케이션 시스템들이 소프트웨어 패키지로 교체되었다. 이로 인해 조직의 내부 프로그래머들에 대한 의존도가 낮아졌고, 소프트웨어 패키지에 대한 유지보수도 아웃소싱하였다. 이외에 네트워크 운영도 아웃소싱하였는데, Supreme Oil의 경우 현재 약 60%의 IT 업무가 아웃소싱돼 있으며, 이중에 3분의 1을 해외로부터 아웃소싱하고 있다.

TUCKER COUNTY – 지방 정부

Tucker County는 그간 주민의 전화 콜을 처리해 왔던 콜 센터를 아웃소싱하였다. 오랫동안 운용돼 온 콜 센터에는 45명의 Full-time 직원들이 낡은 컴퓨터 시스템 한 대에 의지해 대부분의 콜 처리 업무를 수작업으로 처리하고 있었다. 상황이 이렇다 보니 전화 콜 처리는 비효율적일 수밖에 없었고, 콜 응대 서비스에 대한 주민들의 불만은 점점 높아갔다. 마침내 경영진은 콜 센터를 없애버리기로 결정하였는데, 그 주된 이유는 악화된 상황을 개선할 역량이 기존의 콜 센터에게는 없다고 판단했기 때문이었다.

콜 센터에 대한 분석 결과, 기존의 프로세스 및 시스템에 대한 대대적인 정비가 필요하되 이를 하나의 아웃소싱 업체에게 모두 맡기는 것은 무리라고 밝혀졌다. 이에 따라 지역구 데이터베이스 기반의 지리 정보 시스템이 포함된 신규 시스템을 도입하고, 이와 연계된 새로운 절차 및 정책을 개비하였다. 아울러 이 같은 신규 시스템과 연동할 수 있는 전화 콜 처리 시스템도 새롭게 구축하였다.

혹자는 Tucker County가 아웃소싱을 하면서 현행 프로세스의 정비에 너무나 많은 노력을 투입하지 않았는지 의아해 하기도 하였다. 하지만 Tucker County의 답변은 간단했다. 만약 그렇게 하지 않았으면 언젠가는 아웃소싱 업체에게 그보다 훨씬 많은 금액의 비용을 지불했을 것이라고. 이러한 정비의 결과, 콜 센터의 인력을 30명으로 감축시킬 수 있었으며, 서비스 수준은 아주 만족할 수 있는 정도로 대폭 개선되었다. 이제 새로운 아웃소싱 체계로의 전환은 아무런 문제가 되지 않았다.

그런데 Tucker County는 이 처럼 콜 센터의 성과를 대폭 개선하였음에도 불구하고 왜 아웃소싱을 단행하였을까? 이유는 경영진이 콜 센터를 조직의 핵심 비즈니스 활동으로 보지 않았기 때문이었다. 아웃소싱은 아주 원활하게 추진되었고, 오늘날 콜 센터의 인력은 다시 22명으로 축소된 반면에 서비스 수준은 예전보다 훨씬 더 높아졌다.

SHAMROCK AGRICULTURE – 농업 협동조합

Shamrock은 아웃소싱 대상 영역을 선정하기 위해 비즈니스 및 IT 활동 전반에 걸쳐 체계적인 분석을 단행하였다. 이 결과, 3개의 비즈니스 영역과 4개의 IT 영역이 아웃소싱 대상으로 선정되었다. 특히 네트워크 운영 및 지원과 PC 지원은 상호 업무적 연관성이 높아 동시에 아웃소싱하기로 했다. 아울러 시스템 정비를 위해 3개의 외부 업체로부터 각각 소프트웨어 패키지를 도입하였고, 이중 2개의 패기지 통합을 위해 별도의 프로젝트를 수행하였다. 이 같은 접근방법은 상당히 성공적이었는데, 그 주된 이유로 다음과 같은 3가지를 꼽고 있다.

- 아웃소싱 이전과 이후에 프로세스에 대한 측정을 수행하였다.
- 아웃소싱 대상 영역에 대한 정비를 수행하였다.
- 관련 내부 직원들에게 아웃소싱 상황에 대한 준비를 할 수 있게 하였고, 몇몇 직원들은 아웃소싱 업체로 이적시켰다.

교훈(Lessons learned)

▶ 아웃소싱 대상 영역에 대한 정비 활동은 후보 아웃소싱 업체의 파악 및 평가 프로세스와 병행해 진행하도록 하라.

▶ 아웃소싱과 관련된 것은 모두 문서화하고, 여러분이 아웃소싱 업체와 계약 조건을 협상하는 사이에 직원들이 다음 단계인 트랜지션 과정에 적극적으로 참여할 수 있도록 인력을 재편하라.

▶ 최종적으로 선정된 아웃소싱 업체와의 협상 중에 트랜지션 접근방식 및 계획을 도출하도록 하라. 이후에 하면 시간이 오래 걸리고 지체될 가능성이 높다.

▶ 아웃소싱 대상 프로세스에 대한 정비는 최대한 오래 수행하라. 가능하다면 제안 요청서 발송 전날까지 수행하라. 여러분이 프로세스를 더욱 좋게 만들면 만들수록 트랜지션은 그만큼 원활하게 진행된다.

▶ 여러분의 경영진에게 아웃소싱의 코스트 절감 효과에 대해 과도한 기대를 심어주지 않도록 하라. 트랜지션 활동 수행과 그 과정에 발생되는 문제의 해결 및 기타 예기치 못한 코스트 유발 항목으로 인해 코스트 절감액의 상당 부분이 금세 사라져 버린다는 점을 명심하라.

아웃소싱 관리 성과 척도

아웃소싱 관련 성과 척도는 크게 3 종류가 있는데, 첫 번째는 그림 9.3과 같이 아웃소싱 프로세스를 평가하기 위한 것이 있고, 두 번째는 그림 9.4와 같이 아웃소싱 업체의 성과를 평가하기 위한 것이 있으며, 세 번째로는 그림 9.5와 같이 아웃소싱 업무 수행과 관련해 고객사의 비즈니스 부문과 IT 부문의 성과를 평가하기 위한 것이 있다.

- 아웃소싱 전략을 개발하였는가?
- 아웃소싱 업체의 성과를 정기적으로 측정하고 있는가?
- 아웃소싱 업체에게 업무 이관을 어떻게 하고 있는가?
- 이전의 아웃소싱 경험으로부터 Lessons learned를 수집하였는가?
- 과거에 비해 아웃소싱 성과가 전반적으로 향상되었는가?
- 아웃소싱으로 인해 발생된 인력 관련 문제로는 어떤 것들이 있는가?
- 아웃소싱 기회 파악 및 평가를 위해 공식적인 접근방식을 취하는가?
- 아웃소싱된 업무를 백소싱할 수 있는 준비가 되어 있는가?
- 아웃소싱 이전에 프로세스 및 업무를 정비하기 위한 방법론이 있는가?
- 아웃소싱의 기대효과 실현은 어떠한가?
- 아웃소싱으로 인해 자유로워진 자원을 효과적으로 활용하고 있는가?

그림 9.3 아웃소싱 프로세스에 대한 성과 척도

- 아웃소싱 업체와의 접촉은 어느 정도로 수행하고 있는가?
- 업체는 문제 및 현안에 대해 실제로 오너쉽을 발휘하고 있는가?
- 업체가 처리하는 아웃소싱 현안은 얼마나 되며, 이는 개선되었는가?
- 서비스 수준 약정서 상의 목표를 얼마나 달성하고 있는가?
- 업체의 평균 현안 해결 시간은 얼마나 되는가?
- 업체 측 직원들의 이직률은 어떠한가?
- 추가 업무 요청으로는 어떤 것들이 있는가?
- 아웃소싱 코스트의 계획 대비 실제는 어떠한가?
- 추가 업무 요청에 대해 업체는 어떻게 행동하고 있는가?
- 어떤 업무 관련 정보가 업체로부터 내부 직원에게 전수되고 있는가?
- 업체와의 커뮤니케이션 문제는 얼마나 많이 발생하는가?
- 만약 아웃소싱을 처음부터 다시 시작한다면, 어떻게 할 것인가?

그림 9.4 아웃소싱 업체에 대한 성과 척도

- 아웃소싱 추진 과정에서 최고 경영층의 역할은 무엇인가? 너무 깊숙이 관여되어 있지는 않는가?
- 비즈니스 및 IT 부문 직원들은 아웃소싱 업체에게 정보를 제대로 제공하고 있는가?
- 내부 직원들은 업체 측 직원들이 질문할 때에만 대응하고 있는가? 아니면 좀 더 적극적으로 지원하고 있는가?
- 비즈니스 및 IT 부문 직원들이 아웃소싱 코디네이터를 통해서 문제 및 추가 요청을 처리하고 있는가?
- 아웃소싱 업체의 업무 성과를 측정한 후에 어떻게 대응하고 있는가?
- 업체로부터 제공되는 정보에 대해 어떻게 대응하고 있는가?
- 업체의 질의나 관련 문제를 처리하기 위한 내부 직원들이 존재하는가?
- 업체에 대한 내부 직원들의 전반적인 태도는 어떠한가? 적으로 보는가 아니면 파트너로 보는가?
- 아웃소싱 대상 프로세스 및 업무의 정비 및 개선 활동에 대해 내부 직원들의 태도는 어떠한가?

그림 9.5 경영층과 비즈니스 및 IT 부문 성과 척도

이 같은 아웃소싱 성가 평가 척도 중에 특히 세 번째 유형인 고객사의 경영진과 비즈니스 및 IT 부문을 평가하기 위한 것이 가중 중요하다. 이는 아웃소싱이란 결국 비즈니스 부문과 IT 부문의 양방향 관계이기 때문이다. 아웃소싱과 관련해 발생된 문제는 대부분 고객사 조직의 경영진, 비즈니스 부문 및 IT 부문 사이에 뭔가 잘못된 경우에 발생한다는 점을 명심하도록 하라.

요약

이번 장의 주제는 2 가지였다. 첫째, 오늘날 수많은 기업들에게 있어 아웃소싱이란 피할 수 없는 것이 됐다. 분명히 아웃소싱을 하는 것이 하지 않는 것보다 경제적 타당성이 더 높으며, 아웃소싱의 장점이 단점을 상회한다. 둘째, 여러분이 아웃소싱을 성공적으로 수행하고자 한다면 반드시 체계적인 접근방식을 취해야 한다. 오늘날 체계적인 아웃소싱 접근방법은 지난 400년간의 무수한 변화 속에서도 그 빛을 전혀 잃지 않은 '아웃소싱 이론의 창시자' 마키아벨리(Machiavelli)의 가르침을 확장한 것이다. 시간이 흐름에 따라 세상의 많은 것들이 변하지만, 핵심은 항상 똑같다. 마지막으로 거듭 강조하거니와 아웃소싱의 핵심 성공 요인 중 가장 으뜸은 아웃소싱 업체와 고객사 간에 상생의 관계(Win-win Relationship)를 구축해 이를 지속적으로 유지하는 것임을 깊이 명심하길 바란다.

제10장

최고 경영진 커뮤니케이션

서론

앞에서 여러분은 기업 조직의 IT 책임자로서 수행하는 최고 경영진에 대한 커뮤니케이션의 구성요소 몇 가지에 대해 간략히 알아보았다. 여기에서는 최고 경영진 및 비즈니스 부문 관리자와의 효과적인 커뮤니케이션을 위한 접근방법에 대해 알아보기로 하겠다. 경험에 의하면 IT 조직이 직면하는 문제의 대부분이 경영진 및 비즈니스 부문 관리자와의 커뮤니케이션 문제로부터 비롯된다고 한다. 따라서 먼저 경영진 및 비즈니스 관리자와의 커뮤니케이션과 관련된 문제 중에서 자주 발생하는 중요한 것 몇 가지에 대해 알아보기로 하자.

▶ IT 관리자가 그럴 것이라고 추정하거나 가정하는 것의 많은 부분이 경영진과 비즈니스 관리자에게는 이미 주지의 사실이거나 잘 인지된 사실인 경우가 많다. 특히 IT 관리자는 이러한 추정과 가정을 경영진 및 비즈니스 관리자에게 전혀 말하지 않음으로써 커뮤니케이션 과정에서 오해의 발생을 촉진하고 있다.

▶ IT 관리자들은 웬만해서는 자기가 먼저 경영진과의 커뮤니케이션을 시작하지 않는다. 이보다 경영진이 부르거나 또는 다음 번 공식적인 보고 때까지 기다리는 경향이 있다. 그 이유는 IT 관리자들이 경영진을 어려워하기 때문이라고 한다. 즉 만나면 뭔지 모르게 주눅든다고 한다. 이 결과 경영진이 주도하는 계획되지 않은 갑작스러운 접촉이 주류를 이루고 있고, 뭔가 문제(그것도 아주 심각한)가 발생되어야만 접촉이 이루어진다. 상황이 이렇다 보니 커뮤니케이션의 내용도 IT를 통한 비즈니스 성과 창출이나 기타 발전적인 것이기보다는 주로 'IT 문제'에 관한 것이 대부분이다.

▶ 일반적으로 IT 관리자들은 체계적이고 계획적인 커뮤니케이션 접근방법이 부족하다. 비계획적이고 갑작스러운 커뮤니케이션은 그 내용이 IT 문제로만 국한될 수밖에 없다. 특히 IT 관리자들은 일상적인 운영 업무 및 당면 현안의 해결에 급급하기 때문에 최고 경영진 및 비즈니스 관리자들과의 커뮤니케이션을 소홀히 할 수밖에 없다.

이처럼 체계적인 커뮤니케이션 접근방법의 부족은 거의 모든 기업의 IT 조직에서 발생되고 있는 공통적인 현상이다. 상황이 이렇다 보니 비즈니스 및 IT 관리자들 공히 커뮤니케이션에 대해 심각하게 생각하지 않고 있을 뿐만 아니라, 커뮤니케이션의 주 내용인 문제의 근본 원인을 철저히 추적하는 관리자들 역시 그리 많지 않다.

따라서 기업 조직의 IT 부서 관리자인 여러분이 조직 내에서 누군가와 커뮤니케이션하려고 할 때에는 다음과 같은 커뮤니케이션 요소 5가지를 사전에 신중히 생각하여야 한다.

▶ 커뮤니케이션 매체(Media)
- 매체로는 사람, 전화, 음성메일, 전자메링, 팩스 등과 같이 다양한 종류가 있다. 전달하고 싶은 메시지를 담을 매체를 선택하는 것은 커뮤니케이션에 있어 아주 중요한 요소이다.

▶ 커뮤니케이션 대상자(Audience)
- 누구에게 커뮤니케이션할 것인지 결정해야 한다. 특히 여러 사람에게 커뮤니케이션할 경우에 신중을 기해야 한다. 커뮤니케이션 대상자들은 각각 저마다의 독특한 이해 관계와 관심 사항을 갖고 있기 때문이다. 단체로 하는 미팅에서는 이러한 것들이 좀처럼 드러나지 않는다.

▶ 커뮤니케이션 기간(Length)

- 얼마나 오랫동안 커뮤니케이션할 것인가? 저자들이 다수의 IT 관리자들로부터 파악한 문제점은 동일한 메시지를 너무 오랫동안 반복한다는 점이었다. 이로 인해 전달하고자 하는 메시지는 실종되고, 대상자들은 커뮤니케이션 자체에 진절머리를 낸다.

▶ 커뮤니케이션 메시지(Message)

- 무엇을 전달할 것인가? 이에 대해 신중하게 생각하지 않으면, 백이면 백, 메시지가 왜곡되거나 또는 일부분만 전달됨으로써 오해가 발생한다.

▶ 커뮤니케이션 톤(Tone)

- 특히 IT와 관련된 커뮤니케이션의 경우에 전달자는 목소리의 톤에도 신경을 써야 한다. IT에 관한 긍정적인 내용을 단조롭고 깊이 잠긴 어조로 전달하면 대부분의 사람들은 분명히 내부적으로 뭔가 문제가 있다고 생각할 것이다.

이외에도 효과적인 커뮤니케이션을 위해 고려해야 할 요소들은 많지만, 최소한 위와 같은 5가지 요소에 대해서는 사전에 신중히 생각하여야 한다.

공조적 접근방식에 의한 경영진 커뮤니케이션

여러분은 체계적인 커뮤니케이션 접근방식의 필요성을 이해하였을 것이다. 그러면 이를 위해 무엇을 해야 할 것인가? 무엇보다 먼저 여러분은 전반적인 커뮤니케이션 전략으로 대상자들을 여러분이 전달하려는 내용의 토의 과정에 참여시키는 공조적 커뮤니케이션(Collaborative Communication)

을 정례화하여야 한다. 일반적으로 IT 관리자는 경영진 및 비즈니스 관리자들에게 자기가 하고 싶은 이이기만 말하거나 관련 정보만 일방적으로 전달하고 의례적인 감사 인사와 함께 커뮤니케이션을 끝내는 경향이 있다. 하지만 이는 아주 비효과적인 접근방식이다.

그런데 커뮤니케이션 전략 수립에도 의사결정 간 레벨이 존재한다. 먼저 높은 레벨의 의사결정으로 커뮤니케이션을 공식적으로 할 것인지 아니면 비공식적으로 할 것인지 결정하여야 한다. 그 다음에 한 주에 한 명꼴로 경영자 및 주요 관리자들과의 접촉을 위한 계획과 일정을 수립하도록 한다. 이러한 계획이 없으면 IT 관리자인 여러분은 종전과 같이 우발적이고 갑작스러운 커뮤니케이션(Ad-hoc Communication)밖에 할 수 없을 것이다. 이 같은 전략적인 레벨의 의사결정을 내린 후에 앞 절에서 소개한 5가지의 커뮤니케이션 요소에 대해 전술적인 레벨의 의사결정을 내리도록 한다.

그러면 여러분이 하고 있는 커뮤니케이션은 어떻게 평가할 수 있을까? 이를 위해 여러분은 이번 장의 뒤에 나와 있는 성과 척도를 체크리스트로 활용해서 여러분이 수행하고 있는 커뮤니케이션의 상태 및 현황을 평가할 수 있을 것이다.

만약 커뮤니케이션이 잘못되고 있다는 것을 알게 되면 여러분은 어떻게 반응하겠는가? 또는 누구의 잘못이라고 생각하겠는가? 저자들의 경험에 의하면 많은 사람이 자기는 메시지를 제대로 전달했다고 생각하고 있으며, 모든 잘못을 커뮤니케이션 대상자들의 탓으로 돌리고 있다.

여러분이 주도하는 커뮤니케이션에 잘못이 있으면
이에 대한 책임은 모두 주도자인 여러분에게 있다.

저자들에게 섭섭하다고 생각하지 마시라. 우리는 철저히 여러분 편이고, 이렇게 하면 2가지 측면에서 여러분에게 이롭기 때문이다. 첫째, 소 잃고 외양간을 철저히 고칠 수 있다. 즉, 다음 번 커뮤니케이션을 좀 더 철저히 준비할 수 있다. 둘째, 여러분이 뭔가를 커뮤니케이션해야 할 때에 여러분이 좀 더 신중을 기하고 더 많은 것을 고려할 수 있게 된다.

비공식 커뮤니케이션의 적극적 수행

'IT 세계'에서 가장 중요한 것 중 하나가 비공식적인 커뮤니케이션이다. 여기에는 전화 통화에서부터 일반적인 접촉이나 업무 회의 등이 있는데, 이러한 비공식적인 커뮤니케이션의 장점은 수없이 많지만 특히 중요한 것으로는 다음과 같은 것들이 있다.

▶ 문서로 남는 것이 없다. 따라서 사람들은 자기의 생각을 훨씬 개방적이고 진솔하게 토로할 수 있다.

▶ 문서로 주고받는 것이 없다. 따라서 훨씬 덜 제약적이고 다채롭게 더 많은 내용을 주고받을 수 있다.

그런데 이 같은 비공식적인 커뮤니케이션이 중요하다고 해서 예상에도 없는 커뮤니케이션을 무계획적으로 해도 된다는 것은 절대 아니다. 철저히 계획적이고 의도적으로 해야 한다. 그렇지 않으면 처음부터 치명적인 실수만 하게 된다.

일반적으로 IT 관리자가 경영진 및 비즈니스 관리자와 커뮤니케이션할 기회는 많지만 문제는 사전에 일정을 잡아야 한다는 점이다. 이들은 항상 바쁘며 빈 시간이 그리 많지 않다. 저자 중의 한명이 어느 한 조직에서 CEO에게 직접 보고하는 IT 관리자로 있을 때였다. IT이외에 CEO에게 직보되는 것이 20개가 넘었다. 혹 여러분 중에는 이것은 지나치게 많고 아주 극단적인 상황이라고 생각할 수 있겠지만, 아마 이러한 상황은 거의 모든 조직의 공통적인 상황일 것이다. 어쨌든 그 당시에 저자가 경영자나 비즈니스 관리자와의 미팅 일정을 잡으려 할 때마다 이들의 일정은 이미 몇 주간의 선약으로 가득 채워져 있었다. 상황이 이렇다 보니 비공식적인 방식을 동원하지 않을 수 없었다. 저자들은 경영진 및 비즈니스 관리자들과의 비공식적인 커뮤니케이션을 하는데 있어 다음과 같은 방법을 사용해 상당한 효과를 거둔바 있다.

▶ 경영자와 비즈니스 관리자의 출근 시간에 맞추어 이들을 방문한다. 2~3분간의 짧은 시간을 통해 최신 정보만 전달하고 나오도록 한다. 이정도면 이들의 하루 일정에 지장을 주지 않을 뿐만 아니라 내용도 나쁜 소식이 아니기 때문에 그리 큰 부담이 없다.

▶ 경영자가 주차장이나 복도를 걷고 있을 때에 접근하는 것도 괜찮은 방법이다. 이것은 우연인 것처럼 보일 수도 있는데, 내용이 민감한 것만 아니라면 전혀 문제될 바가 없다.

▶ 경영자가 퇴근할 때에 사무실이나 주차장에서 접근하는 것도 괜찮다. 여러분이 경영자와 동성인 경우에 목욕탕에서의 접촉도 아주 훌륭한 커뮤니케이션 기회가 된다.(역자 주 – 우리나라에서는 왠지 좀....)

그런데 무엇을 비공식적으로 커뮤니케이션해야 할까? 확실할 것은 심각한 현안이나 복잡한 숫자 이야기를 꺼내서는 안 된다는 점이다. 주로 다음과 같은 것에 대해 이야기하는 것이 좋다.

- 현재 진행 중인 프로젝트들의 개괄적인 현황
- 특정 현안의 최근 주요 내용
- 특정 프로젝트의 전반적인 진척 상태

IT 책임자로서 여러분은 경영진 및 비즈니스 관리자들이 알고 있어야 할 현안을 항상 몇 가지 준비하고 있어야 한다. 하지만 즉석에서 현안의 해결 대책이 있다고 말할 필요는 없다. 처음에는 현재 여러분이 고민하고 있는 현안에 대해서만 언급하여야 한다. 이들과 현안에 대한 커뮤니케이션 할 때에는 점진적으로 해 나가야 한다.

이와 관련해 그림 10.1에는 경영진 및 비즈니스 관리자의 현안에 대한 인식 수준을 어떻게 에스컬레이션해 나가야 할 것인지가 잘 예시돼 있다. 처음에는 현안의 존재만 언급하되, 해결해야 한다는 압박감을 느끼지 않게 해야 한다. 아울러 해결 방안이 현재로서는 마련되어 있지 않다는 점도 언급하는 것이 좋다. 현안에 대한 인식 수준이 높아짐에 따라 해결 대안을 몇 가지 언급은 하되, 즉각적인 의사결정이나 대책 수립의 필요성에 대해서는 언급할 필요가 없다. 이런 과정을 몇 번 거친 후에 의사결정을 요청하도록 한다. 의사결정이 내려지면 도출된 대책을 취하고 나중에 대책의 수행 결과만 따로 경영진에게 알려주도록 한다. 이렇게 하는 것이 현안을 노출시키고 협의를 통해 해결해 나가는 가장 좋은 방법이었던 것 같다.

경영진 및 비즈니스 관리자와의 커뮤니케이션 시, 비즈니스 프로세스나 프로젝트 또는 IT 시장에 관한 흥미로운 일화 등은 아주 좋은 소재가 될 수 있다. 이를 통해 이들이 IT를 흥미롭게 대하도록 할 수 있으며, 특히 IT 책임자인 여러분이 비즈니스와 IT에 대한 식견뿐만 아니라 유머 감각마저도 골고루 갖추고 있는 사람이라는 점을 보여줄 수 있다.

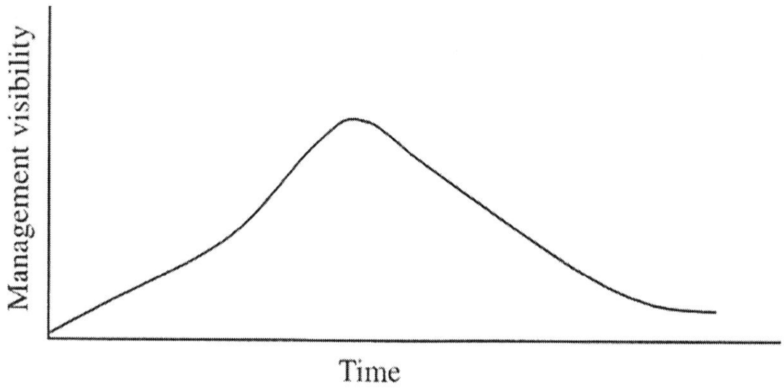

그림 10.1 현안5에 대한 경영진 인지도

IT 책임자인 여러분의 비공식적인 커뮤니케이션 접근방식에 대해 과연 경영진 및 비즈니스 관리자들은 어떻게 생각할까? 저자들의 경험을 들지 않더라도 확언하건데 그들은 무척 좋아할 것이고, IT 책임자인 여러분과 만나는 것을 기다리기까지 할 것이다. 왜냐하면 이들에게 있어 IT 책임자인 여러분은 자기들에게 IT와 관련된 아주 유용한 정보를 제공해 줄 뿐만 아니라, 종종 아주 재미난 이야기꺼리도 제공해 주는 사람이기 때문이다. 사실 이들에게 접근하는 사람은 거의 대부분 심각한 문제나 현안을 들고 와서 고민꺼리나 일거리만 잔뜩 안기는데 이런 사람들과의 만남과 비교해 볼 때, 여러분과의 만남은 아주 특별한 것이 될 수밖에 없다. 물론 때때로 여러분도 경영진 및 비즈니스 관리자들에게 현안을 제기할 것이다. 하지만 절대로 충격과 놀라움으로 받아들이게 해서는 안 된다. 이것이 바로 커뮤니케이션의 핵심 성공 요소이란 점을 명심하라.

기업의 IT 책임자인 여러분은 경영진 및 비즈니스 관리자들에게 IT에 관한한 충격적인 놀라움이란 전혀 존재하지 않는다는 점을 충분히 인식시켜 주어야 한다.

공식적 프리젠테이션의 수행

IT 관리자인 여러분은 최고 경영진 및 비즈니스 관리자에게 비공식적인 커뮤니케이션과는 별도로 공식적인 프리젠테이션을 수행하여야 한다. 이와 관련해 무엇보다 먼저 다음과 같은 가이드라인을 제시하는 바이다.

- ▶ 프리젠테이션 문서는 프리젠테이션 유형별로 표준화된 아웃라인에 따라 작성하라. 본절에서는 가장 공통적인 유형에 대해 설명하겠다.
- ▶ 여러분이 작성한 프리젠테이션 문서는 모두 컴퓨터 디렉토리에 저장하고 접근권한을 참조로 설정해 다른 사람들이 공유할 수 있게 하라.
- ▶ IT 부서 중간 관리자 및 직원들이 작성한 프리젠테이션 문서도 모두 상기 디렉토리에 저장하도록 한다.
- ▶ 직원들이 프리젠테이션을 준비할 때에 공유 디렉토리에 있는 자료를 반드시 리뷰하도록 하는 규칙을 만들어 시행하라. 이를 통해 프리젠테이션 문서의 재사용 및 내용의 일관성을 확보할 수 있고, 프리젠테이션 준비 시간을 크게 줄일 수 있다.

프리젠테이션 문서를 배포하거나 프리젠테이션을 수행하기 전에 핵심 관리자들을 개별적으로 찾아가 미리 설명해 주어야 한다. 이때에 자료의 겉표지에는 반드시 '초안'이라고 표시하도록 하라. 함께 프리젠테이션 문서를 검토하면서 이들의 피드백을 얻어 낸 다음에 이를 문서에 반영하도록 한다. 이렇게 하면 여러분은 프리젠테이션의 성공 가능성을 훨씬 높일 수 있다. 그 이유는 첫째, 핵심 관리자들이 프리젠테이션에 참석해서 문서를 보았을 때에 전혀 놀라지 않을 것이기 때문이다. 둘째, 핵심 관리자들로부터의 피드백을 이미 문서에 반영했고, 이는 핵심 관리자들에게 자기들도 프리젠테이션 문서의 개발에 관여했다는 생각을 갖게 하기 때문이다. 더 나아가 이들의 Ownership도 상당 부분 확보할 수 있다. 셋째, 이들과의 일대일 검토 및 피드백 반영 과정을 통해 이들이 여러분은 자기들 편이고 자기들의 이익을 위해 일하고 있다는 생각을 갖게 할 수 있기 때문이다. 프리젠테이션 중에 이렇게 한다는 것은 여간 어려운 일이 아니다.

프리젠테이션 전에 반드시 누가 어떤 질문이나 현안을 제기할 것인지 미리 파악해 두어야 한다. 비즈니스 관리자 중에는 자기가 IT에 대해 잘 알고 있다는 것을 과시하거나 최고 경영진에게 더 잘 보이기 위해 그렇게 하는 사람들이 반드시 있기 마련이다. 따라서 나올 가능성이 높은 질문 5가지 정도는 미리 파악하고 있어야 한다. 그 다음 IT 부서 내 중간 관리자 및 관련 직원들 앞에서 예행연습을 하라. 이를 통해 또 다른 효과를 얻을 수 있다. IT 직원들로 하여금 프리젠테이션에서 누군가가 자기와 관련된 사항을 질문할 수 있다는 점을 사전에 알게 함으로써 그에 대한 준비를 충분히 하도록 할 수 있다. 만약에 직원들이 방심하고 있다가 갑작스러운 질문을 받고 즉흥적으로 답변하면 예기치 못한 커뮤니케이션 오류가 발생할 가능성이 높아진다.

프리젠테이션 중에 질문을 받으면 솔직하고 당당하게 대응여야야 한다. 만약 즉시 답변할 준비가 되어 있지 않으면 있는 그대로 말하도록 한다. 절대로 추측이나 짐작으로 답변해서는 안 된다. 자칫 엄청나게 큰 대가를 치룰 수 있기 때문이다. 프리젠테이션이 끝낸 후에는 반드시 핵심 관리자들을 개별적으로 방문해 프로젠테이션 도중에 있었을 궁금한 것에 대해 설명을 해주도록 하라.

이 같은 사항을 바탕으로 지금부터는 IT 프리젠테이션의 유형을 다음과 같은 주제별로 분류하고 이들 각각의 프리젠테이션 방법에 대해 구체적으로 알아보도록 하자.

- 전반적인 IT 개황에 대한 프리젠테이션
- 개별 프로젝트 상태에 대한 프리젠테이션
- 개별 현안에 대한 프리젠테이션
- 신규 프로젝트 제안을 위한 프리젠테이션
- IT 예산에 대한 프리젠테이션

전반적인 IT 개황에 대한 프리젠테이션

이는 기업 조직에서 IT가 어떻게 운영되고 있는지에 대한 프리젠테이션이다. 그러면 과연 무엇을 전달하여야 할까? 이런 종류의 프리젠테이션에서는 IT 현황에 대한 정보만 제공하면 된다. 문제나 현안의 해결과 관련해 타 부서의 지원을 요청할 필요가 없다. 따라서 프리젠테이션은 아주 느긋하게 진행된다. 이때의 일반적인 프리젠테이션 항목으로는 다음과 같은 것을 들 수 있는데, 구체적인 목차와 순서는 상황에 따라 적절히 조정하도록 하라.

▶ 전체 IT 예산 대비 집행 실적
  - 이 부분은 웬만해서는 놀라운 충격으로 받아들이지 않는다.

▶ 전체 프로젝트의 전반적인 진척 현황
  - 현재 수행 중인 주요 프로젝트들의 일정 진척도를 일목요연하게 요약한 간트 차트(Gantt Chart)를 제시한다.

▶ IT 업무 활동별 작업 수행 현황

– 운영, 지원, 유지보수 및 개발 등과 같은 IT 업무 활동별로 IT 부서 직원들의 작업 시간을 투입 비율로 환산한 파이-차트(Pie-chart)를 제시한다.

▶ 비즈니스 프로세스별 IT 지원 현황

– 비즈니스 프로세스별로 IT 지원 및 개선에 투입된 IT 직원들의 작업 시간을 비율로 환산한 파이-차트(Pie-chart)를 제시한다.

▶ 비즈니스 부서별 IT 지원 현황

– 주요 비즈니스 부서(부문)별로 지원 및 개선에 투입된 IT 직원들의 작업 시간을 비율로 환산한 파이-차트(Pie-chart)를 제시한다.

▶ 주요 현안 대비 프로젝트 영향도 테이블

– 가로의 줄에는 현안, 세로의 열에는 프로젝트를 나열한 다음에 개별 현안이 각각의 프로젝트에 영향을 미치면 테이블 기입항목에 'X'로 표시한다.

▶ 최근 종료 프로젝트의 기대효과

– 여기에는 IT 업무 활동을 통해 기 획득 또는 기대되는 효과와 영향을 열거하도록 한다. 특히 IT 프로젝트로 인한 조직 변화를 지원해준 비즈니스 부문의 공헌 사항을 반드시 언급하도록 하라.

네트워크 업그레이드와 같은 순수 IT 프로젝트의 경우 비즈니스 부서나 프로세스별 IT 지원 활동 분포 현황을 표시하는데 있어 사용자 수와 같은 것을 이용하도록 하라.

개별 프로젝트 상태에 대한 프리젠테이션

이는 경영진 및 관련 비즈니스 관리자에게 특정 IT 프로젝트의 현황 및 현안을 보고하는 것을 말한다. 먼저 보고의 목적부터 생각해 보도록 하자. IT 책임자인 여러분은 이들에게 프로젝트의 상태와 상황이 잘 통제되고 있다는 점을 전달하여야 한다. 이와 동시에 프로젝트의 리스크와 잠재적 문제점 역시 이들에게 명확하게 인지시켜 주어야 한다. 이와 같은 내용의 프리젠테이션을 구두로 하든 또는 문서로 하든 반드시 다음과 같은 것이 포함되어야 한다.

▶ 비즈니스 관점에서의 프로젝트 목적 및 범위
- 이는 특히 프리젠테이션 내용에 대한 비즈니스 부서 참석자들의 공감대를 확보하는데 아주 중요하다.

▶ 프로젝트 일정 계획 대비 실제 진척도
- 간트 차트(GANTT Chart)를 이용해 일정 계획 대비 실제 일정 간 차이를 보여준다. 아울러 일정을 지체시킨 이벤트에 대해서 강조하도록 한다.

▶ 프로젝트 예산 대비 집행 실적 현황
- 여기에서는 프로젝트 예산 대비 집행 실적을 제시하도록 한다. 반드시 집행 누계를 활용해 예산의 전반적인 추세를 이해시킬 수 있어야 한다. 이렇게 하면 어느 한 시점에서 집행 실적이 예산을 초과했더라도 추후 전체 집행 실적이 예산과 맞아 떨어질 시점을 제시해줄 수 있다. 아울러 예산과 집행 실적 간의 차이에 대한 원인에 대해서도 명확히 언급하도록 한다.

▶ 프로젝트 산출물

– 산출물에 대한 설명은 반드시 기술적 관점이 아닌 비즈니스 관점에서 되어 있어야 한다. 아울러 조만간 완성하게 될 작업 산출물 및 결과에 대해서도 언급하도록 한다.

▶ 미결 현안 테이블

– 테이블의 첫 번째 열에는 현안의 이름을, 두 번째 열에는 최초로 식별된 시점부터 지금까지의 현안 존속 시간을, 세 번째 열에는 현안의 중요도를, 네 번째 열에는 현안 해결을 위해 취하고 있는 대책을 표시하도록 한다.

▶ 프로젝트 태스크 진척도 및 리스크 해결 진척도 현황

– 제5장에서 우리는 이들 두 가지는 내용이 완전히 다른 것이고, 현안이 발생해 해결 되지 않은 태스크는 리스크가 있는 것으로 간주하였다. 따라서 여기에서는 표현할 때에 "전체 수행 태스크 대비 잔여 미수행 태스크 비율은 현재 60%이며, 문제점 및 현안 또는 리스크가 내재한 태스크들 중에 아직 75%를 더 수행해야 한다"고 해야 한다.

IT 책임자로서 여러분은 이런 유형의 프리젠테이션을 할 때에 한 가지 주의해야 할 점이 있다. 여러분은 프리젠테이션을 통해 경영진에게 좋은 소식과 나쁜 소식을 함께 전해야 한다. 일례로 프로젝트 일정이 계획대로 진행되고 있다는 것은 좋은 소식이지만, 현안이나 문제점은 뭐로 치장한다 하더라도 여전히 나쁜 소식이다. 하지만 이 같은 종류의 현황 보고를 통해 여러분은 특정 현안에 대한 경영진의 인지 수준을 점점 높여 갈 수 있고, 이를 통해 경영진 및 비즈니스 관리자로부터 심도 있는 조사나 해결 등과 같은 대책을 촉발시킬 수 있다.

개별 현안에 대한 프리젠테이션

여기에서는 특정 현안 및 관련 현안들을 함께 다루는 것이 좋다. 그런데 이런 종류의 프리젠테이션을 하는 목적은 어디에 두어야 할까? 무엇보다 먼저 특정 현안에 대한 경영진 및 비즈니스 관리자의 반응을 도출해 내는 것이어야 한다. 하지만 이와는 다르게 이러한 프리젠테이션을 정치적으로 활용해 현안에 대한 이들의 인식 수준을 높이기 위한 용도도 있다. 이러한 목적을 위해서는 다음과 같은 항목으로 아웃라인을 구성하는 것이 좋다.

- 서론 – 비즈니스 관점에서의 현안의 실체
- 영향 – 해결하지 않았을 경우에 발생될 결과 요약
- 관련 비즈니스 프로세스 – 각 프로세스에 대한 구체적인 영향
- 현안 해결시의 기대 효과 및 그 실현 방안
- 현안 해결을 위한 잠재적 대책
- 제언 – 기타 관련 권고 사항

현안은 반드시 기술적 관점이 아닌 비즈니스 관점으로 표현되어야 한다. 이렇게 함으로써 현안에 대한 이해를 제고할 수 있다. 현안의 비즈니스에 대한 악영향은 참가자들의 우려를 증폭시키는데, 오늘날 이런 접근방식은 일반적이긴 하지만 동시에 아주 부정적인 접근방식이기도 하다. 여러분은 긍정적인 접근방식도 취할 필요가 있다. 바로 이 때문에 네 번째 항목인 기대 효과와 그 실현 방안이 필요하다. 특히 기대 효과의 실현 방안 제시가 아주 중요하다. 왜냐하면 대부분의 IT 프리젠테이션에서 기대 효과는 잔뜩 제시되었던 반면 실현되었던 것은 극히 드문 상황에서 기대 효과의 실현 방안은 기대 효과 실현에 대한 경영진의 회의 및 우려를 크게 해소시켜 줄 수 있기 때문이다. 비록 잠재적일지라도 현안 해결을 위한 대책을

제시함으로써 여러분은 IT 책임자로서 경영진에게 다양한 종류의 대안을 고민하고 있다는 면모도 보여줄 수 있다. 이러한 대책으로는 크게 현안 해결을 위한 신규 재무 투자(물론, 이러한 대책은 거의 수용되지 않지만)나 기존 자원 재배치(어딘가 다른 활동으로부터 자원을 빼앗아 할 것임)와 같은 것들이 있다.

이런 종류의 프리젠테이션은 누가 하는 것이 효과적일까? 정답은 IT 관리자만 해서는 안 된다는 것이다. 당해 현안과 직접적인 관련이 있고 이에 영향을 받게 될 비즈니스 부문의 관리자가 현안과 그 영향 및 해결 시의 기대효과를 프리젠테이션하고, IT 관리자는 해결을 위한 잠재 대책에 대해 프리젠테이션하는 것이 아주 효과적이다.

이 같은 프리젠테이션 기법은 경영진에게 당해 현안이 IT에 관한 것이 아니라 비즈니스 현안임을 명확히 인식시켜 주는 효과가 있다. 특히 프리젠테이션 이전에 현안에 대해 관련 단위 조직 간에 충분한 협의와 고민이 있었다는 인상을 강하게 심어줄 수 있다. 이 결과 여러분은 프리젠테이션의 본연의 목적인 경영진의 의사결정 및 행동을 여러분이 바라는 시점에 바라는 방식으로 얻게 될 수 있다.

신규 프로젝트 제안을 위한 프리젠테이션

논리적으로는 여러분이 신규 프로젝트를 제안할 때에 제일 먼저 해야 할 일은 기본 아이디어에 대한 승인 획득이어야 한다. 하지만 실무에서는 프로젝트 아이디어에 대한 승인 획득 활동은 좀처럼 이루어지지 않으며, 예산 및 자원을 동시에 확보하는 것부터 시작한다. 민주주의 체제에서는 국회의원들이 특정 사안의 기본 개념 또는 아이디어에 대한 찬반투표를 한 다음에 별도로 그 아이디어에 대한 예산 배정을 승인하는 접근방식을 취하고 있다. 이는 승인을 너무 성급히 서두르지 않도록 하기 위한 제도적 장치이다. 따라서 이 같은 프리젠테이션에서도 먼저 신규 프로젝트에 관한 기본 아이디어에 대해 초점을 맞추어야 한다.

일단 여러분이 어느 비즈니스 부서와 새로운 아이디어에 대해 협의하고 있다고 하자. 이미 사전 조사 활동을 통해 당해 아이디어의 기대 효과에 대한 추정과 그 실현에 필요한 비즈니스 부문의 변화도 모두 도출하였고, 일정 및 소요 자금에 대한 추정 역시 완료했다고 하자.

만약 여러분이 오늘날의 일반적인 프리젠테이션 접근방식을 취했다면 아마 다음과 같은 아웃라인을 구성하였을 것이다.

- 서론 – 비즈니스 문제에 대한 요약
- 비즈니스 문제 해결을 위한 기술적 솔루션
- 솔루션 구현 코스트
- 솔루션 구현 일정 계획
- 솔루션 도입 기대 효과

이 같은 프리젠테이션 아웃라인은 아주 잘못된 아웃라인이다. 일단 상기 아웃라인에는 구체적인 실행 계획이 없다. 누군가가 프로젝트의 타당성을 세부적으로 파악하고자 할 때에 할 수 있는 방법이 없다. 효과를 어떻게 실현할 것인지도 알 길이 없다. 필요한 비즈니스 변화의 이행과 기대 효과의 달성을 저해하는 현안 및 문제점이 무엇인지 짐작할 길도 없다. 하기야 여러분이 만약에 이 같은 아웃라인을 사용했다면 이런 질문들은 애당초 제기될 수도 없을 것이다. 왜냐하면 프리젠테이션 문서의 복잡하고 난해한 기술적 내용에 질려 그 같은 질문을 할 엄두가 나지 않기 때문이다.

따라서 다음과 같이 훨씬 비즈니스 지향적인 아웃라인을 준비해야 한다. 언뜻 보기에도 여러분의 눈에 아주 낯익을 것이다. 마치 TV 방송 사이에 나오는 30초짜리 광고 같지 않은가?

- 서론 - 비즈니스 프로세스의 문제 및 비즈니스에 미치는 영향
- 신규 비즈니스 프로세스 - 변화 후의 새로운 비즈니스 수행 방식
- 신규 비즈니스 프로세스로 인한 기대 효과 및 그 실현 방안
- 당해 변화 활동에 소요될 코스트 및 일정
- 극복해야 할 잠재적 현안 및 문제점
- 향후 실행 요망 대책

여러분은 앞의 아웃라인과 이번 것과의 차이점을 파악하였는가? 그렇다! 첫 번째는 이번 아웃라인에는 기술에 관한 부문이 없다는 점이다. 둘째, 비즈니스 프로세스 문제 바로 다음에 비즈니스에 미치는 영향이 나온다. 셋째, 향후 대책들이 구체적으로 제시돼 있다. 물론 이러한 대책들은 돈을 써야 한다는 등과 같은 것이 아니라 문제 영역에 대한 심층 조사와 같은 것들이다. 본 아이디어에 대한 투자 승인 획득은 추후 비즈니스 관리자와 IT 관리자가 수행 작업, 소요 코스트 및 일정을 구체적으로 도출한 후에 획득하면 된다. 이렇게 접근하면 여러분은 일단 신규 프로젝트 아이디어에 대해 생명력을 불어 넣는데 성공한 셈이다.

이러한 프리젠테이션은 누가 해야 가장 효과적일까? 여기에서도 정답은 역시 IT 관리자만 해서는 안 되고 비즈니스 관리자와 분담해야 한다는 것이다. 아웃라인의 처음 3개 항목은 비즈니스에 관한 것이므로 비즈니스 관리자가 해야 하고, 4번째와 5번째는 IT 관리자가 그리고 마지막 항목인 향후 실행 요망 대책은 다시 비즈니스 관리자가 '비즈니스'처럼 마무리함으로써 프리젠테이션의 대미를 장식해야 한다.

이러한 방법은 본서의 3개 사례 조직의 하나인 Tucker County에서도 사용되었다. 프리젠테이션할 때마다 관련 비즈니스 관리자가 일부를 직접 하였고 부득이한 사정으로 못할 경우에 한해 IT 관리자가 대신하였지만 이런 경우에도 당해 비즈니스 관리자 또는 대리인이 배석하였다.

이외에 중요한 가이드라인이 하나 더 있었다. 비즈니스 관리자가 프리젠테이션의 서론에서 비즈니스 프로세스의 문제가 미치는 영향에 대해 말할 때에는 언제나 그래프를 이용해 그 문제를 해결하지 않고 그대로 방치할 경우에 비즈니스 프로세스와 자기 부서에 어떤 일이 발생될 것인지 명확히 언급하였다. 이런 접근방법은 경영진에게 문제를 방치할 경우의 결과를 사전에 잘 이해할 수 있게 했다는 점에서 아주 효과적이었다. 특히 경영진의 지원 확보를 위한 필수 요소인 '공포'를 이들의 뇌리에 깊이 주입시킬 수 있었다. 경영진은 프리젠테이션을 하는 비즈니스 관리자의 눈을 통해 문제 방치의 대가를 명확하게 볼 수 있었던 것이다.

두 번째 아웃라인에 기반한 프리젠테이션이 효과적인 이유는 무엇일까? 다음과 같이 3가지로 요약할 수 있을 것 같다.

▶ 프로젝트에 대한 관련 비즈니스 부서의 지원이 존재한다는 사실을 경영진이 확인하였다.

▶ 비즈니스와 IT 부서가 동일한 접근방식으로 공조하고 있다는 점을 알게 되었다. 이를 통해 경영진은 변화에 대한 저항이 적을 것이며 이 결과 변화의 기대효과가 실현될 가능성이 높은 것으로 판단했다.

▶ 수행 활동 및 대책들이 경영진이 승인할 수 있을 정도로 구체적이고 명확하며 일목요연하게 제시되었다.

IT 예산에 대한 프리젠테이션

IT 예산 관련 프리젠테이션은 크게 2가지이다. 하나는 기업의 총체적인 IT 예산에 대한 프리젠테이션이며, 다른 하나는 개별 IT 프로젝트 예산에 관한 것이 있다. 여기에서는 이들 각각에 대해 알아보기로 하겠다.

기업 조직의 전체 IT 예산에 대해 프리젠테이션할 때에는 기본적으로 예산에 대한 요약 및 예산 영역별 세부 내용을 포함한 가운데에 다음과 같은 방식으로 아웃라인을 구성하도록 한다.

- 서론 – 바로 이전 회기의 성과 및 예산 집행 실적
- 신규 예산 항목 및 기대 효과
- 예산 수립 방향과 비즈니스 미션 및 비전 간 연계성
- 당기 예산과 차기 예산과의 차이점
- 차기에 중단 예정이 당기 활동 및 각하된 신규 아이디어
- 신규 활동과 관련된 시급한 대책

이와 관련해 한 기업 조직의 IT 책임자로서 여러분이 반드시 유념해야 할 것이 있다. IT 예산 관련 프리젠테이션은 정치적 활동이라는 점이다. 프리젠테이션에서 여러분은 '차기 예산의 공표'뿐만 아니라, 작년에 회사가 여러분에게 준 돈으로 1년 동안 이루어 낸 것에 대한 정보도 함께 제공하여야 한다. 이는 IT에 대한 투자가 낭비되지 않고 있다는 것을 보여주는 것이며, 동시에 IT 예산이 비즈니스 목표와 얼라인먼트돼 있다는 사실을 명확히 제시하는 것이기도 하다. 아울러 차기의 신규 활동으로서 검토는 되었으나 각하된 아이디어들에 대해 언급함으로써 IT 예산 수립 과정에서 신규 활동들에 대해 엄격한 선정 기준을 적용하였음을 보여주어야 한다.

이외에도 현행 활동 중에서 중지시켰거나 감축된 것들에 대해서도 언급할 필요가 있다. 이는 IT 관리자인 여러분이 예산에 대해 엄격하다는 점을 과시할 수 있는 것으로써, 정치적으로 아주 가치 있는 행동이다. 마지막으로 즉각 수행 요망 대책들을 언급함으로써 경영진 및 비즈니스 관리자들에게 그 시급성을 강조하는 것으로 프리젠테이션을 마치도록 한다.

개별 프로젝트나 새로운 IT 활동의 예산에 대한 프리젠테이션은 다음과 같은 아웃라인으로 하도록 한다.

- 서론 – 프로젝트 아이디어 및 심층 조사 필요성(비즈니스 관리자)
- 변화 전후의 거래 처리 및 업무 방식(비즈니스 부서 직원)
- 변화로 인한 기대효과(비즈니스 부문 관리자나 실무자)
- 코스트 및 일정(IT 관리자)
- 기 해결 및 미결 문제와 현안(비즈니스 부문 관리자)
- 향후 대책

프리젠테이션의 서론은 비즈니스 부서 관리자가, 예산과 일정은 IT 부서 관리자가 맡도록 한다. 아울러 변화와 직접 관계가 있는 비즈니스 부서의 실무자가 변화의 세부 내용 및 기대 효과의 실현 방법을 설명하도록 한다. 이렇게 하면 신규 프로젝트의 신뢰성을 높일 수 있다. 이 같은 상황에서는 신규 업무에 대해 경영진이 좀처럼 거부하지 않는다. 왜냐하면 비즈니스 부문 내 여러 계층에서 당해 업무에 대한 지원 및 기대가 형성돼 있는데 만약 경영진이 프리젠테이션에서 이를 거부하면 이는 즉시 관련 비즈니스 부서 직원들의 귀에 들어갈 것이고, 이들의 사기는 크게 떨어질 것이라는 점을 경영진은 잘 알고 있기 때문이다. 현명한 여러분이라면 이렇게 생각할 것이다. '이 역시 정치적인 프리젠테이션 아냐?' 물론, 그렇다. 분명히 정치적 목적을 띤 프리젠테이션인 것이다.

비즈니스 부서 관리자와의 커뮤니케이션

한 기업 조직의 IT 책임자인 여러분은 정상적인 상황이라면 경영진보다 비즈니스 부서 관리자들과 더 많이 커뮤니케이션할 것이다. 그런데 이들 비즈니스 관리자들과의 커뮤니케이션 문제는 그 어떤 것이든 경영진과의 커뮤니케이션 문제로 비화될 수 있다는 점을 유의할 필요가 있다. 따라서 비즈니스 부서 관리자들과의 효과적인 커뮤니케이션을 위한 가이드라인을 다음과 같이 제시해본다.

▶ 일단 여러분이 비즈니스 부문 관리자에게 말하는 것은 어떤 것이든 당해 비즈니스 부문 직원뿐만 아니라 경영진에게도 전달된다고 생각하라. 따라서 여러분의 언행에 주의할 필요가 있다. 바로 이런 이유 때문에 여러분은 커뮤니케이션을 사전에 철저히 계획하여야 한다.

▶ IT 직원들은 비즈니스 부서 사용자들의 만족도를 높이려는 경향이 있다. 만약 어떤 비즈니스 부서 관리자가 문제를 제기하거나 지원을 요청하면 필요한 대책을 시행하겠다는 말로 비즈니스 부서 관리자를 기쁘게 하는 것을 당연시 하고 있다. 하지만 이렇게 해서는 안 된다. IT 부서가 그 현안이나 지원 요청을 세부적으로 조사하기 전까지는 절대로 이와 같이 행동해서는 안 된다.

▶ 비즈니스 부서 관리자들과 미팅할 때에는 보이지 않는 회의 주제가 따로 있다는 점을 명심하라. 이들 비즈니스 부서 관리자들은 IT 문제 및 니즈 이외에 미처 여러분이 간파하지 못한 자기만의 이해사항을 갖고 있다. 이런 점을 고려해 이들과 커뮤니케이션할 때에는 그들의 말 이면에 숨어 있는 것을 파악할 수 있어야 한다.

▶ 각 비즈니스 부서 관리자의 스타일과 관점을 파악하고 있어야 한다. 해서 이들과 개별적으로 커뮤니케이션할 때에 개인별 특성에 맞추어 진행할 수 있어야 한다. 만약에 어떤 관리자가 기술적인 성향이라면 여러분은 기술적 측면에서 이야기할 수 있어야 하고, IT 세부 사항에 대한 이야기를 꺼리는 관리자에게는 간단명료하게 요점만 이야기할 수 있어야 한다.

▶ 일주일에 최소 3~4명의 비즈니스 부서 관리자들을 방문하도록 하라. 만난 자리에서는 이들 각자에게 영향을 미치고 있는 IT 업무의 최근 현황에 대해 설명하고, 특히 그 IT 업무에 참여하고 있는 비즈니스 부서 직원들을 칭찬하도록 한다. 아울러 잠재적인 문제에 대해서도 미리 알려주도록 한다. 이렇게 하면 비즈니스 부서 관리자에게 있어 여러분은 일종의 조기 경보 시스템이며, 이 결과 이들은 추후 어쩔 수 없이 갑자기 뭔가 대책을 취하지 않으면 안 되는 상황을 사전에 피할 수 있게 된다.

IT와 비즈니스의 얼라인먼트

여러분이 본서에서 제시한 대로 각종 테이블을 개발해 비즈니스와 IT 간에 양호한 관계를 구축하고, IT 부서 직원들로 하여금 비즈니스 성과가 향상될 수 있게 하였다 하더라도 경영진이 이러한 것을 모두 알고 있을 것이라고 속단해서는 안 된다. 비즈니스 관리자들와의 커뮤니케이션은 IT와 비즈니스의 얼라인먼트를 입증하기 위한 핵심 성공 요인의 하나임을 명심하도록 하라. 이와 관련해 그림 10.2에는 비즈니스와의 얼라인먼트를 위한 여러분의 커뮤니케이션 노력을 평가할 수 있는 체크리스트가 제시돼 있다. 이에 대해 간략히 알아보자.

- 프리젠테이션할 때에 IT 활동과 이 결과 비즈니스에 미치는 영향을 상호 연계해 언급하는가?
- 프리젠테이션할 때에 IT 업무 수행이 비즈니스 비전 및 미션을 어떻게 지원하고 있는지 설명하는가?
- 프리젠테이션 도중에 비즈니스 관리자들로부터 IT의 기대효과나 IT가 비즈니스에 어떻게 도움을 줄 것인지 질문을 받아본 적이 있는가? 이는 비즈니스와 IT의 얼라인먼트에 대해 회의적으로 생각하고 있다는 것을 의미한다.
- 프리젠테이션 후에도 여전히 비즈니스 부문 관리자들이 비즈니스 측면에서 IT 업무의 가치에 대해 반문하고 있는가?

그림 10.2 커뮤니케이션을 통한 IT와 비즈니스 얼라인먼트 평가 항목

▶ 비즈니스 부문의 직원들과 이야기할 때에는 반드시 비즈니스 용어로 말하도록 하라. 만약 기술적 용어를 많이 사용하면 그들은 IT 부서 책임자인 여러분을 관리자보다는 '기술 쟁이'로만 인식할 것이다. 그 순간부터 여러분은 더 이상 그들의 파트너가 아니다.

▶ 사실 오랫동안 IT 부서는 실현되지도 않을 기대효과를 자주 약속해 왔다. 물론 IT 잘못만은 아니다. 하지만 이런 상황의 재발 방지는 IT 책임자인 여러분의 몫이며, 이를 위해 여러분은 반드시 어떻게 해야 기대효과를 실현시킬 수 있으며, 가치 실현 과정에서 비즈니스 부서의 역할을 강조할 수 있어야 한다.

▶ IT 프로젝트 및 활동과 비즈니스 비전 및 미션을 연계함으로써 IT와 비즈니스의 얼라인먼트를 설명하고 강조하도록 하라. 이 같은 행동은 가급적 자주 하는 것이 좋다.

리스크 관리

여러분이 유념해야 사실은 거의 모든 IT 문제가 처음에는 커뮤니케이션 문제로부터 발생한다는 점이다. 일단 이렇게 되면 문제는 좀처럼 탐지 및 식별하기 어려워진다. 이런 사이에 문제는 점점 커져가다가 어느 날 갑자기 아무런 이유도 없이 현안으로 나타난다. 처음의 의도와는 전혀 다른 것으로 변해서 말이다.(전문 용어로 표현하면 뒤통수 맞는 상황이다.) 예를 들어 IT 부서 관리자인 여러분이 어떤 비즈니스 부서 관리자의 IT 지원 요청에 대해 현재 IT 자원 상황이 빠듯하기 때문에 당장은 지원할 자원이 없다고 말했다고 하자. 여러분은 사실을 말했고, 그것도 아주 논리적이며 정중하게 말했을 것이다. 그런데 이것이 IT가 협조적이지 못하다는 것으로 둔갑하게 되고, 급기야 어느 날 여러분 상사에게 불려가 상사로부터 이를 간접적으로 전해 들으면서, "거참! 그 쪽 좀 지원해 주지 그랬나!"라는 책망어린 지시를 받게 된다. 처음에 순수하고 정직한 의도로 말한 것이 IT 자원 운영에 대한 예기치 못한 변경이라는 리스크로 나타난 것이다.

여러분은 비즈니스 부문 관리자들과의 커뮤니케이션 리스크도 통제할 수 있어야 하며, 이를 위해 다음과 같은 활동을 수행하여야 한다.

- 본장의 내용에 따라 여러분의 커뮤니케이션을 신중히 계획하라.
- 커뮤니케이션후에 피드백과 수용도를 반드시 확인하라.
- 프리젠테이션이 및 미팅 후에는 개별적인 방문을 통해 여러분의 메시지를 어떻게 해석하고 있는지 파악하라.
- 여러분의 커뮤니케이션 활동을 정기적으로 평가하도록 하라. 특히 여러분과의 커뮤니케이션에 문제가 있다고 생각되는 사람에 대해 주목하라.

사례

SUPREME OIL – 종합 에너지 회사

Supreme Oil은 오랫동안 IT 관리를 위한 정책 및 절차를 운용해 오고 있었다. 여기에는 정기적인 진행 현황 보고, 표준화된 예산 프리젠테이션 및 기타 필요한 모든 공식적 커뮤니케이션이 규정되어 있었고, 모든 것이 제대로 준수되고 있었다. 하지만 시간이 흐르면서 IT 활동이 복잡해지고 신속해짐에 따라 IT와 관련된 현안 및 의사결정이 증가하기 시작하였다.

그런데 이러한 새로운 환경에서 공식적인 커뮤니케이션이 제대로 작동하지 않게 되었다. 자연스럽게 비공식적인 커뮤니케이션의 필요성이 제기되었고, 맨 처음 시작한 것은 개별 관리자들이었다. 대부분의 의사결정은 비공식적인 커뮤니케이션을 통해 이루어졌고, 나중에 이를 요약해 공식적 커뮤니케이션을 통해 다른 것과의 연관관계를 조율하였다. 이 같은 새로운 환경에 기존의 IT 관리 정책 및 절차를 맞추는데 약 2년이 걸렸다.

TUCKER COUNTY – 지방 정부

Tucker Count의 IT 부서 관리자와 주요 비즈니스 부서 관리자들과의 관계는 그리 좋지 않았지만, 경영진은 이런 IT를 그냥 내버려두었다. 이런 상황 속에서 IT 부서 관리자는 이들과의 커뮤니케이션을 공식적인 통제를 통해서만 하려 하였다. 다시 말해 비즈니스 부서 관리자가 IT 지원을 요청하거나 문제를 제기하는 경우에만 그 관리자와 접촉하고, 자신에게 부여된 IT 자원 통제력을 이용해서 IT 솔루션을 일방적으로 정한 다음에 통보만 하였다. IT 직원들의 사기도 그리 좋지 않았다. 상황이 이렇다 보니 비즈니스 부서들은 자체적으로 IT 솔루션을 찾기 시작하였다. 이와 관련해 IT

부서 중간 관리자들과 비즈니스 부서 관리자들 사이에 비공식적인 커뮤니케이션 링크가 형성되기 시작하였고, IT 부서 관리자는 여기에서 제외되기 시작하였다. IT 관리자 역시 이를 눈치 채고 있었지만 애써 무시하였다. 서서히 IT 관리자는 현재 무엇이 어떻게 돌아가고 있는지 전혀 파악하지 못하게 되었다. 결국 IT 관리자는 사직했는데, 이 모든 것의 근본 원인은 바로 커뮤니케이션 문제 때문이었다.

SHAMROCK AGRICULTURE – 농업 협동조합

몇 해 전에 Shamrock의 새로운 CEO가 취임하였다. 그런데 IT 부서 관리자가 CEO와의 커뮤니케이션에 있어 치명적인 실수를 몇 가지 저질렀다. 첫째, IT 부서 관리자는 신임 CEO가 부르기 전에 먼저 찾아가 IT 활동의 최근 현황을 알려주지 못했다. 이들 간 첫 접촉은 어느 한 비즈니스 부서 관리자가 CEO에게 IT 현안을 지적한 후에 이루어졌다. IT 문제 때문에 CEO가 IT 부서 관리자를 자기 사무실로 부른 만큼 분위기는 좋을 리가 없었다. CEO는 IT 관리자에게 자신이 사전에 그 현안을 보고 받지 못한 이유에 대해 질타한 후에 정확히 무엇이 문제인지 질문하였다. IT 관리자는 갑작스러운 질문에 준비되어 있지 않았으므로 대답하는데 더듬거렸다. 첫 인상이 완전히 망가지는 순간이었다.

두 번째 실수는 악화된 CEO와의 관계를 공식적인 프리젠테이션을 통해 만회하려는 것이었다. CEO는 IT 책임자에게 알리지 않고 비즈니스 부문 관리자들에게 프리젠테이션에 참석하도록 지시하였다. 프리젠테이션 당일, IT 책임자는 예상치 못한 다수의 참석자로 인해 당황하였고, 허를 찌르는 질문으로 다시한번 못 보일 꼴을 보이고 말았다. 이것만이 아니었다. 발표 내용에 기술적 용어가 많이 포함돼 있어서 CEO는 전혀 알 수가 없었고 배석한 비즈니스 부서 관리자들이 대신 설명해 주었다.

이후 IT와의 모든 커뮤니케이션은 '얼어붙은' 공식적인 방식으로만 전개되었다. 이 모든 것의 발단은 IT 부서 관리자의 서투른 커뮤니케이션 때문이었음에도 불구하고 오히려 그는 CEO 탓으로만 돌렸다. 전임 CEO와는 아무런 문제가 없었다는 주장도 서슴지 않았다. 이것이 그의 세 번째 실수이면서 동시에 가장 결정적인 실수였다.

하지만 Shamrock Agriculture의 IT 부서 책임자는 어리석지 않았다. 얼마 후 이 모든 문제는 자신 스스로 만든 것임을 깨닫고, 종전과는 전혀 다른 접근방식을 취했다. CEO와 5 내지 10분 정도의 비공식적인 접촉을 갖기 시작한 것이다. CEO에게 찾아갈 때마다 몇몇 주요 프로젝트들 최근 현황에 대해 간단하게 이야기한 다음, 한두 가지의 핵심 현안에 대해 언급하고 이와 관련해 어떤 일을 하고 있는지 말해주었다.

IT 책임자의 이런 노력에도 불구하고 CEO와의 관계는 단기에 호전되지 않았고, 꽤 많은 시간이 걸렸다. 하지만 결과는 아주 성공적이었다. 이와 같은 비공식적 접촉은 오늘날까지 계속되고 있다. 물론 공식적인 프리젠테이션도 1년에 4번 수행하고 있지만, 비즈니스 지향적인 내용으로 아주 간단히 하고 있다. 과거와 같은 기술 용어는 완전히 사라졌다.

교훈(Lessons learned)

▶ 아주 일상적인 현안에 한해 전자메일을 사용해 커뮤니케이션하도록 하라. 민감한 현안은 말할 것도 없고 대부분의 현안에 대해서도 전자메일을 이용해 커뮤니케이션하는 일은 삼가야 한다. 그 이유는 첫째, 오늘날 기업 조직 내 수많은 사람들이 전자메일을 사용하고 있는데 이러한 전자메일 홍수 속에 여러분의 중요한 메시지가 없어질 위험

이 있다. 둘째, 나중에 누군가에 의해 오용 및 악용될 증적을 만들 필요가 없다. 셋째, 사람이 뭔가를 글로 표현할 때에는 자기의 입장을 표명하게 된다. 다시 말해 그냥 말로 하면 있는 그대로 표현될 것이 글로 표현됨으로써 왜곡 내지 변질될 소지가 많다.

▶ 전화로 커뮤니케이션할 때에는 반드시 전화에 대고 웃으면서 말하라. 웃기게 들린다면 지금 당장 다음과 같이 시험해보라. 전화기의 음성메일로 동일한 메시지를 두 번 보내보도록 한다. 한번은 웃으면서, 또 한번은 웃지 않고서. 이 둘을 다시 들어 보면서 비교해보라. 차이점이 느껴지지 않는가?

▶ 프리젠테이션을 하기 전에 반드시 예행연습을 하라. 특히 책상, 소파, 복도에서 숨을 깊이 들이 마시는 연습도 해보라. 이렇게 하면 목소리의 톤을 좋은 상태로 유지하는데 도움이 된다. 여러분도 최소한 한번 정도는 직간접으로 경험해봤을 것이다. 꽥꽥거리며 불안정한 목소리로 전개되었던 끔찍했던 프리젠테이션을 말이다.

▶ 경영진이 애연가인지 확인하도록 한다. 만약 그렇다면 흡연이 가능한 곳에서 프리젠테이션하도록 하라. 여러분도 잘 알 것이다. 사람들이란 담배 피우면서 이야기할 때에 더 많은 것을 더 개방적으로 말한다는 것을.

▶ 프리젠테이션 중에 여러분의 시선을 핵심 인사 한두 명에게만 집중해서는 안 된다. 반드시 참석자 모두와 '눈 접촉(Eye Contact)'을 할 수 있어야 한다. 프리젠테이션 룸을 쭉 훑어보면서 심지어 제일 맨 끝에 있는 사람에게도 '눈 접촉(Eye Contact)'을 하는 것처럼 행동하여야 한다.

▶ 필요 시, 프리젠테이션 문서의 슬라이드에 여러분의 생각을 완전한 문장으로 표현하도록 한다. 절대로 몇 개의 단어로만 표현해서는 안 된다. 물론 이것은 통상적인 프리젠테이션 가이드라인에 어긋나는 것이다. 하지만 이렇게 하면 프리젠테이션 후에 다른 사람이 여러분이 전달한 메시지를 곡해할 위험이 작아진다. 간단한 단어로만 표현된 프리젠테이션 문서는 참석자로부터 다른 사람에게로 넘어가면 예측 불가한 오해의 소지가 된다는 점을 명심하라.

▶ 프리젠테이션 중에 참석자들의 Body Language에 주목 하도록 하라. 대부분 프리젠테이션 초기에는 팔짱을 끼고 미동도 없는 무표정으로 일관할 것이다. 하지만 여러분이 메시지를 잘만 전달하면 이들의 Body Language는 변하는데 먼저 팔짱을 푸는 것부터 시작된다.

경영진 커뮤니케이션 성과 척도

IT 책임자로서 여러분은 최소한 주단위로 커뮤니케이션을 어떻게 하고 있는지 스스로 평가해 보아야 한다. 그림 10.3에는 이를 위한 척도가 예시돼 있다. 이들에 대해 간략히 설명하면 다음과 같다.

▶ 각종 회의 준비의 일환으로 여러분이 무엇을 하는지에 대한 고찰을 통해 사전에 계획된 커뮤니케이션을 하고 있는지 판단할 수 있다.

▶ 비즈니스 부서 관리자가 여러분을 찾아와 문제를 말하면, 여러분은 크게 잘못하고 있다. 여러분이 먼저 그들을 찾아가야 한다.

▶ 커뮤니케이션상의 문제점들을 기록 및 측정해 그 추세를 파악하라.

- 경영진과의 커뮤니케이션을 계획적이고 의도적으로 하고 있는가?
- 여러분 스스로 커뮤니케이션 성과를 평가하고 있는가?
- 비즈니스 관리자들이 얼마나 자주 여러분을 찾아와 문제나 현안을 제기하고 있는가?
- 프리젠테이션 이후에 동일한 내용을 얼마나 자주 재설명하고 있는가?
- 전자메일이나 메모에 적시된 내용을 얼마나 많이 재설명하고 있는가?
- 얼마나 많은 시간을 경영진 커뮤니케이션에 사용하고 있는가?
- 지난 달에 커뮤니케이션 문제는 얼마나 많이 발생하였는가?
- 커뮤니케이션 문제의 원인을 추적하고 있는가?
- 커뮤니케이션하는데 있어 문제가 있었던 비즈니스 관리자에게 다른 방식으로 접근하고 있는가?
- 일단 커뮤니케이션 문제를 탐지하면 교정대책을 취하고 있는가?

그림 10.3 커뮤니케이션 성과 척도

▶ 여러분이 프리젠테이션 참석자를 다시 찾아가 똑같은 내용을 재설명해야 하는 경우에 그 프리젠테이션은 실패한 것이다.

▶ 경영진 커뮤니케이션에 시간을 많이 투자하여야 한다. 이것이야 말로 IT 문제 해결 및 관리를 위해 보이지 않는 곳에서 수행해야 할 아주 중요한 활동임을 명심하라.

▶ 비즈니스 부서 관리자들과의 커뮤니케이션은 이들 각자의 스타일과 과거 커뮤니케이션 방식에 따라 달라야 한다는 점을 명심하라.

끝으로 여러분이 주관한 프리젠테이션의 평가 체크리스트가 그림 10.4에 있는데 이 같은 평가는 프리젠테이션이 끝나자마자 즉시 해야 한다.

- 회의 또는 프리젠테이션에 누가 참석하였는가?
- 불참자는 누구인가?
- 부하를 대신 보낸 관리자는 누구인가? 대참은 일반화된 관례인가?
- 프리젠테이션 중에 어떤 질문들이 제기되었는가?
- 질문에 얼마나 효과적으로 대답하였는가?
- 종료 후에 제기된 Follow-up 사항은 무엇인가?
- Follow-up 사항은 원래부터 계획된 것인가?
- 회의 또는 프리젠테이션 시간은 얼마나 걸렸는가?
- 원래의 Agenda대로 진행되었는가?
- 도중에 미처 예기치 못한 돌발 상황이 발생되었는가?
- 이러한 돌발 상황을 어떻게 처리하였는가?
- 회의가 진행됨에 따라 참석자들의 태도가 변화되었는가?

그림 10.4 회의 및 프리젠테이션 성과 평가 체크리스트

▶ 참석자 각각에 대해 이들이 보인 주요 특성을 간단히 기록하라. 추후 커뮤니케이션할 때에 아주 도움이 된다.

▶ 회의는 가급적 예상 종료 시각보다 일찍 끝내라.

▶ 회의나 프리젠테이션 도중에 미처 예기하지 못했던 내용이 갑자기 제기되면 이는 커뮤니케이션에 문제가 있다는 것을 의미한다. 이러한 일은 가급적 발생되지 않게 해야 한다. 여러분이 사전에 충분한 커뮤니케이션을 했다면 이 같은 상황을 비껴갈 수 있었을 것이다.

▶ 회의나 프리젠테이션이 끝나고 미처 예기하지 못한 후속 조치나 Follow-up 업무가 떨어지면 이 역시 준비가 충분하지 못한 사유로 인해 커뮤니케이션이 실패했다고 간주하라.

요약

최고 경영진 및 비즈니스 관리자들과의 커뮤니케이션 역량은 현안 해결 역량과 함께 성공적인 IT 책임자가 되기 위한 최우선 요건 중의 하나이다. 그런데 제아무리 현안 해결 역량이 뛰어난 IT 책임자라도 커뮤니케이션이 미흡하면 어줍지 않은 수렁 속에서 허우적거리는 것을 많이 목격하였을 것이다. 기업 조직에서 사람들은 타인과의 관계가 노력하지 않아도 저절로 구축되며, 어떠한 메시지든 제대로 전달될 것으로 가정하고 있다. 하지만 어떠한 경우에도 이와 같은 가정은 절대 하지 않도록 하라. 차라리 언제든 커뮤니케이션상의 문제나 오류가 발생할 것이라고 생각하고 있어야 한다. 이렇게 해야 만 커뮤니케이션에 관해 여러분은 더욱 신중해지고 더 많은 주의를 기울이게 된다.

제11장

소프트웨어 패키지 도입 및 시스템 개발

서론

사실 IT 투자의 주 목적은 어플리케이션 소프트웨어이다. 어플리케이션 개발 툴이나 전자메일 등과 같은 것 역시 중요하다. 하지만 비즈니스 업무 수행 및 트랜잭션 처리 과정에서의 생산성 향상을 직접 지원하는 것이야말로 비즈니스 프로세스에 가장 가시적인 Value를 제공한다.

과거에는 소프트웨어 패키지가 존재하지 않았다. 모든 것을 맨 처음부터 '개발'해야 했었다. 첫 번째 이유는 IT의 발전 수준이 낮았기 때문이었다. 오늘날의 IT와 비교해보면 아주 원시적인 수준에 지나지 않았다. 또 다른 이유로는 사람들이 기업 조직의 비즈니스 프로세스란 기업별로 독특하기 때문에 기업에게는 각자의 상황에 맞는 소프트웨어 솔루션이 필요하다고 생각했기 때문이었다.

그런데 시간이 흐름에 따라 점점 많은 기업들이 컴퓨터를 사용하기 시작하였고, 이에 따라 사용자 요구사항이 급격히 다양해지면서 이러한 수요를 모두 다 충족시켜줄 수 있는 컴퓨터 전문가들이 부족하게 되었다. 이런 상황에서 몇몇 기업은 내부에 IT 부서를 두지 않고 어플리케이션 소프트웨어를 외부 서비스로 구매해 사용하였다. 이런 소프트웨어들은 대개 보고서 이외의 다른 기능에 대해서는 각 개별 고객사 조직의 사용자 니즈에 따라 커스터마이징(Customizing)하지 않고 그냥 사용했다.

컴퓨터 운영체계 및 하드웨어와 소프트웨어 개발 기술이 발전함에 따라 몇몇 IT 업체들을 중심으로 소프트웨어 패키지(Software Package)라는 것이 개발되기 시작하였다. 맨 처음 의도는 소프트웨어 패키지를 기본으로 추가 요구 기능의 개발을 통해 고객의 특화 요건을 충족시키는 것이었다.

이러던 것이 점차 미니 컴퓨터(Minicomputer)에 맞추어 개발 및 탑재된 후에 턴키 시스템(Turnkey Systems)으로 제공하는 것으로 발전하였고, 마침내 메인프레임 컴퓨터(Mainframe Computer) 환경에서 작동되는 소프트웨어 패키지로까지 발전하였다.

오늘날 여러분은 이러한 컴퓨터 개발 기술 발전 역사의 결과를 쉽게 목격할 수 있다. 첫 번째로, 소프트웨어 개발, 테스트 및 구현 지원을 위한 다양한 툴을 들 수 있다. 이런 툴은 소프트웨어를 자체적으로 개발하고자 하는 이들의 니즈를 충족시켜 주는데, 최근에 IT 시장의 주목을 가장 많이 받고 있는 것으로는 위저드(Wizard, 역자 주 - 컴퓨터 소프트웨어나 하드웨어의 복잡한 동작을 문답식으로 쉽고 편리하게 진행시켜 주는 소프트웨어)와 객체 및 컴포넌트 개발 툴(Object & Component Development) 2가지를 들 수 있다. 오늘날 비숙련자라도 위저드를 DBMS(Database Management Systems)와 연계해 사용하면 혼자서 프로토타입(Prototype)은 물론 웬만한 어플리케이션도 개발할 수 있게 되었다. 또한 객체 지향 개발 방법론은 소프트웨어 개발 프로세스에 상당히 체계적으로 내재화돼 있으며, Java나 C#과 같은 다양한 소프트웨어 개발 언어에도 상당히 많이 구현되어 있다.

두 번째로는 ERP(Enterprise Resource Planning, 전사 자원 관리) 소프트웨어 패키지가 있다. ERP는 소프트웨어 프로그램의 소스 코드에 대한 커스터마이징 대신에 테이블 및 콘트롤(Control) 등을 통해 다양한 기업 조직들의 니즈를 충족시켜 줄 수 있도록 만들어졌다. 즉, 이들을 활용해 비즈니스 룰(Business Rule) 및 파라미터를 조작함으로써 다양한 종류의 사용자 요구사항을 충족시킬 수 있도록 되어 있다.

따라서 오늘날 수많은 기업들이 기본적인 어플리케이션 소프트웨어에 대해서는 주로 소프트웨어 패키지를 활용하고 있으며 나머지 소프트웨어에 대해서는 개발을 통해 확보하고 있지만 이마저도 대부분 소프트웨어 패키지와 인터페이스할 수 있도록 개발되고 있다.

이 같은 소프트웨어 패키지의 발전에도 불구하고 여전히 심각한 문제가 남아있다. 현재 소프트웨어 패키지는 거의 대부분 객체 기반이나 컴포넌트 기반으로 되어 있지 않다. 그런데 오늘날 많이 사용하고 있는 테이블 및 콘트롤을 이용한 패키지 커스터마이징 방식은 유연성이 크게 떨어질 뿐만 아니라 점점 복잡해지고 시급해지는 환경에서는 전혀 효과적이지 못하다. 즉 소프트웨어 패키지에 대한 주요 변경을 제대로 수렴할 수 없기 때문에 비즈니스 부서 사용자들은 워크-어라운드(Work-arounds, 임시 방편의 업무 처리)나 쉐도우 시스템(Shadow Systems, 비공식적인 임의적 업무 처리 시스템)에 의존할 수밖에 없으며, 몇몇은 패키지 도입 이전의 오래된 시스템을 사용해 버리기도 한다.

이런 오래된 소프트웨어를 우리는 레거시 시스템(Legacy Systems)이라 부르고 있다. 레거시 시스템은 대부분 10-20년 전에 개발된 것들로서, COBOL 등과 같은 프로그래밍 언어로 되어 있으며 IT 부서에서 계속적으로 유지보수 및 기술지원을 하고 있다. 그런데 레거시 시스템하면 무조건 나쁜 것이라는 생각을 갖고 있는데, 이것은 잘못된 생각이다. 다만 오래돼 유지보수하기 어려울 뿐, 결코 모든 면에서 나쁜 것은 아니다. 하지만 이러한 점을 감안한다 하더라도 레거시 시스템이 현재의 비즈니스 프로세스에 대한 요구사항을 제대로 충족하지 못하면 교체 대상이 된다. 왜냐하면 레거시 시스템에 대한 변경 작업은 아주 복잡하고 많은 시간이 걸릴 뿐만 아니라 레거시 시스템 프로그램 소스 코드의 복잡함으로 인해 변경 작업이 또 다른 에러나 버그를 유발할 가능성이 높기 때문이다.

그렇다고 소프트웨어 패키지가 '도깨비 방망이'와 같은 완벽한 솔루션이라고 생각해서는 안 된다. 이 역시 자체 개발한 레거시 소프트웨어와 같이 노후화되며, 여러 버전으로의 변경을 겪기는 매한가지 이다. 특히 앞에서 언급한 바와 같이 테이블 및 콘트롤에 기반한 커스터마이징 방식은 근본적인 한계를 갖고 있다.

따라서 비즈니스 프로세스의 자동화를 위해 자체 개발할 것인지 아니면 소프트웨어 패키지를 도입할 것인지는 IT나 비즈니스 모두에게 있어 아주 중요한 의사결정이 아닐 수 없다. 물론 이 두 가지 대안 이외에 제3의 대안으로 기존 시스템의 수정도 검토해볼 수 있다. 어쨌든 이러한 의사결정은 비즈니스로부터의 요구사항에 따라 내려져야 한다. 그런데 종종 이 같은 의사결정이 경영진에 의해 내려질 때가 있다. 일례로 최고 경영자가 특정 소프트웨어 패키지를 도입하라고 지시할 때가 있다. 이럴 때 IT 책임자인 여러분은 어떻게 행동하겠는가? "최고 경영자가 이미 결정했는데 구태여 요구사항을 분석할 필요가 있겠어?"라고 생각했다면 다시 생각하라. 이런 경우에라도 반드시 요구사항 분석을 수행하여야 한다. 그 첫 번째 이유는 소프트웨어 패키지에 입력할 비즈니스 룰(Business Rule)들을 도출하기 위해서이다. 둘째, 패키지 설치 후에 어떤 개선이 얼마만큼 이루어졌는지 파악하기 위해서는 반드시 도입 이전의 프로세스를 사전에 측정하야 한다. 셋째, 여러분 조직의 사용자에게 현행 프로세스에 문제가 있고 그 영향이 심각할 것이라는 것을 이해시키고, 이를 통해 변화에 대한 이들의 지원을 끌어 내기위해서이다.

프로세스 및 시스템 평가와 요구사항 결정

프로세스 및 시스템을 평가하고 요구사항을 결정하기 위한 이유에 대해서는 앞에서 충분히 다뤘다. 이제는 이를 어떻게 시작하는지 알아보기로 하자. 일단 여러분은 비즈니스 부문의 IT 지원 요청이나 계획을 바탕으로 비즈니스 프로세스 지원 소프트웨어의 분석이 수행돼야 한다고 결정할 것이다. 그런데 이러한 의사결정을 할 때에 소프트웨어뿐만 아니라 비즈니스 프로세스에 대해서도 분석이 수행되어야 한다. 비즈니스 프로세스 분석은 제2장의 성과 평가 척도를 사용해 수행하도록 하라.

이 같은 결정에 따라 여러분은 비즈니스 부문을 대상으로 요구사항을 도출하고 현행 시스템들이 이를 어떻게 충족시키고 있는지 파악하게 된다. 그런데 전통적인 접근방식에 따르면 여러분의 IT 직원들은 비즈니스 부서 관리자 및 직원들과의 면담을 통해 현재 그들이 업무를 어떻게 수행하고 있고, 그들의 현재 및 장래 니즈가 무엇인지 정의할 것이다. 그런데 이는 아주 잘못된 접근방식이다. 한번 그들의 답변이 어떠했는지 생각해보라. 대부분 이렇지 않았는가?

▶ IT 직원이 비즈니스 부서 직원들에게 현재 수행 업무와 관련해 무엇이 문제인지 물어보면 거의 대부분 별 문제없다거나 아니면 소소한 문제점 몇 가지만 듣게 되는 경우가 많다.

▶ 개중에는 비즈니스 프로세스나 시스템의 변경을 지적하는 비즈니스 부서 직원들도 있긴 하지만, 이 역시 소소한 변경 건인 경우가 많다.

그런데 이 같은 것에 과연 어떠한 결정적인 문제점이 있다는 것인가? 바로 조직 전반에 걸쳐 비즈니스 부서 직원들이 일상적인 운영 업무에만 신경쓰고 있다는 점이다. 이들에게는 자기 조직의 바람직한 변화를 생각할 시간 및 기회가 극히 드물고, 특히 이 같은 변화에 대한 바람이 없다는 점이다.

이런 상황에서 여러분의 IT 조직이 현황 및 요구사항 파악을 면담에만 의존하면 문제는 더욱 악화될 뿐이다. 먼저 비즈니스 부문의 중간 관리자들부터 살펴보자. IT 직원이 이들을 면담하면 이들은 주로 여러분 IT가 듣고 싶어 하는 것만 말하며, 그 중간 사이사이에 자기의 정치적 입장을 대변하는 몇 가지를 살짝 집어넣는다. 아울러 이들은 비즈니스 프로세스 실무에서 손 뗀지가 오래된 만큼, 제공하는 정보 역시 대부분 최신의 것이 아니다.

비즈니스 부서의 하위 관리자나 이른바 '골목대장(The King and Queen Bees)'들과의 면담 역시 오십보백보이다. 특히 이들은 정서적으로 변화가 없기를 바라는 쪽에 있다. 하위 직급의 실무자들은 또 어떠한가? 사실 이들은 프로세스에 대한 지식과 경험이 일천할 수밖에 없는데 대개 그렇지 않은 것처럼 정보를 제공하는 경우가 많다. 물론 이들 역시 여러분 IT가 듣기 좋은 말을 하기도 한다. 그런데 더 큰 문제는 이들과의 면담을 통해 밝혀 낸 것을 IT 직원들이 거의 검증하지 않는다는 점이다. IT 직원들은 비즈니스 부문의 하위 관리자나 몇몇 핵심 직원들의 말에 지나치게 의존한다.

IT 직원들의 행동방식에도 문제가 있다. IT 직원들은 너무나 쉽게 비즈니스 부서 직원들의 말을 액면 그대로 수용하는 경향이 있다. 특히 이들은 사용자들에 대해 다음과 같은 환상을 갖고 있다.

- 사용자는 자기 부서 및 프로세스의 문제점을 아주 잘 알고 있다.
- 사용자는 신규 시스템에 대한 명확한 요구사항을 갖고 있다.
- 사용자는 신규 시스템 도입을 위한 변화를 적극적으로 수용한다.

이 결과 시스템에 대한 비즈니스 요구사항은 사용자 각자가 자신이 필요하거나 원하는 것이라고 말하는 것에 초점이 맞춰지고, 이를 바탕으로 기술적 요건이 정의돼 마침내 시스템 솔루션의 뼈대가 결정된다. 이러는 사이에 신규 시스템은 모든 것을 다할 수 있는 '도깨비 방망이'라는 기대가 형성된다. 하지만 그 누구도 이로 인한 정책의 변경, 업무 절차의 수정, 타 부문 서비스의 변화와 같은 것은 전혀 생각하지 않는다.

전통적인 시스템 분석 방식의 또 다른 문제점은 대상 업무 내 모든 것을 범위에 포함시킨다는 것이다. 따라서 신규 시스템은 정상적 트랜잭션뿐만 아니라 예외적 트랜잭션까지 모두 수용할 수 있도록 구현된다.

이처럼 전통적인 시스템 분석 방식을 고찰해보면 오늘날 수많은 프로젝트들이 수행되고 있음에도 불구하고 정작 조직 및 비즈니스 프로세스에 Value를 제공하는 것은 극히 드물다는 점이 그리 놀라운 것만은 아니다. 지난 40년간의 IT 업무 수행을 통해 우리는 다음과 같은 Lessons learned를 도출해보았다.

- ▶ 올바른 비즈니스 요구사항을 도출하는 것은 여러분이 어디로 가야할지 명확히 알고 있을 때에만 가능하다. 조직의 미래 프로세스에 대한 명확한 비전이 없는 상황에서 거기로 가기 위한 길을 결정하는 것은 거의 불가능하다.

- ▶ 기업의 경영진과 몇몇 비즈니스 관리자들이 프로세스의 변화와 이를 위한 신규 시스템의 구현을 간절히 바란다하더라도 오랫동안 똑같은 방식의 업무를 수행해온 대다수의 구성원들은 변화의 필요성을 전혀 느끼지 못하는 경우가 많다. 여기에 IT 부서가 변화에 대한 저항을 사전에 제대로 대비하지 못함으로 인해 신규 시스템의 구현 실패에 혁혁히 기여한다.

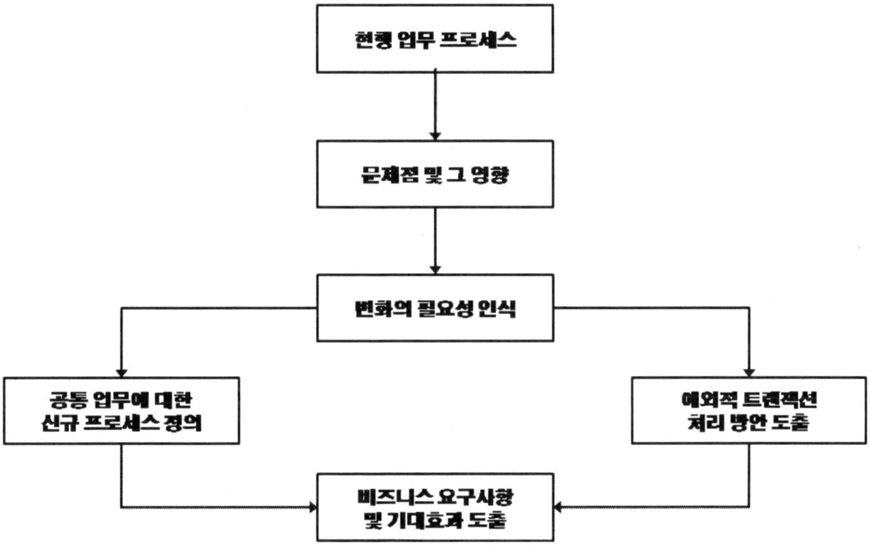

그림 11.1 비즈니스 요구사항 정의 접근방식

▶ 비즈니스 문제에 대한 IT 솔루션의 범위를 너무 좁게 잡는 경향이 있었다. IT 부서가 새로운 시스템의 구축이나 기존 시스템의 변경에만 주력해왔다.

▶ 솔루션 처리 범위에 기업 조직 내 모든 종류의 트랜잭션을 포함하는 것은 낭비적일뿐만 아니라 불가능하다. 어떤 조직이든 프로세스에는 예외적인 트랜잭션들이 많기 마련이며, 이를 모두 새로운 시스템에 수용한다는 것은 극히 어렵다.

따라서 프로세스 및 시스템 평가와 요구사항 정의는 그림 11.1과 같은 접근방식으로 수행되어야 한다. 먼저 현행 비즈니스 프로세스에 대한 평가를 통해 현안과 그 영향을 도출하고, 이를 바탕으로 변화에 대한 지원을 확보하도록 한다. 그 다음에 공통 트랜잭션을 중심으로 신규 프로세스를 정의하면서, 예외적인 트랜잭션을 처리하기 위한 방안도 도출한다. 이와 같은 단계를 거친 후에 시스템에 대한 비즈니스 요구사항과 기대효과를 정의하도록 한다. 이에 대해 좀 더 자세히 설명하도록 하겠다.

▶ 맨 처음에 할 일은 요구사항 파악이 아니라 프로세스 평가를 위한 정보 수집이다. 이렇게 해야만 비즈니스가 진짜 필요로 하는 변화를 폭 넓게 바라다 볼 수 있고, 여러분의 IT 조직이 사용자들이 말하는 변화에만 치중되는 것을 피할 수 있다. 프로세스 성과 평가에 비즈니스 부서 실무자를 대폭 참여시켜 이들과 함께 프로세스의 문제점 및 현안을 파악하도록 한다. 이들은 그림 11.2에 예시돼 있다. 문제점을 제대로 파악하기 위해서는 판에 박힌 인터뷰보다 Focus Group 또는 Workshop을 이용하도록 하라.

- 시스템에서 업무의 특정 부분을 처리 못해 쉐도우 시스템(Shadow System) 및 워크-어라운드(Work-arounds)로 수작업 처리하고 있다.
- 동일 유형의 업무를 각각 다른 방식으로 처리함으로 인해 비일관성 및 비효율성이 증대하고 있다.
- 시스템으로부터 데이터를 다운로드 받아 이를 다시 Spread Sheet에 입력한 후 분석을 수행하고 있다.
- 시스템상의 데이터 파일에 추가해야 할 필드들이 몇 가지 있다.
- 트랜잭션을 처리하는데 너무 번잡스럽고 시간이 오래 걸린다.
- 네트워크의 장애로 인해 데이터의 상실이 종종 발생한다.
- 동일한 데이터를 시스템상의 파일 및 문서로 중복해서 보관하고 있다.

그림 11.2 현행 프로세스 및 시스템 관련 문제점 예시

트랜잭션	공통/예외 구분	주별 발생 건수	발생 빈도	소요 스킬

그림 11.3 트랜잭션 특성 테이블

트랜잭션	현안	영향	특기사항

그림 11.4 현안의 트랜잭션에 대한 영향 테이블

- ▶ 현행 프로세스에 대한 평가를 수행하면서 정상적인 공통 트랜잭션과 예외 트랜잭션을 구분하도록 한다. 예외적 트랜잭션은 발생의 빈도가 낮은 반면에 '골목대장(The King and Queen Bees)'들의 개입이나 특수 지식과 경험을 필요로 한다. 그림 11.3과 같은 테이블을 활용해 이 두개를 구분하도록 하고, 각 트랜잭션별로 주요 특성을 정의한다. 아울러 각 트랜잭션의 처리를 위해 필요한 업무 스킬도 정의한다.

- ▶ 현안을 도출한 다음 각 현안별로 트랜잭션에 미치는 영향을 체계적으로 분석한다. 트랜잭션을 공통과 예외적인 것으로 구분한 것처럼 이 역시 동일한 방식으로 구분하도록 하라. 이를 위해 비즈니스 부문 실무자들과 함께 테이블 11.4와 같은 테이블을 개발한다. 그림 11.5에는 이러한 영향의 대표적인 사례 몇 가지가 예시돼 있다.

- ▶ 그림 11.3 테이블과 11.4 테이블의 연계를 통해 현안 및 문제점이 업무에 미치는 영향을 파악하고 비즈니스 부문 직원으로부터 피드백을 받도록 한다. 이런 것들은 이미 도출된 것이지만 비즈니스 부문 직원들에게 변화의 필요성을 강조하기 위해 다시 수행하는 것이다.

- 업무 처리가 오래 걸린다.
- 업무 처리의 오류로 인해 재확인 및 재작업을 수행해야 한다.
- 오류 발생 시, 매번 처리 방법에 대한 지시를 상사로부터 받아야 한다.
- 문서화된 공식적인 업무 수행 절차가 없다.
- 업무 처리에 대한 정책이 명확하게 정의되어 있지 않다.
- 공식적인 업무 처리에 쉐도우 시스템(Shadow Systems)이 활용되며, 극소수의 직원들만 이를 활용하고 있다.

그림 11.5 업무 전반에 대한 영향 예시

이러면 비즈니스로부터 요구사항을 수집할 수 있을까? 아직은 아니다. 그전에 먼저 비즈니스 부서 직원들과 함께 신규 프로세스의 수행 방식을 정의해야 하며, 이와 함께 예외 트랜잭션에 대한 처리도 결정해야 한다. 새로운 프로세스의 정의는 반드시 발생 빈도 및 건수가 가장 많은 공통 트랜잭션(Common Transaction)만 고려해야 한다. 일반적으로 이들 공통 트랜잭션의 종류는 예외 트랜잭션(Exceptional Transaction)의 종류보다 훨씬 작다. 하지만 여기에도 80:20 법칙이 적용하는데, 다시말해 종류로는 20%밖에 되지 않는 공통 트랜잭션이 80%의 발생 건수를 차지한다는 말이다. 신규 트랜잭션은 그림 11.6의 테이블을 활용해 정의한다. 이때에는 반드시 트랜잭션 단계별로 적용되는 비즈니스 규칙(Business Rule)뿐만 아니라 변화 전후의 차이에 대해서도 정의하도록 한다.

이번에는 그림 11.7의 테이블을 활용해 현재와의 차이점, 기존의 현안 및 문제 해결 방법, 기대효과 등을 결정하도록 한다. 이는 추후 비즈니스 부서의 요구사항 및 변화에 대한 타당성 기초 자료가 되며 아주 유용하게 사용된다.

트랜잭션 이름 :				
처리 단계	Who	What	비즈니스 규칙	차이점

그림 11.6 신규 공통 트랜잭션 정의 테이블

트랜잭션	현안	차이점	현안 해결 방식	기대효과

그림 11.7 신규 트랜잭션 분석 테이블

트랜잭션	정책	절차	비즈니스 규칙	시스템	작업장 배치	충원/교육

그림 11.8 신규 프로세스 요구사항 테이블

이제 비로소 트랜잭션별 요구사항을 정의할 수 있게 되었다. 그림 11.8 테이블의 각 열에 요구사항을 기입하는데 이들 열은 트랜잭션 요구사항의 구체적인 영역을 표시하는바, 추후 이들을 프로세스 차원에서 요약하도록 한다. 유의할 사항으로는 이들 요구사항은 프로세스에 대한 요구사항이지 시스템에 대한 요구사항이 아니란 점이다.

마지막으로 해야 할 일이 한 가지 더 있다. 예외 트랜잭션에 대한 처리 방안을 도출해야 하는데 각 예외 트랜잭션별로 다음과 같은 체크리스트를 활용해 도출하도록 한다.

- 무엇 때문에 예외적인 경우가 발생하는가? 정책 때문인가 아니면 프랙티스 때문인가?

- 예외적 트랜잭션을 처리하지 않으면 어떻게 되나?
- 정책 및 절차의 변경을 통해 예외적 트랜잭션을 제거하거나 다른 것으로 통합할 수 있는가?
- 예외적 트랜잭션을 재구성해 정상적인 것으로 전환할 수 있는가?
- 예외적 트랜잭션은 기존의 방식으로 계속해서 처리될 수 있는가?

이러한 질문을 통과한 예외적 트랜잭션에 대해서만 공통 트랜잭션으로 인정하고, 이들에 대한 비즈니스 요구사항 및 기대효과를 앞에서 언급한 방식으로 정의하도록 한다.

아마 여러분은 지금까지 설명한 일련의 과정을 단순한 요구사항 수집 이상의 것처럼 생각할 수 있다. 아울러 과연 이렇게 할 만한 가치가 있는 것인지 의아해 할 수도 있다. 저자들은 다음과 같은 이유로 인해 그만한 가치가 충분히 있다고 확실히 말하고자 한다.

- 사실 이렇게 하는데 있어 노력이 그리 많이 들어가지 않는다.
- 무엇보다 변화에 대한 지지를 확보할 수 있다.
- 요구사항 및 기대효과를 더 포괄적이며 명확하게 정의할 수 있다.
- 예외적인 트랜잭션들을 제거함으로써 불필요한 업무를 대폭 줄일 수 있다.
- 쉐도우 시스템을 공식적인 요구사항으로 수렴할 수 있다.
- 사실에 의한 데이터(Fact-based data)를 활용해 예외적인 트랜잭션 제거 및 업무 프로세스 단순화에 대한 경영진 지지를 확보할 수 있다.
- 작업 산출물은 추후 단기 개선 활동(Quick Hits)이나 운영 절차 및 교육훈련 매뉴얼 개발에 재활용된다.

패키지 도입 대비 자체 개발 간 의사결정

일이 이정도 진척되었으면 IT 책임자인 여러분은 솔루션을 외부로부터 구입할 것인지 아니면 자체적으로 개발할 것인지에 대한 의사결정을 준비해야 한다. 정확히 말하면 여러분이 택할 수 있는 대안은 크게 3가지이다. 첫째는 현행 프로세스 및 시스템의 변경이고, 둘째는 외부 업체로부터의 소프트웨어 패키지 구입, 셋째는 소프트웨어의 자체 개발이다.

솔루션의 '구매 대비 자체 개발'(Buy or Build)에 관한 의사결정을 위해서는 다음과 같은 사항을 신중히 고려해야 한다.

- 개발에 필요한 자원의 가용성
- 개발 및 테스트 환경
- 신규 개발 완료까지 허용된 시간
- 요구사항을 충족할 수 있는 소프트웨어의 가용성 여부
- 가용한 예산
- 신규 개발로 인한 리스크를 수용할 수 있는 한도

소프트웨어 패키지 평가 및 선정

일반적으로 소프트웨어 패키지의 선정은 각 패키지가 제공하는 다양한 특성을 바탕으로 결정되고 있다. 해서 여러분은 먼저 여러분이 원하면서 시장에서 가용한 특성 리스트를 만들 것이고, 개별 소프트웨어 패키지별로 이들 특성을 평가한 테이블을 만들 것이다. 그런데 이와 같은 접근방식은 몇 가지 문제점을 갖고 있다. 여러분이 진짜로 바라는 것은 공통 및 예외 트랜잭션(바로 앞절에서 언급한 공통 트랜잭션으로 인정된 것)을 처리할

수 있는 패키지 기능이다. 따라서 패키지 특성보다 여러분 조직의 업무를 처리할 수 있는 기능에 중점을 두어야 한다. 아울러 특성들 중에는 있으면 좋지만 필수적인 것이 아닌 것들이 있는바, 특성 리스트로부터 이런 것을 추려내 특성 리스트를 대폭 축소하는 것이 좋다. 이와 관련해 그림 11.9에 주목할 필요가 있다. 먼저 좌측 그림은 A 패키지가 B 패키지보다 더 다양한 특성을 갖고 있음을 나타내며, 우측 그림은 B가 A보다 더 많은 기능을 갖고 있음을 나타낸다. 이 경우에 여러분은 B 패키지를 선택하여야 한다. 패키지 선정과 관련해 다음과 같은 점을 반드시 명심하도록 하라.

> **패키지 선정에 있어 진짜 중요한 것은 패키지를 통해 얻을 특성이 아니라, 패키지들이 제공해주지 못하는 기능들이다.**

왜 그럴까? 이유는 간단하다. 여러분 조직에게 필요한 기능 중에서 없는 기능은 소프트웨어 패키지를 커스터마이징하거나, 새로운 기능을 추가하는 것과 같이 뭔가를 해서라도 반드시 확보해야 하는 것이기 때문이다.

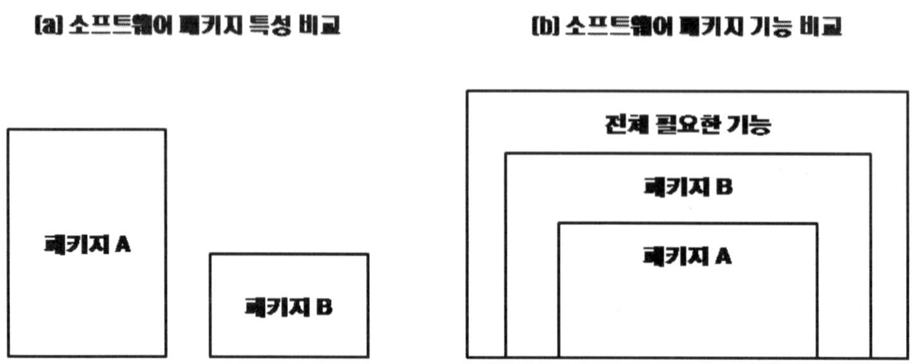

그림 11.9 소프트웨어 패키지 평가 및 선정 – 예시

소프트웨어 패키지 평가 및 선정 시, 기능이외에 고려해야 할 사항으로 다음과 같은 것들이 있다.

- 소프트웨어 패키지 코스트
- 지원 소프트웨어(DBMS, 유틸리티 S/W, 라이브러리 등) 코스트
- 교육훈련 코스트
- 설치 기간
- 패키지에 대한 커스터마이징(Customizing) 정도
- 업체의 다른 고객사 조직에 대한 경험
- 업체의 재무적 건전성
- 소프트웨어 패키지의 안정성(보고된 문제점 등)
- 설치 및 지원을 위한 업체 직원의 가용 여부
- 패키지 구현을 위한 컨설팅 인력의 가용성 및 코스트

그런데 위와 같은 것들은 모두 개괄적인 기준이므로 여러분은 이를 좀 더 구체화하여야 한다. 아울러 2-3개의 주요 트랜잭션을 선정해서 후보 패키지들이 이를 어떻게 지원하지는 비교하여야 한다. 개별 패키지에 대한 비교는 다음과 같은 4가지를 기준으로 활용해 수행하라.

- 현행 트랜잭션
- 단기적인 변화(또는 Quick Hit 변화) 후의 현행 트랜잭션
- 새로운 트랜잭션
- 다른 패키지에서의 트랜잭션 처리

현행 트랜잭션과 패키지 간 차이는 여러분이 Quick Hit 변화 활동을 수행하지 않았을 경우에 얻을 수 있는 효과로 해석할 수 있으며, 단기적인 변화 후의 트랜잭션과 패키지와의 차이는 Quick Hit의 효과로 간주할 수

있다. 이를 통해 여러분은 (1) Quick Hit가 수행할 만한 가치가 있는지, (2) 패키지가 소요 코스트를 상회하는 효과를 창출할 수 있는지 파악할 수 있다.

세 번째로 새로운 트랜잭션과 패키지에서의 트랜잭션 처리와의 차이가 있는데, 이것은 가장 이상적인 트랜잭션 처리 방식과 패키지의 트랜잭션 처리 방식 간 차이를 말한다. 만약 차이가 크면 여러분은 패키지가 과연 코스트 및 노력을 투입하고 리스크를 감당할 만큼의 가치가 있는 것인지 근본적으로 따져보아야 할 것이다.

패키지를 잘못 선정했을 때에 어떤 결과가 발생할까? 다시말해 패키지 선정과 관련해 어떤 리스크가 있는 것일까? 과거의 경험에 의하면 자주 발생됐던 리스크로는 다음과 같은 것들이 있었다.

- 패키지가 대부분의 공통 트랜잭션들을 제대로 처리하지 못한다. (생각조차 하기 싫은 가장 끔찍한 상황일 것이다.)
- 패키지에 가한 변경을 업체가 하나도 지원하지 않는다.
- 패키지를 구현하는데 너무나 많은 시간이 소요된다.

소프트웨어 패키지 구현

소프트웨어 패키지가 선정되면 여러분은 업체와 프로젝트 계획을 공동으로 수립하되, 제5장에서 소개된 잠재적인 현안들도 사전에 도출하여야 한다. 패키지 설치와 병행해 Quick Hit 또는 단기적 변화 활동을 착수할 필요가 있다. 이는 여러분 조직 전반에 걸쳐 변화-친화적 환경을 구축하고 패키지에 대한 사용자들의 수용 가능성을 높이는데 큰 도움이 된다.

아울러 IT 책임자로서 여러분은 내부 사용자들이 업체에게 새로운 요구사항을 추가로 제시하지 않도록 구현 과정을 통제하여야 한다. 여러분과 여러분의 IT 직원들이 직분을 제대로 수행한다면 새로운 요구사항은 전혀 발생하지 않을 것이다. 그런데 새로운 요구사항들은 왜 발생하는 것일까? 다양한 이유가 있겠지만 가장 큰 이유는 이른바 '골목대장(The King and Queen Bees)'들이 예외적인 트랜잭션들을 존속시키려고 하기 때문이며, 두 번째는 신규 시스템의 이미지를 왜곡시켜 옛날 시스템으로 복귀하려고 하는 사람들이 있기 때문이다. 이는 그 어느 것도 좋지 않은 방법이며, 아무런 Value도 없는 것임을 명심하라. 업체 역시 문제다. 업체는 이와 같은 일종의 저항에 협조하기도 한다. 왜냐고? 간단하다. 업체 입장에서 새로운 요구사항이란 더 많은 인력 투입을 통해 더 많은 수익을 창출할 수 있는 절호의 기회이기 때문이다. 이러한 상황은 최대한 회피할 수 있도록 하라.

소프트웨어의 자체 개발

소프트웨어 패키지 도입과 마찬가지로 이 같은 상황에서도 분석 및 Quick Hit 활동은 수행되어야 한다. 일반적인 시스템 개발 방법론은 지면 관계상 자세히 다룰 수 없으므로 여기에서는 핵심 사항에 대해서만 언급하기로 하겠다. 일단 개발 팀이 구성되면 다음과 같은 활동을 수행하여야 한다.

- ▶ 제5장의 접근방식에 따라 비즈니스 부서와 공동으로 프로젝트 계획을 수립한다.
- ▶ 관련 당사자 간 협의를 통해 소프트웨어 개발 과정에서 사용할 개발 방법론 및 툴에 대해 전사적 합의를 도출한다.

▶ 현행 시스템과의 인터페이스 및 통합을 어떻게 할 것인지 조사한다.

▶ 테스트 및 데이터 전환 방안을 결정한다.

소프트웨어 개발 과정에는 수많은 리스크가 내재해 있기 마련인데, 특히 다음과 같은 점에 유의하도록 하라.

▶ 일반적으로 IT 부서에서 최고로 실력 있는 IT 직원을 데려다 쓰는 것은 아주 위험하다. 이들은 대개 다른 직원들과 잘 지내기 어렵다. 이들은 가급적 긴급한 비상 상황이나 복잡한 문제를 해결하기 위한 SWAT(Special Weapon Attack Team) 팀원으로 활용하도록 하라.

▶ 신기술이나 새로운 방법론 및 툴의 사용 역시 위험하다. 이에 대한 학습 및 테스트와 숙달 소요 시간을 프로젝트 계획에 포함하는 것은 상당히 어렵다. 따라서 프로젝트가 항상 지체되는 상황이 발생한다.

특히 강조하고 싶은 바는 프로토타이프(Prototype)의 개발이다. 그리고 프로토타이프 개발 과정에 사용자 인터페이스 및 화면은 가급적 간단하게 만들고, 중요한 문제 및 현안이 가장 많이 발생하는 비즈니스 규칙(Business Rule)과 시스템 간 인터페이스에 초점을 맞추어야 한다.

데이터 컨버전(Data Conversion)

사실 IT 직원들에게 있어 데이터 컨버전은 재앙 그 자체이거나 판도라 상자와 같은 의미를 갖고 있는 경우가 많다. 그런데 IT 부서 직원들은 비즈니스 부서 직원들이 늘 데이터를 사용하기 때문에 데이터는 정확하고 완벽할 것이라고 생각한다. 하지만 착각하지 마라. 저자들의 경험 상 거의 모든 조직에 있어서 그렇지 않았다. 왜냐하면 사용자들이란 자기와 관련이 있는 몇몇 개의 데이터 항목만 사용하기 때문이다.

새로운 시스템이 도입되면 데이터 필드가 확장되고, 데이터 요소가 더 많이 생기게 마련이다. 따라서 여러분은 신구 데이터 필드들 간의 관계를 명시화하고 의미의 차이도 정확히 규명해두어야 한다.

데이터 컨버전 방식은 다양하다. 하지만 가급적 데이터는 있는 그대로 전환하고 추후 정제하는 것이 좋다. 특히 사용자들이 신규 시스템에 직접 데이터를 입력하도록 해야 하며, IT 부서는 데이터 컨버전의 일부를 지원하는 것이 좋다. 데이터 컨버전이 제대로 수행되기 위해서는 다음과 같은 것들이 사전에 명확히 정의되어 있어야 한다.

- 구체적으로 어떤 데이터가 컨버전되어야 하나?
- 데이터에 대한 테스트는 어떻게 수행할 것인가?
- 추가로 입력되어야 할 데이터는 무엇이며 어떻게 입력할 것인가?
- 데이터 컨버전은 언제부터 얼마나 오래 수행할 것인가?

사용자 매뉴얼 및 교육 자료 개발

과거에는 IT 부서가 신규 시스템의 사용자 매뉴얼과 절차서를 만들었다. 그러던 것이 어느 틈엔가 사용자의 몫으로 넘어갔다. 그런데 사용자들이 이에 대한 Ownership을 갖지 않아서 종종 실패한 경우가 발생하고 있다. 특히 사용자 매뉴얼 및 절차서의 경우, 주로 시스템 측면만 다루고 있는 것이 대부분이다.

따라서 바람직한 접근방식은 신규 프로세스 정의와 테스트 및 데이터 컨버전에 참여한 사용자들에게 신규 프로세스의 교육 자료와 사용 절차서를 만들게 하는 것이다. 이렇게 하면 내용이 시스템 측면보다는 프로세스 측면에서 작성될 수 있다. 물론 IT 부서가 사용 절차서 및 사용자 매뉴얼의 개발 일부를 지원할 수는 있지만 근본적인 책임은 비즈니스 부서 직원들에게 주어져야 한다. 왜냐하면 신규 시스템을 활용해 프로세스의 업무를 수행할 쪽은 바로 그들이기 때문이다. 시스템 사용 절차서와 교육 자료에 대한 갱신 및 유지보수 역시 사용자에 의해 정례적으로 수행되도록 해야 한다.

사용자 교육

IT 부서가 사용자 교육을 해서는 안 된다. IT 부서는 사용자 부서의 하위 관리자 및 주요 사용자들 몇몇에 대해서만 교육을 하고, 이들로 하여금 나머지 직원들에 대한 교육을 수행하게 해야 한다. 이렇게 하는 것이 훨씬 효과적이다. 그 이유는 사용자 교육 내용이 시스템에 관한 것만이 아니라 프로세스에 관한 것이기 때문이다. 특히 나오는 질문이 대부분 시스템보다 프로세스에 관한 것이 많으므로 사전에 교육받은 하위 관리자나 직원들이 더 효과적으로 답변해줄 수 있을 것이다. 그러면 IT 부서의 역할은 없는 것일까? 절대로 그렇지 않다. IT 역시 교육에 참가해 이들의 강의를 제한된 범위 내에서 지원하여야 한다. 사용자 교육은 다음과 같은 방식으로 하면 아주 효과적이다.

- 교육은 현행 프로세스에 대한 개황 및 문제점들부터 시작한다. 특히 교육 참가자들에게 이들 문제점에 대한 각자의 경험을 말하게 하면, 변화에 대한 이들의 지원을 확보하는데 큰 도움이 된다.

▶ 신규 프로세스의 전반적인 소개와 함께 2~3가지 트랜잭션을 예시로 해서 신규 프로세스가 옛날 프로세스와 어떻게 다른지 명확히 이해시켜 주도록 한다. 특히 앞에서 언급한 문제점 및 현안들이 어떻게 해결되는지 바로 여기에서 제시해주도록 한다.

▶ 신규 프로세스 및 시스템의 구체적인 세부 내용에 대해 설명한다.

▶ 설명이 끝나면 참석자들에게 신규 프로세스의 장점 및 효과에 대해 토론하게 한다. 이를 통해 변화에 대한 긍정적인 마인드 및 행동을 강화시킬 수 있다.

시스템에 대한 사용자 수용성 향상

지금까지 모든 일이 제대로 진행됐다 하더라도 사용자들 중에는 새로운 시스템을 수용하지 않으려는 사람들이 종종 존재한다. 사실 IT 책임자인 여러분도 여태까지 다양한 변화 활동에 참여해왔던 사람들이 지금에 와서 왜 저러한 행동을 취하는지 의아해하였을 것이다. 저자들의 경험에 의하며 그 이유는 다음과 같다.

- 신규 시스템을 수용하면 기대효과의 실현을 책임져야 한다.
- 내심으로는 아직도 변화하고 싶어 하지 않는다.
- 일이 제대로 되지 않을 경우에 받을 비난을 두려워한다.

따라서 신규 시스템에 대한 사용자 교육이외에 Pilot 구현 방식을 적용할 필요가 있다. 이를 통해 신규 프로세스 및 시스템에 대한 실 환경에서의 테스트를 해보는 효과를 얻을 수 있을 뿐만 아니라 직원들로 하여금 변화된 업무 환경을 신뢰하게 만들 수 있기 때문이다. 특히 Pilot 구현(Pilot Implementation)에 참여한 사용자들에게 교육의 일부를 맡기거나 구현 단계에서 다른 사용자를 지원하는 역할을 맡기면 더욱 효과적이다.

신규 시스템에 대한 사용자 수용성을 높이기 위한 방법이 한 가지 더 있다. 현행 프로세스 및 시스템의 품질을 더 떨어뜨리는 것이다. 다시말해 여러분 조직이 신규 프로세스로 전환 중이면 기존의 시스템에 대한 변경 작업은 중지하는 것이 좋다. 이렇게 하면 사용자들은 새로운 프로세스에 대해 더 높은 지지를 보이게 될 것이다. 저자들의 경우, 어느 한 조직에서 기존 시스템의 응답 속도를 대폭 낮추어 버렸다. 물론 사용자들의 불만이 극에 달했지만 이에 대해 IT 부서는 신규 프로세스에 대한 구현 작업이 진행 중이므로 기존 시스템들에 대한 변경 작업을 수행할 자원이 없다고 단호하게 대처하였다. 이를 통해 신규 프로세스 및 시스템에 대한 사용자 수용성을 크게 높일 수 있었다.

IT와 비즈니스의 얼라인먼트

어플리케이션 소프트웨어를 외부로부터 구입했건 자체적으로 개발했건 관계없이 IT가 비즈니스에 제공하는 Value의 많은 부분이 어플리케이션 소프트웨어의 성과에 달려있다고 해도 과언이 아니다. 이처럼 비즈니스와 IT의 얼라인먼트는 부분적으로 IT 부서가 비즈니스 프로세스 요구사항을 어떻게 충족시키느냐에 따라 크게 좌우된다. 여기에서 주목하여야 할 점은 '비즈니스 부문 또는 부서(Business Unit or Department)"라는 말 대신 '비즈니스 프로세스'가 사용되고 있다는 점이다. 비즈니스 부서 관리자와 직원들은 소프트웨어의 여러 가지 좋은 기능들을 원한다고 말한다. 하지만 이 중 어떤 것들은 '있으면 좋은 것(Nice-to-have)'들로서 전사 차원의 통합 비즈니스 프로세스 관점에서 봤을 때에 절대적으로 필요한 것들이 아닌 경우도 있기 마련이다. 어느 조사에 의하면 사무 자동화 소프트웨어 기능 중 우리들이 주로 사용하는 것은 5~10%밖에 되지 않는다고 한다.

IT와 비즈니스의 얼라인먼트 관점에서 보면 이번 장에서 다룬 비즈니스 프로세스의 요구사항 분석 결과와 제2장 및 제4장에서 도출했던 테이블을 연계하면 비즈니스 프로세스의 개선이 비즈니스 목표와 미션 및 비전에 미치는 영향을 추정할 수 있다. 이는 추후 경영진에게 새로운 프로세스의 구현에 대한 승인을 획득하고자 할 때에 아주 유용하게 활용될 수 있다.

리스크 관리

소프트웨어 패키지 도입 및 시스템 개발과 관련해 가장 심각한 리스크는 실제로는 새로운 프로세스 및 시스템이 필요하지 않음에도 불구하고 경영진이 이를 구현하겠다고 나설 때이다. 이러한 현상은 굉장한 변화를 가하면 뭔가 획기적으로 나아질 것 같은 기대심리 때문에 종종 발생한다. 하지만 한 참후에 단기 개선 활동이나 Quick Hit만으로도 유사한 효과를 얻을 수 있었는데 필요이상의 많은 코스트를 들여 엄청난 규모의 변화를 오랫동안 수행했다는 후회를 하는 최고 경영자들을 저자들은 적지 아니 봐왔다.

또 다른 리스크로 소프트웨어는 도입되었지만 그 기대효과가 실현되지 않는 것을 들 수 있다. 새로운 시스템의 도입이 비즈니스 프로세스에 충분한 변화를 발생시키지 못한 것이다. 이러한 현상은 너무나 많이 발생한다. 바로 이러한 이유 때문에 여러분은 시스템에 대한 요구사항뿐만 아니라 조직 변화와 이에 따른 기대효과의 실현에 초점을 맞춰야 한다.

사례

SUPREME OIL – 종합 에너지 회사

Supreme Oil은 전통적인 시스템 개발 방법론을 활용해 소프트웨어를 개발해왔다. 그런데 주요 시스템 몇 가지가 새로 개발돼 설치된 후에 핵심 요구사항들이 누락되었고 그 이유가 새로운 프로세스에 대해 그 누구도 생각하지 않았기 때문이라는 점이 밝혀졌다. 부랴부랴 새로운 프로세스를 급조하였으나 일관성이 결여된 비효율적인 것이었다. 설상가상으로 새로운 시스템을 급조된 프로세스의 요구사항에 따라 변경을 가하였다.

TUCKER COUNTY – 지방 정부

Tucker County의 경영자들은 비즈니스 프로세스 지향적인 마인드를 갖고 있었다. 따라서 모든 신규 시스템 개발 계획은 비즈니스 프로세스에 대한 변화와 개선의 관점에서 평가되었다. 상황이 이렇다 보니 IT 부서도 그리 길지 않은 기간에 전통적인 방식의 요구사항 분석에서 벗어나 본장에서 언급한 접근방식으로 전환할 수 있었다. 그 전에는 올바른 시스템을 새롭게 구축했음에도 불구하고 비즈니스 부서 직원들의 변화에 대한 저항으로 인해 실패했던 적이 한두 번이 아니었다.

SHAMROCK AGRICULTURE – 농업 협동조합

Shamrock은 새로운 재무 관리 시스템을 도입하였다. 이 시스템은 그동안 Shamrock의 비즈니스 니즈와 잘 맞아 아무 이상 없이 잘 가동돼 온 기존의 몇 가지 시스템을 교체할 예정이었다. 이를 위해 IT 부서와 업체가 갖은 방법을 다 동원했음에도 불구하고 신규 시스템은 종전의 시스템이 했던 기능을 제대로 처리하지 못했다. 신규 시스템 도입 및 기존 시스템 교체에 엄청난 비용을 지불했음에도 불구하고 단 하나의 기존 시스템만 교체하는 것으로 끝났다. 나머지 기존 시스템들은 수정한 후에 계속 사용하기로 하였다.

교훈(Lessons learned)

▶ 전통적인 방식의 비즈니스 요구사항 파악에서 벗어나 이번 장에서 설명한 접근방식을 취하도록 하라. 단, 이를 여러분 조직의 상황에 맞게 튜닝(Tuning)하되 반드시 '조직 변화를 위한 Politics'도 함께 활용하여야 한다. 경험에 의하면 특히 후자는 비즈니스 요구사항의 도출만큼 중요하였다.

▶ Quick Hit가 중요하다. 이는 단기에 적은 자원 투입으로 가능한 변화 활동으로서, 예외적인 트랜잭션들을 제거하고 비즈니스 프로세스를 능률화하는 활동을 말한다. 종종 Quick Hit 또는 단기 개선 프로젝트가 새로운 시스템 도입보다 더 중요하고 효과적일 수 있는데, 그 이유는 이를 통해 조기에 가시적인 효과를 발생시킬 수 있을 뿐만 아니라 조직 내부에 변화를 위한 긍정적인 분위기 형성을 촉진할 수 있기 때문이다.

패키지 및 개발과 관련된 성과 척도

이와 관련된 성과 척도는 2가지로 분류된다. 첫 번째는 도입결정, 평가, 선정, 구현, 유지보수와 같은 활동 수행 과정에서 취하고 있는 접근방식에 관한 것이다. 이를 위한 질문들이 그림 11.10에 제시돼 있다.

- 현행 프로세스의 평가 및 요구사항 정의에 비즈니스 부문 직원들이 얼마나 많이 참여하는가?
- 비즈니스 부서 직원들이 신규 프로세스에 대한 Ownership을 갖고 있는가?
- 요구사항 분석이나 Quick Hit 프로젝트 이후에 변화에 대한 저항이 감소되는가?
- 신규 프로세스 및 시스템에 대한 교육에 사용자들이 얼마나 많이 참여하는가?
- 운영 절차서 및 교육 자료 개발에 비즈니스 부문 직원들이 어느 정도 참여하는가?
- 변경된 소프트웨어의 테스트 및 데이터 컨버전에 최종 사용자들이 어느 정도 참여하는가?
- 변화하기 전의 비즈니스 프로세스에 대해서는 어떻게 처리하는가?
- 예외적인 트랜잭션들은 어떻게 처리하고 있는가?
- 새로운 비즈니스 프로세스 및 시스템의 기대효과는 측정되고 있는가?
- 소프트웨어가 실제 운영 환경(Production Environment)으로 이관된 후에 어떠한 변경이 이루어지는가?
- 새로운 비즈니스 프로세스에서 비즈니스 부서 최종 사용자들의 역할은 어떻게 변화되었는가?

그림 11.10 소프트웨어 활동 관련 성과 평가 질문 항목

소프트웨어와 관련된 또 다른 유형의 성과 척도는 소프트웨어가 조직 내부에서 자체적으로 개발된 것이든 조직 외부로부터 도입한 패키지이든 관계없이 비즈니스 프로세스로부터의 요구사항을 어느 정도 충족시켜주고 있는 가에 관한 것이다. 이에 대한 질문 항목들이 그림 11.11에 예시돼 있다.

- 신규 프로세스 및 시스템의 설치 후에도 계속해서 사용되고 있는 쉐도우 시스템(Shadow System)으로는 어떤 것들이 있는가?
- 비즈니스 프로세스는 얼마나 자주 그리고 얼마나 세부적으로 측정되는가?
- 예외적인 트랜잭션이 파악되고 있는가?
- 예외적인 트랜잭션의 비율은 얼마나 되는가?
- 예외적인 트랜잭션의 제거를 위해 어떠한 노력을 기울여 왔는가?
- 쉐도우 시스템은 신규 시스템에 흡수 통합되었는가?
- 신규 프로세스의 가동 이후에 나온 추가 요구사항으로는 어떠한 것들이 있는가?

그림 11.11 소프트웨어 기능성 관련 성과 평가 질문 항목

요약

어플리케이션 소프트웨어는 핵심 IT 영역의 하나다. 그럼에도 불구하고 오랫동안 요구사항의 분석 및 충족을 위한 접근방식을 현대화시키지 못해왔다. 이보다는 소프트웨어나 툴에 많은 주의를 기울여 왔다. 이번 장에서는 사용자들의 개발 과정에의 참여를 증진시킬 수 있는 접근방식에 대해 알아보았다. 어떤 어플리케이션 소프트웨어든지 성공을 위한 핵심 관건은 지원하는 비즈니스 프로세스의 성과 향상에 달려있다. 따라서 IT 책임자인 여러분은 시스템보다는 비즈니스 프로세스에 초점을 맞춰야하고, 예외적인 트랜잭션의 제거 및 단기 개선 활동(Quick Hit)의 파악에 주력해야 한다. 아울러 변화 관리 활동도 좀 더 적극적으로 수행할 필요가 있다.

제12장

IT 거버넌스 및 관리의 개선

서론

이번 장에서는 한 기업 조직의 IT 책임자인 여러분이 본서를 다 읽은 후에 기존의 IT 관리 및 거버넌스(IT Management & Governance)의 개선 방안을 강구할 수 있도록 주요 사항 및 가이드라인의 체계를 재정립 해보도록 하겠다. 먼저 이전의 각 장에서 강조한 사항들을 요약한 다음에 각 주제 영역별로 구체적인 대책을 논의하도록 하겠다. 이 같은 과정에서 여러분은 변화에 대한 저항에 주목하여야 한다. 여러분이 관리 스타일과 초점을 변화시킬 때에는 어느 정도의 저항이 발생한다는 점을 예견하고 있어야 한다. 따라서 이를 철저히 파악하고 대처할 준비를 미리 해두거나 또는 비껴갈 수 있는 방안을 모색하여야 한다. 어떤 경우든 미처 예상치 못해 허를 찔리는 경우는 발생하지 않도록 해야 한다. 왜냐하면 여러분은 여러분 조직의 IT에 대한 최후의 보루이기 때문이다.

IT가 새로운 역할 및 책임을 수행하게 하라

전통적으로 한 기업 조직의 IT는 다음과 같은 활동을 수행해왔다.

- IT 프로젝트
- 비즈니스 지원을 위한 시스템 분석
- 소프트웨어 개발 및 유지보수
- 컴퓨터 및 네트워크 운영
- 제한적인 시스템 계획 수립 및 통제

그런데 근자에 들어 비즈니스 프로세스가 점점 중요해지고 그 범위가 여러 부서 및 조직 기능으로 확대됨에 따라 기업 조직에서 최고 경영자를 제외하면 이러한 전사 차원의 비즈니스 프로세스에 대한 단일의 Owner란 존재할 수 없게 되었다. 이에 따라 개별 비즈니스 프로세스와 관련해 뭔가 중요한 역할 몇 가지가 빠져있는 것 같은 상황이 계속해서 발생하고 있다.

IT 내에서도 프로젝트 관리, 프로세스 개선, 변화 관리와 관련해 몇몇 새로운 역할이 등장하게 되었다. 이는 한 편으로는 IT 업무가 제대로 완수될 수 있게 하기 위함이면서 또 한 편으로는 IT 업무가 의미 있고 측정 가능한 효과로 유종의 미를 거둘 수 있게 하기 위함이다.

위와 같은 2 가지 움직임을 종합해보면 IT의 역할이 확대되어야 한다는 점을 유추할 수 있으며 종전과는 달리 다음과 같은 새로운 역할을 추가적으로 수행하지 않으면 안 되게 되었다.

- 비즈니스 프로세스 및 IT 활동에 대한 측정
- 프로세스 개선 및 변화를 위해 비즈니스 부문과의 공조 및 지원
- 소프트웨어 개발 및 유지보수
- 기술 평가와 컴퓨터 및 네트워크 운영
- 현안 및 Lessons learned 데이터베이스와 프로젝트 템플릿 운영
- IT 전략 계획 수립 및 이를 통한 비즈니스와의 얼라인먼트
- 아웃소싱 관리를 위한 코디네이션 및 지원
- IT 프로젝트

오늘날 적지 않은 기업들이 이와 같은 새로운 IT 역할을 현실로 받아들였고 나머지 조직들도 조만간 수용할 것으로 예상된다. 그 이유는 무엇보다 먼저 이런 역할을 수행할만한 데가 IT밖에 없기 때문이다. 한번 생각해보라. 기업 조직 내에서 비즈니스 프로세스를 대부분 이해한 상태에서 모든 단위조직을 지원하면서 지원의 구체적 수단인 시스템과 기술을 갖고

있는 부서가 어디인가? 만약 이러한 역할을 수행하기 위해 별도의 조직을 새롭게 만든다면 IT와 이 조직 간에 엄청난 알력과 심각한 문제가 발생할 것이란 것은 불을 보듯 뻔하다. 오늘날의 IT에게 이러한 새로운 역할을 맡기는 것이 적절하다고 생각되지 않는가? 물론 몇몇 기업들에게는 맞지 않을 수 있을 것이다. 하지만 이러한 극소수의 사례들로 인해 IT의 역할이 근본적으로 변화될 수 없다고 생각하면 큰 오산이다. 이러한 변화는 40년 넘게 끊임없이 진행돼 왔던 IT 자체의 변화와 IT의 역할 및 책임의 변화라는 큰 물줄기의 일부분이기 때문이다.

IT에게 '비즈니스 DNA'를 주입하라

기업 조직에서 협업(Collaboration)의 중요성이 그리도 많이 강조되어 왔음에도 불구하고, IT 세계에서는 그렇지 못해왔다. 물론 IT 내에서도 팀워크를 강조한다. 하지만 대부분 말의 잔치로 끝났고, 실제로는 IT 인력의 개별적인 활동이 주류를 이루어왔다. 각 IT 직원에 의한 개별적인 활동이 중요하지 않다는 말이 아니다. 이보다는 이젠 IT 세계도 시대가 완전히 변해, 거의 모든 IT 업무가 혼자서 수행하기에는 너무나 복잡해졌고 아주 중요해졌다는 말이다.

IT 부서의 행동에 '협업 유전인자'가 주입되면 IT 부서와 조직 전체에게 모두 큰 이득이 된다. 첫째, 경영진 및 비즈니스 부문이 IT가 무엇을 하고 있으며 어디로 향해 가고 있는지 명확히 이해하고, 이로 인해 IT의 업무수행 과정에서 안정성이 크게 향상된다. 둘째, IT 직원 간의 상호의존성이 높아진다. 즉, 기업 조직의 IT가 한 줌도 안 되는 일선 관리자와 '골목대장(The King and Queen Bees)'들에게 더 이상 의존할 필요가 없어진다. 셋째, IT 업무의 성격, 목적 및 범위에 대한 의구심이 대폭 줄어든다.

여러분은 지금까지 주요 IT 업무에서 팀워크와 협업이 어떠한 효과를 발생시키는지 살펴보았다. 이를 요약해보면 다음과 같다.

▶ IT 전략 계획 수립

- 대개 IT 전략 계획은 IT 부서의 일부 직원과 외부의 컨설턴트로 구성된 극소수의 팀에 의해 수립된 다음에 경영진 및 비즈니스 부문에게 보고된다. 여러분 조직도 예외는 아닐 것이다. 그런데 그 보고 자리에서 어떤 일이 벌어졌던가? 필설로 이루 다 표현할 수 없는 어색한 침묵, 충격과 당황의 분위기 그리고 즉시 튀어나오는 저항 등 대충 이런 것 아니었던가? 물론 그 강도 및 내용은 조직에 따라 다르지만, 한 가지 확실한 것은 IT 전략 계획 보고회 참석자들의 공통점은 IT 전략 계획에 담긴 개념과 사상을 충분히 이해하고 있지 못한다는 사실이다.

  개선된 접근방법은 IT 조직의 중간 관리자와 직원뿐만 아니라 비즈니스 부문의 관리자와 직원들도 더 많이 참여시키는 것이다. 물론 참여자가 많아지면 장점도 있지만 단점도 있다. 직원이 많이 참여하면 계획 수립 기간이 길어진다. 이 반면에 IT 전략에 대한 이해도 및 지지도는 훨씬 높아진다. 이와 관련해 우리는 제4장에서 IT 전략 계획과 관련된 다양한 분석 테이블과 현황 및 현안 리스트를 점진적으로 개발해나가는 방법론을 알아보았다.

▶ IT와 비즈니스의 얼라인먼트

- 이에 대해서는 본서 전반에 걸쳐 아주 많이 강조해왔다. 기업의 IT는 지원 조직이므로 무엇이 지원을 받고 있는지 명확히 제시할 수 있어야 한다. 전통적으로 IT는 비즈니스 부서를 지원해왔지만, 오늘날의 IT는 기업의 수익, 비용, 이익을 책임지고 있는 핵심 비즈니스 프로세스의 지원에 초점을 맞추어야 한다. IT 책임자인 여러분이 이러한 관점을 취하면 그간 여러분의 IT가 기대효과가 미미하고 불확실한 IT 지원 요청에 일일이 대응함으로써 귀중한 자

원의 낭비와 비즈니스 개선 기회의 상실이 얼마나 많이 발생했는지 깨닫게 될 것이다.

IT와 비즈니스의 얼라인먼트는 IT가 비즈니스 프로세스에 초점을 맞추고, 매번 수행되는 IT 업무를 비즈니스의 비전, 미션, 목표 및 현안과 연계함으로써만 가능하다. 이제 IT는 기술 지향적 자세보다는 비즈니스 지향적이 되어야 한다. IT 시스템 및 기술은 목적 달성을 위한 수단이지 결코 목적이 될 수 없기 때문이다.

▶ IT 거버넌스(Governance) 및 감독(Oversight)

- 제2장에서 IT 거버넌스 및 감독 프레임워크에 대해 운영 위원회(Steering Committee) 및 IT 감독 측면에서 자세히 알아보았다. 운영 위원회는 꽤 오래 운용되어 왔기 때문에 잘 알려져 있지만 실제로 감독 활동을 어떻게 수행할 것인지에 대한 구체적인 가이드라인은 잘 알려져 있지 않다. 제2장에서는 IT 감독과 관련해 IT 및 비즈니스 관리자의 구체적인 역할이 제시돼 있는데, 여기에서도 역시 협업(Collaboration)이 핵심 관건이 된다.

  또한 IT 감독에 관한한 운영 위원회를 활용하면 IT 부서 혼자 하는 것보다 훨씬 효과적으로 할 수 있다. 왜냐하면 운영 위원회에서는 시스템 및 기술이 비즈니스 프로세스의 일환으로 다루어지기 때문이다. 이처럼 운영 위원회는 비즈니스 프로세스에 관한 협업을 위한 장으로 활용할 수 있어야 한다.

▶ 프로세스 개선 및 변화 관리

- 왜 IT 프로젝트를 수행하고, IT 인프라스트럭처 개선 및 교체는 왜 하는가? 이유는 비즈니스를 지원하기 위해서이다. 그런데 이들 IT 프로젝트가 납기와 예산을 준수하면서 종료됐다고 해서 다 끝난 것이 아니다. 이것만으로는 실현된 효과가 아무것도 없기 때문이다. 비즈니스 프로세스 및 직원들의 태도가 변해야야 한다.

이러한 것은 모두 IT와 비즈니스 간의 공동 작업, 즉 협업을 필요로 한다. 사실 기업에서 'IT만의 프로젝트'라는 것은 없어져야 한다. 모든 중요한 IT 업무는 비즈니스와 연관되어야 하며, 비즈니스 부서 직원들과의 협업을 통해 수행되어야 한다.

▶ 경영진 및 비즈니스 부문과의 커뮤니케이션

- 이에 대해서는 제10장에서 충분히 다루었다. 거기에 제시된 가이드라인은 거의 모두 지식의 공유와 협업에 관한 것이다. 특히 IT 책임자인 여러분이 기억해야할 것은 경영진 커뮤니케이션에서도 협업이 수행된다는 점과 이를 성공적으로 하기 위해서는 여러분은 반드시 '비즈니스 나라 말'을 구사해야 한다는 점이다. 아울러 협업은 광범위하고 정기적이며 비공식적인 커뮤니케이션을 통해서만 가장 효과적으로 수행된다는 점 역시 기억하도록 하라.

▶ 프로젝트 관리

- 이에 대해서는 제5장에서 자세히 다루었다. 최근 전통적인 프로젝트 관리 기법 중 많은 것들이 오늘날의 비즈니스 및 IT 환경에 맞게 변화되어야 한다는 사실이 밝혀졌다. 따라서 프로젝트 착수 시점부터 프로젝트 팀의 조직 구조보다 팀워크(각 팀원의 개별적인 노력 및 활동의 집합)에 중점을 두어야 한다. 아울러 프로젝트 관리 업무 및 개별 태스크가 공유될 수 있도록 해야 한다. 이와 같이 프로젝트 관리에서 협업이 활성화되면 IT 업무의 개선 효과가 매년 누적해서 발생하게 된다.

▶ 신기술 관련 과제

- 새로운 개념의 기술 및 시스템과 관련된 IT 활동 역시 비즈니스에 초점을 맞춰야 한다. 이를 위해 IT 활동의 목적과 범위를 정의하는 과정에 반드시 비즈니스 부문을 깊숙이 참여시키고, 이들과

함께 4가지 측면(비즈니스, 기술, 문화 및 정치적 측면)에서 각 활동의 목적을 정의하여야 한다. 이렇게 해야만 비즈니스에서의 참된 개선을 이룰 수 있고, 그 효과를 오래 지속시킬 수 있다.

▶ 시스템 개발 및 운영

– 어플리케이션 소프트웨어의 자체적 개발 및 소프트웨어 패키지의 도입과 그 운영에 대해서는 제11장 및 제12장에서 자세히 언급하였다. 이러한 것들은 사실 IT가 하는 것 중의 가장 중요한 부분이다. 그런데 전통적으로 이들 업무는 IT만의 기술적 영역으로만 간주되어왔다. 하지만 이젠 상황이 변했다. 시스템 개발 및 운영이 성공적으로 이루어지기 위해서는 비즈니스가 폭 넓은 역할을 수행하여야 한다. 비즈니스의 새로운 역할은 제8장에 자세히 언급되어 있다. 수많은 IT 활동 중 성공적으로 종료된 것의 공통점은 비즈니스와 IT의 협업이 제대로 이루어졌다는 사실이다. 오늘날 새로운 비즈니스 역할의 중요성이 그 어느 때보다 절실해졌으며, 향후에도 계속해서 IT-집약적인 비즈니스가 예상되는 만큼, 그 중요성은 더욱 더 커질 것으로 기대된다.

▶ 아웃소싱 및 업체 관리

– 업체들과의 협업을 위한 새로운 접근방식에 대해 제9장에서 언급하였다. 대개 고객과 업체 간 관계 관리를 뭔가 문제가 발생했을 때 이를 해결하는 것으로만 생각하고들 있다. 하지만 아웃소싱이 기대한 것처럼 성공적으로 수행되기 위해서는 업체의 경영진 및 직원과 고객의 경영진 및 직원이 협업을 제대로 하여야 한다. 아웃소싱이 지금처럼 활성화되지 않았던 과거에는 업체와의 협업이 오늘 만큼 중요하지는 않았다. 하지만 세월이 변했다(이 표현 참 많이 나오지 않는가?). 이젠 어느 한 조직이 다른 여러 조직들에 대한 의존도가 너무 커져서 이들과의 광범위한 협업을 성공적으로 하지 않으면 안 되는 시대가 되었다.

IT의 과거와 현재 및 미래를 측정하라

오늘날 'IT 나라'에서 체계적인 측정은 그 중요성을 아무리 강조해도 지나침이 없을 정도로 중요해졌다. 측정을 하는데 있어 체계적인 접근방식을 취하지 않으면 IT 수장인 여러분과 직원들은 IT 관련 사건이나 일이 생길 때마다 이리 쏠리고 저리 쏠리느라 정신이 없어, 성과의 향상을 위한 Lessons learned의 수집과 같은 활동은 꿈도 꿀 수 없을 것이다. 이처럼 중요한 측정은 2가지로 구분되는데, 첫 번째는 비즈니스와의 공조에 의한 측정이다. 이와 같은 방식의 측정을 통해 여러분은 비즈니스로부터 측정 결과에 대한 지지와 공동의 Ownership을 도출해낼 수 있다. 이에 대해 간단히 요약하면 다음과 같다.

▶ 비즈니스 프로세스에 대한 측정

- 이러한 종류의 측정은 현재 IT가 어떤 상태에 있고, IT 업무의 최적 수행 기회는 어디에 있으며, 지금까지 어떤 IT 프로젝트와 업무를 완료했는지 파악하기 위한 필수적 요소이다. 프로세스의 측정이 없으면 IT 책임자인 여러분은 IT 업무가 현재 어디에서 무엇을 위해 수행되고 있으며, 앞으로 무엇을 해야 하고, 지금까지 무엇을 달성했는지 전혀 알 수 없다.

▶ IT에 대한 측정

- 본서의 초반부에 IT 평가를 위한 Scorecard를 제시하였다. 이는 예산 및 일정관련 성과 평가보다 훨씬 향상된 IT 평가를 위한 기본 토대를 제공해줄 것이다. 따라서 여러분은 포괄적인 방식의 측정을 통해 IT가 예산이나 일정 준수도와 같은 사후적 대응을 촉진하는 척도에 의해 성과를 평가받는 상황에서 벗어날 수 있도록 해주어야 한다.

▶ 비즈니스 부문의 참여도 측정

- 그대로 두면 비즈니스 부서들은 IT 프로젝트에의 참여를 상투적인 것으로 간주하고 적당히 체면치레 정도로 프로젝트에 참여한다. 그렇다가 문제가 발생하면 비즈니스는 IT를 격렬히 비난한다. 이러한 상황의 재발 방지를 위해 여러분은 비즈니스 부서의 참여도를 측정해, 비교 결과를 경영진에게 제시할 필요가 있다.

▶ 아웃소싱에 대한 측정

- 측정하지 않으면 아웃소싱은 건별로 따로따로 관리된다. 이 결과, Lessons learned는 확보될 수 없으며 학습의 응용 효과는 엄두도 낼 수 없다. 이 반면, 측정을 하면 서비스 성과 기준의 형태로 아웃소싱 업체에게 통제를 가할 수 있다. 이를 통해 여러분의 IT 부서와 비즈니스 부서들은 아웃소싱 업체의 성과를 훨씬 효과적으로 감독할 수 있다.

▶ IT 기획 프로세스에 대한 측정

- IT 전략 계획이 어떻게 수립, 갱신되고 있으며, IT 전략 계획상의 다양한 활동의 지원을 위해 자원이 어떻게 배정되고 있는지 측정하여야 한다. 이와 같은 것이 없으면 IT 기획 프로세스는 절대로 개선될 수 없다.

▶ IT와 비즈니스의 얼라인먼트에 대한 측정

- 비즈니스 프로세스 전반에 대한 이 같은 측정을 통해 IT에 대한 감독 및 운영 방향을 도출할 수 있을 뿐만 아니라 IT가 비즈니스에 제공하는 전반적인 Value를 파악할 수 있다. 만약에 여러분이 이러한 측정을 하지 않으면 IT 책임자인 여러분은 경영진 및 비즈니스 부문으로부터 IT 부서의 조직 기여도에 대해 항상 도전을 받을 것이다.

▶ IT 아키텍처에 대한 측정

- 이는 현행 IT 아키텍처에 대한 평가를 통해 비즈니스 프로세스에 Value를 제공할 수 있는 개선 기회 및 현안을 파악하는 것이다. IT 인프라스트럭처를 업그레이드하고자 할 때에 이러한 측정이 뒷받침돼 있지 않으면 최고 경영진이 그 필요성에 대해 이해하지 못하고 결국 여러분은 승인을 얻지 못할 것이다.

IT 성과에 대한 두 번째 측정 유형은 자가 평가 방식에 의한 측정인데, 여기에는 다음과 같은 것들이 있다.

▶ 커뮤니케이션에 대한 측정

- 이와 관련해 이미 앞에서 IT 책임자인 여러분이 현재 수행하고 있는 커뮤니케이션을 스스로 측정하고 평가하기 위한 체크리스트 몇 가지를 제시하였다. 특히 이러한 측정을 통해 여러분은 경영진 및 비즈니스 부서 관리자에 대한 커뮤니케이션의 중요성을 항상 인식할 수 있고, 커뮤니케이션상의 문제에 주의를 기울이게 된다. 만약에 여러분이 이와 같은 측정을 게을리 하면 여러분은 아무런 생각도 계획도 없는 '무대포식' 접촉만 남발할 뿐 아니라 과거의 실수로부터 학습하는 온고지신(溫故知新)의 효과는 절대로 향유할 수 없을 것이다.

▶ 현안 및 문제 해결에 대한 측정

- IT가 얼마나 효과적으로 문제를 식별, 분석, 처리하고 있는가에 대한 측정은 바로 여러분이 IT 책임자로서의 본분을 얼마나 잘 하고 있는지를 측정하는 것과 같다. 어떤 현안이 얼마나 오랫동안 미결 상태로 남아 있는가는 문제의 여부를 판단할 수 있는 좋은 지표가 된다. 이러한 측정을 하지 않으면 여러분은 매번 '사후 약방문'식으로만 문제를 처리하게 된다.

▶ 협업(Collaboration)에 대한 측정
  - 이를 통해 여러분이 협업을 얼마나 잘 지원하고 있고, 다른 사람들을 의사결정 과정에 어떻게 참여시키고 있는지 판단할 수 있다. 이를 제대로 하지 않으면 IT가 하는 일은 늘 경영진과 비즈니스 부문에게는 '그들만의 잔치'로만 인식된 채 끝나고 만다.

현안에 초점을 맞춰라

이러한 접근방식이 부정적인 것이라고만 생각하지 말라. IT 리스크를 처리하기 위한 적극적인 접근방식의 하나이다. 여러분의 'IT 왕국'에서 리스크란 그 이면에 존재하는 문제 및 현안 때문에 발생한다. 최근 리스크 관리의 중요성이 강조되고는 있지만 리스크의 원인인 현안과 문제를 제대로 처리하지 못해 낭패를 겪는 조직이 적지 않다.

본서의 각장 말미에 '리스크 관리'라는 이름으로 IT 업무 영역별 관련 리스크의 관리에 대해 자세히 언급해두었다. 이와는 별도로 여기에서는 IT 관리의 실패 및 리스크에 대해 특히 강조하고자 한다.

▶ IT와 비즈니스의 얼라인먼트 가시화 실패
  - IT와 비즈니스의 얼라인먼트를 경영진에게 보여주지 못하면 경영진은 IT가 도대체 무엇을 하고 있는지, 올바른 방향으로 제대로 가고 있는지 도통 알 길이 없다. 이 결과 여러분의 존재의 이유인 'IT 관리'에 대해 경영진은 근본적인 의심을 갖게 될 것이다.

▶ 신기술 및 기존 기술의 관리 실패
  - 기술을 잘못 선정하면 아무 짝에도 쓸모없는 것에 두고두고 돈만 쏟아 붓는 상황이 발생한다. 다시말해 엄청난 돈을 들여 신기술을

도입하였지만 사용자는 외면하고, 가시적인 효과는 전혀 없으며, 운영 및 지원 노력은 끝없이 들어가는 '애물단지'가 IT 책임자인 여러분의 '작품'이 되는 악몽을 말한다. 이 같은 경우는 기존 기술에도 발생할 수 있다는 점을 명심하라.

▶ IT 전략 기획의 실패

- IT 전략 계획을 제대로 수립하지 못하거나 수립은 했지만 제대로 실행되지 않으면 IT는 그 대가를 톡톡히 지불하게 된다. 첫째, IT에 대한 신뢰도가 땅에 떨어진다. 둘째, IT 전략 계획 수립에 자원만 낭비시킨 비난을 감수하여야 한다. 셋째, 전략 부재로 인해 비즈니스 관리자는 물론이고 IT 내 중간 관리자마저 프로젝트 및 솔루션에 대한 의사결정을 즉흥적으로 수행한다. 바로 여러분의 IT 부서가 '사후적 대응 방식'으로만 행동하는, 유지보수가 제격인 집단으로 전락한다.

▶ IT 업무 및 프로젝트 수행의 실패

- 여러분도 잘 알다시피 실패의 원인은 다양하다. 프로젝트의 납기와 예산을 준수하지 못한 것일 수도 있고, 프로젝트의 기대효과를 실현하지 못하거나 비즈니스 프로세스의 변화를 제대로 구현하지 못했기 때문일 수도 있다. 어느 것이든 공통점은 IT의 업무 수행 역량에 대한 불신이 팽배해진다는 점이다.

▶ 비즈니스 부문과의 협업 실패

- IT 부문은 비즈니스 부문이 IT 활동에서 과거보다 훨씬 적극적인 역할을 수행할 수 있게 해주어야 한다. 비즈니스 프로세스 개선 및 변화 관리가 IT 업무와 조화를 이루면서 진행될 수 있게 하고, 비즈니스가 IT 프로젝트 전반에 걸쳐 적극적인 역할을 수행할 수 있는 환경을 만들어야 한다.

▶ 아웃소싱의 실패

– 아웃소싱의 성공 사례가 있는가 하면 실패 사례 역시 적지 않다. 따라서 기업이 비즈니스 프로세스를 아웃소싱하는 경우, 프로세스 및 시스템 모두 다 붕괴되는 리스크가 발생할 수 있다. 이 반면 IT 활동만 아웃소싱하면 IT 성과가 저하되는 리스크가 먼저 발생되며, 그 후 비즈니스 프로세스의 성과가 영향을 받게 되는 상황이 발생한다.

▶ 커뮤니케이션의 실패

– 커뮤니케이션이 잘못되면 IT의 방향과 수행 활동이 영향을 받게 된다. 특히 IT 책임자인 여러분과 경영진과의 관계가 잘못된 커뮤니케이션으로 인해 껄끄러워지면 IT에 대한 관리 자체가 위협을 받게 되는 리스크에 처한다는 점을 명심하라.

▶ 시스템 운영, 지원 및 유지보수의 실패

– 프로젝트에서도 리스크가 발생하지만 더 심각한 것들은 위의 활동에서 발생한 문제와 현안이 완벽하고 일관성 있게 처리되지 않는다는 점이다. 이 결과 IT는 비즈니스에 점점 둔감해지고, 이러는 사이 잠재된 문제 및 현안은 더욱 커져 간다.

IT 자원 배분을 '다이너믹'하게 수행하라

전통적으로 IT 인력이 일단 프로젝트나 운영 및 유지보수 등에 배분되면 다시 배분하기가 무척 어려웠다. 하지만 오늘날의 비즈니스 및 IT 환경은 과거와 비교할 수 없게 '다이너믹(Dynamic)'해졌다. 따라서 비즈니스 요구사항도 갑자기 발생하고 재빨리 변한다. 이런 상황에서 과거처럼 반기별 또는 되는대로 자원을 배분하는 것은 더 이상 설 자리가 없게 됐다.

따라서 IT 부문은 비즈니스 부문과의 협업(Collaboration)을 바탕으로 하는 IT 관리를 통해 IT 및 비즈니스 부문 인력 모두를 대상으로 자원을 '다이너믹'하게 배분하여야 한다. 특히 일회성이며 한시적인 IT 프로젝트와 지속적이며 일상적인 비프로젝트성 업무 간의 자원 배분에 주의를 기울일 필요가 있다. 왕왕 비프로젝트성 업무에 배정된 자원은 거의 고정 자원이 돼버리는 경향이 있고, 이로 인해 비즈니스 환경 변화에 대한 IT의 유연한 대응이 크게 제약받게 된다.

'프로세스 지향적'인 태도를 취하라

전통적으로 비즈니스 프로세스의 관리는 비즈니스 부문 라인 관리자의 몫이었다. 하지만 다음과 같은 이유로 인해 이러한 전통적인 접근방식은 더 이상 수용될 수 없게 되었다.

- 하나의 프로세스가 여러 부서에 걸쳐 수행된다.
- 프로세스 간 관계가 훨씬 복잡해지고, 상호 의존도가 높아졌다.
- E-Business로 인해 많은 비즈니스 프로세스가 자동화돼 있다.
- 비즈니스 부문 인력들이 프로세스를 전체적으로 검토할 수 있는 시간과 스킬이 부족하다.

IT 프로젝트의 근본 목적은 비즈니스 프로세스에 변화를 가하는 것이다. 오늘날의 IT는 예전보다 훨씬 더 비즈니스 프로세스에 집중하고 있으며, 이미 상당한 수준에 도달한 기업도 적지 않다. 이들은 조직의 비즈니스 규칙(Business Rule) 및 업무 수행 절차에 대한 지식을 이미 소프트웨어 로직과 데이터로 구현하였다. 이와 같은 상황에서 비즈니스 규칙 및 업무 수행 절차에 통달한 쪽은 IT 부서 직원들 이외에 또 누가 있겠는가?

IT와 비즈니스를 '얼라인(Align)'하라

이 역시 IT 리스크 관리와 같이 본서의 각장 말미에서 자세히 다루었다. IT와 비즈니스의 얼라인먼트는 비단 IT 전략 계획 수립에서 뿐만 아니라 개별 IT 활동 및 프로젝트에서도 수행되어야 한다. 일반적으로 다음과 같은 상태가 됐을 때 IT와 비즈니스가 얼라인먼트에 도달했다고 한다.

- 주요 비즈니스 프로세스들이 시스템 및 기술을 통해 효율화되었다.
- IT 전략이 비즈니스의 목표, 비전, 미션, 현안에 잘 연계돼 있다.
- IT 관련 기회 및 현안이 얼라인먼트 관점에서 잘 처리되고 있다.
- 비즈니스의 매출, 비용, 이익을 개별 비즈니스 프로세스에 쉽게 추적할 수 있고, 이를 다시 IT의 기여도와 쉽게 연결할 수 있다.

IT 자원을 필요한 곳에 재배정하라

IT 자원은 비즈니스의 Value를 더 창출하는 활동에 재배정돼야 한다. 운영, 유지보수, 지원 등은 중요하지만, 엄격히 말해 이들 업무는 여러분 조직이 이미 갖고 있는 것의 최적 유지를 하기 위한 것들이다.

IT 자원은 항상 부족하기 마련이며 부족할 때마다 새로운 자원을 추가할 수는 없다. 이런 상황에서 기존 자원으로 IT 성과를 개선하기 위해서는 유지보수 및 운영 등에 배정된 자원을 신규 프로젝트에 재배정할 수밖에 없다. 즉 자원을 전략적으로 배정해야 한다. 아울러 매주 자원 배정 현황을 점검하고 수정해, 급변하는 상황에 맞추어야 한다. 이렇게 하지 않으면 '운영 및 유지보수 위주의 IT'로 전락할 수밖에 없다.

이외에 제한된 IT 자원으로 더 많은 것을 하기 위해서는 신규 프로젝트 착수에 대해 엄격한 기준을 적용해 선별적으로 착수시켜야 한다. 사실 한 기업의 IT 책임자라면 신규 IT 프로젝트 제안에 대해 냉정한 태도를 취해야 한다. (*왜냐고? 솔직히 말해 신규 프로젝트란 IT만이 향유할 수 있는 이익을 제공하지 않기 때문이다. 무슨 말이냐고? 신규 프로젝트의 종료란 유지보수 업무량의 추가적 증가라는 말이다.*) 따라서 이제는 기업의 최고 경영진도 IT 부서 관리자를 신규 프로젝트 제안의 기각, 축소, 통폐합에 중점을 두는 'IT 자원 곳간의 열쇠지기'로 재인식하여야 한다.

비즈니스 부문 직원들의 IT 프로젝트 참여도를 높이는 것 역시 한정된 자원으로 IT 성과를 더 향상시킬 수 있는 방법이다. 이를 통해 한제된 IT 인력을 더 많은 업무에 배정할 수 있다.

범 조직 차원에서 프로젝트를 관리하라

대개 IT 프로젝트는 개별적으로 관리된다. 이유는 각 프로젝트가 다르기 때문이란다. 하지만 이런 생각은 프로젝트 성과의 지속적인 개선에 찬물을 끼얹는 것임을 명심하라. 사실 IT 프로젝트는 몇 가지 유형으로 분류될 수 있다. 예를 들어 서로 다른 소프트웨어 패키지를 설치하는 프로젝트들은 세부적인 측면에서 보면 다르지만 개괄적인 측면에서 보면 아주 비슷하다. 이 같은 맥락에서 프로젝트 관리의 지속적인 누적 개선 효과가 발생하기 위해서는 다음과 같은 조치를 취할 필요가 있다.

▶ 모든 IT 프로젝트와 운영 업무에 대해 현안 데이터베이스(Issue Database)를 구축 및 운영한다. 이를 정례화해 활용하면 조만간에 여러분 조직 내에 새로운 현안은 거의 발생하지 않을 것이다.

▶ 프로젝트와 운영 활동으로부터 성공 및 실패의 경험을 수집해 이를 Lessons learned 데이터베이스에 저장하고 재사용하도록 한다.

▶ 표준 템플릿을 만들어 프로젝트에 적용하고, 지속적으로 갱신한다.

IT 프로젝트 관리에 있어 또 하나의 문제는 소규모 프로젝트들이 정식 프로젝트로 관리되지 않고 비프로젝트성의 일상적인 운영 업무로 수행된다는 점이다. 이로 인해 이들에 대한 관리가 허술해지는 문제가 발생한다. 따라서 정식 프로젝트는 말할 것도 없고, 비프로젝트성의 일상적인 운영 업무도 가급적 프로젝트로 관리하여야 한다(역자 주 – 이를 PMI에서는 Management By Project 또는 MBP라고 한다). 이렇게 하면 일상적인 운영 업무에 대해서도 제대로된 리뷰와 통제가 가능해진다. 물론 처음에는 MBP의 구현이 힘들지만, 현안 및 Lessons learned와 프로젝트 템플릿 데이터베이스가 구축됨에 따라 쉽게 구현할 수 있게 된다.

변화에 대한 저항을 효과적으로 처리하라

변화에 대한 저항은 비즈니스 부서뿐만 아니라 경영진으로부터 나올 수 있고, 심지어 IT 부서 내부에서도 발생한다. 일반적으로 저항의 원천으로 다음과 같은 것들이 있다.

- 현상 유지를 희구하는 IT 부서 하위 관리자 및 직원
- IT 부서의 간섭으로 인해 통제력의 상실을 우려하는 비즈니스 부서의 관리자나 직원들
- 새로운 것을 책임지고 싶지 않은 비즈니스 부서 관리자 및 직원
- 자신의 스타일에 변화를 주고 싶지 않은 경영진

IT 책임자로서 여러분은 이러한 저항에 봉착하면 어떻게 하고 있는가? 변화에 대한 저항의 제거 및 최소화를 위한 방안을 다음과 같이 제시한다.

▶ 변화에는 저항이 반드시 발생하는 것이라고 생각하라. 따라서 변화를 위한 제안은 평소 기회가 있을 때에 조금씩 언급하는 것이 좋다.

▶ 현행 접근방식의 문제점을 구체적으로 지적하고 이와 동시에 이를 개선할 수 있는 기회가 있다는 사실을 명확히 제시하라.

▶ 현행 상태가 지속되면 심각한 문제가 발생될 것이라는 점을 명확히 예시하라. 이는 변화의 필요성을 더욱 강조해줄 것이다.

▶ 복수의 대안 제시를 통해 핵심 이해 관계자들에게 선택의 폭을 넓혀 주도록 하라. 기각된 대안은 추후 적절한 시점에 다시 거론한다.

▶ 뭔가 새로운 것을 시도한 후에는 관련자들과 자리를 함께 해, 이들의 참여와 노고를 치하하라. 이는 변화에 대한 이들의 태도를 강한 확신으로 변화시킨다.

▶ 변화에 저항하는 사람들에게는 공개석상에서 절대로 맞대응해서는 안 되다. 만약에 여러분이 이들에게 정면으로 맞서면 이들은 '지하'로 들어가 저항한다. 저자들의 경험에 의하면 변화 관리에 있어서 가장 어려웠던 문제는 '보이는 적'이 아니라 '보이지 않는 적'이었다)

이 같은 변화에 대한 저항은 그 유형을 그림 12.1에 제시돼 있는 것과 같이 '공개적 저항' 대비 '암약적 저항', '적극적 저항' 대비 '소극적 저항' 관점에서 분류할 수 있다.

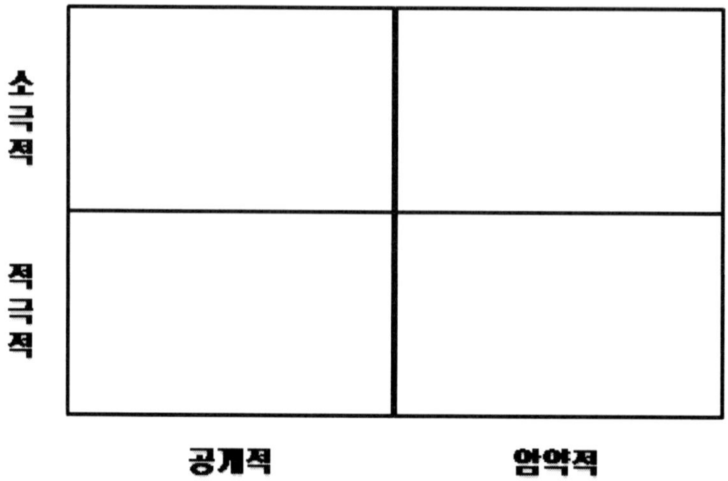

그림 12.1 변화에 대한 저항의 유형

▶ 공개적이고 적극적인 저항

- 이런 저항은 다른 것보다 비교적 쉽게 대처할 수 있다. 왜냐하면 대부분 '논리적'인 저항이므로 대응 논리를 개발하고 시간을 들여 대처하면 그리 어렵지 않게 제거할 수 있다.

▶ 공개적이되 소극적인 저항

- 이는 변화에 대 놓고 저항하지 않지만 계속 반문을 제기하는 것을 말한다. 이에 대해서는 반문할 때마다 건별로 처리하도록 한다.

▶ 적극적이고 암약적인 저항

- 이는 대응하기 가장 어려운 저항이다. 일례로 한 비즈니스 관리자가 공식적으로는 여러분의 제안에 동의했지만 뒤에서는 변화를 뿌리째 흔드는 행위를 할 수 있다. 이런 경우, 먼저 사실 여부를 적확히 확인한 다음에 적절한 대응책을 마련하는 것이 좋다.

▶ 소극적이고 암약적인 저항
- 이런 저항은 탐지하기 무척 어렵다. 왜냐하면 이 같은 저항자들은 대부분 무뚝뚝한 표정에다 '침묵은 금'을 신조로 삼고 있기 때문이다. 이들은 평소에는 아무 말도 하지 않다가 일단 일이 잘못될 기미가 보이면, 그 즉시 비난의 화살을 퍼붓는 유형이다. 따라서 이들에 대한 통상적인 변화 관리는 해나가되, 먼저 다른 3개 유형의 저항부터 제거하는 것이 좋다. 상황이 이렇게 변하면 이들은 변화가 대세라는 것을 감지하고 그냥 묻혀서 따라 올 것이다.

IT 관리의 변화 및 저항과 관련해 2가지 예를 들어보기로 하겠다. 첫째, IT 책임자인 여러분이 월간 회의 진행 방식을 단순 현황 파악에서 탈피해 현안 및 Lessons learned에 대한 토의로 변화시키려고 한다고 하자. 이를 위해 여러분은 먼저 현행 방식에서는 현안 및 Lessons learned에 대한 논의가 전혀 이루어지지 않아, 회의가 지루하고 Value가 없다고 생각하는 사람들이 많이 있다는 점을 지적한다. 그다음, 다른 주제로 격의없이 토론하자고 제안한다. 그러면 분명히 "무엇에 대해서요?"와 같은 질문이 나올 것이고, 이에 대해 여러분은 몇몇 주요 현안들을 거론하면서 자연스럽게 회의의 진행방식을 변화시킬 수 있다. 물론 그 자리에서 거론된 현안들이 모두 즉석에서 해결되리라고 기대하지는 말아야 한다.

그림 12.2에는 사림들이 변화에 저항하는 이유가 몇 가지 예시돼 있다. 물론 각각의 상황에 따라 이유가 다르겠지만, 이를 통해 여러분은 변화에 대한 사람들의 일반적인 생각을 이해할 수 있을 것이다.

두 번째로, 여러분이 아웃소싱 업체에게 아웃소싱 운영 계획 및 현안에 대한 정보를 공유하고 지식의 전수를 요청하려고 한다고 하자. 우선 같이 마주보고 앉아서 과거 각자의 아웃소싱 업무 수행 과정에서 발생된 문제 및 현안의 해결과 관련된 성공담을 이야기하도록 한다. 그리고 나서 본론을 말하고, 마지막으로 이러한 문제가 발생하지 않도록 하는 것이 업체와 여러분의 공동 이익에 부합하는 것임을 강조한다.

- 변화에 대한 두려움이 일파만파로 조직 전체에 퍼진다.
- 직무 만족도보다 비용 절감을 더 중시한다.
- 아직도 현행 업무에 대한 교육훈련이 부족한 상태이다.
- 이전에 시도했던 변화 역시 모두 실패로 끝났다.
- 다른 부서에서의 변화를 보니, 결국 직무 및 인력 감축으로 끝났다.
- 경영진의 과거 실수로 인해 불신풍조가 만연돼 있다.
- 경영진이 직원들의 변화에 대한 참여를 통상적인 업무의 일환으로 간주하고 이에 대해 적절한 평가를 해주지 않는다.
- 직원들이 경영진 및 변화 주관 팀으로부터 매번 각각 다른 내용의 메시지를 전달받고 있다.
- 직원들 모두 처음에는 변화에 자발적으로 참여하였으나, 정작 칭찬은 다른 사람들이 받았다.
- 직원들에게 기대하는 바를 제대로 말해주지 않았다.
- 과거에 저항을 해보니 그런대로 효과가 있었다. 이번에도 그럴 것이다.
- 관리에 대한 변화의 정도와 인력 이직률이 너무 심하다.
- 변화가 핵심 니즈를 제대로 다루고 있지 않다.
- 직원들을 강제로 변화와 관련된 업무에 투입시켜 놓은 상태에서 종전의 업무에 대해서도 과거의 동일한 수준의 성과를 요구한다.
- 그렇지 않아도 한 참 바쁠 때에(예, 연말) 변화를 하려고 한다.
- 변화의 세부적인 내용이 정의된 후에도 부서 관리자 및 변화 주도 팀이 계속해서 세부적인 실무까지 참견하고 있다.
- 새로운 업무 절차가 어떻게 돌아가는 것인지 아무도 말해주지 않는다.
- 변화 수행 과정에서 필요한 직원들의 지식과 경험을 최고 경영진이 대수롭지 않게 생각한다.

그림 12.2 변화에 대한 저항의 이면에 내재된 요인

여러분은 전기한 2가지 예에서 공통점을 발견했는가? 바로 부드러움과 일상적임, 이 2가지이다. 어느 날 갑자기 부담스러운 뭔가를 강요한 것은 하나도 없다. 2 사례 공히 일상적인 대화 과정에서 현재의 문제점과 향후 피해야 할 문제점을 지적했을 뿐이다. 그 다음, 변화에 대한 생각을 아주 가볍게 언급했다. 누구에게 그 무엇도 강요하지 않았다. 여러분 역시 이와 같은 접근방법을 취하면, 똑같은 것에 대해 더 많은 동의를 이끌어 낼 수 있을 것이다. 거듭 강조하거니와, 강요하거나 일방적인 명령은 전혀 없었다는 사실을 명심하라.

때로는 여러분 조직의 최고 경영진이 IT 책임자인 여러분과 IT 부서에 대해 오랫동안 품어온 부정적인 인식으로 인해 저항이 발생하기도 한다. 이러한 인식은 변화시키기 무척 어렵다. 하지만 이 같은 경우에 여러분은 다음과 같이 접근하도록 하라.

▶ 일단 작은 변화부터 시작하라. 예를 들어, 경영진과의 커뮤니케이션을 하는데 있어 일상적인 접촉을 자주 하는 것부터 시작하라. 이러한 것은 본서에 소개된 Shamrock Agriculture의 사례를 통해 충분히 이해하였을 것이다.

▶ 하룻밤 사이에 변화될 것이라고 기대하지 말라. 변화는 점진적으로 발생하며, Body Language나 기타 소소한 것에서부터 시작된다.

▶ 경영진이 종전과 같은 방식으로 계속 행동한다 하더라도 이를 대범하게 처리하도록 하라.

사례

SUPREME OIL – 종합 에너지 회사

Supreme Oil의 IT 조직은 오랫동안 전통적인 방식으로 운용돼 왔다. IT 부서의 그 누구도 다른 에너지 회사의 IT가 무엇을 하고 있는지 전혀 모르고 있었다. 현안이 발생해 심각해져 가고 있음에도 불구하고 일상적인 운영 업무만 처리하고 있었다. 그러던 어느 날 최고 경영자가 자기 조직의 IT가 심각하다는 점을 인식하면서부터 'IT의 위기'가 점점 밝혀지기 시작하였다. 먼저 가장 기본적인 비즈니스 프로세스조차 제대로 지원하지 못하고 있다는 사실이 드러났고, 이어서 IT 전략 계획도 회사의 현실과 완전히 괴리된 것이고, IT 자원은 유지보수에만 집중돼 있다는 것도 밝혀졌다.

일단 IT 부서의 책임자 및 중간 관리자들의 경질을 시작으로 IT 관리에 대한 근본적인 변혁에 착수하였다. 처음에는 이들 새로운 IT 관리자들마저 너무나 많은 문제에 봉착해 어디에서부터 먼저 손을 대야할지 전혀 감을 잡을 수 없었다. 하지만 일단 커뮤니케이션, 현안 및 비즈니스 프로세스에 주력하기로 하였다. 이 3개가 어느 정도 가닥이 잡히고 개선이 이루어지자 IT 관리자들은 본서의 접근방법에 따라 IT 전략 계획을 수립하였다. IT 전략 계획에서는 IT와 비즈니스의 얼라인먼트를 가장 중요하게 생각했고, 이를 위해 새로운 IT 거버넌스 구조를 도출하였을 뿐만 아니라 비즈니스 프로세스의 지원과 개선을 위한 다양한 프로젝트 활동에 관한 로드맵이 제시되었다. 이에 따라 신규 IT 프로젝트 및 운영 업무는 모두 비즈니스 프로세스의 개선 및 변화 관점에서 분석된 후에 추진될 수 있도록 하였다. 이러한 IT 관리 방식의 변화는 1년 이상이 소요됐지만 아주 효과적이었고 그만한 가치가 있었다는 것이 모든 이들의 공통된 지적이었다.

TUCKER COUNTY - 지방 정부

Tucker County의 내부 IT 관리에 대한 문제점은 앞에서 몇 가지 언급하였다. 우선 IT 부서 관리자는 사후 대응 및 일방적인 지시 위주의 방식으로 관리해왔다. 심지어 비즈니스 부서 관리자들에게 마저 "당신 부서는 이런 시스템을 가져야 하오."라는 관료주의적 방식으로 행동하였다. 조직 전반에 걸쳐 협업(Collaboration)의 문화란 전혀 존재하지 않았다. 특히 IT 부서 관리자는 클라이언트-서버 아키텍처 및 PC 대신에 호스트-터미널 방식을 오랫동안 고수했는데 이로 인해 IT는 크게 낙후돼 있었다.

그런데 여러분도 잘 알다시피 공공 기관이란 조직 성격상, IT 관리자의 즉각 경질이란 그리 쉬운 일이 아니기 때문에 본서의 제2장에 언급된 IT 거버넌스 방식이 취해졌다. 즉, 운영 위원회(Steering Committee)가 IT 자원을 관리하고, IT 부서 관리자는 일상적인 운영 관리만 하기로 하였다. 새로운 혁신 및 개선의 아이디어들이 IT 전략 계획 및 프로젝트와 기술 환경에 반영되기 시작하였다. 이로 인해 IT 부서에 몇 가지 주요 직책 및 직무에 변동이 발생하였는데, 이는 운영 위원회 멤버들이 직접 떠맡았다. 결국 IT 부서 관리자는 Tucker County를 떠나게 되었는데, 이때는 이미 많은 변화들이 성공적으로 종료된 다음이었다.

SHAMROCK AGRICULTURE - 농업 협동조합

Shamrock의 IT 부서는 소규모 조직이었음에도 불구하고 프로젝트는 꽤 잘 수행해왔다. 하지만 방향성에 있어 몇 가지 중요한 것들이 부족해 다음과 같은 과제가 수행되었다.

▶ 기존의 기술 환경에 대한 전반적인 평가 및 도입해야 할 신기술에 대한 조사

- 개선 및 변화를 통한 조직 성과의 향상을 위해 주요 비즈니스 프로세스에 대한 근본적인 재검토

- 상기 2개의 과제를 종료한 후에 조직의 내부 및 외부 자원을 활용해 수행할 신규 프로젝트의 도출

- IT 전략 계획의 수립 – 이 IT 전략 계획은 추후 비즈니스 계획의 참조 모델로 활용되었으며, 현재는 정기적으로 갱신되고 있다.

- 비즈니스 부서와 IT 부서 간의 비공식적인 커뮤니케이션 활성화

- 좀 더 체계적이고 공식적인 프로젝트 관리 프로세스의 구현

IT 관리 및 거버넌스의 변화 전략

IT 관리 및 거버넌스에 변화와 개선을 수행하고자 할 때에 반드시 고려해야 할 것들이 몇 가지 있다. 저자들이 오랜 기간에 걸쳐 IT 관리의 변화 프로젝트를 수행하면서 채득했던 것들을 다음과 같이 소개하니 여러분도 참조하기 바란다.

- 어느 날 갑자기 변화를 공표하거나 공식화하는 충격 요법은 삼가라.

- 변화를 강요하지 말라. 강요하면 할수록 저항만 불러일으킨다.

- 조직의 구성원들이 변화에 대해 질문을 제기하게 하라. 참을성 있게 모두 경청한 다음에 하나씩 대답하도록 한다. 만약에 질문이 나오지

않으면 몇 가지 실제 예를 들어 문제점 및 현안을 제기하고, 이들에 대해 토의하게 하라.

- ▶ 조직의 구성원들로 하여금 변화가 마치 자기들의 생각이었던 것처럼 느끼게 만들어라.

- ▶ 여러 가지의 작은 변화를 동시에 수행하라. 이렇게 하면 저항자들의 허를 찌를 수 있다. 왜냐하면 변화에 대한 저항에 목숨을 걸지 않은 이상, 저항자들에게도 이러한 동시 다발성 변화에 일일이 저항하는 것이 쉽지 않기 때문이다.

IT 관리의 변화 구현 성과 척도

IT 관리 및 거버넌스 변화의 성과와 진척도를 측정하기 위한 항목들이 그림 12.3에 제시돼 있다. 이들을 여러분의 조직 상황에 맞게 수정한 다음 변화 전, 변화 중, 변화 후 상황에서 각각 질문해 보도록 하라.

요약

여기에서는 오늘날 IT가 접하는 주요 문제 및 도전에 대해 언급하였다. IT 책임자인 여러분은 각자가 처한 상황과 대비해 이를 잘 이해했으리라 생각한다. 그런데 본장의 접근방식은 언뜻 이해하고 구현하기 쉬워, 아주 간단한 것처럼 보일 수 있다. 하지만 오래된 조직 행동 방식 및 방법은 Supreme Oil과 같이 위기 상황이 아니면 좀처럼 바꾸기 힘들다. 본서의 목석은 여러분에게 IT 및 비즈니스의 얼라인먼트와 이를 통해 IT 성과를 향상할 수 있는 실용적인 방법론을 알려 주고자 하는 것이다.

- 하나의 변화 활동으로부터 경험을 확보한 다음에 이들 Lessons learned를 다음의 다른 변화 활동에 적용하고 있는가?
- 변화가 시작된 후에 조직의 관리자 및 직원들의 태도는 전반적으로 어떠했는가?
- 조직의 관리자 및 직원들은 자발적으로 새로운 접근방식을 적용하고 있는가?
- 변화로 인해 기대되는 성과를 정의하고 측정할 때에 이들 구성원들이 참여하는가?
- 구성원들이 여러분과 동일하게 현행 문제점들을 바라다보고 있는가?
- 구성원들이 추가적인 개선 기회를 도출해 제안하는가?
- 변화 자체와 관련된 현안과 문제를 제기하는 사람들에게 구성원들은 어떠한 태도를 보이는가? 죽, 변화를 계속해서 지지하는가 아니면 이들 저항자들의 말에 동조하는가?
- 변화가 종료된 후에도 변화 상태가 계속해서 지속되는가 아니면 과거로 퇴행하는가?

그림 12.3 IT 관리의 변화 구현관현 성과 척도

지난 수십 년 동안 IT 시스템과 기술은 비즈니스의 개선에 관한 수많은 기대효과를 약속해왔고, 이중 몇 가지는 실현되었지만 아직도 많은 약속이 지켜지지 않고 있다. 기대효과의 실현은 고사하고 IT에 대한 좌절과 분노만 증폭시킨 경우도 비일비재하다. 이런 맥락에서 본서에 제시된 방법론은 다양한 조직 문화와 정치적 상황에 있었던 많은 종류의 기업에서 사용돼, 최상의 효과를 거두었던 것이다. 이들 접근방법은 현재에도 계속 사용되고 있으며, 단기적 효과뿐만 아니라 장기적 효과 모두 발생시키고 있다.

마지막으로 IT 책임자인 여러분에게 강조하고 싶은 바는 IT에 정치적 요소와 문화적 요소를 절대로 배제하지 말라는 것이다. 기술과 그 조직적 영향에 대한 관심과 중요성의 증대는 정치 즉, Politics를 수반하지 않을 수 없게 만들었다. 오늘날 IT 조직에게 정치는 피할 수도, 무시할 수도 없는 것이 돼 버렸다는 점을 명심하기 바란다. 특히 복잡한 기업 조직의 IT 책임자인 여러분은 이와 같은 정치라는 무대의 관객이 아닌 배우라는 점을 이해하라. 이는 여러분의 피할 수 없는 운명이다. 저자들은 여러분이 이러한 새로운 종류의 IT 관리 노력에 정신하고 그 내가로 성공을 거두기 바라며 이와 동시에 이러한 과정 자체를 즐길 수 있기를 간절히 바란다. 본 저자들의 IT 경력을 모두 합치면 70년이 넘는데 둘의 공통된 의견은 IT란 업무는 아주 힘든 것이지만 힘든 것을 훨씬 상회하는 보람도 분명히 존재한다는 점이다. 저자들은 그동안 이러한 IT를 있는 그대로 즐겨왔고, 지금도 그렇고, 앞으로도 계속해서 그렇게 하려고 한다.

제4부

핵심 IT 관리 현안,

이렇게 처리하라

제13장

IT 직원 및 작업 관리 현안

서론

제4부에서는 IT 관리 및 거버넌스 실무에서 자주 발생하고 있는 현안의 5가지 영역에 대해 좀 더 구체적으로 설명하고자 한다. 각 영역별로 현안 하나하나에 대해 다음과 같은 방식으로 접근할 것이다.

- 발생 배경
  - 현안이 어떻게 발생했으며, 그 중요성은 어떠한가?
- 영향
  - 현안이 해결되지 않으면 IT와 그 관리에 어떤 영향이 있는가?
- 예방
  - 현안의 발생 예방 및 회피를 위해 사전에 무엇을 해야 하나?
- 탐지
  - 현안이 발생되었다는 것을 파악할 수 있는 방법은 무엇인가?
- 대책
  - 현안의 처리를 위해 수행해야 할 활동은 무엇인가?

본서에 소개된 각각의 IT 관리 현안에 대해 제대로 설명하고자 한다면 현안별로 하나의 장을 할애해도 충분하지 않다. 따라서 지면 관계상 본서에서는 IT 책임자인 여러분이 IT 관리를 수행해나가는 과정에서 현안을 식별해 처리할 수 있는 아이디어와 통찰력만 제공하고자 한다.

먼저 이번 장에서는 IT 직원 및 이들의 작업과 관련된 현안들에 대해 논의하고자 한다. 사실 이러한 현안들은 IT 관리와 관련해 가장 빈번하게 발생되는 것들이면서, 그 원인의 대부분이 IT 직원들의 공통 현상인 대인 스킬 부족으로 인해 발생되는 것들이기도 하다. 여담이지만 본 저자들이 한 기업 조직의 IT 책임자로 있었을 때에는 이런 현안의 해결에 대해서는 공개적인 접근방식을 취하곤 하였다.

IT 직원의 이직률이 높다

발생 배경

이는 경기가 호황이거나 특정 IT 스킬에 대한 시장 수요가 높을 때에 자주 발생하지만, IT 조직 내부에 심각한 문제가 있을 때에도 발생한다. 이외에 개인적인 신상 변화나 헤드헌터의 권유 등 다양한 원인이 있으며, 일반적인 것은 아니지만 특이한 인력 관리 패턴, 예를 들어 정기적인 직무 순환으로 인해서도 발생한다.

영향

IT 직원들의 이직 자체는 건전한 것이다. 왜냐하면 새로운 인력을 IT 조직에 영입함으로써 기존에 없는 새로운 지식과 스킬을 확보할 수 있을 뿐만 아니라 떠나는 직원의 지식 및 스킬 중에 외부로부터 쉽게 보충할 수 있는 것이 많이 있기 때문이다. 문제는 핵심 프로그래머나 Supervisor 및 특수한 스킬과 지식을 보유한 직원이 이직하는 경우이다. 이런 경우, 그 영향은 일상적인 운영 및 유지보수 업무뿐만 아니라 프로젝트 수행에서도 즉각 나타난다. 사용자의 IT 지원 요청에 대한 대응 및 업무 처리가 늦어지는 것도 많은 영향중에 하나다. 일반적으로 IT 부서에서 프로그램은 여러 직원에 의해 변경되며, 잘못된 변경으로 인해 심각한 오류가 발생해, 비즈니스에 치명적인 손실을 야기한다. 이런 상황에서 설상가상으로 직원 이직에 따른 업무 인수인계는 충분한 계획 없이 불과 2주 정도의 기간에 적당히 끝나고 만다. 시스템 및 IT 작업에 대한 문서는 업데이트되었을 리 만무하며, 지식은 공유될 기회조차 없었다. 여기에 IT 부서 관리자 역시 직원들의 이직이 언제든지 발생할 수 있으며, 그것도 가장 끔찍한 시점에 발생할 수 있다는 생각을 전혀 하지 않고 아무런 준비 없이 있다가 이런 경우가 발생하면 상황을 더욱 악화시키는데 일조를 한다.

예방

IT 직원의 이직을 근본적으로 막을 수 있는 방법은 없다. 하지만 사전에 적절한 대책 마련을 통해 그 영향을 최소화시킬 수는 있다. 그 첫 번째로, 프로젝트 미팅을 팀원 간 지식 전수를 위한 장으로 활용하는 것이다. 두 번째로는 모든 태스크를 복수의 직원에게 배정하고, 세 번째는 Lessons learned 미팅을 통해 프로그램 및 시스템 설계서에 대한 지식의 공유를 권장하는 것이다. 이외에도 프로젝트 마일스톤마다 중간 산출물을 반드시 제출하게 하는 것도 있는데, 무엇보다 중요한 것은 IT 책임자인 여러분이 직원들의 이직은 언제든지 발생할 수 있다는 전제하에 IT 부서를 관리해 나가는 것이다.

탐지

IT 부서 관리자인 여러분이 평소에 중간 관리자들을 거치지 않고 직접 직원들과 접촉해 대화를 나누는 것도 문제를 조기에 발견할 수 있는 좋은 방법 중의 하나이다. 예를 들어 식당이나 휴게실에서 직원들과 함께 어울리면서 이들의 대화 내용을 세심히 경청하도록 한다. 이때에 이들이 업무에 대해 전혀 이야기하지 않는다면 뭔가 문제가 있다는 징후이다. 아울러 잘 알려진 현안들에 대해 말하려 하지 않거나 침묵을 지키고 있으면 이 역시 문제가 있다는 것을 의미한다.

대책

일단 누군가 이직을 한다고 하면 IT 책임자인 여러분은 과민반응을 보여서는 안 된다. 대신 문제의 근본 원인을 파악하도록 한다. 일례로 "무엇이 문제인가?"라고 묻기보다는 "내가 도와줄 수 있는 것이 무엇이지?"라고 질문하는 것이 좋다. 이 결과 헤드헌터가 문제의 직원에게 계속 접촉하고 있다는 것을 발견하게 된다면 여러분 회사의 인력부서와 공동으로 대처하거나 헤드헌터와 직접 단판을 짓도록 한다.

만약 직원이 이직에 대한 생각을 굽히지 않으면 그 직원이 보유하고 있는 지식이 가능한 많이 전수될 수 있도록 필요한 대책을 취한다. 이 같은 맥락에서 프로그램 코드에 대한 Walk-through와 같은 것을 미리 제도화해 둘 필요가 있으며, 그 직원에게는 자기가 맡은 업무와 관련된 현안을 빠짐없이 기술하게 한다. 핵심 직원들이 이직한다고 하면 이들과의 컨설팅 계약 체결을 통해 기존에 진행 중인 업무를 마저 완수하게 하는 것을 제안해 보도록 한다. 물론 이들이 그렇게 할 것이라고 기대하지 않는 것이 좋다. 왜냐하면 이들의 마음은 이미 새로운 직장에 가있기 때문이다. 다만 이를 통해 이들이 진행해오던 업무를 가급적 빨리 끝나게 해야 한다. 아울러 문제의 직원이 민감한 자료를 다루고 있는 경우, 이에 대한 접근을 제한하도록 한다. 본 저자들은 몇몇 기업 조직에서 다른 IT 부서 직원들과 격리된 채 자기 집에서 업무를 수행하는 직원들도 많이 봐왔다.

IT 직원의 사기가 낮다

발생 배경

IT 직원들의 낮은 사기 역시 여러 가지 원인으로 발생하는데, 오랫동안

임금이 동결되어 있거나 배정 업무에 대한 흥미나 매력도가 떨어지는 것도 그중에 하나다. 하지만 이보다 더 심한 것은 수행 중인 프로젝트로부터의 압박이나 프로젝트 실패에 대한 우려라고 한다. 자기가 맡은 프로젝트의 일부 업무가 지체되고 있거나 문제가 있다는 것은 담당 직원이 그 누구보다 더 잘 안다. 따라서 문제의 직원은 프로젝트의 실패로 인한 비난을 미리 피하고자 이직까지 고려하는 경우가 많이 있다. 사기 저하의 또 다른 원인으로 직원과 Supervisor 및 관리자 간 인간관계 문제를 둘 수 있다. 사실 부하 입장에서 '악독한' IT 관리자란 '생지옥' 그 자체다.

이와는 달리 IT 부서 외적 요인으로 인해 직원들의 사기가 낮아지기도 한다. 예를 들어, IT 부서 책임자가 특정 프로젝트에 높은 중요도를 부여하고 있었는데 경영진이 프로젝트를 승인해 주지 않으면 관련 직원들의 사기가 떨어진다. 따라서 IT에 대한 경영진의 평소 언행은 아주 중요하다. 또 다른 원인으로 IT 직원들에게 지나친 요청을 하거나 이들을 진절머리나게 괴롭히는 비즈니스 부서의 사용자 및 관리자를 들 수 있다. 이 역시 IT 직원들의 사기를 떨어뜨리는데 혁혁한 일조를 하고 있으며, 경영진의 IT에 대한 부정적인 태도도 동일한 영향을 미치는 것으로 밝혀졌다.

영향

IT 직원들의 낮은 사기로 인한 영향은 처음에는 외부로 드러나지 않는다. 이들 직원들은 평소와 다름없이 정상적으로 업무를 수행한다. 하지만 이 사이에 그 영향의 정도는 점점 커져가며, 급기야 기술적 현안을 해결하는 것보다 훨씬 더 어려워지는 시점에 이르게 된다. 이 결과 IT 직원들은 현안 및 문제를 자발적으로 해결하려고 하지 않으며, 솔선수범 및 창의력 등이 IT 부서 전반에 걸쳐 사라져, 마침내 IT 부서의 생산성이 급격히 떨어지는 상황이 발생한다.

예방

저자들이 IT 부서 책임자로 있던 시절에 그 예방을 위해 자주 사용했던 방법이 집단 작업 및 집단 토론을 제도화해 활성화하는 것이었다. 어떠한 현안이든 공개적으로 토론하게 하고 모두가 확실히 인식할 수 있게 했다. 아울러 IT 책임자에게도 과거에 그와 비슷한 현안 및 문제가 발생했다는 점을 상기시켜 주고, 상황을 좀 더 길고 넓게 바라다보도록 강조하였다. 이 과정에서 IT 직원들로 하여금 성취감에 초점을 맞추도록 했다. 이러한 접근방식은 확실히 직원들의 사기를 높이는데 아주 효과적이었다. 하지만 이럼에도 불구하고 IT 직원들의 사기는 저하될 수 있는데, 이는 아주 자연스러운 현상이라고 생각하라. 그리고 직원들에게는 조직 생활에서 직원의 사기란 원래 등락을 거듭하는 것이며, 지금은 단지 사기가 떨어질 때라고 당당히 지적하도록 한다.

탐지

IT 직원들의 집단 토론 시, 내용을 경청하도록 한다. 아울러 직원들의 업무에 대한 태도를 유심히 살피고, 특히 IT 직원으로서 이들이 문제 및 현안들을 어떻게 처리하고 있는지 관찰하도록 한다. IT 직원으로서 사용자 부서들이 시대에 뒤떨어져 있고 변화에 부정적이라고 비난하는 것과 실제 그렇게 행동하는 것과는 전혀 다른 것임을 명심하라.

대책

IT 직원의 사기가 떨어졌다고 판단되면 긍정적인 측면을 강조하는 접근방식을 취하도록 한다. 일례로 이들의 성취감을 자극하는 것도 좋은 대책이다. 아울러 사기에 영향을 미치는 프로젝트에 대한 중압감도 주의 깊게 살펴보도록 하라. 만약에 프로젝트 데드라인이 불합리하게 설정된 것이면 직원들에게 그 달성을 강요하지 말고, 즉시 프로젝트 일정을 재검토하게 한다. 여기에서 가장 중요한 것은 IT 부서 관리자가 직원들과 항상 같이 있으며 고민을 함께 해준다는 면을 보여주는 것이다. 직원들의 사기란 IT 조직 내 어느 한 그룹에 국한된 것이 아니라 부서 전체에 관련된 것이기 때문이다. 본 저자들의 경험 상, 몇 가지 작은 이벤트의 시행도 직원들의 사기를 진작하는데 큰 도움이 되었다. 예를 들어 한 직원이 사기에 문제가 있는데 마침 그리 중요한 업무를 수행하지 않고 있으면 특별 휴가를 보내주는 것도 한 가지 방법이다. 이외에 자기 계발을 위한 교육 프로그램에 보내 주는 것도 좋은 방법이었다.

IT 직원과 사용자 간에 커뮤니케이션이 부족하다

발생 배경

본래 IT 부서 직원과 비즈니스 부서 직원 간에는 사고방식이 다르다. IT 직원에게는 중요한 것이 비즈니스 부서 직원에게는 중요하지 않을 수 있으며, 그 반대의 경우도 종종 발생한다. 따라서 IT 책임자로서 여러분은 이런 현상은 언제든 발생될 수 있는 문제점이라고 생각하고 있어야 한다. IT 직원들과 사용자들 간에 커뮤니케이션은 어떻게 이루어지고 있는가? 프로젝트에서 요구사항 분석이나 설계와 관련해 커뮤니케이션이 제대로 이루어지고 있나? 주요 커뮤니케이션 문제로는 잘못 이해된 요구사항 및 불완전하거나 부분적인 정보 등이 있다. 이 반면에 IT 직원들은 산출물에 대해 과도한 약속을 남발하기도 한다. 이는 IT 직원들이 사용자들을 기쁘게 하기 위해 낙관적으로 말하는 것이 습관화돼 있기 때문일 수도 있다. 하지만 종종 이와 같은 약속이 지켜지지 않아서 최초 약속을 바탕으로 계획을 수립한 사용자들은 몹시 당황해 한다.

한편, 운영 및 지원과 관련해 사용자들은 비현실적인 요청을 제기하기도 한다. 또한 일단 자기에게 시급한 문제는 무엇이든 그 중요성을 과장해, IT의 즉각적인 대응을 얻어 내려고 한다. 이외에도 변경에 대한 요구사항이나 기타 지원 요청을 끊임없이 내 놓는다.

영향

미흡한 커뮤니케이션은 IT 직원과 사용자 간 불신으로 이어진다. 심지어 IT 직원들은 사용자가 제공하는 정보를 무시하기도 한다. 또한 사용자들이 요구사항을 명확히 내놓지 않으면 IT 직원들은 사용자 요구사항을 스스로 추정해버림으로써 제대로 돌아가지 않는 시스템만 양산하는 경우도 적지 아니 발생한다. 특히 허접한 커뮤니케이션의 극치는 IT 부서 관리자가 특정 업무에 직접 관여해 정보 전달 과정의 중간자 역할을 자임하는 경우다.

예방

최선의 예방 방법의 하나는 사용자 부서와 IT 부서에서 각각 직원들을 선발해 커뮤니케이션 채널을 만드는 것이다. 이렇게 하면 커뮤니케이션의 오류나 문제 발생 가능성을 크게 줄이 수 있다. 또한 일단 전달된 정보를 확인차 재연하게 하는 것도 또 다른 예방 방법이 될 수 있다.

커뮤니케이션이 부족할수록 오해의 발생 가능성은 더 높아진다. 따라서 커뮤니케이션은 특별한 현안이 없을지라도 정기적으로 갖는 것이 좋다. IT 부서 직원들을 사용자 부서에 파견시켜 업무를 수행하게 하는 것도 좋은 예방 방법이다. 이들에게 사용자 부서가 어떻게 돌아가고 있는지 체득하게 함으로써 사용자 부서에 대한 이해와 커뮤니케이션을 더욱 향상시킬 수 있다. 마찬가지로 사용자들도 IT 정례 회의에 참여하게 해, 제반 현안을 직접 체득하게 할 수 있다.

탐지

일단 IT 직원들 입에서 사용자가 무엇을 원하는지 잘 모르겠다는 말이 나오면 커뮤니케이션에 이상이 생겼다고 생각하고, 요구사항에 대한 추적 및 그간의 주요 커뮤니케이션에 대한 검토를 통해 무엇이 문제인지 파악할 필요가 있다. 또한 문서 및 전자메일 등과 같이 기존에 사용하고 있는 커뮤니케이션 매체에 대해서도 심도있게 조사해 보아야 한다.

대책

커뮤니케이션의 오류나 문제가 탐지되면 진행 중인 업무를 잠시 멈추게 하고 조사를 통해 현재 하고 있는 것의 결과가 사용자의 실제적인 니즈 충족에 도움이 되는 것이지 파악하도록 한다. 또한 인간관계 측면에서도 주의 깊은 관찰이 필요하다. 커뮤니케이션 오류나 문제 이면에는 당사자 간의 성격 차이가 존재하는 경우가 많기 때문이다.

핵심 업무가 몇몇 직원에게 지나치게 의존돼 있다

발생 배경

이와 같은 문제는 비단 IT뿐만 아니라 비즈니스에 있어서도 고질적인 문제이다. 어떠한 조직이든지 시간이 지나면서 쉽게 전수될 수 없는 업무 지식과 스킬을 확보한 직원들이 생기기 마련이다. 그런데 이런 상황에서 부서 관리자들은 시간이 걸린다는 이유로 이들의 지식 전수를 강하게 밀어 붙이기보다는 이들에 대한 의존도를 더욱 높이는 경향이 있다. 이 결과 대부분의 IT 조직들을 살펴보면 특정 어플리케이션 시스템에 대한 핵심 지식과 스킬이 불과 두세 명의 직원들에 의해 전유되고 있는 경우가 많이 존재한다.

영향

무엇보다 이들 소수의 핵심 지식 보유 직원의 이직이 가장 큰 문제이다. 또 다른 영향은 업무 수행이 지체되는 것인데, 그 이유는 이들 직원들은 대부분 IT 부서에서 일을 잘하는 직원들이어서 언제나 업무가 과다하게 배정되어 있고, 과로 및 혹사 인해 급기야 생산성이 떨어질 수밖에 없기 때문이다. 이 반면에 IT 지식 및 스킬도 직원 간에 쉽게 대체될 수 있는 것이라고 생각하는 사용자들에게는 이 같은 상황이 전혀 이해할 수 없는 것이다.

예방

최선의 예방 방법은 애당초 이러한 영향이 늘 발생될 수 있는 것이라고 전제하는 것이다. 따라서 누가 어떤 업무를 하고 있으며, 특정 직원에게 의존하고 있는 시스템과 그 정도를 조사한다. 또한 업무와 태스크를 공동으로 배정해 업무 지식의 공유를 촉진하도록 한다. 물론 자신의 비공식적 파워가 위협받는다는 생각으로 이에 저항하는 직원도 있을 것이다. 이러한 저항에 대해 IT 책임자인 여러분의 입장은 이들 소수의 핵심 지식 보유 직원들이 조직에 치명적인 위협 요소가 되지 않는 것이 자신들에게 이익이라는 점을 주지시켜 주는 것이어야 한다.

탐지

가장 간단한 방법은 어떤 직원이 휴가를 잘 가지 않고 있는지 파악하는 것이다. 아울러 문제가 발생됐을 때에 IT 직원들이 누구를 부르고 있고, 사용자들이 문제가 생겼을 때에 누구에게 의존하고 있는지 파악한다. 이를 통해 여러분은 여러분의 IT 직원들 중에 누가 조직에 가장 '치명적인지' 파악할 수 있다.

대책

여러분의 IT 부서에도 '치명적인' 직원이 있을 것이다. 일단 이들이 맡고 있는 업무를 타 직원과 공유하게 해야 한다. 이 일환으로 다른 직원들에게 이들 업무에 대해 프리젠테이션하게 하라. 또한 이들의 업무를 다른 직원들에게 재배정하고, 다른 한편으로는 IT 책임자인 여러분도 이들 업무에 대한 데드라인을 근본적으로 재검토해 보도록 한다.

IT 직원들이 상호 고립돼 따로따로 작업 한다

발생 배경

이는 IT 조직의 고질적인 문제 중의 하나로서 일반적으로 IT 인력들은 시스템 설계와 프로그래밍 등의 작업을 혼자서 하는 것에 익숙해져 있다. 평소엔 이런 방식으로 작업하다 프로젝트 회의 시에만 모여 업무 현황을 공통으로 검토한다. 이처럼 이들은 좀처럼 공동 작업을 수행하지 않는데, 이는 IT 관리자들이 구체적인 대책을 통해 팀워크를 촉진하지 않기 때문이기도 하다. 심지어 IT 관리자들은 작업을 개별적으로 배정하면 책임 추적성(Accountability) 및 효율성을 대폭 향상시킬 수 있다고 믿고 있다. 이러한 태도는 IT 인력들이 전문가이니만큼, 전문화된 영역별로 업무를 수행해야 한다는 IT 역사에 바탕을 두고 있는 것이기도 하다.

영향

고립된 업무 수행으로 인한 악영향은 아주 다양하다. 먼저 직원이 이직하면 그 직원의 업무를 인계받을 사람이 없다는 점을 들 수 있다. 아울러 직원의 사기에 문제가 있는 경우에 IT 부서 관리자인 여러분이 문제점을 파악했을 때에는 이미 늦은 경우가 많다.

혼자서 일하는 직원은 IT 부서나 회사에 대한 소속감이 떨어질 가능성이 높으며, 자신의 업무가 과연 가치가 있는 것인지 회의를 품게 되는데, 이 역시 여러 가지의 문제점을 발생시키는 원인이 되기도 하다.

예방

가장 좋은 예방 방법은 평소에 IT 직원 간에 업무 및 태스크의 공유를 활성화해두는 것이다. 이를 위해 이전 장에서 강조한 바와 같이 프로젝트 회의는 현황 파악보다 현안 및 Lessons learned에 대한 토의로 진행하는 것이 좋다. IT 부서 내 회의도 동일한 방식으로 운용할 필요가 있다.

탐지

이런 현안의 탐지는 비교적 쉽다. 일단 IT 직원들이 현재 어떤 업무를 하고 있고, 공동으로 수행되고 있는 업무는 어떤 것이지 파악하도록 한다. 아울러 회의 때, IT 직원들이 어떻게 행동하고 있는지 관찰하도록 한다. 만약에 IT 직원들이 의당 알고 있어야 할 정보에 대해 놀라움을 보이는 행동을 한다면 이는 고립으로 인한 문제라고 생각하라.

대책

장기적인 대책으로는 IT 조직 내에 팀워크를 강화시키는 것이 있으며, 단기적인 대책으로는 IT 부서 또는 프로젝트에서 수행되는 회의의 진행 방식을 변경하는 것이 있다. 또 한 가지의 시급한 대책으로는 두 사람이 칸막이 없이 얼굴을 보면서 근무할 수 있도록 사무실의 배치를 변경하는 것이 있다.

슈퍼바이저의 관리 스킬이 부족하다

발생 배경

IT 부서의 슈퍼바이저(Supervisor) 또는 일선 관리자의 경우, 대부분 특정 기술 분야의 업무를 잘 했기 때문에 승진될 수 있었다. 때로는 급여를 더 높여 줄 수 있는 방법이 승진밖에 없어서 된 경우도 있다. 이유야 어떻든, IT 부서 관리자는 이들의 직무 변경을 인식해 이들을 관리감독자 교육 프로그램에 참석할 수 있게 해 줄 필요가 있다.

영향

IT 현안 중 많은 부분이 그 근본 원인을 따져 들어가면 슈퍼바이저의 실수나 문제로부터 기인한다는 사실을 발견할 수 있다. 이들을 종종 자기 부하에게 지나친 압력을 행사하거나, 부하들의 역량 수준을 도외시한 높은 수준의 목표를 제시한다. 왜냐하면 이들의 부하나 승진하지 못한 사람들은 슈퍼바이저보다 기술 및 역량이 떨어지기 때문이다. 이로 인해 부하 직원들의 사기는 전반적으로 저하되며, 어떤 직원들은 업무를 해보지도 않고 미리 포기, 작업을 슈퍼바이저에게 넘겨버리기도 한다.

예방

일선 관리자 및 슈퍼바이저로 승진을 고려하고 있는 대상 직원들에게 그 직무가 무엇을 필요로 하는 건지 미리 이해시켜 줄 필요가 있다. 해서 저자들은 이들에게 기존의 검증된 우수 슈퍼바이저들과 같이 근무할 수 있는 기회를 제공해 주었다. 이렇게 하면 최소한 이들 승진 대상자들이 그 직무를 선택하지 않을 기회를 가질 수 있으며, 이와는 달리 사람 관리에 필요한 역량을 함양할 수 있는 시간을 가질 수 있었다. 또 다른 예방 방법으로는 이들 후보자에게 인사관리 및 비기술적인 현안들을 평소에 처리해 볼 수 있는 기회를 제공해 주는 것도 있다.

탐지

어떤 슈퍼바이저가 잘 하고 있는지는 겉으로 봐서는 잘 모른다. 어쨌든 일은 잘 되고 있으며, 문제의 징후 및 가시적인 불만은 보이지 않기 때문이다. 하지만 속을 들여다보면 직원들의 분노는 극에 달했으며 불만으로 가득 차 있다는 사실이 종종 발견되곤 한다. 이들은 불이익이 두려워 표출하지 않고 있었을 뿐이었다. 따라서 IT 수장인 여러분이 사실을 알고 싶다면 문제의 슈퍼바이저가 주관하는 회의에 몇 번 참석해 보도록 하라. 특히 이러한 것을 모든 작업 그룹에게도 확대 적용해, 여러분이 응징을 가하고 있다는 인상을 주지 않도록 해야 한다.

이외에도 슈퍼바이저가 현안을 어떻게 처리하고 있고, 무슨 역할을 수행하고 있으며, 자기 부하들에게 역할 및 책임을 어떻게 배정해 주고 있는지 파악해 보아야 한다. 이를 통해 여러분은 현재 무슨 일이 벌어지고 있는지 파악할 수 있을 것이다.

대책

슈퍼바이저나 일선 관리자가 문제가 있는 것으로 판단되면 관리 스킬을 높이기 위해 교육 프로그램에 보내는 것만 생각해서는 안 된다. 당해 관리 감독 업무를 타 슈퍼바이저에게 재배정하거나 공동 감독도 고려해 보아야 한다. 아울러 인력 관리 부서에게 당해 슈퍼바이저의 성과에 대한 부하들의 평가를 실시해 피드백을 제공해 주도록 의뢰한다.

제14장

정보시스템 및 기술 현안

서론

제3장에서 현재 사용하고 있는 기술에 대한 평가 및 신기술 도입에 대해 자세히 다루었고, 시스템 및 기술관련 현안에 대해서 구체적으로 언급하였다. 기술 현안은 한번 해결되면 다시 발생하지 않을 것처럼 보이지만 실상은 그렇지 않다. 저자들의 경험에 의하면 시스템 및 기술관련 문제는 재발하며, 그 주요 원인으로는 경영진의 과다한 기대 수준, 기술에 대한 불충분한 분석, 신기술의 등장 등 여러 가지를 들 수 있다.

기술이 잘못 선정되었다

발생 배경

먼저 '잘못'이란 것의 정의에 대해 언급하고자 한다. 여러분은 사용 및 설치하기 어려운 기술을 선정하였을 수 있다. 또는 선정된 신기술이 최초의 예상과는 달리 여러분 조직의 비즈니스에 맞지 않을 수 있다. 이외에 신기술을 활용 또는 운용할 인력이 가용하지 않다거나 기술 도입 이전에 미처 예기치 못한 부정적인 부대 효과가 발생할 수 있다.

도대체 이러한 문제가 발생하는 이유는 무엇일까? 일단 신기술에 대한 분석이 불충분할 경우를 들 수 있다. IT 인력마저 종종 신기술에 대한 과대선전과 맹목적인 기대로 인해 적절한 수준의 분석을 생략하는 경향이 있다. 또 다른 이유로는 어설픈 벤치마킹을 들 수 있다. 즉, 다른 기업이 이미 당해 기술을 도입, 운용하고 있으니 자기 회사에서도 잘 적용될 수 있을 것이라는 잘못된 믿음이다. 기업은 각각 저마다의 고유한 시스템 및 기술 아키텍처를 갖고 있기 마련이다.

영향

잘못 선정된 신기술의 악영향은 아주 명확하고 심각하다. 신기술이 전혀 쓸모없는 것인 경우, 신기술의 사용은 취소되고 매뉴얼은 선반 깊숙한 곳에 처박히게 된다. 참으로 안타까운 일이다. 그런데 더 안타까운 것은 이런 일련의 과정이 Lessons learned를 확보할 수 있는 절호의 기회임에도 불구하고, 실상은 그렇지 않다는 것이다. 신기술이 언급될 때마다 곤란해지는 사람들이 많기 때문이다. 또 다른 영향으로는 경영진 및 IT로 하여금 신기술이라면 치를 떨게 만들어, 새로운 비즈니스 기회를 실기하는 더 큰 잘못을 범하게 만든다는 점이다. 세 번째로, 다른 프로젝트에 사용되었을 귀중한 자원을 부적합한 기술의 구현 활동에 낭비하는 것을 들 수 있다. 특히 이와 같은 상황은 신기술 선정에 관련된 사람들이 자기들의 체면을 살리려는 이유로 인해 자주 발생된다.

그런데 가장 심각한 상황은 잘못 선정된 신기술이 설치돼 실무에 사용되는 경우이다. 이로 인해 많은 문제들이 발생된다. 일단 IT 직원들의 신기술 지원 노력 및 코스트를 엄청나게 소모시키는 것은 물론, 신기술과의 인터페이스를 위해 잘 돌아가고 있는 기존 기술을 예정에도 없이 변경해야 하는 경우도 발생한다. 비즈니스 부서라고 예외일 순 없다. 사용자들은 '애물단지'가 돼버린 신기술로는 업무를 제대로 처리할 수 없어서 비공식적인 업무 수행 절차인 워크-어라운드(Work-arounds)나 쉐도우 시스템(Shadow Systems)를 이용해 업무를 처리해버린다.

예방

최선 방법은 이중적인 접근방식을 취하는 것이다. 첫째, 신기술 선정 시 기존 기술과의 통합 및 비즈니스 프로세스에서의 활용도에 초점을 맞춘다. 이렇게 하면 부적절한 대안들은 사전에 거를 수 있다.

둘째, 평소에 신기술에 대한 조사 및 모니터링을 통해 경영진이 먼저 주목하기 전에 미리 검토해두도록 한다. 조사할 때에는 잠재적으로 유용한 것뿐만 아니라 밝혀진 결점과 문제도 포함해서 하도록 한다.

탐지

우선 신기술 선정 및 평가 과정에서 분석을 어떻게 했는지 검토하도록 한다. 대안으로 다른 기술도 생각해 보았는가? 자원의 가용성도 고려되어 있는가?

신기술 도입 계약이 이미 체결된 상황이면, 당해 신기술에 대한 교육이나 최신의 정보를 갖고 있는 직원들의 의견과 경험을 파악하도록 한다. 신기술에 대한 직접 또는 간접 경험은 어떠하든가? 신기술을 훨씬 더 유용한 것으로 만들기 위해 해결해야 할 잠재적 문제 리스트는 준비돼 있는가?

신기술의 구현이 시작되었으면 프로젝트 계획 및 문제 해결에 주목한다. 문제는 얼마나 빨리 해결되고 있는가? 현재 해결되지 못한 문제는 어떤 것들인가? 사실 이때에는 문제가 사소한 것이며 기존 기술에 관련된 것이길 기도해야 한다. 만약에 심각한 문제가 존재하며 특히 이것이 신기술의 기능과 관련된 것이면 이때부터는 구현 팀의 통제 밖의 일이며 여러분의 조직은 문자 그대로 큰 낭패를 겪는 일만 남게 된다.

대책

일단 선정된 신기술에 돈과 시간을 투자할 때에 나타나는 행동을 보면 신기술이 제대로 돌아가도록 하기 위해 구현 과정에 예상했던 수준 이상의 자원을 주저 없이 투입하는 경향이 있다. 하지만 이러한 행동은 상황을 악화시킬 뿐이다. 그 이유는 첫째, 다른 활동 및 프로젝트에 충당될 자원을 부족하게 만들며, 둘째, 그럼에도 불구하고 신기술은 여전히 제대로 된 기능을 제공하지 못한다.

이런 상황에서 IT 조직의 책임자인 여러분이 가장 먼저 해야 할 일은 해결해야 할 문제들 리스트를 작성하는 것이다. 그 다음 구현 팀, 업체 및 사용자와 함께 무엇을 할 것인지 결정해야 하는데, 이때에는 반드시 대안을 3가지로 정리하는 것이 좋다. 첫째는 설치 후, 계속 사용하는 것이고, 둘째는 즉시 설치를 중단하고 신기술을 포기하는 것이며, 셋째는 설치를 연기하고 상황이 변하거나 또는 현안이 해결될 때까지 기다리는 것이다. 예를 들어 업체가 기술적 문제를 완전히 해결하거나 새로운 버전을 발표할 때까지 기다리는 것이다. 이러한 복수 대안 제시는 IT 부서 관리자인 여러분에게 정치적 측면에서 아주 의미 있는 것이다. 이유는 첫째, 이렇게 함으로써 여러분은 중립적이며, 무모한 추진을 바라지 않는다는 점을 명확하게 보여 줄 수 있다. 둘째, 여러분은 신기술 구현에 낭비될 뻔한 자원을 활용해 대기 기간 중에 할 수 있는 일을 제시할 수 있다. 이와 같이 중립적인 태도를 취함으로써, 여러분은 다양한 조건을 선택할 수 있는 위치를 선점할 수 있으며, 이를 바탕으로 비즈니스 및 IT 부서 직원들에게 신기술에 대한 이들의 실제 생각을 털어 놓게 할 수 있다.

시스템 및 기술적 통합에 문제가 있다

발생 배경

시스템 및 기술 통합은 제3장에서 상세히 다루었다. 여기에서는 통합 및 인터페이스에 대해 살펴보도록 하겠다. 기술은 서로 간에 네트워크 또는 하드웨어 커넥션을 통해 인터페이스한다. 경험에 의하면 하드웨어적 통합 문제는 그리 심각하지 않지만, 진짜 심각했던 문제는 소프트웨어적인 통합이었다. 과거에 저자 중의 한 명이 맡고 있던 조직에서 마이크로 컴퓨터를 대거 도입하였는데 마침 새로 들여온 프린터와 호환이 되지 않아 3개월을 걸려 인터페이스 프로그램을 개발한 적이 있었다. 정말이지 불필요한 자원의 낭비가 아닐 수 없었다.

이 같은 통합 문제는 왜 발생되는 것일까? 기존의 기술 자체가 문제의 원인인 경우도 있다. 즉, 지금의 기술이 오래됐기 때문이다. 기존의 기술이 처음으로 발표되었던 과거에 그 누가 기술의 발전이 지금처럼 될 지 짐작이나 할 수 있었겠는가? 따라서 신기술과의 인터페이스를 지원하는 소프트웨어나 설명서가 존재하지 않는 것도 극히 당연한 일이다. 이와 관련해 여러분이 기존의 기술 솔루션 업체와 접촉한다고 하면 백이면 백, 자기의 문제가 아니라는 답변만 듣게 될 것이다.

이 반면 신기술 쪽에 통합 문제의 원인이 존재하기도 한다. 신기술은 또 다른 업체로부터 나오는 경우가 많고, 이들은 자기만의 특화된 여러 가지 새로운 기능과 특성을 반영시킨다. 물론 신기술 업체도 시장성을 고려해 기존 기술과의 인터페이스를 반영해서 새로운 솔루션을 설계한다. 하지만 모든 종류의 인터페이스를 보증해주지는 않는다.

통합 문제가 가장 심각한 경우는 새로운 소프트웨어를 레거시 시스템(Legacy Systems)과 인터페이스할 때이다. 그런데 레거시 시스템은 각종 제약 사항으로 인해 통합을 저해하는 심각한 문제를 불러일으킨다.

영향

통합 문제는 불필요한 작업만 잔뜩 양산해내고 엄청난 규모의 시간과 코스트만 낭비시킨다. 일례로 신기술과의 인터페이스를 위해 멀쩡한 기존 기술에 대해 대대적인 수정 작업을 수행해야 하는 경우가 종종 발생한다. 특히 새로운 소프트웨어를 레거시 시스템과 인터페이스할 경우에는 훨씬 많은 문제가 발생하는데, 첫 번째는 레거시 시스템을 대폭 변경하는 경우이다. 잘 알려져 있듯이 오래된 시스템에 변경을 가하면 이로 인해 더 많은 에러와 문제가 발생한다. 어찌 됐든 그동안 안정성을 유지했던 레거시 시스댐이 더 이상 그렇지 못하게 되는 상황이 발생한다. 두 번째로는 기존 시스템과의 인터페이스를 위해 신규 시스템에 대한 지나친 커스터마이징(Customizing)을 들 수 있다. 이 같은 커스터마이징으로 인해 추후 신규 시스템의 업그레이드가 극도로 어려워진다.

예방

이의 예방을 위해서는 우선 어떠한 인터페이스가 필요할 것인지 사전에 정의하여야 한다. 이를 바탕으로 소요 자원을 추정하고, 추가 작업을 수행하기 위해 인력을 재배정하도록 한다. 내부 인력이나 스킬이 가용하지 않으면 외부의 업체나 컨설턴트를 활용하도록 한다.

통합 작업은 별도의 프로젝트로 추진하는 것이 좋다. 이를 통해 조직 내부의 관심을 집중시킬 수 있기 때문이다. 또한 통합 작업 중에 발생될 수 있는 추가 요구사항을 처리할 수 있도록 미리 대비할 필요가 있다.

탐지

잠재적 문제에 대한 탐지는 신기술 선정 및 평가 과정의 초기 단계부터 시작되어야 한다. 이 단계에서 사람들은 신기술에 대한 환상과 과대 선전에 빠져들기 쉽다. 이래서는 안 되며, 신기술의 설치, 트러블슈팅, 테스트 및 통합의 측면에서 냉정히 따져보아야 한다. 이런 것들이 바로 잠재적인 문제 영역들이기 때문이다.

신기술이 설치되고 직원들이 교육훈련을 받으면 통합 작업이 개시된다. 이때에는 특히 어떠한 문제점과 의문점이 제기되고 있는지 주목할 필요가 있다. 이를 통해 IT 부서 관리자인 여러분은 향후 여러분과 여러분 조직이 어떠한 상황에 봉착할 지 미리 가늠할 수 있다. 이러한 것들이 피상적이면 저자들의 경험상 여러분 앞에 기다리고 있는 것은 끔찍한 악몽과도 같은 상황일 가능성이 높다.

대책

시스템 및 기술의 통합과 관련된 문제가 발생하면 대개 끝장을 보겠다는 일념으로 더 많은 자원을 투입하는 경향이 있다. 그런데 문제의 전모 및 규모를 정확히 모르는 상태에서 이러한 접근방식을 취하는 것은 상황을 더 악화시키는 첩경일 뿐이다. 통합 관련 문제의 전면적 해결을 실행하기 전에 반드시 업체와의 협의를 통해 문제를 완벽하게 이해하여야 한다.

신기술의 기대효과를 실현하지 못했다

발생 배경

개별 기업들의 신기술 도입 과정을 지켜보면서 놀라움을 금치 못한 점이 한 가지 있다. 기술의 평가 및 선정과 구현에는 많은 노력을 들이지만 그 이후에는 신경을 쓰지 않는다는 점이다. 왜 이러한 일이 반복되는 것일까? 이는 경영진과 관리자들이 기술의 기대효과란 자동으로 실현되는 것이라고 생각하고 있기 때문이다. 하지만 실상을 들여다보면 새로운 시스템 및 기술이 도입되었음에도 불구하고 비즈니스 프로세스는 전혀 변하지 않는 경우가 허다하다. PDA(Personal Digital Assistant, 휴대용 정보 단말기)를 예로 들어보자. 많은 기업들이 일정관리 및 생산성 향상을 위해

PDA를 대거 도입해 임직원에게 나눠 주었다. 하지만 실제로는 어떤 일이 벌어졌던가? 경영진은 좀처럼 자기의 일정을 네트워크에 올려놓지 않았고, 따라서 직원들도 자기의 개인적 일정만 관리하는 현상이 벌어졌다.

영향

맨 먼저 신기술의 기대효과가 달성되지 못했다는 실망감이 조직 전반에 퍼진다. 곧 이어, 문제의 신기술 도입과 관련해 누가 잘못이고 누가 결백한지 '마녀사냥'이 시작되고, 이 와중에 조직의 사기는 급격히 저하된다. 이정도 되면 사람들은 신기술이라면 치를 떨며 다른 기술 도입마저 주저하게 된다. 어떤 조직들은 신기술 혐오 증후군을 보이기도 한다. 물론 Lessons learned의 확보란 전혀 생각할 수도 없다.

예방

가장 효과적인 예방 방법은 비즈니스 프로세스에 대한 측정 및 변화에 주력하는 것이다. 무엇보다 먼저 신기술 도입을 전후해 똑같은 접근방식을 통해 비즈니스 프로세스를 측정하도록 한다. 특히 도입 전에 기존의 수행 업무에 대한 측정을 하면, 신기술이 해결할 수 없는 문제 및 현안은 무엇인지 파악할 수 있다. 아울러 신기술 도입 의사결정을 좀 더 효과적으로 수행할 수 있다.

두 번째로 프로세스의 변화에 대해 중점을 두도록 한다. 신기술로 인해 영향을 받게 될 직원들을 대상으로 신기술이 비즈니스 프로세스에서 어떤 기능을 할 것인지 시뮬레이션을 해 볼 필요가 있다. 여기서 얻는 피드백은 추후 신기술 구현 과정에 커다란 도움이 될 뿐만 아니라 어떠한 문제가 발생될 것인지 가늠할 수 있도록 해준다.

탐지

이와 같은 문제점은 신기술의 도입을 직원들에게 처음으로 밝힐 때에 탐지할 수 있다. 이때에 여러분은 신기술의 활용 방법과 관련해 직원들이 제기하는 질문에 주목할 필요가 있다. 특히 새로운 시스템이나 신기술을 기존 프로세스에 대한 아무런 변경없이 그대로 적용하자고 하는 직원들을 주목하여야 한다. 이들이 어떠한 이유를 대든 실제로 원하는 것은 새로운 프로세스를 자기들이 잘 알고 있고 선호하는 종전의 프로세스로 되돌리는 것 이외에는 아무것도 아니라는 점을 명심하라.

구현 및 교육 단계에서도 이와 같은 문제가 탐지될 수 있다. 일반적으로 이 단계에서는 기존 상태에서 신규 프로세스로 전환하는 방법을 다루게 된다. 따라서 여러분은 변화가 진척됨에 따라 반드시 해결해야 할 현안뿐만 아니라 해결되었을 때의 효과도 도출해야 한다. 이외에 신규 시스템이 모든 사용자의 니즈를 충족시킬 수 없을 거라는 우려의 목소리도 나올 수 있는데, 그리 크게 신경 쓸 필요는 없다. 이 세상에 그러한 시스템은 있을 수 없기 때문이다. 모든 세상사가 그러하듯, IT 역시 모든 것들 한꺼번에 다 해결할 수는 없는 것 아닌가?

대책

새로운 시스템과 기술이 구현된 후에 기대효과가 실현되지 않은 것처럼 보이면 일단 관련 비즈니스 프로세스를 조사해 보도록 하라. 특히 업체 및 구현 팀의 말을 그대로 다 믿어서는 안 된다. IT 책임자인 여러분이 직접 특정 트랜잭션과 관련해 일이 어떻게 진행되고 있는지 파악하여야 한다. 본 저자들의 경우, 처음에 생산성의 비약적인 향상을 기대했었다. 하지만 시간이 지나도 그렇지 못했다. 해서 비즈니스 프로세스를 조사해 봤더니 직원들이 신규 시스템에서도 여전히 엄청난 양의 기록을 작성하고 있었다.

과거에는 시스템의 몇몇 정보가 정확하지 않아 기록을 작성했었다. 하지만 새로운 시스템에서는 모든 정보가 정확했다. 따라서 재교육을 통해 이러한 불필요한 행동은 즉시 중단되었고, 생산성은 예상했던 것처럼 향상되었다.

윗선에서 특정 기술을 강제적으로 밀어 붙인다

발생 배경

이런 상황은 특히 다국적 기업이나 공공 기관의 경우에 왕왕 발생한다. 시스템 및 기술에 관한 의사결정이 구현 방식과 소요 자원에 대한 충분한 주의나 정보가 없는 가운데 경영진에 의해 일방적으로 결정돼버린 것이다. 그리고 어느 날 갑자기 IT 부서 책임자인 여러분에게 구현의 과제로 떨어졌다. 이러한 '밀어붙이기'식 접근방법에는 항상 재앙이 따라 다니게 마련이다. 기존에 진행되고 있었던 일은 완전히 뒤로 밀리게 되고, 정규 업무로부터 자원을 징발해 구현 과제의 수행에 쏟아 붓게 된다.

영향

이로 인해 IT 책임자인 여러분과 관련 비즈니스 부서 관리자는 신기술 구현 작업과 정규 업무 간에 자원을 황망히 재분배하는 졸속 의사결정을 하게 된다. 특히 이런 상황에서는 어떠한 조직이든 쓸만한 직원은 늘 부족하기 마련인지라 또 다시 소수의 핵심(그래서 '치명적인'일 수밖에 없는) 직원들에게 구현 작업을 맡기고, 이들에 대한 의존도만 키우게 된다.

이런 상황에서는 조직 내 무언가는 반드시 희생을 치르게 되어 있는데, 피해를 보는 쪽은 기존에 수행되고 있는 업무인 경우가 많다. 기존 업무의 성과 저하 및 이에 따른 불만이 고조되면 인력을 잠시 구현 작업에서 빼,

기존 업무의 정상화에 투입한다. 해서 점차적으로 두 업무 영역 사이에서 '왔다갔다'하는 현상으로 인해 혼란이 조직 전체에 퍼져간다.

예방

가장 효과적인 예방 방법은 사전에 새로운 시스템 및 기술에 대한 조사를 통해 관련 문제점 및 현안을 미리 파악해 두는 것뿐이다. 특히 신기술이 더 효과적으로 구현될 수 있도록 현행 프로세스 및 업무를 미리 정비해 두면 금상첨화일 것이다. 구현 작업이 본격적으로 시작되면 구현 작업과 정규 업무 간의 자원 배정을 일주일 간격으로 수행하도록 한다.

만약 정규 업무에 잘 교육된 백업 인력이 있으면 구현 작업을 수행하는 직원들은 가급적 그쪽에서 풀-타임으로 일하게 하는 것이 좋다. 그렇지 않으면 이들 핵심 직원들은 업무 과중으로 인해 사기와 생산성이 동시에 떨어지는 상황이 벌어진다. 이러한 현상은 ERP(Enterprise Resource Planning, 전사 자원 관리)를 도입해본 경험이 있는 기업 조직들은 모두 겪어 보았을 것이다.

탐지

신기술 구현에 소요될 자원에 대해 그 어떠한 문제의 제기 없이 구현 일정이 수립되었다면 여러분은 일단 앞으로 끊임없이 문제가 발생할 것이라고 생각하여야 한다.

따라서 신기술 구현 중에는 일주일 단위로 핵심 인력들이 무슨 작업을 어떻게 하고 있는지 지속적으로 모니터링함으로써 사전에 문제가 될 만한 소지를 샅샅이 식별하도록 하고, 일이 제대로 되지 않았을 때의 영향 및 그 강도를 추정하도록 한다.

대책

구현 작업이 지체되고 있으면 현재 적용중인 자원 배분 방법부터 조사해보도록 한다. 물론 이외에 과도한 커스터마이징 등과 같은 여러 가지의 현안들이 있지만 자원 배분이 문제의 핵심인 경우가 거의 대부분이었다. 특히 구현에 모든 자원을 털어 놓지 않도록 해야 한다. 이런 방식은 별로 효과가 없었다. 이런 상황에서 구현 작업이란 해도 해도 끝없이 발생되는 업무의 연속이기 때문이다. 차라리 경영진을 설득해 시스템의 완벽한 구현(Full Implementation)을 연기하든지 또는 시스템의 일부만 구현하도록 하는 것이 최선의 방법이었다는 점을 명심하기 바란다.

레거시 시스템이 자원-소모적이고 유연하지 못하다

발생 배경

IT 조직은 레거시 시스템을 갖고 있기 마련이다. 그런데 시스템이든 TV든 제대로 돌아가고 있음에도 불구하고 왜 교체하려는 것일까? 오래된 것일수록 고치고 유지보수하기 훨씬 쉬우며, 특히 레거시 시스템의 경우에 유지보수 및 지원 전담 인력이 있음에도 불구하고 말이다. 문제는 시간이 지나면서 레거시 시스템의 질이 저하된다는 것이다. 다른 것과 인터페이스해야 할 것이 생길 때에 레거시 시스템에 변경 및 개선을 가하게 되는데 이로 인해 레거시 시스템의 규모는 점점 커지고 더 복잡해진다. 특히 오랜 기간에 걸쳐 여러 프로그래머들에 의해 변경돼 오면서 레거시 시스템은 각 프로그래머의 독특한 변경 방법으로 인해 누더기로 전락한다. 이 반면, 이러한 레거시 시스템을 산뜻하게 정리정돈하려는 노력은 거의 기울이지 않는다. 결국 레거시 시스템을 변경하려면 엄청난 시간과 노력이 소요될 뿐만 아니라 이로 인해 시스템의 유연성은 크게 떨어진다.

영향

레거시 시스템에 대한 '난해한' 지식을 보유한 직원들도 언젠가는 이직하게 된다. 업체 역시 관련 소프트웨어 Fix 및 새로운 버전을 영원히 발표하지는 않을 것이다. 즉 소프트웨어가 더 이상 효과적이지 못하고 효율적이지 못할 때가 온다는 말이다. 이러한 이치를 알 턱이 없는 최고 경영진은 레거시 시스템을 존속시키라는 주장만 계속 되풀이 한다.

얼마간의 시간이 더 지나면 IT 부서는 레거시 시스템에 대한 변경 중 어떤 것은 근본적으로 불가능하다는 것을 깨닫게 되고, 레거시 시스템과의 인터페이스를 위한 작은 시스템을 하나씩 새로 개발한다. 이러한 시스템 인터페이스들이 점점 증가하다가 어느 시점이 되면 레거시 시스템의 유지보수는 '악몽'으로 여러분 앞에 등장하게 된다.

예방

가장 효과적인 예방 방법은 레거시 시스템을 교체하지 않는 것이다. 교체 대신에 우선 레거시 시스템과 그 지원 노력을 측정하도록 한다. 측정 대상에는 다음과 같은 것들이 포함되어야 한다.

- 시스템의 규모
- 인터페이스의 종류 및 개수
- 시스템에 가해진 변경 건수
- 승인된 변경 건 중에 아직 완료되지 않는 건수
- 유지보수 및 지원 노력의 규모
- 변경 1 건을 완료하는데 소요되는 시간
- 시스템에 대한 지식을 보유하고 있는 직원들의 숫자 및 이직 현황

이와 같은 측정을 수행한 후에 레거시 시스템의 일부에 대한 부분적 교체를 고려한 신규 아키텍처를 정의하고 이를 바탕으로 레거시 시스템을 재정비하도록 한다.

탐지

이 같은 측정 항목들은 레거시 시스템의 문제점을 파악하기위한 충분한 정보와 근거를 제공해주긴 하지만, 그럼에도 불구하고 여러분 IT 직원들은 사용자 부서를 직접 방문해 사용자들이 레거시 시스템을 어떻게 사용하고 있는지 그 실상을 파악해 볼 필요가 있다.

아마 비즈니스 부서의 사용자들은 레거시 시스템의 변경 요청 처리가 너무 오래 걸리기 때문에 시스템에 대한 추가 변경을 아애 표기해버리고 자기들 나름대로 비공식적인 업무 처리 절차, 일례로 워크-어라운드(Work-arounds)나 쉐도우 시스템(Shadow Systems)을 사용하고 있는 경우가 많을 것이다. 이러한 것은 모두 레거시 시스템이 너무 오래돼서, 유용성이 크게 떨어졌다는 아주 확실한 증거가 된다.

대책

아무런 기준 없이 무턱대고 레거시 시스템을 신규 소프트웨어 패키지로 교체하기보다, 먼저 비즈니스 프로세스를 살펴 볼 필요가 있다. 대개 레거시 시스템이 설치된 이후로 비즈니스 프로세스가 많이 변하였고 누더기식 변경으로 인해 프로세스의 품질이 상당히 떨어졌을 것이다. 물론 완전히 새로운 시스템으로 전환하는 방안도 검토할 필요가 있다. 하지만 레거시 시스템이 아직까지 사용자 니즈를 상당히 충족시켜 주고 있는 상황이라면 레거시 시스댐의 일부분을 선택적으로 재징비하는 방안이 좀 더 효과적일 수 있다.

항상 백-로그가 잔뜩 쌓여있다

발생 배경

일반적으로 사용자 부서가 지원 요청을 IT 부서에 제기하면 IT 부서가 이를 검토해 승인한다. 처리하기로 결정된 지원 요청 건은 대기 작업 큐에 쌓이게 된다. 그러면 IT 부서의 시스템 분석가나 프로그래머가 이들 요청 건들을 적절히 분류 및 취합해 처리한다.

그런데 항상 그러하듯이 이런 작업의 대부분이 IT 부서 내 소수의 핵심 직원들에게 떨어진다. 이들만이 조직에서 오랫동안 사용되어온 시스템 및 기술에 대해 가장 많이 알고 있기 때문이다. 그런데 바로 이러한 접근방식 때문에 사용자 지원 요청 처리 과정에서 병목(Bottle-neck)현상이 발생되며, 미처리 작업인 백-로그가 항상 잔뜩 쌓이는 상황이 지속된다. IT 부서 책임자로서 여러분은 여러분 조직에 백-로그를 좋아하는 직원들이 있을 수 있다는 점을 간파하고 있어야 한다. 이들에게 있어 백-로그는 직무 안정성을 보장해주는 것으로 인식돼 있다는 사실도 함께 말이다.

영향

사용자들이 시스템에 대한 변경을 요청하였지만 담당 IT 직원이 백-로그로 인해 적시에 제대로 처리해주지 못하면 사용자는 솔루션을 스스로 창조한다. 즉, 자신의 업무 처리를 위해 예외적인 처리 방법이나 쉐도우 시스템을 고안해 사용해버린다. 한편 시스템 변경의 필요성이 사라졌다는 사실을 까맣게 모르는 IT 부서는 변경 요청을 원안대로 처리한다. 이처럼 백-로그를 처리하는 과정에서 사용자와 IT 직원 간의 커뮤니케이션 부족이란 악영향이 발생한다.

예방

백-로그가 계속 커져가는 상황의 예방 방법으로는 일단 사용자의 IT 지원 요청 각각에 대해 과연 진짜로 필요한 것인지 평가해 보는 것이다. 저자들의 경험에 의하면 이들 지원 요청의 상당수가 시스템의 변경보다는 비즈니스 프로세스의 변경을 통해 해결될 수 있는 것들이었다.

또 다른 예방 방법으로는 백-로그에 대한 정기적인 재점검을 통해 IT 지원 요청 건이 계속해서 유효한 것인지 선별해 내는 것이다. 왕왕 경영진 및 관리자의 변경이나 비즈니스 프로세스의 변경으로 인해 시스템에 대한 변경의 필요성이 사라지는 경우가 발행한다. 따라서 실제로 비즈니스에게 필요한 지원 요청 건을 선별해 내기 위해서는 IT 직원과 사용자들 사이에 정기적인 커뮤니케이션이 필요하다.

탐지

먼저 시스템별로 백-로그 현황을 파악한 다음, 사용자 부서를 방문해서 시스템에 대한 변경이 이루어지지 않는 경우에 어떤 영향이 있을 것인지 협의하도록 한다. 종종 아무런 영향이 없다는 사실을 발견할 수도 있고, 이와는 반대로 시스템이 변경 안 되면 사용자가 업무를 처리하는데 있어 몇 단계를 더 거쳐야 한다는 사실도 발견할 수 있을 것이다.

대책

맨 처음 취할 대책은 사용자 부서와 함께 백-로그를 검토하는 것이다. 이와 같은 협의를 통해 불필요한 지원 요청을 제거하고 실제 비즈니스에 필수적인 것만 선별하도록 한다. 그 다음에 이들 필수적인 지원 요청들을 적시에 제대로 처리할 수 있도록 IT 인력을 재배정한다.

제15장

경영진이 관련된 IT 현안

서론

IT 관리 현안은 대개 IT 부서 관리자가 해결하기 가장 힘든 것이면서 그 해결에 시간이 가장 많이 걸리는 것이다. 왜냐하면 IT 관리 현안 가운데 많은 것이 IT 통제 범위 밖에 있는 것들이며, IT 관리자가 미처 인지 못하는 IT 외적 요인과 관련돼 있기 때문이다.

기업의 경영진은 IT 관리 방향에 큰 영향을 미치는데 오늘날 이들은 다양한 형태의 경영관리 스타일에 따라 행동하고 있다. 따라서 전통적인 비즈니스 교육 및 기술 교육으로는 이처럼 다양하고 복잡한 IT 관리 현안을 제대로 다룰 수 있는 기법과 지식을 함양하는데 근본적인 한계가 있다.

여기에 정치적 요인도 고려하지 않을 수 없다. IT 조직은 생성 초기에는 대개 재무나 회계 담당 임원에게 보고하도록 되어 있었다. 그런데 문제는 이들 경영진이 이러한 관계를 이용, 자신의 이익이나 의지 및 니즈를 IT에 강요한다는 점이다. 이런 맥락에서 1980년대 말 및 90년대에 대다수의 CEO가 재무 및 회계 담당 임원 출신이었다는 사실이 그리 놀랄만한 일은 아니다. IT 조직은 이들 임원에게 다른 임원들보다 더 많은 정보를 제공하였고, 이는 이들의 파워를 높이는데 큰 공헌을 하였다.

오늘날 CIO(Chief Information Officer, 최고 정보 담당 임원)란 직위는 보편적인 것이 돼 버렸다. CIO는 과거와는 다르게 재무 담당 임원보다 더 높은 경영진에게 보고하고 있으나, 이 같은 보고 관계의 변화가 정치적 요인의 감세로 해석될 수는 없다. 오히려 과거 그 어느 때보다 정치적인 요인이 더 중요한 시대가 된 것이다.

경영진이 IT에 전혀 관여하지 않는다

발생 배경

IT에 대한 경영진의 관여란 IT에 대한 관심, 중요도, 인식수준, 행동 스타일 등에 대한 것을 말한다. 경영진 중에는 IT에 대한 경험을 바탕으로 IT에 관여하고자 하는 사람도 더러 있다. 하지만 아직은 대다수가 IT에 대한 개괄적인 이해는 되어 있는 반면에 IT의 세부 사항에 관여하는 것은 원하지 않고 있다. 저자들의 경험에 의하면 경영진으로 하여금 IT에 관여하지 않게 하는 것이 더 좋을 수 있다. 사실 경영진은 IT 현안 및 기회를 순전히 비즈니스 측면에서만 바라다보는 경향이 있으며, 이들에게는 비즈니스가 훨씬 예측하기 쉽기 때문이다. 하지만 단점은 경영진이 IT에 대한 문제를 잘못 이해해, IT 관리자인 여러분의 관점에서 아주 엉뚱한 대책을 취할 수 있다는 점이다.

영향

이런 현안으로 인해 IT 책임자인 여러분은 더욱 고립될 수 있다. 특히 여러분이 기술 지향적인 경우에는 커뮤니케이션의 문제 및 IT 관련 각종 오해를 불러일으킬 수 있다. 일례로 만약 여러분이 기술적 용어로 점철된 프리젠테이션을 하게 되면 경영진 및 비즈니스 관리자 등 일반 관리자들로부터 철저히 외면당한다. 이들은 익숙하지 않은 'IT 나라 말'에 경외심을 느끼고 이는 다시 IT에 대한 불신으로 이어지기 때문이다. 또 하나의 영향으로는 신규 IT 프로젝트에 대한 타당성 승인 획득이 더 어려워진다는 점을 들 수 있다. 이들 일반 관리자들은 아무리 주요 IT 현안이라 하더라도 여러분만큼 신속히 관여하려고 하지는 않는다. 그 사이에 이들 현안은 더욱 커지게 마련이다.

예방

IT에의 관여를 탐탁하지 않게 여기는 경영진 및 비즈니스 부문 관리자 등 일반 관리자등을 다루는 방법은 여러 가지가 있지만, 가장 먼저 해야 할 것은 평소에 업체 세미나나 프리젠테이션 등을 통해 이들을 교육하는 것이다. 이렇게 해야만 그렇지 않아도 자기가 왜 이런 것을 알아야 하는지 의아해하는 사람들의 시간을 효율적으로 활용할 수 있기 때문이다. 구태여 이 같은 이유가 아닐지라도 그렇게 하는 것이 바로 한 조직의 IT 수장인 여러분의 존재의 이유라는 점을 명심하도록 하라.

또 하나의 예방 방법으로는 제9장에 언급된 커뮤니케이션 가이드라인을 바탕으로 경영진 등 일반 관리자와 비공식 접촉을 유지하는 것을 들 수 있다. 이때에 활용할 수 있는 커뮤니케이션 소재는 IT 결과와 현안이다. 대개 조직의 일반 관리자정도 되면 조직적 또는 정치적 문제를 처리하는 데 있어 다를 일가견이 있는 사람들이다. 본 저자들은 이러한 접근방식을 여러 번 활용하였다. 어느 정도 시간이 지나자 일반 관리자와의 대화는 거의 정치적인 내용이었고, 저자들 자신도 정치적 현안을 훨씬 더 노련하게 처리할 수 있게 되었다. 특히 그 일반 관리자는 정치적 현안의 처리 자체를 자신의 통상적인 업무인 것처럼 즐기곤 하였다.

탐지

이러한 문제가 있다는 것을 어떻게 판단할 수 있을까? 한 가지 방법은 경영진 등 일반 관리자와의 접촉 성격 및 빈도를 평가하는 것이다. 빈도가 뜸하더라도 여러분이 먼저 시작하는 것이라면 이는 아주 잘 되고 있다는 것을 의미한다. 유념할 것은 전체 접촉의 반 이상은 현안과 관련되지 않은 접촉이어야 한다는 점이다. 그렇지 않으면 이들은 여러분이 자기를 보러 올 때마다, "여기 또 골칫거리 오네."라고 생각할 가능성이 높다.

여러분이 주목해야 할 또 한 가지 징후는 일반 관리자가 어떻게 해서 여러분과 접촉하게 되었느냐이다. IT에 관한 일이 잘 되고 있으면 경영진 등 일반 관리자는 여러분을 찾지 않을 것이다. 이들은 바쁘며 이보다 훨씬 더 나은 일이 많은 사람들이다. 경영진 등 일반 관리자들이 여러분을 찾는다는 것은 누군가가 어떤 문제점을 제기하였고 그 문제점이 여러분에게 떨어졌다는 것을 의미한다.

대책

경영진 및 비즈니스 부문 관리자 등 일반 관리자와 관련해 이와 같은 문제가 존재한다는 것을 발견하면 여러분은 즉시 몇 가지 대책을 취해야 한다. 첫 번째로, 먼저 이들과의 비공식적인 접촉을 시도하고 이를 통해 IT 업무의 긍정적인 결과를 몇 가지 제시해주도록 한다. 이와 함께 산업 특화 정보나 일화도 소개하도록 한다. 두 번째로, 신기술에 대해 여러분이 생각하고 있는 문제점 및 우려 사항을 지적해주도록 한다. 이러한 행동은 경영진 등 일반 관리자에게 여러분이 IT의 기술적 측면에 편향된 '쟁이'가 아닐 뿐만 아니라 결코 신기술에 현혹되는 '덜 떨어진 관리자'가 아니라는 점을 명확히 각인시킬 수 있다.

몇몇 중역들이 IT에 지나치게 관여한다

발생 배경

이런 상황은 사실 IT 책임자인 여러분에게 있어 '악몽' 자체일 것이다. 저자들은 전직이 IT 부서장이었던 경영자 및 비즈니스 부분 관리자들을 여러 명 겪어봤다. 그런데 사실 이들의 IT에 대한 경험은 오래 전의 것일 뿐이며, 그 사이에 이들이 최신 IT 추세 및 IT 조직 현황에 대한 지식과 정보를 제대로 축적하였을리 만무하다. 왜냐고? 이들은 일반 비즈니스로 바쁜 사람들이기 때문이다. 그럼에도 불구하고 이 같은 상황에서 여러분에게는 선택의 여지란 없다는 사실을 명심하기 바란다. 다시말해 여러분은 이들 일반 관리자를 여러분이 처한 환경의 일부로 받아 들여야 한다. 우리가 뭔가를 환경이라고 부를 때에는 그것이 우리의 노력에 의해 변화시킬 수 있는 대상이 아니라 우리가 거기에 적응해야 할 것임을 명심하라. 이를 부인하면 줄 수 있는 충고는 '주지가 싫으면 절을 떠나라.'밖에는 없다.

영향

이러한 상황에서 본 저자들이 겪은 아주 낭패스러웠던 것 중의 하나는 경영진 등 일반 관리자들이 IT에 대해 시시콜콜히 통제하려고 한다는 점이었다. 이런 성향의 일반 관리자들은 공통적으로 예산이나 프로젝트 및 일반 업무 등 모든 것에 대해 아주 세부적인 정보를 원한다. 따라서 엄청난 규모의 추가 작업이 발생하며, 특히 IT 책임자인 여러분은 관련 미팅이나 프리젠테이션 및 후속 조치와 또 다시 미팅 준비 등의 활동에 많은 시간을 할애하지 않을 수 없게 된다. 마침내 여러분은 항상 '발가벗은' 느낌과 더불어 감시당하고 있다는 생각이 들게 된다.

예방

이러한 악몽이 현실화되는 것을 예방하기 위해서는 먼저 문제의 일반 관리자가 IT에 어떤 관심이 있는지 정확히 파악하여야 한다. 해서 실제로 깊은 관심을 갖고 있다는 판단이 서면 몇 가지의 IT 현안을 선택해 일반 관리자에게 제시해주도록 한다. 경영진 등 일반 관리자가 IT에 관여하길 원한다는 것은 정확히 말하면 IT 현안에 관여하기를 원하는 경우가 많다. 따라서 IT 현안을 몇 번 제시해준 다음에 IT 책임자로서 여러분이 이러한 현안들을 어떻게 처리할 것인지를 명확히 설명해주도록 한다. 앞서 말한 바와 같이 이들 일반 관리자들이란 이런 것 말고도 할 일이 산적해있으며, 여러분이 제시해준 IT 현안 하나하나에 여러분만큼 신경 쓸 겨를이 없는 사람들이다. 따라서 이들 일반 관리자가 현안 처리 방식에 대한 여러분의 생각을 알게 되면 여러분 자신과 여러분의 문제 해결 역량에 깊은 신뢰를 보일 것이다.

탐지

이 같은 문제는 당해 일반 관리자가 현재 IT에 어떻게 관여하고 있는지 판단해보면 탐지할 수 있다. 좀 더 구체적으로 말해 다음과 같은 사항을 여러분 스스로에게 질문해보도록 한다.

- 경영진 등 일반 관리자가 여러분의 문제 해결 방식에 반대하고 있는가?
- 여러분에게 점점 더 구체적인 정보를 요구하고 있는가?
- 이들에게 정보를 제공하는데 얼마나 많은 시간이 소요되나?
- 특히 경영진이 IT에게 지시를 내릴 때, 다른 사람을 배석시키는가?

이들 항목 중 어느 하나에 해당된 상황이 벌어지고 있으면 일단 이들과의 관계 및 이들에 대한 여러분의 커뮤니케이션에 문제가 있다고 생각하라.

대책

경영진 등 일반 관리자가 계속해서 IT에 관여하고 있는 것이 탐지되면 조직의 IT 책임자인 여러분은 몇 가지 IT 현안을 선정해 이들에게 제공해 줄 필요가 있다. 하지만 가급적 기술적인 현안으로 제한하는 것이 좋다. 이들 일반 관리자는 기술적 백그라운드가 없기 때문에 IT 현안에 대해 소극적으로 행동할 수밖에 없다. 이와 동시에 일반 관리자를 비공식적으로 찾아가 IT 프로젝트에 대한 최근 현황을 들려주도록 한다. 이런 것은 이들 일반 관리자들이 의사결정을 내리고 자시고 할 성격이 아니므로 여러분은 가볍게 만나면 된다. 이런 행동은 여러분에 대한 이들의 신뢰를 회복하는 데 큰 도움이 될 것이다.

IT에 대한 경영진의 요구가 비현실적이다

발생 배경

이것은 어제 오늘의 문제가 아니라 아주 오래 전부터 발생돼온 것으로 이제는 IT 문제의 고전이 돼 버렸다. 그 근본적인 원인은 사람들이 시간이 지나면서 시스템 및 기술은 점점 좋아지고, 사용하기 쉬워지며, 더 강력해지고 있으며, 이에 따라 소프트웨어도 기능이 더욱 좋아지고 더 많은 것을 수행할 수 있을 것으로 믿고 있기 때문이다.

IT에 대한 지나친 기대 및 요구는 경영자의 관리 스타일에 따라 발생되기도 한다. 종종 경영진은 직원들이 어떻게 하나 보기 위해 과다한 요구나 압박을 가하기도 한다. 또는 IT 프로젝트를 예산 범위 내에서 일정보다 더 빨리 끝내고 공을 세우기 위한 다소 정치적인 의도로 그렇게 하는 경우도 있다.

영향

어떠한 경영자든 IT 부서 책임자에게 성과에 대해 '지나친' 요구를 하기 마련이다. 문제는 IT 부서 관리자가 이런 요구에 대해 어떻게 행동하느냐이다. 그런데 불행히도 많은 IT 부서 관리자들이 이러한 경영진의 요구를 아무런 여과없이 부서내 슈퍼바이저 및 직원들에게 그대로 전가하고 있다.

물론 이들 IT 직원들은 뒤에서 IT 부서 관리자에 대해 분노를 토로한다. 그리고 이때부터 커뮤니케이션 및 작업 수행 과정에서 문제점이 급격히 발생하기 시작한다. 이런 상황이 변하지 않고 지속되면 경영진의 요구는 점점 도를 더해가고 마침내 더 이상 충족시킬 수 없는 상황이 벌어진다. 바로 이때를 우리는 조직의 위기라고 부른다. 이 모든 과정에서 비난받아 마땅한 사람은 지나친 요구를 제기한 경영진 등 일반 관리자가 아닌 바로 IT 부서 책임자라는 것을 명심하라.

예방

가장 좋은 예방 방법은 요구의 강도를 약화시킬 수 있는 대책 마련을 통해 이를 회피하는 것이다. 앞서 언급한 바와 같이 IT로 인한 효과는 IT 작업 자체로부터 나오는 것이 아니라 IT 작업이 끝난 다음에 비즈니스 부문에서 실현되는 것이다. 따라서 IT를 활용한 비즈니스 효과나 결과에 대한 요구는 IT 부서가 아니라 비즈니스 부문에게 향하게 해야 한다.

이외에도 경영진은 IT 프로젝트 코스트 및 스케줄에 대해서도 뭔가를 요구한다. 대개 직접 노무비를 제외한 코스트에 통제가 스케줄보다 훨씬 쉽지만 프로젝트 스케줄은 반드시 비즈니스 부서와 사전에 협의를 통해 결정하도록 한다. 아울러 신규 시스템의 설치 이후에 관련 비즈니스 프로세스의 변경 및 측정이 이루어지도록 스케줄을 잡아야 한다. 이를 위해서는 경영진이 관여하기 전에 최종 사용자들과 일정을 조율할 필요가 있다.

탐지

IT의 비즈니스 효과나 프로젝트 스케줄 단축과 같은 요구는 탐지하기 쉽지만, 특정 사안에 관한 미묘한 요구는 탐지하기 어렵다. 따라서 여러분이 행한 문서 및 구두 커뮤니케이션을 다시한번 세심히 검토해 볼 필요가 있다. 즉, 대책에 대한 요구로 해석될 수 있는 말이나 단어를 도출할 수 있어야 한다.

대책

경영진의 요구가 비현실적일 때에 IT 책임자인 여러분이 취할 수 있는 방법은 여러 가지가 있다. 그 중에 하나로 그 즉시 요구의 충족이 불가능하다고 지적하는 것이 있다. 하지만 이러한 방법은 여러 면에서 좋지 않은 것임을 명심하라. 여러분은 이로 인해 경영자감으로는 맞지 않는 사람으로 낙인찍힐 수 있기 때문이다.

이보다 훨씬 바람직한 접근방식은 일단 요구를 받아들인 다음, 여러분의 자리로 돌아와, 왜 불합리한 것인지 그 이유를 도출해내는 것이다. 그리고 타협점을 찾도록 한다. 즉, 기존의 자원으로 할 수 있는 최선의 것을 결정하고, 이를 저해하는 현안을 도출하도록 한다. 약간의 냉각기가 지난 다음에 요구를 했던 경영자에게 다시 찾아가, 여러분은 그 요구를 충족시키기 위해 최선을 다하겠다는 점과 이를 위해 해결돼야 할 현안에 대해 명확히 말하도록 한다. 저자들의 경험에 의하면 몇몇 요구들은 이 과정에서 아예 없어졌으며, 다른 것들도 최초의 내용과 크게 다르게 변경되었다.

경영진이 업체에 의해 쉽게 영향받는다

발생 배경

업체들은 본능적으로 기업 조직에서 주요 IT 의사결정이 내려지는지 곳이 바로 최고 경영진이라는 것을 잘 알고 있다. 이런 연유로 인해 1960년대부터 업체들은 기업의 경영진을 대상으로 IT에 관한 세미나나 워크샵 및 심지어 무료로 컨설팅 서비스를 제공해주고 있다. 사실 이들 업체들은 여러분의 IT 조직보다 다음과 같은 점에서 훨씬 유리하다고 할 수 있다.

▶ 여러분의 기업 조직이 속한 산업의 전체 관점에서 IT를 바라다보고, 그 추세의 제시를 통해 새로운 비즈니스 기회에 대한 경영진의 눈을 뜨게 해준다.

▶ 산업 내 동종 타 기업 특히, 경쟁 기업에 대한 정확한 정보를 충분히 보유하고 있다.

▶ 멋지고 품격있는 프리젠테이션이 수행 가능한 자원을 충분하게 보유하고 있다.

따라서 여러분 조직의 경영진이 특정 업체의 제품에 깊은 인상을 받았거나 선호를 보인다고 해서 그리 놀랄 필요는 없다. 심지어 몇몇 경영진은 업체에게 여러분이 맡고 있는 IT 부서 및 수행 프로젝트들에 대해 점검 작업을 요청하기도 한다. 이 반면에 여러분과 여러분의 IT 직원들은 내부 프로젝트 및 업무를 묵묵히 수행해 왔고, 이로 인해 이 같은 정보 및 지식을 확보할 수 있는 시간이 거의 없었다.

영향

어쨌든 이러한 현안의 영향은 경영진이 IT의 방향 및 주요 의사결정에 대해 근본적으로 의문을 갖게 된다는 점이다. 왕왕 경영진은 업체의 무료 컨설팅이나 세미나 참가 후에 업체로부터 전해들은 질문을 IT 책임자인 여러분에게 한번 툭 던져본다. 여러분은 성심성의를 다해 답변을 준비하고 이를 경영진에게 보고하지만 경영진은 이를 전혀 이해하지 못한다. 그럴 수밖에 없는 것이 그 질문들이란 것이 실상 애당초 그럴 의도로 업체에 의해 만들어진 것이기 때문이다. 서서히 불신이 싹트다가, 어느 시점에 IT 수장인 여러분은 여러분 및 여러분의 부하들이 그동안 IT 업무를 잘 수행해 왔음에도 불구하고 IT 방향 및 책임에 대해 경영진으로부터 근본적인 의심을 받고 있다는 점을 깨닫게 된다. 시간이 흐르면서 이 같은 의혹의 눈덩이는 계속해서 커지며, 외부의 업체가 IT를 감독하는데 더 큰 역할을 수행하게 되는 불상사가 발생이 된다.

예방

일단 여러분은 업체란 계속해서 경영진과 접촉하려고 한다고 생각하라. 아울러 여러분이 먼저 나서서 경영진에게 다양한 업체들의 최근 현황을 알려주도록 한다. 또 다른 예방 방법으로 업체의 경영진 또는 주요 관리자 및 직원들과 관계를 형성할 필요가 있다. 이를 통해 경영진과 이들 사이의 접촉을 사전에 재빠르게 파악할 수 있어야 한다. 이와 더불어 경영진과의 비공식적인 접촉을 통해 업체가 경영진을 언제 접촉할 것이지 미리 파악하도록 한다.

탐지

만약에 여러분 조직의 경영진이 어느 날 갑자기 여러분에게 평소와는 다른 것 또는 다소 생뚱맞은 내용의 질문을 하는 경우, 일단 뭔가 문제가 발생했다고 생각하라. 예를 들어 특정 IT 솔루션 업체의 제품을 한번 검토해 보라는 것을 들 수 있다. 이런 것은 모두 잠재적으로 문제의 발단이 되는 것들이다.

대책

일단 이와 같은 현안이 발생하면 IT 부서 관리자인 여러분은 개방적인 태도를 취해야 한다. 수세적인 태도를 보여서는 안 된다. 자칫 경영진이 여러분을 변화에 부정적이며 현상 유지를 선호하는 사람으로 오해할 수 있기 때문이다. 또한 여러분도 몇몇 업체들 예를 들어 하드웨어나 네트워크 제품 업체에게는 경영진과의 접촉을 적극적으로 권유할 필요가 있다. 이런 유형의 업체들은 일반적으로 컨설팅 업체나 소프트웨어 공급업체들에 비해 여러분의 편이 될 가능성이 훨씬 높다.

경영진이 IT 방향을 갑자기 변경한다

발생 배경

여러분은 그동안 어느 한 기업 조직의 IT 부서 책임자로 근무해 오면서 혹시 '아닌 밤중에 홍두깨' 또는 '청천벽력'이란 것을 느껴본 적이 있는가? 여러분에게는 최고 경영진이 직접 승인해준 IT 전략 계획이 있었고, 이에 따라 여러분과 여러분의 IT 직원들은 프로젝트와 일상적인 운영 업무를 모두 잘 수행해 왔고, 모든 것이 제대로 돌아가고 있는 중이었다. 그런데 어느 날 갑자기 경영진이 기존의 IT 전략 방향을 송두리째 흔들어 놓을 의사결정을 내려버렸다.

그런데 이런 상황은 왜 발생되는 것일까? 첫째는 경영진이 자의적으로 새로운 방법론과 툴을 채택하고자 하기 때문이고, 둘째는 경영진이 외부로부터 사업적 압력을 받고 이에 반응할 수밖에 없기 때문일 수 있다. 물론 이 같은 상황은 자주 발생하지는 않지만, 일단 발생하면 그 어떤 현안보다 여러분의 IT 관리에 심삭한 영향을 수는 것임에는 틀림이 없다.

영향

만약 경영진의 새로운 의사결정을 아무런 여과 없이 그대로 받아들이게 된다면 IT는 지대한 영향을 받지 않을 수 없다. 기존의 모든 프로젝트 및 프로그램이 중단되거나 재점검 상태에 들어가게 되며, IT 직원들의 사기 저하는 물론이고, 부서 전반에 걸쳐 '불확실성의 시대'가 도래한다.

설사 기존에 수행하고 있는 업무에 대해 즉각적인 위협이 되지 않더라도, IT 관리의 방향과 IT가 현재 추구하고 있는 모든 것에 대한 의혹이 조직 전체에 만연돼, IT에 치명적인 악영향을 미치게 된다.

예방

여기에서도 역시 최선의 예방 방법은 경영진의 마음은 언제나 변할 수 있는 것이라고 미리부터 생각하고 이에 대비하는 것이다. 사실 이 세상에 그 어떠한 것도 고정불변인 것은 없다. 따라서 이 같은 전제를 바탕으로 평소에 경영진과의 비공식적인 접촉을 통해 조기 경보 체계를 가동하고 있어야 한다. 해서 좀 더 일찍 이러한 징후를 탐지해서 그에 대한 대비와 생각을 할 시간을 충분히 확보할 수 있어야 한다.

또 다른 예방 방법은 모든 프로젝트 및 운영 업무에 대한 분석을 통해 이들 IT 활동과 핵심 비즈니스 프로세스 간의 관계를 미리 파악해두는 것이다. 기실 경영진이 경영 및 IT 방향을 갑자기 바꾼다하더라도 기본적인 비즈니스 프로세스는 거의 영향을 받지 않는다. 시스템과 기술도 마찬가지이다. 영향을 받는 것들은 핵심 비즈니스 프로세스와 이와 관련된 IT 인프라스트럭처와 관련이 없는 업무들이다. 이런 업무는 본래 이것이 아니라도 변화되거나 없어질 가능성이 높은 것들이다. 따라서 여러분은 정기적으로 이러한 유형의 업무로 어떠한 것들이 있는지 파악하고 있어야 한다. 다시

한번 거듭 강조하거니와 한 기업 조직의 IT 수장인 여러분은 IT 방향마저 언제든 변화될 수 있다고 생각하고, 이에 대한 준비를 통해 일단 유사시 IT 업무를 어떻게 변경하면 최적인지 미리 생각해두어야 한다.

탐지

최고 경영진은 언제든지 갑자기 비즈니스 및 IT 방향을 변경할 수 있다. 그런데 이에 대한 징후는 사전에 나타나기 마련이다. 한 예를 들어 보자. 경영진은 프로젝트 현장에 있지 않기 때문에 주요 프로젝트들에 대해서는 반드시 질문하기 마련이다. 만약에 어느 날 경영진이 여러분에게 평소와 같은 어조로 특정 프로젝트의 진척도를 약간 늦추라고 지시하였다고 하자. 물론 여러분은 이때에 뭣 때문에 그러시냐고 물을 필요도 없다. 왜냐하면 백이면 백 여러분에게 그 이유를 말해주지 않을 것이기 때문이다.

대책

IT 전략 및 관리 방향의 변화가 예상되면 가장 먼저 기존에 수행되고 있는 IT 프로젝트 및 일상적인 운영 업무에 대한 점검을 통해 예상되는 변화로 인해 영향을 받지 않는 것들이 어떤 것인지 미리 파악하여야 한다. 아울러 새로운 방향을 효과적으로 지원할 수 있는 새로운 IT 업무도 도출하도록 하되, 새로운 프로젝트는 미래 지향적으로 다시말해 '능동적 니즈 선도형' 방식으로 도출하도록 한다. 이와 동시에 기존 업무 중 중지 또는 변경되어야 할 것에 대해 어떠한 방식으로 접근할 것인지도 결정하도록 한다. 특히 이와 같은 방향의 변화는 중요하지 않은 프로젝트(또는 '계륵'과 같은 프로젝트)를 제거해버릴 절호의 기회란 점을 명심하도록 하라.

중간 관리자들이 IT의 활동에 저항을 한다

발생 배경

자동화는 기업 조직 내 다양한 사람들에게 영향을 미친다. 일반적으로 하위 직급 인력들의 단순 업무가 제거되는 것으로 알려져 있는데, 확실한 것은 이들의 업무가 크게 변화된다는 것과 이로 인해 이들에 대한 감독 및 관리가 좀 더 쉬워진다는 것이다. 왜냐하면 관리자나 슈퍼바이저들이 부하 직원의 업무 성과에 대해 더 많은 정보를 신속히 받아볼 수 있기 때문이다. 상위 직급의 관리자 및 경영진은 정보를 더 많이 제공받는 것을 제외하면 그리 영향을 받지 않는다.

그런데 과거든 현재든 미래든 자동화로 인해 가장 큰 위협을 받는 조직 계층은 중간 관리자와 이른바 '골목대장(The King and Queen Bees)'들이다. 왜냐하면 이들이 누려왔던 파워의 원천인 비즈니스 룰에 대한 전문 지식 및 정보가 시스템 속에서 자동화 및 정보화될 뿐만 아니라 이들의 가치가 돋보였던 예외적 업무가 완전히 제거되거나 단순화되기 때문이다. 이들은 오랫동안 유지해 온 비공식적인 유대 관계를 바탕으로 자신들만의 왕국을 형성해 특권을 향유해 온 동지들이다. 어찌 됐든 특히 중간 관리자의 경우, 자동화로 인해 그 입지는 크게 줄어든다. 이에 더해 아웃소싱은 이들의 공포를 더욱 증폭시키게 된다.

영향

이들은 자동화 프로젝트 결과에 대한 공포로 인해 모든 수단을 동원해 프로젝트 결과를 지체, 변경 또는 퇴색시키려고 노력한다. 이들 '골목대장'들이 즐겨 사용하는 방법은 복잡하고 다양한 예외적 트랜잭션(Exception

Transaction)으로 프로젝트 팀을 질리게 만드는 것이다. 이러한 예외적 트랜잭션을 모두 목표 일정과 예산 내에서 자동화하기란 거의 불가능하다. 이 결과, 프로젝트는 실패로 끝나고 변한 것은 하나도 없게 된다.

비즈니스 부분 중간 관리자들은 일단 겉으로는 IT 프로젝트 및 변화의 지지자로 행동하지만 다른 한편에서는 부하들에게 변화가 그리 많지 않을 것이라고 말하는 경향이 있다. 해서 프로젝트가 종료되고 신규 시스템이 설치된 다음에 프로젝트에 파견된 IT 인력들이 떠나면, 종전에 했던 업무 방식으로 다시 되돌아가는 상황이 벌어진다. 따라서 변화 전후에 비즈니스 프로세스에 대한 측정이 수행되지 않으면 비즈니스 부문의 중간 관리자들의 행동이 맞고, IT 책임자인 여러분의 입장은 묘하게 뒤틀린다.

예방

일단 여러분은 어떤 변화에 대해서도 저항은 반드시 발생한다는 사실을 인식하고 있어야 한다. 어떤 조직에서든지 변화에 대한 두려움과 경외감은 언제나 있기 마련이다. 따라서 여러분이 최우선적으로 해야 할 일은 실제 업무를 수행하고 있는 비즈니스 부서 직원들에게 더 가까이 파고들어가는 것이다. 이들을 IT 프로젝트로 끌어들이고 신규 시스템으로 새로운 프로세스를 어떻게 수행할 것인지 직접 설계할 수 있도록 만들어야 한다. 이런 다음에 이들의 슈퍼바이저들과 공조하도록 한다. 분명히 프로젝트에 참여한 직원들은 조직 구조와 역할 및 책임 등과 같은 문제를 제기할 것이고, 바로 이때에 여러분은 새로운 프로세스가 제대로 모양새를 갖추게 되면 이 같은 문제는 대부분 해결될 것이라고 명확히 말하도록 한다. 거듭 강조하거니와 한 기업 조직의 IT 수장인 여러분의 동지는 여러분이 구상하고 있는 변화로부터 소정의 이익을 향유할 수 있는 비즈니스 및 IT 부서의 일반 직원들임을 명심하라.

탐지

이러한 현안은 의외로 어떤 중간 관리자가 변화에 대해 과도한 열의를 보일 때에 탐지된다. 사실 정상적인 경우라면 변화란 중간 관리자들 입장에서는 더 많은 일을 익숙하지 않은 다른 방식으로 해야 하는 것을 의미한다. 따라서 이런 변화는 열의를 보이며 좋아할 성질의 것은 아니다.

이와는 달리 중간 관리자가 프로젝트 팀에게 아주 실무적인 세부 현안 및 예외 사항을 지적하는 경우에도 문제가 탐지될 수 있다. 기실 이 같은 실무적 세부 현안들은 정상적인 경우라면 실무자들이 제기하는 것이 맞다. 그런데 중간 관리자정도 되는 사람이 이를 표출한다면 여러분 입장에서는 뭔가 다른 뜻이 있지 않나 하는 생각을 해보아야 한다. 저자들의 경험상, 아마 그 중간 관리자는 변화의 구현 기간을 더 늘리거나 늦추기를 원하고 있을지 모른다.

대책

IT 프로젝트에 대해 중간 관리자로부터 저항을 받게 되면 IT 책임자인 여러분은 경영진에게 이를 현안으로 제기하고픈 심정이 굴뚝같을 것이다. 하지만 이 같은 접근방식은 '下之下'이고 최후의 수단으로나 사용될 것이다. 만약 여러분이 이렇게 한다면 경영진은 여러분이 여러분의 본분을 제대로 하지 않으며, 자신의 일을 남에게 전가만 하는 사람쯤으로 생각할 것이다.

이보다 훨씬 좋은 방법은 문제의 중간 관리자와 마주 앉아 대화하면서 자기의 감정 및 당혹스러움을 맘껏 토로할 수 있는 기회를 주는 것이다. 이와 동시에 제기하는 문제와 현안을 빠짐없이 기록하고, 추후 이를 자세히 조사하도록 한다.

또 다른 방법은 비즈니스 부서 실무자로 하여금 신규 프로세스 중 각자와 관련된 부분을 중간 관리 계층에게 프리젠테이션하게 하는 것이다. 자기 부하마저 새로운 프로세스를 수용하는 상황이라면 중간 관리자 입장에서는 사실 무장해제된 것이나 다름없으며, 더 이상의 비난 및 저항은 무의미하다는 것을 인정할 수밖에 없을 것이다.

제16장

비즈니스 부서가 관련된 IT 현안

서론

IT 프로젝트에서 비즈니스 부서의 역할 및 책임은 그 동안 격렬한 논란 속에서 꾸준히 발전해왔다. 그동안의 다양한 사례, 경험 및 조사를 통해 밝혀진 바에 의하면 I.T 프로젝트에 대한 최종 사용자의 효과적인 참여는 프로젝트의 총체적인 성공을 위한 핵심 요인이라는 사실이다.

그런데 비즈니스 부문 및 그 직원들과 관련된 현안은 여전히 많이 발생하고 있다. 근본적인 원인의 하나는 비즈니스 부서 직원들이 IT 프로젝트에의 참여를 정규 업무 이외에 제대로 보상받지 못하는 추가 업무로 인식하고 있기 때문이다. 심지어 IT 프로젝트 참여를 일종의 위기적 상황으로 느끼고 있는 경우도 있다. 이들에 따르면 프로젝트 수행 중에도 자기들은 여전히 정규 업무를 수행하면서 그 성과에 대해 책임을 져야 하는 한편, IT 프로젝트에서는 기술적 내용으로 인해 뭐가 뭔지 모를 때가 많다는 것이다. 이로 인해 프로젝트 업무 중 몇 가지에 대해서는 충분히 이해함에도 불구하고, 전체적으로 이러한 것을 도대체 왜 자기들이 해야 하는지 전혀 이해할 수 없다고 한다.

이와 같은 현안들은 수많은 기업 조직의 ERP(Enterprise Resource Planning, 전사 자원 관리) 구현 프로젝트를 통해 확연히 들어났다. 본래 ERP 구현 프로젝트에서는 세부적인 비즈니스 룰(Business Rule)을 다루어야 하기 때문에 사용자들이 반드시 참여하여야 한다. 그런데 프로젝트 수행 기간은 언제나 빠듯하게 주어지기 때문에 사용자들이 파트-타임으로 참여해서는 안 되며, 대부분 풀-타임으로 참여하게 된다. 바로 이런 이유로 인해 많은 문제점들이 발생하였다. 첫 번째로, ERP 프로젝트에 배정된 사용자들은 거의 대부분 각 부서의 고참 직원들이었는데 이들의 부재로 인해 각 비즈니스 부서에서는 실무 수행 시 많은 혼선이 발생하였다. ERP 프로젝트 팀에 배정된 직원들 역시 소속 부서에서의 자신의 입지에 대한 위기감과 함께 복귀하지 못할 것이라는 생각을 갖게 되었다. 왜냐하면 프로젝트 수행 중에는 자기 의견을 다른 사람들이 존중하고 주목하였지만 원 소속 부서로 복귀해 정규 업무를 수행하면 왠지 지루하고 역할이 줄어든다는 생각이 들었기 때문이었다. 이처럼 사용자관련 현안은 IT가 업무를 추진하고 그 효과를 실현해 나가는 과정에서 이를 저해하는 심각한 장애 요인으로 작용하고 있다.

IT 프로젝트에 배정된 직원이 부적격하다

발생 배경

IT 프로젝트 관리자가 결정되면, 프로젝트 관리자는 관련 비즈니스 부서 관리자를 찾아가 프로젝트에 인력을 배정해 달라고 요청한다. 이러한 경우 여러분 조직의 비즈니스 부서 관리자들은 어떻게 행동하고 있는가? 아마 거의 대부분 자기 부서에서 일을 가장 잘하는 직원을 배정해 주지는 않을 것이다. 그렇게 하면 당장 자기가 관리하고 있는 업무가 차질이 있기 때문이다. 이 반면에 '그렇고 그런' 직원들이 프로젝트에 배정되면 프로젝트에 차질이 빚어진다.

비즈니스 부서 관리자들은 대부분 경험이 적은 초급 직원이나 부서에서 외톨이 또는 흔히 말하는 '고문관'에 해당하는 직원을 배정한다. 비즈니스 부서 관리자의 입장에서는 기존의 업무에서 당장 빼더라도 영향을 가장 적게 미치는 직원을 우선적으로 프로젝트에 파견시키려고 하기 때문이다. 그런데 이런 것을 전사 차원에서 고찰해 보면 IT 프로젝트에 대한 인력 배정이 계획에 의해 제대로 되지 않고 있다는 것을 의미한다.

영향

IT 프로젝트에 부적격자를 배정한다는 것은 그 프로젝트에 대한 저주이자 재앙이며 프로젝트를 말아먹는 첩경의 하나이다. 예를 들어, 원 소속 비즈니스 부서의 업무 전반에 대해 구체적으로 잘 알지 못하는 직원이 IT 프로젝트에 배정되었다고 하자. 이를 잘 모르는 IT 직원들은 이 직원에게 여러 가지의 질문들을 할 것이다. 그런데 이런 유형의 직원들은 모르면 말을 하지 않기보다는 잘못된 내용을 아주 논리정연하게 답변하는 경향이 있다. 따라서 IT 직원들은 틀린 내용을 사실로 받아들이고, 이를 바탕으로 요구사항 정의, 시스템 설계 및 프로그램 코딩을 수행한다. 그리고 한참 후에 처참한 비극 속에 모든 진실이 밝혀진다.

한편, 소속 부서의 업무를 꿰뚫고 있는 고참 직원들은 프로젝트에 배정되었더라도 계속해서 프로젝트를 자신의 비공식적 파워에 대한 위협으로 간주한다. 지금까지 이들은 소속 부서에서 특별한 지식을 제공하는 존재로 군림해 왔고, 이는 현행 업무 시스템에 그대로 반영돼 있다. 하지만 프로젝트가 성공적으로 종료되면 그 이후에 이들의 가치와 중요도는 크게 축소될 것이다. 따라서 이들은 거의 발생하지 않는(이것은 이들만이 확실히 안다.) 각종 예외 사항들을 프로젝트 팀원에게 잔뜩 제시함으로써 기술적으로 프로젝트를 방해한다.

예방

효과적인 사용자 참여를 촉진하기 위해서는 제8장의 가이드라인을 참조하되, 특별히 이러한 현안의 발생을 예방하려면 프로젝트 관리자는 시간의 흐름에 따라 다양한 사용자들이 투입되어야 하다는 사실을 명확히 천명할 필요가 있다. 이렇게 해야만 변화 활동에 더 많은 사용자의 투입 및 지원을 확보할 수 있기 때문이다.

아울러 누구든 프로젝트에 배정된 사람은 소정의 기간에만 프로젝트에 투입될 것이라는 점과 비즈니스 요구사항이 어느 정도 이해가 되면 그때 상황에 맞는 또 다른 사용자들이 배정되어야 한다는 점 역시 명확히 밝히도록 한다. 이를 통해 여러분은 IT 프로젝트 기간 내내 어느 한 사람에게 묶이게 되는 상황을 필할 수 있다.

이외에 프로젝트에서 '골목대장(The King and Queen Bees)'들의 역할을 제한할 필요가 있다. 이러한 조치는 이들의 소속 부서도 이들만이 할 수 있는 예외적 처리 업무의 계속성 유지 측면에서 환영할 것이다. 물론 프로젝트 팀 입장에서도 예외적 처리 업무를 '예외적일 정도로 많이' 다루지 않을 수 있게 된다.

마지막으로 프로젝트 관리자는 보통의 사용자들이 변화에 적극적으로 동참할 수 있도록 동기부여할 필요가 있다. 사실 이들에게 있어 프로젝트 참여란 업무 지식 및 경험을 가장 효과적이고 효율적으로 확보할 수 있는 절호의 기회이다.

탐지

IT 프로젝트 팀에 배정된 비즈니스 부서 직원들이 부적절하다는 것은 어떻게 탐지할 수 있을까? 여러 가지 방법이 있지만 그 중에 하나가 이들의 태도를 관찰하는 것이다. 이들은 변화에 대해 어떻게 생각하고 있는가? 이들은 현재 자기들이 수행하고 있는 업무 방식으로도 개선을 이룩할 수 있다고 믿고 있는가? 이들이 자신들의 업무 방식에 대해 방어적 자세를 취하면서 현재 방식을 선호한다면 이는 여러분의 바로 옆에 '굴러다니는 폭탄 뭉치'가 있다는 것을 의미한다.

IT 프로젝트 팀에 파견된 사용자 부서 직원들은 프로젝트 수행 중에도 계속해서 다른 동료 직원 및 상사와 커뮤니케이션을 수행한다. 이 와중에 이들은 프로젝트 팀의 공식 의견과 괴리가 있는 자신만의 의견 및 견해를 아무런 생각 없이 즉흥적으로 말할 가능성이 높다. 따라서 프로젝트 관리자나 IT 책임자인 여러분은 정기적으로 사용자 부서를 방문해 이들에게 프로젝트의 진척도 및 작업 결과에 관한 최근 정보를 제공해 주어야 한다. 아울러 이들 사용자 부서가 프로젝트에 파견된 사용자 팀원으로부터 무엇을 전해 듣고 어떻게 생각하고 있는지도 파악하여야 한다.

대책

프로젝트에 파견된 사용자 팀원이 부적절하다고 판단이 되는 경우, 취할 수 있는 대책은 여러 가지가 있지만 어떤 것이 됐든 신중하게 처리하여야 한다. 이중 무난한 처리 방법은 일단 문제의 사용자 팀원을 프로젝트 팀에 잔류시키면서 상황이 악화되지 않도록 최선을 다해 보는 것이다. 이렇게 했음에도 불구하고 추후 더 큰 문제로 악화되는 경우가 적지 않다. 하지만 실망할 필요는 없다. 왜냐하면 이는 여러분에게 유리한 상황이기 때문이다. 다만 조기에 이 같은 현안을 탐지한 다음, 당해 사용자 부서 관리자를 방문해 다른 직원으로 교체하는 것이 바람직할 것 같다고 명확히 말한다. 이 경우에 프로젝트 업무의 계속성은 그리 큰 문제가 되지 않는다. 오히려 사용자들의 참여 폭이 넓으면 넓을수록 프로젝트에 대한 이해가 그 만큼 높아지기 때문이다. 이때에 명심해야 할 점은 교체 일정은 반드시 사용자 부서 관리자와의 협의를 통해 사용자 부서의 업무에 지장이 없도록 해야 한다는 점이다.

직원들이 변화에 저항한다

발생 배경

사용자 저항에 대해서는 본서의 여러 장에서 언급한 바 있다. 오늘날 변화 관리 및 코디네이션은 IT 프로젝트의 주요 업무의 하나가 되었는데, 이는 이럴 정도로 사용자들이 변화에 저항하는 경향이 높다는 것을 의미한다. 이들 사용자들은 기존의 방식에 익숙해 있다. 따라서 다소 문제가 있지만 프로세스는 돌아가고 있으며, 본연의 기능을 수행하고 있다고 생각할 수 있다. 또는 자기가 변화에 기여한 성과를 제대로 보상받지 못하고 있다고 생각할 수 있거나, 변화를 자기의 이익에 반하는 것으로 인식하고 있을 수도 있다. 일례로 자동화로 인해 실직이나 급여 동결과 같은 것이 발생할 것으로 우려하고 있을 수 있다.

영향

사용자의 저항으로 인해 IT 프로젝트가 크게 지체될 수 있다. 왜냐하면 사용자들이 저항의 일환으로 잔뜩 제기하는 예외적 트랜잭션 및 문제점을 프로젝트 팀이 새로운 시스템에 모두 반영하려고 하기 때문이다.

사용자들의 변화에 대한 저항은 프로젝트 종료 후에도 계속된다. 새로운 시스템의 구현이 계획대로 종료되면 IT 부서 직원들은 프로젝트가 대단한 성공이었다고 자축하면서 철수한다. 물론 주어진 일정과 예산 내에서 종료되었으므로 성공이긴 성공이다. 하지만 프로젝트가 종료된 후에 IT 부서를 포함한 그 누구도 계속해서 (1) 프로세스가 완전히 변화되었다는 것과, (2) 그 결과를 측정하지도 관리하지도 않는다. 이 사이에 프로세스는 과거의 방식으로 퇴행하고 있는데 말이다.

예방

최선의 예방 방법은 바로 앞에서 논의한 비즈니스 부서의 IT 프로젝트 팀원 배정 방식을 따르는 것이다. IT 부서 책임자인 여러분은 어떤 사용자들이 어떠한 방식으로 프로젝트에 배정되는지에 대해 깊은 관심을 갖고 있어야 한다. 아울러 이들 사용자 팀원들의 교체 역시 프로젝트 종료 후를 내다보고 정기적으로 실행하여야 한다.

그런데 이는 모두 프로젝트의 내부적 문제에 지나지 않는다. 프로젝트 외부, 즉 사용자 부서와 관련해 해야 할 일 역시 아주 많고 또 중요하다. 사용자 부서 관리자 및 직원들이 프로젝트의 최근 현황을 잘 알 수 있게 해 주어야 한다. 따라서 이들을 정기적으로 방문하는 것은 물론, 필요하면 프로젝트 팀 미팅도 사용자 부서에서 개최하도록 한다.

탐지

직원들은 대부분 문제점이나 우려의 제기를 통해 적극적으로 저항한다. 물론 적절한 수준의 문제 제기는 전혀 문제될 것이 없고 오히려 프로젝트에 유익하다. 하지만 문제는 직원들이 문제를 문자 그대로 '지나치게' 제기하며, 이로 인해 프로젝트가 답보 상태에 빠져버리는 상황이 발생한다는 점이다. 이들의 질문 방식은 대개 이렇다. "새로운 시스템에서 이런 것은 어떻게 처리할거죠? 신규 시스템에서 이런 것을 처리할 수 있을 것 같지 않아 심히 걱정이네요." 이런 행동은 프로젝트 팀원의 사기를 떨어뜨리고 프로젝트의 정상적 진행을 저해하게 된다.

직원들은 적극적 저항 이외에 소극적으로 저항하기도 있다. 이런 경우에 사용자들은 공개적으로 프로젝트를 비난하지 않는다. 그저 침묵을 지키면서 그 때를 기다릴 뿐이다. 이들의 머릿속에는 프로젝트가 종료되면 IT는 철수할 것이고 그러면 옛날 방식으로 다시 돌아 갈 수 있다는 생각으로 가득 차 있다. 이러한 저항이야 말로 가장 위험하다는 점을 명심하도록 하라.

대책

사용자들이 현안이나 문제점을 제기하면 일단 시간을 갖고 그 이면에 내재한 진실된 현안을 파악하도록 한다. 절대로 즉석에서 그러한 현안을 프로젝트에서 처리하겠노라고 말해서는 안 된다. 이들 현안 및 문제점은 추후 사용자 부서 관리자 및 다른 직원들과의 검토를 통해 옥석을 가려내도록 한다. 여러분이 예외 트랜잭션에 대한 처리를 적게 맡으면 맡을수록 프로젝트의 성공 가능성은 그만큼 높아진다.

예외 사항 및 워크-어라운드가 너무 많다

발생 배경

제1장에서 언급한 바와 같이 프로세스는 시간이 지남에 따라 그 질이 떨어진다. 새로운 종류의 업무가 생겨나며, 기존 직원들이 떠나고 새로운 직원들이 그 자리를 대신한다. 이 결과, 예외 사항(또는 예외적 트랜잭션)들이 발생한다. 자동화가 제대로 되어 있지 않은 프로세스는 대부분 예외 사항을 갖고 있다. 심한 경우엔 예외적 트랜잭션의 양이 정상적 트랜잭션과 맞먹기도 한다. 워크-어라운드(Work-arounds)도 비슷한 상황이다. 시스템이 비즈니스 트랜잭션을 직접 처리해 주지 못하면 워크-어라운드, 다시말해 임시 대용 처리 절차가 등장한다.

사용자 부서 직원과 슈퍼바이저들은 오랫동안 이러한 예외적 처리 업무 및 워크-어라운드를 정상적인 것처럼 처리해 왔고, 자기들의 정규 업무에 으레 포함해 왔다. 이들의 부서 관리자 역시 이러한 프로세스를 자체적으로 개선하려는 노력은 전혀 시도하지 않았다.

영향

예외적 트랜잭션과 워크-어라운드는 IT 프로젝트뿐만 아니라 비즈니스 부서에게도 심각한 문제를 야기한다. 비즈니스 부서의 경우, 예외 사항 및 워크-어라운드는 그 처리를 위해 특별한 업무 지식을 필요로 하며, 이는 결국 '골목대장(The King and Queen Bees)'들의 위세만 강화시켜 준다. 아울러 이러한 처리에 직원들의 귀중한 시간 대부분이 낭비됨으로써 정상 업무가 큰 타격을 받는다. 일례로 여러분이 은행 창구 직원에게 이례적인 요청을 했을 때를 생각해 보라. 일단 창구 직원은 슈퍼바이저를 부르고, 그래도 안 되면 차상급 직원에게 갈 것이다. 이렇듯 예외 사항을 처리하기 위해서는 정상적인 것에 비해 3배 내지 4배의 노고가 필요하다.

IT 프로젝트에서 워크-어라운드는 반드시 해결하여야 한다. 왜냐하면 이는 기존의 시스템이 정규 기능을 제공하고 있지 못하는 문제이기 때문이다. 그런데 예외 사항은 워크-어라운드와는 다른 문제이며 이보다 훨씬 식별하기 어렵다. 즉, 예외 사항은 대개 정상적인 업무의 일부분으로 인식되어 있다. 따라서 해당 분야의 비즈니스 업무와 트랜잭션에 대한 심오한 지식과 그 발생 빈도 및 추이를 파악하고 있지 않으면 거의 대부분 예외 사항을 정상적인 것으로 오해한다. 이렇게 되면 프로젝트는 예외 사항의 늪에 빠져 헤어 나오지 못하게 된다.

예방

예외 사항 및 워크-어라운드를 모두 반영하지 않을 수는 없다. 따라서 우선 분석 초기에 모든 업무와 트랜잭션을 파악해 분류하여야 한다. 개별 트랜잭션에 대해서는 세부적인 내용까지 다 알 필요는 없고 개괄적으로 어떤 것인지만 파악하도록 한다. 이러한 것은 앞장에서 소개한 테이블을 활용해 정리하는데, 테이블의 가로에는 각 트랜잭션을 기술하고, 세로에는 트랜잭션 발생 빈도, 규모 및 처리 시간 등을 파악해 기록한다.

이외에 정상적인 공통 트랜잭션을 정의하도록 하고, 비즈니스 부서와의 협의를 통해 예외 사항들을 어떻게 처리할 것인지 결정한다. 일반적으로 많은 예외 사항이 정책 및 절차의 변경을 통해 완전히 제거될 수 있다.

탐지

최선의 탐지 방법은 개별 업무를 수행하는데 거쳐야 할 단계와 지식이 무엇인지 물어보는 것이다. 예외적 트랜잭션이라고 판단되면 그 처리를 위해 얼마나 많은 노고가 소요되는지 파악하도록 한다. 이것이야 말로 예외 트랜잭션의 폐해에 대한 가장 생생한 증거이면서 여러분 IT가 비즈니스 부서를 대상으로 이를 제거 또는 단순화하도록 설득하는데 가장 강력한 도구가 된다.

대책

전통적으로 기업 조직에서 IT는 비즈니스 트랜잭션의 자동화를 책임져 왔고, IT 프로젝트의 목표는 트랜잭션 처리 과정 중 '가급적 많은 부분을 자동화'하는 것이었다. 그런데 E-Business의 도래와 더불어 이 같은 접근 방식에 큰 변화가 생겼다. E-Business 환경에서는 트랜잭션 처리의 모든 과정이 자동화되며, 수작업 처리 단계는 거의 또는 전혀 존재하지 않는다. 이와 같은 접근방식을 일반 사무 업무의 자동화 프로젝트에도 적용하도록 하라.

사용자 부서에 쉐도우 시스템이 존재한다

발생 배경

쉐도우 시스템(Shadow System)은 개별 비즈니스 부서에서 자체적으로 개발된 자동화 시스템이나 수작업 시스템을 말한다. PC용 데이터베이스 관리 시스템이나 Spread sheet과 같은 PC용 소프트웨어로 인해 이러한 쉐도우 시스템이 급증하게 되었다. 그런데 이들 대부분은 하위 직급 직원이나 임시직 직원에 의해 만들어진 것으로, 의외로 개별 비즈니스 부서는 이들 쉐도우 시스템에 쉽게 의존해 버리고 만다.

이러한 쉐도우 시스템은 비즈니스 부서의 업무 수행에 상당한 도움이 되는 것은 사실이지만 이를 상쇄하고도 남을 심각한 문제를 야기하기도 한다. 이런 시스템의 존재는 대개 그 부서 직원들만 알고 있고, IT는 뭔가 문제가 발생된 후에야 비로소 파악하고 있는 실정이다. 이들 쉐도우 시스템은 문서화가 제대로 되어 있지 않기 때문에 부서 내에서도 극히 소수의 직원들만 그 사용법을 알고 있다. 특히 소프트웨어 내에 구현된 몇몇 중요한 비즈니스 룰은 기존의 직원들도 제대로 모르고 있는 경우가 허다하며, 비즈니스 룰 자체가 틀린 것도 적지 아니 존재한다.

이러한 쉐도우 시스템은 IT 프로젝트에 대해서도 문제를 야기한다. 맨 처음에 IT 프로젝트 범위는 기존의 시스템을 더 많은 기능과 특성을 갖는 새로운 시스템으로 교체하는 것으로 정해지며, 이에 맞추어 예산과 일정이 수립된다. 그런데 프로젝트가 진행되면서 이들 쉐도우 시스템들이 하나둘 나타나기 시작하고, 이에 따라 프로젝트 범위는 애초에 생각했던 것보다 훨씬 더 늘어나게 된다.

영향

쉐도우 시스템은 한편으로는 IT 프로젝트를 지체시키는 주요 요인이기도 하지만 또 다른 한편으로는 비즈니스 부서들이 IT 프로젝트로부터 더 많은 이익을 얻을 수 있는 기회이기도 한다. 만약 쉐도우 시스템의 기능이 새로운 시스템에 반영되지 않으면 당해 비즈니스 부서는 나중에 낭패를 보지 않을 수 없다. 왜냐하면 이 경우에 쉐도우 시스템을 계속해서 사용해야 하는데, 새로운 시스템과 인터페이스하기 위해서는 비즈니스 부서가 알아서 쉐도우 시스템을 수정해야 하기 때문이다.

예방

누구도 쉐도우 시스템을 완전히 없앨 수는 없다. 이런 시스템은 언제나 발생하고 항상 존재하는 것인지라 피할 수 없는 현실로 받아들이는 것이 좋다. 해서 무엇보다 먼저 쉐도우 시스템에 대한 현황 파악을 통해 목록을 만들고 이들이 현재 어떻게 사용되고 있는지 파악하여야 한다. 이와 같은 이해를 바탕으로 쉐도우 시스템을 사용자 요구사항의 일부로 받아들이고, 이런 요구사항이 새로운 시스템에 효과적으로 반영될 수 있도록 한다.

몇 년 전에 어느 한 기업이 저자들에게 두 가지 소프트웨어 패키지 중에 하나를 선정해 달라고 요청한 적이 있었다. 일단 저자들은 예비 조사를 통해 12개의 쉐도우 시스템이 사용되고 있다는 사실을 발견하게 되었다. 그런데 최고 경영진은 이것을 믿지 않고 추가적인 심층 조사를 요청했다. 조사 결과 사례 조직에서 사용되고 있는 쉐도우 시스템 수는 총 19개인 것으로 결론이 났다. 이들 쉐도우 시스템들을 소프트웨어 패키지에 대한 요구사항으로 수렴한 다음에 이를 바탕으로 패키지에 대한 평가를 수행한 결과, 완전히 다른 제3의 소프트웨어 패키지가 선정되었다.

탐지

쉐도우 시스템은 어떻게 탐지할 수 있을까? 가장 좋은 방법은 업무를 직접 관찰하는 것이다. 물론 이를 위해서 비즈니스 부서에게 교육을 부탁해야 할 것이다. 일단 쉐도우 시스템을 발견하면 어떤 종류의 트랜잭션을 지원하고 있는지 파악하도록 한다. 만약에 정상적인 공통 트랜잭션을 지원하는 것이라면 요구사항으로 수렴하도록 하고, 예외적인 트랜잭션을 지원하면 앞에서 설명한 방식에 따라 처리하도록 한다.

대책

쉐도우 시스템에 대한 대처 방법은 지원하는 트랜잭션 유형에 따라 달라진다. 위에서 설명한 바와 같이 정상적인 공통 업무를 지원하는 쉐도우 시스템에 대해서는 그 속에 구현된 비즈니스 룰 및 각종 코드를 파악한 다음에 이를 비즈니스 요구사항으로 수렴하도록 한다.

예외적 트랜잭션을 지원하는 쉐도우 시스템에 대해서는 많은 시간을 들일 필요가 없다. 앞에서 말한 바와 같이 예외 사항에 준해 처리하면 된다.

비즈니스 부서 간 갈등이 존재한다

발생 배경

비즈니스 부서와 IT 부서 간 갈등에 대해서는 많은 연구가 이루어져 잘 알려져 있는 반면, 비즈니스 부서 간 갈등은 그리 많은 주목을 받지 못해 왔다. 사실 이들 비즈니스 부서는 정치적인 파워와 자원을 두고 자주 경쟁한다. 특히 최고 경영진의 관심 확보를 위해서도 경쟁하는데, 이는 결국 비즈니스 부서 간의 파워 차이로 나타난다.

이로 인해 무엇보다 먼저 여러 조직 기능 또는 부서에 걸쳐 수행되는 프로세스의 개선을 위한 IT 프로젝트가 큰 영향을 받는다. 특히 프로젝트 팀이 여러 비즈니스 부서로부터 배정된 사용자 팀원들을 대상으로 자료를 조사하고 조율을 할 때면 언제나 긴장된 분위기를 느끼게 된다.

영향

비즈니스 부서 간에 알력이 존재하면 그 폐해가 IT 프로젝트에 그대로 전가된다. 일례로 어떤 문제나 질문이 제기되면 부서 간 상치되는 답변이 쏟아져 나온다. 하지만 불행히도 IT 프로젝트 관리자에게는 이러한 현안을 해결할 권한이나 파워가 없으므로 결국 경영진에게까지 올라간다. 이러한 상황이 여러 번 반복되면 경영진은 프로젝트의 가치에 대해 회의를 품기 시작한다. 일반적인 상식과는 달리 경영진마저 비즈니스 부서 간 갈등을 해결하지 못하는 경우가 적지 아니 존재한다.

예방

IT가 비즈니스 부서 간 알력을 해결하거나 예방할 수는 없다. 따라서 맨 처음 다음과 같은 질문을 제기하도록 한다. "조직 내부에서 갈등이 없는 곳은 어디인가?" 이 답은 대개 조직의 하위 계층에서 찾을 수 있다. 하위 직급 직원들은 항상 자기에게 주어진 업무를 처리하느라 바빠서 정치적 행위에 빠져들 시간이 없다. 이 반면, 중간 관리자나 슈퍼바이저는 정치에 관여할 시간과 기회가 비교적 많다. 따라서 여러분은 실제로 업무를 수행하는 이들 하위 직급 직원들과 함께 변화의 축을 이룩할 수 있어야 한다. 이를 바탕으로 각 부서 간에 협조가 잘 되지 않고 있다는 공감대를 형성하도록 한다. 아울러 프로젝트 목표는 비즈니스 부서 간의 정치적 문제를 해결하는 것이 아니라 여러 부서에 걸쳐 수행되는 비즈니스 프로세스를 개선하는 것임을 명확히 밝히도록 한다.

탐지

비즈니스 부서 간 갈등을 탐지하려면 먼저 부서 간 업무가 어떻게 흘러가고 있는지 관찰하도록 한다. 만약 어떤 부서가 다른 부서로 뭔가 넘길 때마다 수기로 적거나 뭔가를 별도로 기록하고 있으면 문제가 있는 것으로 간주할 수 있다. 또 다른 탐지 방법은 개별 부서로부터 따로따로 데이터를 수집한 다음에 이를 관련 정황과 연계해 비교해 보는 것이다.

대책

거듭 강조하거니와 'IT 나라 사람'인 여러분은 이 같은 문제를 해결할 수도, 해서도 안 된다. 만약 갈등이 수면 위로 부상하면 여러분은 문제가 있다는 사실만 정확히 인식하고, 순수 업무 논리에만 충실해야 한다. 진짜 비즈니스 요구사항! 이것만이 IT가 프로젝트에서 추구하여야 할 진실이기 때문이다. 인기 미국 TV 드라마 'X-File'에서 주인공인 폭스 멀더가 매번 마지막에 쓰는 말 있잖은가? "진실은 저 너머 어딘가에 존재한다."

비즈니스 룰 및 정책에 문제가 있다

발생 배경

모든 비즈니스 프로세스에는 그 내부에서 수행되는 작업들을 지배하는 정책이 있기 마련이며, 정책을 구체적으로 구현하기 위한 비즈니스 룰 및 절차와 가이드라인이 존재한다. 그런데 시간이 지나면서 비즈니스 룰 및 절차는 정책과 서서히 상치되며, 직원들은 정책보다 절차와 비즈니스 룰에 중점을 두는 경향을 보인다. 특히 개별 비즈니스 부서 차원에서 정책 간의 일관성, 정책 대비 절차와 비즈니스 룰 간 일관성을 검증하는 노력은 거의 시도되지 않고 있다.

영향

기존의 비즈니스 룰과 절차대로 업무를 수행하면 정책을 위반하게 되는 상황은 IT 프로젝트에 심각한 문제를 야기한다. 일례로 평소에는 전혀 알려져 있지 않던 이들 간의 비일관성 문제가 이들에 대한 자동화 프로젝트로 인해 만천하에 적나라하게 공개된다. 이런 상황에서 IT 프로젝트 팀이 기존의 비즈니스 룰 및 절차들을 심층 조사 없이 그대로 수용하면 현재의 잘못된 관행만 자동화한 것으로 그치게 되며, 이로 인해 추후 엄청난 양의 재작업을 수행해야 하는 상황이 발행한다.

예방

이의 예방을 위해 비즈니스 룰과 절차 이외에 정책도 자세히 조사한다. 이를 위해 프로젝트 팀 내 별도의 소그룹으로 하여금 정책 이행의 일관성과 완벽성을 검증하게 한다. 경험에 의하면 노력과 비용이 그리 많이 들지 않았지만 이런 비용마저도 이를 안 했을 경우에 발생될 수 있는 재작업 및 기타 문제와 비교해 보면 아주 미약한 것에 지나지 않는다.

탐지

먼저 샘플 트랜잭션을 몇 개 선정해 트랜잭션별로 관련 비즈니스 룰 및 절차를 조사하도록 한다. 샘플로는 자주 수행되는 공통 트랜잭션을 선정하는 것이 좋다. 그 다음, 관련 비즈니스 부서의 슈퍼바이저를 찾아가 업무를 지배하고 있는 정책들을 파악하도록 한다. 그런데 종종 문서화된 정책 및 절차들이 존재하지 않으며, 그것도 비공식적으로 운용되고 있다는 것을 발견하게 된다. 이런 경우에는 슈퍼바이저와 함께 비즈니스 룰 및 절차를 세부적으로 검토해 보고 이들이 실질적으로 지원하고 있는 정책을 유추하도록 한다.

대책

먼저 앞 장에서 설명한 바 있는 분석용 테이블을 활용해 비즈니스 정책, 비즈니스 룰 및 절차의 현황을 파악하도록 한다. 이들 테이블을 비즈니스 부서 직원들과 함께 검토하고, 특히 정책이 수립되어 있지 않으면 협의를 통해 정책을 만들도록 한다. 이러한 것들은 모두 비즈니스 요구사항 분석의 일부분이라는 점을 명심하라.

제17장

아웃소싱 업체 관계 관리 현안

서론

아웃소싱 관리는 복잡하다. 왜냐하면 여기에는 조직 문화와 작업 방식 및 비즈니스 방식이 서로 다른 조직들이 관련돼 있기 때문이다. 아웃소싱 업체는 자기의 자원을 가급적 많은 고객사 조직들에게 공유될 수 있도록 노력한다. 이 와중에 특정 고객사 조직에 대한 편향적 지원, 자원에 대한 경합, 적격한 인력 부족 등으로 다양한 아웃소싱 현안이 발생한다.

아웃소싱 업체의 성과가 미흡하다

발생 배경

이러한 문제는 실제 그럴 수 있고 단지 인식상의 문제일 수 있다. 이는 처한 상황별로 '미흡'이란 단어가 각각 다른 의미를 갖기 때문이다. 하지만 대개 다음과 같은 경우에 아웃소싱 업체의 성과가 미흡하다고 한다.

- 업체가 주어진 현안을 적시에 처리하지 못한다.
- 업체 직원들이 기대했던 만큼의 역량을 갖추지 못하고 있다.
- 업체 직원들의 작업 결과가 도저히 수용할만한 것이 아니다.

아웃소싱 업체의 성과를 좌우하는 것은 여러 가지가 있지만, 그 중에서 다음과 같은 3가지가 큰 영향을 미친다.

- 적절한 역량을 갖춘 아웃소싱 업체 인력의 가용성
- 커뮤니케이션의 부족 또는 잘못으로 인해 발생되는 오해
- 아웃소싱 영업 과정에서 높게 형성된 고객사의 기대수준

영향

오늘날 많은 기업 조직들이 소소한 IT 활동은 물론 주요 IT 활동까지 아웃소싱하고 있다. 이에 따라 아웃소싱 업체들은 일상적인 운영에서부터 헬프 데스크 운영, 시스템 개발 및 유지보수, 컴퓨터 및 네트워크 관리, 소프트웨어 패키지 구현 등 다양한 IT 활동을 책임지게 되었다.

이 같은 상황에서 아웃소싱 업체의 미흡한 성과는 당장 IT 운영 업무에 문제를 야기할 뿐만 아니라 각종 IT 프로젝트의 일정에 악영향을 미칠 수밖에 없다. 물론 이런 문제가 점점 심해지고 더 많이 발생하면 고객사는 대안을 찾아 볼 수 있다. 하지만 고객사가 특정 IT 기능을 전부 아웃소싱한 경우라면 이를 업체로부터 이관 받을 인력마저 존재하지 않을 수 있고, 설령 고객사 내부에 인력이 존재하더라도 제 기능을 발휘하기 위해서는 어느 정도의 학습기간이 필요하다.

그런데 아웃소싱과 관련해 문제가 발생하면 비즈니스 부서 관리자 및 직원들은 IT 부서를 욕한다. 하지만 정확히 말하면 IT 부서는 아웃소싱에 대해 전혀 책임이 없다. 이러한 것은 모두 경영진에 의해 결정돼 추진된 것이기 때문이다.

예방

최선의 예방 방법은 아웃소싱 계약 체결 전에 잠재적 현안을 도출하는 것이다. 이렇게 하면 무엇을 주의해야 할 것인지에 대해 고객사 조직 전체에 걸쳐 공통의 인식이 형성될 수 있다. 그 다음, 업체의 아웃소싱 업무 개시와 동시에 작업 결과 및 현안과 잠재적 문제들을 지속적으로 추적해 나간다. 그간의 아웃소싱 관리 경험을 통해 얻은 핵심 교훈은 문제가 심각해질 때까지 기다려서는 안 된다는 점이었다.

또 다른 예방 방법은 공동 현안에 대한 추적 기능을 제도화하는 것이다. 이렇게 하면 고객사 조직 및 업체 공히 똑같은 현안의 해결을 위해 노력하게 된다. 일례로 현안 보고가 동시에 양방향으로 전개되며, 고객사 조직도 업체의 정규 업무를 지체시키고 있는 현안의 해결에 힘쓰게 된다.

탐지

이 같은 문제는 쉽게 탐지될 수 있다. 최근에 아웃소싱 업체와의 접촉이 부쩍 줄었다면 일단 걱정해야 할 상황이다. 또는 업체 측 기술 인력과의 미팅 때마다 오해가 발생하고 있는 것도 문제의 징후이다. 오해는 대부분 아웃소싱 업체 직원과 고객사 내부 직원 간의 직접적인 커뮤니케이션이 부족할 때 발생하는데, 특히 이 같은 상황은 업체 측 프로젝트 관리자가 자기 직원들과 고객사 내부 직원사이에 중간 매개체로서의 역할을 수행할 때 많이 나타난다. 왜냐하면 현안 및 문제를 전달하고 해석하는 과정에서 왜곡이 발생하기 때문이다.

대책

아웃소싱 업체의 성과에 문제가 있으면, IT 부서의 책임자인 여러분도 이로부터 자유로울 수 없다. 따라서 먼저 IT 부서 직원들과 함께 아웃소싱 관련 현안 리스트를 작성하고, 현안별로 고객사인 여러분이 해야 할 것과 아웃소싱 업체가 해야 할 것을 구분하도록 한다. 그 다음에 여러분 회사의 내부 협의를 거쳐 각 현안별로 중요도 및 영향도를 결정하도록 한다. 이를 바탕으로 미해결 현안에 대한 다양한 종류의 미팅을 정례화시키고, 어느 정도의 만족할 만한 문제 해결이 조기에 이루어 질 수 있도록 여러분의 뜻을 아웃소싱 업체에게 명확하게 전달한다. 또한 아웃소싱 업체를 포함해 문제 해결에 참여한 사람들이 약속한 것은 무엇이든 문서로 기록한 다음, 모든 관련자들에게 회람시키도록 한다.

일반적으로 아웃소싱 업체와 고객사 조직 간에 접촉이 정기적이고 일관적일수록 업체의 성과는 좋게 나타난다. 문제가 발생했는데 접촉이 뜸하고 일관성이 없으면 업체는 그 문제가 그리 중요하지 않은 것으로 간주한다. 바로 이런 이유 때문에 각 현안의 중요도 및 영향도를 업체에게 명확히 제시해 주어야 한다.

아웃소싱 업체 직원들이 자주 바뀐다

발생 배경

아웃소싱 업체 직원의 변경은 고객사 조직 직원의 이직처럼 자연스러운 것이지만 전자가 후자보다 훨씬 눈에 띄는 것일 뿐이다. 왜냐하면 업체는 동일 직원을 여러 고객사에 투입해야 할 뿐만 아니라 아웃소싱 계약 수주 확대를 위해 마케팅에도 활용해야 하기 때문이다. 만약 여러분이 아웃소싱 업체의 최고 인력들을 여러분 조직에 전용하고자 한다면 여러분은 엄청난 비용을 지불해야 할 것이다.

여러분 조직도 외부 전문 컨설팅 업체를 통해 컨설팅을 여러 번 받아 보았을 것이다. 대개 프로젝트 초기에는 고참 컨설턴트와 초급 컨설턴트가 함께 투입된다. 이렇다가 프로젝트가 어느 정도 진척되면 컨설팅 업체는 고참 컨설턴트를 빼고 초급 컨설턴트만 남겨 둔다. 컨설팅 업체 입장에서 보면 각 컨설턴트의 활용도를 높여야 하므로 충분히 이해가 가는 일이다. 하지만 만약 프로젝트에 문제가 발생하면 초급 컨설턴트는 지식과 역량이 부족해 이를 적시에 제대로 해결하지 못하는 경우가 자주 발생한다. 이런 상황에서 설령 고참 컨설턴트가 다시 투입된다고 하더라도 부재중에 진행된 것을 파악해야 하기 때문에 문제가 제때에 해결되기 어렵다. 아웃소싱 업체 직원의 변경 역시 같은 이치이다.

영향

가장 큰 영향은 아웃소싱 업체의 신입 직원이 현행 시스템 및 환경을 이해하는데 많은 시간이 걸리고, 이런 시간에 대해서도 고객사가 지불하게 된다는 점이다. 여기에는 비단 돈뿐만 아니라 계획된 작업 일정의 지체 등과 같은 것도 포함된다. 또한 신입 직원은 일단 전임자보다 고객사에 대한 경험이 부족해 업무 성과도 상당 기간 낮은 수준일 수밖에 없다.

고객사인 여러분 조직의 비즈니스 부서도 영향을 받게 된다. 예를 들어 아웃소싱 업체의 전임 직원이 비즈니스 부서 직원들과 오랜 시간 같이 일해오면서 돈독한 관계를 구축했을 수 있다. 하지만 그 직원은 다른 곳으로 이동하고 새로운 직원이 왔기 때문에 이들은 처음부터 다시 업무 관계를 구축하지 않으면 안 된다.

IT 조직의 경우에 영향은 더 심각해진다. 사실 IT 정책, 절차, 시스템 및 인력 등에 관한 정보와 지식은 콜-센터의 초급 인력이 갖고 있는 지식처럼 쉽게 대체될 수 있는 것이 아니다. 이들 지식은 여러분 조직의 아주 귀중한 지적 자산이며, 심한 경우에 외부로 유출될 위험도 존재한다.

예방

이러한 문제의 예방을 위해서는 무엇보다 먼저 아웃소싱 업체와의 관계 및 업무 개시 시점에 업체 직원의 교체에 대한 가이드라인을 수립하여야 한다. 이에는 다음과 같은 사항이 반드시 포함되어 있어야 한다.

- 고객사 업무에 투입되는 업체 직원의 선정 방법
- 전임 직원과 후임 직원 간의 중복 근무 방법 및 기간
- 전임 직원과 후임 직원 간의 지식 및 정보 인수인계 방법

이외에 작업에 대한 문서화도 사전에 정의되어야 한다. 하지만 여기에도 문제가 존재한다. 모든 상황과 문제를 다 예견해 문서화할 수는 없기 때문이다. 아울러 후임 직원이 문제를 잘 처리하지 못할 경우에 전임 직원이 이를 해결할 수 있도록 하는 방안도 미리 강구해 두어야 한다.

탐지

아웃소싱 업체 직원의 결근은 교체를 판단할 수 있는 좋은 징후가 된다. 업체는 종종 자기 직원들을 아웃소싱 계약 수주 활동에 활용하기도 한다. 따라서 고객사의 IT 조직인 여러분은 업체 직원의 근태는 물론 근무 중에 무엇을 하고 있는지 파악할 필요가 있다.

아울러 업체 직원과 업무적 접촉을 갖고 있는 여러분 조직의 직원에게 업체 직원의 변경에 대한 징후를 탐지했는지 물어 보도록 한다. 예를 들어 업체 직원들이 자기들의 다른 고객사나 잠재 고객사를 언급하고 있는 것 역시 하나의 징후가 될 수 있다.

특히 아웃소싱 업체 직원들이 자사 건물 내부에서 일하고 있으면, 업무 현장을 방문해서 누가 여러분 회사의 일을 하고 있으며, 어떻게 수행하고 있는지 직접 파악해 보아야 한다. 또한 여러분 회사의 일에 업체 직원들이 어느 정도로 관여하고 있는지 역시 파악하여야 한다.

대책

아웃소싱 업체 직원의 교체 상황이 발생하면, 여러분은 업체의 관리자 또는 아웃소싱 코디네이터와 함께 보충 인력의 충원 및 배정에 대해 협의하도록 한다. 아울러 사전에 수립된 업체 인력의 변경에 관한 계약 조항 및 규정을 다시한번 살펴보도록 한다.

또한 아웃소싱 업체와의 미팅 시, 업체의 어떤 직원이 어떤 업무를 맡고 있는지 파악하도록 하고, 이런 것은 별 문제가 없더라도 정기적으로 수행하여야 한다. 이렇게 하면 아웃소싱 업체는 고객사의 아웃소싱 파수꾼인 여러분 IT가 자기 직원들에 대해서 지속적으로 모니터링하고 있다는 사실을 항상 기억하게 된다.

기존의 아웃소싱 업체들이 상호 적대적이다

발생 배경

오늘날 많은 기업들이 여러 IT 업무를 각각 다른 업체에게 따로따로 아웃소싱하고 있다. 일례로 소프트웨어 패키지 구현은 어느 한 업체에게 맡기고 컨설팅은 다른 업체에게 맡기는가 하면, 헬프 데스크 운영 및 네트워크 지원 역시 각각 다른 업체에게 아웃소싱하고 있다.

이처럼 복수 업체에게 아웃소싱할 때, 고객사는 이들 아웃소싱 업체들이 고객사의 개입 없이도 문제 해결을 위한 공조를 자발적으로 할 것이라고 생각한다. 하지만 실제로는 그렇지 않으며 이로 인해 여러 가지의 심각한 문제가 발생한다. 이 반면에 고객사 조직은 이런 문제는 복수 업체들에게 아웃소싱한 대가라고 치부해 버리고 만다.

한편 아웃소싱 업체들은 각자가 책임진 업무 범위에 대해 서로 다르게 생각하는 경우가 많다. 어떤 경우에는 책임지고 있는 업무 범위가 분명히 다름에도 불구하고 동일한 업무에 대해 책임이 있다고 인식하고 있는가 하면, 이와는 반대로 공동의 책임임에도 불구하고 서로 다른 쪽에 책임이 있다고 전가하기도 한다. 이 결과, 아웃소싱 업체 중 그 누구도 책임지지 않는 업무의 공백이 발생하게 된다.

영향

아웃소싱 업체 간에 각자의 책임 범위에 대한 이견이 있는 경우, 이는 업체 간의 불화로 이어진다. 이와 같은 불화는 공개적인 것이든 묵시적인 것이든 고객사 조직으로 하여금 아웃소싱된 업무를 감독하는데 더 많은 시간과 노력을 들이게 한다. 자칫 잘못하면 고객사의 IT 조직인 여러분이 실제적으로 모든 세부 사항에 대해 일일이 시스템 통합자 또는 프로젝트 관리자의 역할을 수행해야만 되는 상황이 발생할 수도 있다. 본 저자들이 경험한 어떤 극단적인 사례에서는 고객사 조직의 아웃소싱 감독 및 관리 업무량이 거기에 들어온 한 아웃소싱 업체의 업무량보다 더 많았던 적도 있었다. 해당 고객사 입장에서는 전혀 예상하지 못했던 문제였다.

여러분 조직을 위해 일하는 아웃소싱 업체들 간의 불화가 적시에 해결되지 않으면 업무 간 공백이 생길 뿐만 아니라 재작업 및 사후 정비 등이 자주 발생한다. 이는 모두 아웃소싱 서비스 코스트 증가 및 품질 저하와 계획된 비즈니스 일정의 지연을 유발한다.

예방

최선의 예방 방법은 아웃소싱을 검토하는 과정의 초기 단계부터 얼마나 많은 아웃소싱 업체에게 아웃소싱할 것인지 신중히 결정하는 것이다. 이런 다음에 아웃소싱 업체 간에 반드시 필요한 인터페이스를 결정하고, 이들 업체들이 공동으로 수행해야 할 태스크와 공유해야 할 지식을 결정하도록 한다. 아울러 업체 간에 발생될 수 있는 잠재적 현안 및 문제점을 사전에 추정하고, 이에 대한 리스트를 작성하도록 한다.

아웃소싱 업체 평가 및 선정 단계에서는 업체 간 공조 및 인터페이스를 평가 항목에 포함하도록 한다. 이를 위해 각 후보 업체들에게 과거의 유사 상황에서 타 업체들과의 사이에 발생했던 문제점에 대해 질문하도록 한다. 아울러 향후 여러분 조직에서 타 업체들과의 문제 및 현안을 어떻게 탐지하고, 해결할 것인지 물어 보도록 한다.

이게 다가 아니다. 아웃소싱 업체가 업무를 본격적으로 시작하면 다른 업체와의 인터페이스는 별도의 독립적인 업무나 프로젝트 형식으로 수행하게 한다. 이렇게 하면 관련 현안 및 성과를 여러분이 더 쉽게 파악할 수 있다. 이외에 아웃소싱 업체 간 연석 회의를 제도화해서 여기에서 공동의 현안 및 문제들을 해결할 수 있도록 한다. 이렇게 해야만 문제가 적시에 제대로 탐지되고 처리될 수 있다.

탐지

복수의 아웃소싱 업체 상황에서 문제와 현안을 탐지한다는 것은 그 징후를 포착하는 것을 말한다. 이 같은 징후의 하나로 공동의 문제 발생 시, 업체들의 대응 방식을 들 수 있다. 만약에 그 어떠한 업체도 문제에 대한 오너쉽을 떠맡지 않으려하고 서로에게 책임을 돌리고 있다면 향후 더 큰 문제가 발생될 것으로 판단해야 한다.

아울러 고객 및 업체 연석 회의 시, 업체들이 서로에게 어떻게 행동하고 있는지 관찰하도록 한다. 업체 참석자들의 Body Language와 목소리 톤을 잘 주목하면 수면 아래에 있는 것들을 여러 가지 파악할 수 있다.

특히 아웃소싱 업체들이 문제점 및 인터페이스에 대해 직접적인 언급을 피하고 있다는 것은 자기들 사이의 관계에 대해 자기들 멋대로 생각하고 있을 가능성이 높다는 것을 의미한다. 이것이야 말로 여러분이 경계해야 할 진짜 위험한 징후이다.

대책

여러분 조직에 들어 온 아웃소싱 업체 사이에 갈등 및 불화가 있다는 것을 탐지하면 반드시 조기에 과감히 처리하도록 한다. 맨 먼저 각 업체를 따로따로 만나서 문제를 모두 토로하게 하고, 이를 취합한 결과를 분석한 다음에 업체를 모두 한 곳에 모이게 한다. 이 회의가 절대로 마녀사냥이 되게 해서는 안 된다. 따라서 문제에 대해 누구의 잘못인지 따지려고 하지 말고, 문제를 해결하고 계속해서 같이 갈 수 있도록 만들어야 한다. 이들 아웃소싱 업체들은 고객사인 여러분 조직이 앞으로도 계속해서 의지해야 할 대상임을 명심하도록 하라.

아웃소싱 업체가 관리를 제대로 하지 못한다

발생 배경

이는 다시말해 아웃소싱 업체가 자기 직원 및 이들이 수행하는 업무를 제대로 관리하지 못하는 것을 말한다. 여러분은 언뜻 "무슨 당치도 않은 소리냐?"라고 반문할 수도 있다. 하지만 이러한 현안은 너무나 쉽게 발생한다. 왜냐하면 아웃소싱 업체는 고객사 조직의 IT 부서인 여러분이 업체 직원들의 작업에 대한 관리감독을 직접 수행하는 것으로 생각할 수 있기 때문이다. 저자들이 아는 몇몇 아웃소싱 업체 직원들은 이와 같은 상황을 최대한 이용해 자신의 개인적인 이익을 챙기기도 하였다.

아웃소싱 업체의 관리자 및 작업 감독자들은 여러분 이외에 다른 많은 고객사에게 신경을 써야 하므로 자기 직원들에 대한 관리감독이 느슨해질 가능성이 높다. 이로 인해 고객사 조직과의 모든 미팅 및 접촉에 다 참석하지 못하는 경우도 자주 발생한다.

영향

아웃소싱 업체가 직원들을 제대로 관리하지 못하면 이들은 고객사 IT 조직과 사용자가 요청하는 추가 작업을 쉽게 받아들인다. 물론 이들 추가 작업의 대부분은 선의에 의한 것일 것이다. 하지만 이로 인해 업무 범위 및 코스트에 대한 분쟁이 자주 발생하게 된다.

아웃소싱 업체의 직원 관리 미흡으로 인한 또 다른 문제점은 고객사의 IT 부서인 여러분이 업체 직원의 관리감독에 대한 책임을 떠맡게 된다는 점이다. 이는 추후 심각한 문제를 야기한다. 만약에 아웃소싱 업체 직원이 업무를 잘못 처리할 경우에 아웃소싱 업체는 다음과 같이 대응할 것이다. "... 그런데 말입니다. 저희 직원들에게 그렇게 하라고 지시하셨고, 그렇게 관리하셨잖습니까? 여러분이 관리감독에 대한 책임을 떠맡으신 것입니다. 따라서 이번 결과에 대해서는 저희 역시 유감이라고 생각하지만 책임질 사항은 아닌 것 같습니다..."

예방

아웃소싱 업체 직원과 그 수행 업무에 대한 관리 방법은 업체가 업무를 개시하기 전인 협상 단계에 맨 처음으로 논의되어야 할 사항이다. 이때에 반드시 아웃소싱 업체에게 자기 직원들에 대한 관리 책임의 범위를 구체적으로 밝히게 한다. 아울러 업체 직원들에 대한 관리 현안을 처리하기 위한 에스컬레이션 프로세스(Escalation Process)도 명확히 정의하도록 한다.

탐지

고객사 조직의 IT 부서 책임자인 여러분이 어느 날 문득 중간 관리자나 직원들이 아웃소싱 업체 직원들을 관리하고 있는 것을 목격했다면, 이는 문제가 있다는 것을 의미한다. 이러한 것은 처음에는 아주 사소한 것부터 시작해서 점점 그 폭과 정도가 증가한다. 대개 처음에는 아웃소싱 업체의 관리자가 상시적으로 존재하지 않아서 편의상 고객사 조직의 IT 직원들이 제한적이고 한시적으로 하는 것부터 시작된다.

또한 아웃소싱 업체 관리자 및 대표자가 회의에 불참하거나 기 약속된 회의를 취소하는 것 역시 문제의 징후가 될 수 있다.

이외에 아웃소싱 업체측 관리자가 하는 말과 업체 직원들이 하는 말이 서로 다른 경우 역시 위와 같은 문제가 존재한다는 것을 의미한다. 특히 아웃소싱 업체측 관리자가 오래된 정보에 바탕을 두고 여러분에게 말하고 있다는 것은 아웃소싱 업체 내부에 커뮤니케이션 문제가 존재한다는 것을 나타낸다.

대책

물론 필요하다면 이 같은 아웃소싱 업체의 직원들에 대한 관리 부족을 고객사 조직이 채워줄 수 있으며 업무에 대한 감독의 책임도 떠맡을 수 있다. 하지만 이러한 것은 어디까지나 단기적이고 한시적이며 제한적으로 이루어져야 한다. 결코 장기에 걸쳐 반복적으로 이루어져서는 안 된다.

이러한 일이 계속해서 발생하면 아웃소싱 업체측 관리인이나 대표자와 정기적인 미팅을 갖도록 하고, 이 미팅에서 업체 직원에 대한 관리감독의 문제에 대해 터놓고 논의하도록 한다. 이와 동시에 이러한 미팅을 앞에서 언급한 문제점들을 탐지할 수 있는 기회로도 활용하도록 한다.

아웃소싱 업체로부터 지식 전수가 되지 않는다

발생 배경

아웃소싱 업체는 고객사인 여러분 조직을 위해 업무를 수행한다. 따라서 당연히 여러분 조직의 내부 직원들에게 자기들의 업무 수행 지식을 설명하고 공유하여야 한다. 하지만 이러한 일은 좀처럼 잘 이루어지지 않는다. 일례로 업체 직원들이 네트워크 문제를 해결하는 경우, 문제가 해결되면 그것으로 끝난다. 고객사 조직의 내부 직원들에게 설명해 줄 시간과 기회가 없기 때문이다.

이와 같은 문제는 아웃소싱 계약서 내에 지식 전수에 대한 조항이 없기 때문에 발생하기도 한다. 왜냐하면 고객사나 아웃소싱 업체 모두 아웃소싱 계약 및 관리의 초점을 업무 수행으로만 국한시키고 있기 때문이다.

영향

지식 전수의 미흡이란 고객사인 여러분 조직의 아웃소싱 업체에 대한 의존도가 점점 높아진다는 것을 의미한다. 이는 여러분이 현재 진행되고 있는 것들에 대해 구체적으로 파악하는 것이 어렵다는 것을 의미하기도 한다. 또한 여러분이 업체로부터 업무를 인계받거나 제3의 업체에게 인수시키기도 힘들다는 것을 의미한다.

이러한 영향은 아웃소싱 계약 기간이 길수록 더 심해진다. 오랜 기간에 걸쳐 업체 직원들은 상당한 수준의 업무 지식 체계를 형성해 나가는 반면, 여러분 직원들에게 전수되는 것은 거의 없다. 더욱이 많은 지식이 문서화되어 있지도 않다. 이와 같은 상황에서 기존의 아웃소싱 업체로부터 다른 업체 또는 여러분 조직에게로 업무를 이관시킨다는 것은 엄청난 규모의 노력과 코스트를 발생시킬 것이다.

예방

이 같은 현안의 예방을 위해서는 무엇보다 먼저 아웃소싱 업체로부터의 지식 전수를 업체와의 협의를 통해 문서로 남겨둘 필요가 있다. 여기에는 아웃소싱 업체의 문제 해결 및 기타 활동에 대한 정기적인 설명회 개최도 포함시키도록 한다. 물론 업체 입장에서는 이 모든 것이 추가 업무를 발생시키므로 주저하겠지만 여러분은 이를 반드시 관철시켜야 한다.

또 다른 예방 방법으로는 여러분 조직의 직원들에게 아웃소싱 업체가 하는 일을 얼마나 많이 알고 있는지 물어보는 것이 있다. "만약 여러분이 지금 그 일을 떠맡게 된다면 할 수 있겠는가?" 그리고, "그 일을 떠맡기 위해서는 어떤 지식이 필요한가?"

탐지

일반적으로 이 같은 현안은 아웃소싱 업체 직원들이 일을 제대로 처리하지 못해서 문제 상황이 발생한 경우에 잘 탐지될 수 있다 여러분은 IT 부서 책임자로서 여러분의 직원들이 어떻게 대응하는지 유심히 살펴보면 어떠한 지식이 어느 정도 전수되었는지 파악할 수 있을 것이다.

또 다른 탐지 방법으로는 아웃소싱 업체 직원들이 업무 관련 지식 및 정보를 제공하기 위해 여러분 조직의 직원들을 대상으로 커뮤니케이션을 얼마나 많이 수행했는지 측정하는 것이 있다. 여기에는 회의 및 문서화를 통한 커뮤니케이션이 포함된다.

대책

여러분이 판단하기에 아웃소싱 업체로부터 지식 전수가 제대로 이루어지지 않고 있으면 다음과 같은 2가지 대책을 취하도록 한다.

- ▶ 아웃소싱 업체가 수행하는 작업에 대해 공식적인 미팅 및 문서화를 요청한다.

- ▶ 업체가 수행한 작업 활동을 검토하고, 여러분의 직원들에게 만약에 자체적으로 수행할 경우, 필요한 지식을 물어본다. 아울러 프로그램 코드 및 각종 로그와 업체의 작업 결과물을 검토하도록 한다.

아웃소싱 업체와의 커뮤니케이션에 문제가 있다

발생 배경

아웃소싱 업체의 관리자 및 직원들은 자기들끼리 뿐만 아니라 여러분 조직의 IT 부서 및 비즈니스 부서와 수많은 접촉을 갖게 된다. 이와 같이 광범위하고 다양한 접촉 활동을 수행하는 과정에 커뮤니케이션의 오류나 문제가 발생하지 않는다면 오히려 그것이 더 이상한 일일 것이다.

그런데 일반적으로 고객사들은 이 같은 아웃소싱 업체의 커뮤니케이션 활동이 계약 관리나 작업 산출물 검토 등과 같은 활동에 비해 중요하지 않다고 생각한다. 하지만 이것이야말로 고객사 조직과 아웃소싱 업체 간에 발생되는 문제를 예측할 수 있는 선행 징후임을 명심하도록 하라.

영향

사실 아웃소싱 업체와의 커뮤니케이션이 제대로 되지 않더라도 즉각적인 가시적 영향은 없다. 하지만 보이지 않는 곳에서는 문제가 커지기 시작한다. 아웃소싱 업무 담당자들은 커뮤니케이션된 정보를 바탕으로 추정을 하고 대책을 시행한다. 그런데 커뮤니케이션이 잘못되면 이런 것들이 모두 쓸데없는 일로 돼버리거나 갈등 및 기타 심각한 문제로 비화된다. 또 다른 영향은 허접한 커뮤니케이션 결과, 아웃소싱 업체 직원과 고객사 직원 간에 불신이 싹튼다는 점이다. 이는 결국 갈등과 불화로 이어진다.

예방

무엇보다 먼저 계약 초기 단계에 아웃소싱 업체와의 커뮤니케이션을 어떻게 수행할 것인지 명확히 정의하도록 한다. 또한 업무가 개시됨에 따라 커뮤니케이션에 대한 검토를 정기적으로 수행한다. 이 같은 커뮤니케이션 계획 및 검토 방안은 아웃소싱 업체와의 협의를 통해 수립하도록 한다.

탐지

고객사 IT 부서 책임자인 여러분은 아웃소싱 관련 담당자가 여러분에게 하는 말을 바탕으로 이 같은 커뮤니케이션 문제를 탐지할 수 있다. 따라서 아웃소싱 업체 직원들뿐만 아니라 여러분 직원들이 하는 말을 듣고, 이들 간의 불일치성을 파악할 수 있어야 한다. 아울러 여러분에게 오래된 정보를 언급하는 사람에게도 주목하여야 한다. 이 역시 커뮤니케이션의 부족을 나타내는 징후이다. 또 다른 탐지 방법으로 주요 현안별 근본 원인을 인지할 필요가 있다. 다시말해 당해 문제가 어떻게 발생되었는지 알고 있어야 한다. 본 저자들의 경험에 따르면 대다수의 문제는 커뮤니케이션 때문에 발생된 것들이었다.

대책

커뮤니케이션 문제가 탐지되면 관련 당사자들을 모두 한 곳에 모이게 한 다음에 이들과 함께 커뮤니케이션이 어떻게 수행되고 있는지 검토해 보도록 한다. 특히 실제 문제가 되었던 사례 몇 가지를 인용해 검토하도록 한다. 이외에 커뮤니케이션 문제로 인해 발생했던 구체적인 현안들을 몇 가지 지적하고 그 영향에 대해서 명확히 언급하도록 한다. 이를 통해 아웃소싱관련 당사자들에게 커뮤니케이션의 중요성을 깊이 인식시킬 수 있다.

아웃소싱 업체가 경영진과 긴밀한 관계를 맺고 있다

발생 배경

어떠한 아웃소싱 업체든 고객사 조직과는 좋은 관계를 형성하려고 한다. 특히 아웃소싱 업체가 고객사 조직의 최고 의사결정권자와 접촉을 강화해 우호적 관계를 형성하려는 것은 극히 당연한 일이다. 이를 통해 아웃소싱 업체는 기존의 아웃소싱 비즈니스 유지 및 신규 비즈니스 확보를 도모할 수 있을 뿐만 아니라 아웃소싱 관련 문제를 해결하는 과정에서 결정적인 도움을 얻을 수 있다. 고객사 최고 경영진은 내부 직원들에게 자기가 내린 의사결정 및 대책을 수행하도록 할 수 있는 힘이 있기 때문이다.

영향

일단 고객사 조직의 IT 부서 관리자인 여러분과 및 여러분의 직원들이 아웃소싱 업체와 정보를 수수할 때에 제약을 받게 된다. 다시말해 나중에 여러분 조직의 최고 경영진과 아웃소싱 업체와의 접촉 시 여러분이 아웃소싱 업체에게 제공해준 정보가 오용 및 남용될 수 있을지 몰라 업체와 정보를 제대로 공유하지 않으려 할 수 있다.

또 다른 영향은 업체 직원들이 마치 자기들이 파워를 갖고 있는 것처럼 행동할 수 있다는 점이다. 즉, 업체 직원들이 경영진과의 관계를 이용해 고객사 내부 직원들에게 영향력을 행사할 수 있다. 내부 직원들은 경영진과 자유롭게 접촉할 수 있는 처지가 아니므로 업체 직원들의 말에 대해 그 진위를 가릴 수 없다.

예방

고객사의 IT 책임자인 여러분이 아웃소싱 업체와 경영진 간 접촉을 다 막을 수는 없다. 그렇다고 아무런 대책도 취하지 말라는 의미는 아니다. 첫 번째 예방 방법으로는 경영진에게 여러분도 경영진과 업체와의 접촉을 바라는 바라고 명확히 주지시켜 준다. 이와 동시에 경영진에게 경영진과 아웃소싱 업체와 여러분 간 '3자 커뮤니케이션'을 향후 어떻게 수행하면 좋겠는지 물어보도록 한다.

두 번째로는 아웃소싱 업체 관리자 또는 대표자를 만나 앞에서 논의한 '3자 커뮤니케이션'을 전해준다. 이 자리에서 여러분은 과거 여러분 조직 또는 다른 고객사 조직에서 발생되었던 문제점에 대해 언급하도록 하고, 여러분은 이 같은 문제의 재발을 바라지 않는다는 점을 강조하도록 한다. 마지막으로 필요한 경우 업체가 여러분에게 말한 것을 확인하겠다는 점과 그 방법에 대해 명확히 해주도록 한다. 이를 통해 여러분은 아웃소싱 업체에게 고객사 IT의 최후 보루인 여러분이 모든 문제에 대해 항상 주목하고 있다는 점을 명확히 인식하게 만들 수 있다.

탐지

이런 징후의 하나는 어느 날 갑자기 아웃소싱 업체가 여러분과 IT 직원들에게 경영진이 한 말을 인용하는 경우이다. 이는 업체 직원들이 여러분 경영진과의 관계를 좋은 쪽이든 나쁜 쪽이든 이용하고 있다는 것을 의미한다. 또 하나의 징후는 경영진이 아웃소싱 업체를 통해서가 아니면 전혀 모들 법한 내용의 말을 하는 경우이다. 이때에는 아웃소싱 업체와 경영진과의 관계를 냉철하게 파악해 볼 필요가 있다.

대책

앞에서 언급한 바와 같이 확실한 것은 고객사의 IT 책임자인 여러분이 여러분의 경영진과 아웃소싱 업체와의 접촉을 막을 수는 없다는 사실이다. 여러분은 이것을 하나의 환경으로 받아 들여야 한다. 이 반면, 여러분은 이러한 환경을 아웃소싱 업체 직원이 전해주는 내용 및 추가 질문을 통해 더 많은 것을 알아 낼 수 있는 기회로 활용할 수 있다. 여러분은 경영진을 자주 접촉할 기회가 그리 많지 않다. 따라서 여러분은 아웃소싱 업체 직원들을 여러분의 정보원으로 활용하는 것이 좋다.

이와 함께 아웃소싱 업체에게 고객사 IT 조직과 잘 지내는 것이야말로 업체가 일을 제대로 해나가는데 아주 주요한 요소임을 확실히 이해시켜 주도록 한다. 사실 아웃소싱 업체가 일을 제대로 수행하지 않으면 업체가 경영진과 아무리 좋은 관계를 구축하고 있다 하더라도 업체에게 이로운 쪽으로만 끝나지 않기 때문이다. 물론 이런 경우에 여러분도 어느 정도의 희생을 감수해야 되겠지만 말이다. (역자 주: 본 역자는 우리나라에서 약 20여년을 'IT 人'으로 살아오면서 이와 비슷한 상황을 여러 번 경험했다. 역자가 엄청난 코스트를 지불하면서 얻은 Lessons learned는 조직 생활에서 때로는 '生卽死 死卽生'적 접근방법을 취할 필요가 있다는 사실이다. 역자보다 훨씬 현명하신 독자 여러분께서는 이것을 '너 죽고 나 죽자'식의 '막가파'적 접근방법과 혼동하시지 않으리라 믿는 바이다.)

역자약력 • 김명식(mskim@skcc.com)

주요 경력 :
국제감사인협회 공인내부감사사(CIA), SK C&C 아웃소싱분야 대외전문가

영국 관리회계사 협회(Chartered Institute of Management Accountants)
CIMA 출판부
26 Chapter Street
London
SW1P 4NP
Tel: +44(0)20 8849 2229/2277/2270
Fax: +44(0)20 8849 2465
E-mail: publishing.sales@cimaglobal.com

IT! 비즈니스처럼 관리하라!

A-JIN

지은이와 협의 인지 생략

인 쇄 : 2008년 8월 10일
발 행 : 2008년 8월 15일
저 자 : 베닛P. 린츠 · 리 라슨
역 자 : 김 명 식
발 행 처 : 도서출판 아진
110-091
서울특별시 강남구 논현동 148-19 한미빌딩 201호
TEL:02-737-0663 FAX:02-737-0664
Homepage:ajin.to
E-mail:kgb@ajin.to
발 행 인 : 김 근 배
등록번호 : 제300-1995-56호
I S B N : 978-89-5761-252-1 93520

가격 25,000원